신경신학

뇌 과학에서 기독교 영성까지
신경신학

지 은 이   손매남
초판 발행   2025년 11월 27일

펴 낸 곳   에셀나무
디 자 인   에셀나무
등   록   제 2020-000064호
주   소   서울 송파구 양산로8길 4, A상가 207호
전   화   02-423-4131 / 010-6642-4131
팩   스   02-423-4138
I S B N   979-11-987580-8-8
한 권 값   25,000원

저작권자의 허락 없이 이 책의 일부 또는 전체를
무단복제, 전재, 발췌하면 저작권법에 의해 처벌을 받습니다.

뇌 과학과
신학의 융합

뇌 과학에서 기독교 영성까지

신경신학

Neurotheology

| 손매남 저 |

현대 뇌 과학의 발달은 괄목할 만하다. 인간이 관여하는 모든 이론 및 실천 전 분야에 뇌가 적용되어 모든 학문 분야에 뇌 과학이 적용되는 것을 볼 수 있다. 법학에도 신경법학, 미술에도 신경미학, 마케팅에도 신경마케팅, 교육학도 뇌기반교육학, 치유상담학도 뇌치유상담학, 목회학도 신경목회학, 그리고 이번에 집필한 신학에도 신경신학으로 분지, 확장될 수 있게 된 것이다.

에셀나무

| 서문 |

신경과학(神經科學)과 신경신학(神經神學)의 만남을 위하여

　신경과학자들은 "신경신학은 뇌 과학적 추구와 영적 추구를 통합하는 학문이다"라든가 "신경신학은 영적 체험과 관련하여 뇌를 연구하는 학문이다"라고 말한다. 영적인 추구는 개인이나 종교인 누구나 경험되는 부분이므로 신경과학자들은 자연스럽게 신경종교학자로 구분될 수밖에 없다.

　신경신학(Neurotheology)은 두 가지 측면에 초점을 맞추는 것이 필수적이다. "신경"은 신경과학적 측면을 포함하는데 인지과학의 범위를 넘어 신경학, 뇌과학, 신경정신의학, 인지신경과학, 신경심리학, 신경생리학, 신경생물학, 인류학, 의학, 유전학, 핵의학, 그리고 의식에 관한 연구를 포함한다.

　"신학"은 기본적인 믿음체계를 기반으로 한 복음주의적 신학적 개념으로 접근한 원칙을 포함하여 신비주의적 체험, 영성, 영적 의식, 의례, 기도(묵상이나 명상), 믿음 등을 탐구한다. 그래서 신경신학은 학문적 배경이 다루는 주제나 분야도 대단히 넓다고 할 수 있다. 기독교 입장에서의 신경신학은 복음주의적 신앙과 영성 및 신학과 관련하여 뇌 과학을 연구하는 학문이다. 뇌는 한 영역이 한 가지 기능만 수반되는 단순한 방식으로 작동하는 경우는 거의 없고 뇌 전체가 통합적으로 작동한다. 신경신학 정립을 위해서는 신경과학의 기초를 튼튼히 유지하는 동시에 뇌의 기본적 구조와 기능을 올바로 이해하는 것은 필수적이다.

현대 뇌 과학의 발달은 괄목할 만하다. 인간이 관여하는 모든 이론 및 실천 전 분야에 뇌가 적용되어 모든 학문 분야에 뇌 과학이 적용되는 것을 볼 수 있다. 법학에도 신경법학, 미술에도 신경미학, 마케팅에도 신경마케팅, 교육학도 뇌기반교육학, 치유상담학도 뇌치유상담학, 목회학도 신경목회학, 그리고 이번에 집필한 신학에도 신경신학으로 분지, 확장될 수 있게 된 것이다.

신경신학은 신경과학자의 학문적이고 실험적인 도움 없이는 불가능하다.
신경과학자 앤드류 뉴버그(Andrew Newberg)의 신경신학의 학문적 배경과 실험을 참고하되 복음주의적 신앙과 영성을 융합하여 이 책을 쓰게 되었다. 신경신학은 뇌와 연결된 종교적, 영적 현상을 이해하는 데 매우 광범위하고 학제적이며 전체적 접근법을 제공한다. 일반종교가 아닌 기독교 복음주의적 신앙과 영성을 뇌 과학과 연결하는 학제간적, 융합적 연구를 수행하였다.
이 책은 다음과 같은 특징과 함께 기독교 신앙 및 신학의 타당성과 진리주장을 강화시키는 공헌과 기여를 하게 될 것이다.
신경신학은 뇌 건강 및 뇌 치유의 관점에서 인간 이해를 탐구한다.
신경신학은 종교와 영성의 입장에서 인간의 상태를 탐구한다.
신경신학은 과학과 종교의 상관성에 대해 탐구한다.
신경신학은 종교 및 영적 수행을 통한 뇌의 변화를 연구한다.
신경신학은 인간의 뇌가 믿음, 예배, 기도, 영적 수행, 신앙에 미치는 영향을 탐구한다.
신경신학은 종교 활동 및 영적 수행이 개인과 공동체에 미치는 영향을 탐구한다.
신경신학은 영적 체험 또는 신비주의적 체험에서 일어나는 뇌의 특성을 탐구한다.
신경신학은 예배와 예전, 기도와 신앙에 관련된 뇌 체계 및 구조 사이를 탐구한다.

먼저 이 책을 출간하도록 지금까지 인도하신 하나님께 감사와 영광을 돌린다.
복음주의 신학적 바탕을 위해 조언해주신 영성 및 조직신학자 김성영 박사(전 한국복음주의신학회장, 전 성결대 총장)와 이 책을 내기까지 격려해주신 노영상 박사(실천신학대학원대학교 총장), 그리고 책을 세심하게 다듬어주신 기독교교육 전문교수 이규민 박사(전 장신대 대학원장)와 늘 아낌없는 사랑과 격려를 보내주신 미국 Cohen 대학교 총괄총장 Paul Kang 박사께 심심한 감사의 말씀을 드린다.

또한 뇌 치유상담을 전공하는 박사과정의 재학생과 졸업생 및 국제 뇌 치유상담학회에서 끊임없는 연구에 전념하는 회원들과 더불어 이세나, 박상민, 이은영, 김태온 박사님께 감사를 드린다. 그리고 수년간 가족처럼 마지막까지 자료 및 정리에 애써준 박종연 박사와 이희순 박사 그리고 조현구와 최희정 박사의 노고에도 감사드리며, 특별히 이 책을 기쁜 마음으로 출판해 주신 고정양 대표와 이지희 선생께도 감사의 마음을 전한다. 이 외에도 보이지 않게 수고하여 주신 가족과 더불어 지금까지 사랑과 은혜를 베풀어 주신 주님께 더욱더 감사와 영광을 돌린다.

2025년 연구실에서
새영 손매남

When you stop learning, your brain starts dying
(Amen D. G. 2020, 122)

| 추천사 |

신경신학, 새로운 미래를 여는 기독교의 보물
- 기독교 영성에 최신 뇌 과학을 융합한 기독교 공동체를 위한 선물 -

　기독교 영성과 현대 뇌과학을 접목한 기독교계의 보고와 같은 책이 드디어 출간되었습니다.

　오늘날 사회적 현상은 인간의 이성과 과학이 신앙과 신학의 권위를 위협하고 있으며 대중의 관심은 '영적이되 종교적이지는 않은' 방향으로 점차 이동하고 있습니다. 이러한 때에 새영 손매남 박사가 펴낸 『신경신학(Neurotheology)』은 기독교의 오랜 영성 전통과 최신 뇌과학을 융합함으로써 기독교 신학의 새로운 지평을 열어가는 중요한 업적으로 평가할 수 있습니다.

　종교는 믿음을 요구하고 과학은 증거를 요구하기에 두 영역은 성경 해석의 과정에서 충돌을 빚어왔습니다. 바로 이 점에서 이번 『신경신학』은 기독고 영성과 뇌과학의 융합이라는 단순한 학문적 성과를 넘어서서 종교와 과학에 상호 보온적인 관점을 제공합니다. 이 책은 과학계에서 성경의 권위를 증명하는 도구로 사용될 것이며 기독교 신앙 공동체에게는 성경 그 자체로 권위를 지닌다는 믿음을 더욱 확고히 하는 큰 선물이 될 것입니다.

　『신경신학』에서는 '뇌'를 하나님과 인간의 영과 육의 교감중추로 이해합니다. 이 관점으로 보자면, '죄'로 인한 인류의 전적인 타락은 악한 사단의 '말'에 의해 오염되어 병들어버린 인류의 뇌와 뇌 기능으로 이해할 수 있습니다. 또한 그 회복은 흠없고 온전하신 예수 그리스도의 '뇌'에서 공명하는 참사랑과 생명의 말씀으로 가능함을 밝히고 있습니다. 특히 본서는 주님의 사랑과 말씀이 인간의 병든 뇌에 공명될 때 인간의 오염된 마음이 깨끗하게 씻겨지고 고장난 뇌기능이 온전하게 회복되어 더욱 풍성하게 기능함으로써 참된 뇌치유와 생기를 경험하는 하나님의 전인적 구원사역의 장면들을 조명합니다.

본 저서는 인류의 병든 '뇌'에 대한 하나님의 치유사역을 신학적 과학적 언어로 정립한 획기적인 저서입니다. 본서는 대한민국의 뇌치유상담학을 개척한 새영 손매남 박사의 평생에 걸친 저작으로 단순한 신학적 저작을 넘어 '뇌'를 중심으로 인간 존재 전체 즉, 몸과 마음, 영과 혼과 육에 대한 통전적 구원 이해를 새롭게 확립합니다. 이 책은 오늘을 살아가는 모든 신자와 목회자들이 반드시 읽어야 할 삶의 양식서이며 인류를 향한 하나님의 뇌치유사역의 신학서로 강력히 추천합니다.

Dr. Paul Kang, Th.D.,Ph.D,
Founding president of Cohen University&Theological Seminary
(CUTS)

| 추천사 |

최초로 정립한 신경신학의 역사적 의미
- 구원론의 관점에서 규명한 전인적 뇌치유 신학서 -

　신학은 하나님에 관한 학문입니다. 하나님에 관한 연구를 인간의 사고와 지식의 체계에 맞추어 진행하는 것이 아니라 하나님의 말씀인 성경에 근거하여 연구하는 학문의 정화(精華)가 신학입니다. 이 신학은 연구의 목적과 방향에 따라 다양한 영역을 개척하며 발전하여 영혼 구원을 위한 교회의 조력자 역할을 해왔습니다. 16세기 교회개혁이 가능했던 것도 건강한 신학이 있었기 때문입니다. 그런데 오늘날 신학은 그 본래의 사명을 망각한 채 신학지상주의에 빠져 급기야 목회현장에서는 영혼구령에 도움이 되지 않는 신학의 존재 이유가 어디 있느냐는 회의론이 일어나고 있습니다.

　이러한 신학 무용론의 위기 속에서, 하나님이 창조하신 '뇌구조의 연구와 치유'를 통해 인간 구원의 근본적인 문제를 풀기 위해 외로운 싸움을 싸우고 있는 신경과학자 손매남 박사가 이번에 <신경신학>이라고 하는 전인미답의 역작을 냈습니다. 손 박사님은 신학을 겸비한 이 분야의 세계적인 학자로 널리 알려져 있습니다.

　앞에서도 언급했듯이 신학이 2천년 교회사를 통해 다양한 영역을 개척하며 영혼 구원에 기여해 왔지만, 인간의 영혼과 직결된 '브레인 디올로지(Brain Theology)'라 할까, 이른바 신경신학(Neurotheology)이라는 영역을 개척하기는 이번이 처음이 아닌가 생각합니다. 추천자는 이 분야에 살펴본바, 서구에서 최초로 <Neurotheology>를 쓴 신경과학자는 앤드류 뉴버그(Andrew Newberg) 박사로 알려져 있습니다. 이 책이 새로운 신학의 타이틀을 가지고 나왔기에 관심 있게 살펴보았는데, 이 대단한 역작은 범종교를 대상으로 한 일종의 <신경종교학>이어서 아쉬움을 떨쳐버릴 수 없었습니다.

그런데 마침내 대한민국에서 이름 그대로 <신경신학>이 나와서 얼마나 반가운지 모르겠습니다. 본서는 한 마디로 정통 복음주의신학과 신경신학을 접목시킨 노작(勞作)입니다. 현대 신경과학의 눈부신 발전 속에서도 넘어서지 못한 인간의 한계와 난제를 성경에 근거한 하나님의 능력으로 극복할 수 있도록 생명의 빛을 제공한 것은 이 분야 발전에 역사적인 진일보가 될 것입니다.

이에 본서가 이 분야를 연구하는 독자뿐만 아니라 목회 현장에서 영혼 구원과 치유에 헌신하고 계시는 목회자들과 신학생들에게 큰 도전과 영감을 줄 것으로 확신하면서 기쁜 마음으로 추천하는 바입니다.

김성영 박사(Th.D.)
전 한국복음주의신학회 회장·전 성결대학교 총장

| 추천사 |

복음주의 신학의 관점에서 쓴 신경신학
- 뇌 과학과 신학의 만남을 정리 -

    손매남 총장님의 역작(力作)『신경신학』(Nerotheology)의 출간을 축하드립니다. 손 박사님은 최근 신학계에서 가장 큰 관심의 주제로 대두된, 이른바 '뇌과학(brain science)과 신학(theology)'의 상관관계를 오랫동안 연구해 오신 분이십니다. 이미 뇌과학 곧 신경과학을 목회상담과 연결하여 "뇌치유 상담학"이란 신학적 주제를 한국에 소개하신 이 분야의 권위자로, 그의 연구는 한국뿐 아니라 세계적으로도 많은 공헌을 하고 있습니다. 이 분야의 전문학회인 '국제 뇌치유상담학회'의 회장으로 정기적인 세미나를 가지는 등, 그의 선도적 역할은 많은 주목을 받고 있습니다.

    이번에 손 박사님이 완성하신 본서는 이 분야의 연구를 집대성한 열매로서, 이 분야를 탐구하는 전문인들과 후학들에게 중요한 지침서가 될 뿐 아니라 인간의 영혼을 치유하는 목회자들과 한국교회의 다음세대를 이어갈 신학생들에게도 큰 도움이 되리라 믿으며 적극 추천하는 바입니다.

    주지하는 바와 같이, 뇌에 대한 연구는 지난 수 세기를 이어온 신경과학의 중요한 과제로서 특히 금세기에 들어와서는 인간의 육신을 다루는 의과학의 한계를 인간의 영혼을 치유하는 신앙과의 관계에서 극복하고자 하는 연구로 발전하고 있습니다. 이는 오늘날 제반 학문의 탐구가 타 학문과 연계하여 협력하는, 이른바 학제간의 융합이론과 맥을 같이하고 있는 것입니다. 요컨대 뇌 과학과 신학의 만남을 통한 신경신학의 정립이 그것입니다. 사실 이 분야의 연구가 서구에서 시작되었으나 범종교적 입장에서 연구한 일종의 '신경종교학'의 성격이어서, 하나님의 말씀에 근거한 기독교신학의 관점에서 쓴 '신경신학'이 이 시대에 꼭 필요했던 것입니다. 손 박사님의 이번 저서는 성경을 복음주의신학의 관점에서 쓴 신경신학이라는 점에서 최초의 노작(勞作)이라고 할 수 있습니다.

오늘날 현대인들은 정도의 차이가 있을 뿐, 자신도 모르게 집단질병(mass disease)을 앓고 있습니다. 아담의 범죄로 말미암아 온 인류가 굴레 쓴 죄라는 질병 말입니다. 죄를 비롯한 인간의 온갖 정신적·육신적 고통은 뇌와 밀접한 관계에 있습니다. 그래서 루이스(C. S. Louis) 같은 신학자는 인간의 모든 고통의 원인이 죄에 기인한다고 했습니다. 이 말은 인간의 모든 고통의 문제 해결을 위해서는 뇌를 바로 알아야 한다는 뜻과 상통합니다. 이런 점에서 AI의 지배를 우려하는 최첨단 과학시대를 살고 있는 현대인들에게 본서가 뇌 치유에 대한 희망과 새로운 영감을 줄 것으로 믿으며 거듭 추천합니다.

노영상 박사(Th.D)
실천신학대학원대학교 총장

| 추천사 |

신경신학은 응용신학이다
- 목회자들에게 적극 추천-

개혁교회의 최고 교의 신학자였던 Herman Barvinck 박사는 1920년에 <성경적 종교적 심리학(Bijbelsche en Religieuge Psychologie)>이란 저서를 출판했었다. 그는 위대한 교의 신학자였지만, 성경적으로 또는 종교적으로 심리학을 어떻게 적용할 것인지에 대해 명저를 남겼다. 바빙크는 위대한 교의 학자로서 「개혁주의 교의학」(Gerefermeerde Dogmatick) 전 4권을 저술했으나, 그 교의학이 구체적으로 인간의 구원에 어떻게 적용할 것인가에 고민하는 학자였다. 그는 교의학이 목양의 현장 즉 설천신학과 연관되지 않으면 안 된다는 것이다.

이번에 한국상담개발 원장이신 손매남 박사께서 과거에 듣도 보도 못한 주제 생소한 <신경신학, Neurotheology>를 펴냈다. 그는 본래 동물의학자(수의사)였으며 정통신학을 공부했다. 더구나 그는 수십 년 동안 뇌 과학에 대한 주제를 가지고 뇌치유상담 학문을 끊임없이 연구하고 강연하고 책을 쓰셨다. 특히 최근 앤드류 뉴버그(Andrew Newberg)의 신경신학(Neurotheology)의 이론을 기초하면서 학문의 융합을 시도했다.

이런 명제들은 실천신학의 문제이다. 그의 신학은 철저히 정통적 하나님 중심이고 칼빈주의 신학을 채용하면서 그것이 삶의 프락시스(Praxis)인 영혼과 육체, 뇌(정신)와 마음 등 현대인이 해결해야 하는 문제들을 논리적으로 변증하고 있다. 이런 종류의 책은 이른바 <응용신학(應用神學), Applied Theology)> 이라고 봄이 좋을 듯싶다. 이 책은 교의적 접근을 한 것이 아니라 성경 진리를 실천적, 목회적으로 접근한 것이 목회자들에게는 크게 유익이 되므로 적극 추천하는 바이다.

정성구 박사(Th.D.,Ph.D.)
전 총신대 총장, 대신대 총장(현 한국칼빈주의연구원장)

| 차례 |

서문　　4
추천사　　8

제1장_ 신경신학을 위한 성서적 이해　23

　　1. 인간의 죄와 뇌 치유의 신경신학　24
　　2. 인간 구원의 중심에 있는 뇌 치유　26
　　3. 인간의 온전한 구원과 신경신학　28
　　4. 목회학의 입장에서 중요한 신경신학　30
　　5. 성경은 신경신학의 모판　35
　　6. 신경신학의 궁극적인 목적　37

제2장_ 신경신학을 위한 신학의 이해　39

　　1. 신학이란 무엇인가?　40
　　2. 신학의 여러 양상들　42
　　3. 정통주의신학과 자유주의신학　43
　　4. 신학의 여러 갈래들　44
　　5. 신학의 존재 이유　45

제3장_ 신경과학과 신경신학　49

1. 신경과학과 신경신학의 만남　50
2. 뉴버그의 범종교적인 신경신학과 기독교적 신경신학　52
3. 폴 투르니에의 의학과 신앙의 관계　53
4. 의학은 전인치유를 위한 신앙[신학]의 도움을 받아야　55
5. 인간의 전인치유를 위한 신경신학　57

제4장_ 신경신학을 위한 뇌 구조와 기능　59

1. 기본 뇌 기능과 종교적 현상　61
2. 자율신경계　62
3. 뇌의 구조와 4개의 엽　63
4. 감정의 뇌, 변연계　66
5. 공감과 온정의 뇌, 전대상회　69
6. 신경전달물질: 뇌의 화학적 전달자　72

제5장_ 신경신학을 위한 성경의 주요 뇌(brain)용어　77

1. 영　78
2. 영혼　79
3. 혼　80
4. 머리　80
5. 마음　81
6. 정신　81
7. 뇌　82
8. 자기, 뇌　84
9. 뇌와 관련된 성경언급　84

제6장_ 신경신학과 뇌 병리학　87

1. 영성치유와 뇌 병리학　91
2. 조현병　91
3. 측두엽 뇌전증(간질)　96
4. 신경퇴행성 질환　100
5. 뇌 손상 연구　104
6. 임사 체험　105
7. 약물 유발경험　110
8. '정상적인' 그리고 '비정상적인' 경험 연구의 향후 방향　113

제7장_ 신경신학과 성서적 치유　117

1. 성경 속의 신경신학　118
2. 성경과 뇌치유 상담　121
3. 뇌 치유의 성경적 원리　122
4. 성경 속의 후성유전학　125

제8장_ 신경신학과 뇌과학의 치유원리　139

1. 신경발생　140
2. 뇌의 기소성　142
3. 거울신경　144
4. 신경전달물질　147

제9장_ 신경신학과 영성의 뇌과학(Ⅰ)　157

1. 신경신학과 영성　158

2. 신경신학과 말씀의 세포생물학　178
　　3. 신경신학과 기도의 정신생물학　193

제10장_ 신경신학과 영성의 뇌과학(II)　223

　　1. 신경신학과 생각의 뇌과학　224
　　2. 신경신학과 사랑의 뇌과학　231
　　3. 신경신학과 감사의 뇌과학　238

제11장_ 신경신학과 영적체험　243

　　1. 영적 체험과 신의자리　244
　　2. 영적 체험과 믿음체계　246
　　3. 영적 체험과 신경신학　249
　　4. 영적 체험과 뇌 신경전달물질　253
　　5. 영적 체험과 임사체험　255

제12장_ 신경신학과 종교적 활동　261

　　1. 신경신학과 종교적 모임　262
　　2. 신경신학과 종교적 믿음　267
　　3. 종교적 율법주의　268
　　4. 신경신학과 종교적 극단주의　272
　　5. 신경신학과 명상운동　275
　　6. 신경신학과 종교적 의례　280
　　7. 신경신학과 영적 수행　284

에필로그　　291

부　록 / 신경신학에 근거한 뇌치유 상담 설교 3편　　295

참고문헌　　327

색인　　355

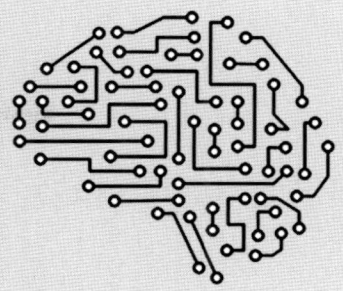

제1장

신경신학을 위한 성서적 이해

제1장

신경신학을 위한 성서적 이해

1. 인간의 죄와 뇌치유의 신경신학

인간은 영적인 존재이다. 이는 하나님이 창조하신 피조물 가운데 유일하게 인간은 거룩하신 하나님의 형상으로 지음 받은 존재라는 사실에 근거한다(창 1:26, 27). 그런데 우리가 간과하지 말아야 할 것은 인간은 영적인 존재인 동시에 육적인 존재라는 사실이다. 하나님이 인간의 육신을 땅의 흙(the dust of the ground)으로 지으시고 하나님의 호흡(God's Breath)을 불어넣으심으로 생령(the breath of life)이 되었다고 성경은 증언한다(창 2:7). 즉 흙으로 지음 받은 인간이 하나님의 영을 받음으로 온전한 인간이 되었다는 것이다(고전 2:12;롬 8:9).

그러나 인간은 하나님이 제정하신 최초의 언약을 어기고 선악을 알게 하는 나무의 열매를 범함으로 원래 인간의 모습을 상실하게 되었다. 여기서 말하는 모습은 외적인 모습이 아니라 내적인 모습이다. 내적인 질의 변화를 말한다. 이것을 성경은 하나님의 명령에 불순종한 인간은 죄인이 되었다고 묘사하고 있다. 신학적으로는 이러한 인간의 실상을 죄로 말미암는 인간의 전적 타락(Total Depravity) 또는 전적 부패(Total Corruption)이라고 말한다. 사탄이 하나님과 같이 되고 싶은 인간의 욕심을 부추겨 유혹함으로 아담이 이에 넘어가 스스로 범죄하여 전적으로 타락하게 되었다는 것이다(창 2:16~17;3:1~7).

이 점에 대하여 신경학자 엔드류 뉴버그는 "성경은 인간의 약점과 인간이 저지르는 악행을 묘사하고 있으며, (하나님이) 태초에 인간을 창조하면서 인간에게 감정과 인지 프로세스를 주셨다. (그 결과) 아담과 이브는 결국 지식의 나무 열매를 따 먹는 죄를 범했다"라고 함으로써 인간의 범죄 행위가 뇌의 인지능력(the brain's ability)과 관계가 있음을 지적한다.[1] 또한 그는 하나님이 아담에게 뇌 중추 작용을 통해 지구상의 모든 생물에게 이름을 붙이도록 요구하셨다면서 이것은 세상을 이해하는 뇌의 능력과 관계가 있다고 주장한다.[2] 즉 인류의 타락을 뇌의 기능과 결부하여 설명하고 있는 것이다.

이것을 성경학자들과 신학자들은 사탄의 유혹에 아담이 호응한, 이른바 외유내응(外誘內應)으로 영혼이 타락하게 되었다는, 이른바 전적 타락(全的墮落)이라고 말하는 것이다. 그럼에도 불구하고 하나님은 당신의 명령에 불순종하여 영원히 죽게 된 인간을 구원하시기 위하여 여자의 후손으로 메시아를 보내실 것을 약속하셨으며(창 3:15), 약속하신 대로 독생자 예수 그리스도를 보내셔서 그를 믿는 자에게 구원의 은혜를 베푸셨다(엡 1:4~7; 2:4~5). 그런데 여기서 우리가 간과하지 말아야 할 것은 예수 그리스도를 통한 인간의 구원은 영혼의 구원만이 아니라는 사실이다. 예수 그리스도의 대속사역은 영혼과 더불어 육신의 구원, 즉 '영육의 구원'이다. 즉 '온전한 구원'이요, '통전적인 구원'인 것이다(히 1:3; 2:8 ; 계 21:5). 전적 타락(Total Depravity)에 대한 전적 구원(Total Salvation)인 것이다(요 3:16, 17 ; 엡 1:4~14). 하나님께서 죄로 말미암아 전적 타락한 인간을 위하여 독생자를 메시아로 이 땅에 보내시어 믿는 자에게 전적 구원을 이루신다는 성경의 중심 진리인 것이다.

예수님께서 영혼의 구원을 강조하여 **"살리는 것은 영이니 육은 무익하니라 내가 너희에게 이른 말은 영이요 생명이니라"**(요 6:63)라고 하신 말씀은 영혼의 구원 없는 육신의 무익함을 강조하신 것이지, 육신을 무시하거나 죄악시 하신 말씀이 아님을 우리가 알아야 한다. 만일 육신이 무익한 것이라면 어찌하여 하나님께서 인간을 영과 혼과 육으로 조화롭게 창조하셨겠는가(살전 5:23) **"영혼이 없는 몸이 죽은 것 같이"**(약 2:26상)라는 말씀이 무엇을 가르치는가? 육신이 살려면 영혼이 살아야 하며, 영혼이 건강해야 육신이 건강하다는 것이다. 또한 육신이 건강해야 영혼도 건강하다는 것이다. 우리가 예수님의 구원사역을 영혼에만 치우쳐 이해해서는 안 되는 중요한 이유가 여기에 있다.

---

1) Andrew Newberg, Neurotheology, (Columbia University Press, 2021), p.30.
2) Ibid, p.30.

또한 성경은 인간의 죄가 가져온 즉각적인 현상은 부끄러움과 두려움이라고 지적한다. **"이에 그들이 눈이 밝아져 자기들이 벗은 줄을 알고 무화과나무 앞을 엮어 치마로 삼았더라"**(창 3:7), 범죄 후 하나님 면전에서 숨은 아담에게 하나님이 "네가 어디 있느냐" 묻자 아담이 **"내가 벗었으므로 두려워하여 숨었나이다"**(3:9~10)라고 대답한다. 이를 성경학자들은 타락한 인간의 영혼이 죽게 됨으로써 나타나는 죄성의 단적인 표현이라고 한다. 그런데 이러한 인간의 행위에 대해 뉴버그는 뇌의 변연계에서 비롯된 감정으로 인해 자신들이 벌거벗은 것을 부끄러워하고 두려워하게 되었다고 신경학적으로 해석하고 있다. 또한 형 가인이 질투심에 동생 아벨을 죽인 인류 최초의 살인사건을 저지르고도 하나님께 거짓말을 하는 것도 뇌의 작용과 연관 지어 해석한다, 즉 "이러한 사례들 각각은 다른 뇌 영역에서 기인할 수 있는 다양한 인지, 감정, 그리고 행동 기능과 관련이 있으며, 어쩌면 더 중요한 것은 이러한 이야기들이 인간의 마음(mind)을 이해하는 틀을 제공할 수 있다."라고 함으로써, 뇌기능과 마음, 그리고 정신의 관계에 대한 규명이 하나님의 인간 창조 이해에 중요하다는 점을 시사하고 있다.3) 이 점에 대해서는 뒤에 가서 인간의 뇌와 관련된 성경 상의 용어 고찰을 통해 자세히 살펴보기로 한다.

2. 인간 구원의 중심에 있는 뇌 치유

예수님께서 지상 사역을 통해 육신의 질병으로 고통하는 수많은 사람들을 치유하신 목적이 영혼의 치유에 있었음에 우리는 주목해야 한다. 영혼의 질병-귀신 들린 자들-을 치유하신 것 또한 건강한 육신의 삶과 뗄 수 없는 관계에 있었던 것이다. 이런 점에서 성경은 죄로 말미암아 영육 간에 병든 인간을 치유하기 위하여 주신 하나님의 말씀이라고 할 것이다. 하나님은 그 유일한 길을 예수 그리스도를 통하여 열어주신 것이다. 예수님께서 **"내가 곧 길이요 진리요 생명이라"**(요 14:6) 하심은 전적으로 타락한 인간을 향한 전적인 구원을 선포하신 것이다. 이렇게 볼 때, 성경은 치유의 책이며, 성경에서 나온 신학은 치유(治癒)의 신학(神學)인 것이다. 인간의 여러 기능 가운데 창조주 하나님과 교감(交感)하며 인간의 사고(思考)을 컨트롤하는 뇌(腦)를 치유(治癒)하는 영역을 '뇌치유 신학', 즉 '신경신학(神經神學)'이라 명명할 수 있을 것이다. 죄로 말미암아 직면한 인간의 전적 타락에는

---

3) Andrew Newberg, Neurotheology, p. 30.

뇌도 예외일 수 없다. 그러므로 고장 난 뇌, 못 쓰게 된 뇌도 구원을 받아야 하고 치유를 받아야 하는 것이다.

예수님께서는 지상 사역을 통해 뇌의 치명적인 파괴와 그 결과를 일찍이 지적한 바 있다. **"입에서 나오는 것들은 마음에서 나오나니 이것이야말로 사람을 더럽게 하느니라 마음에서 나오는 것들은 악한 생각과 살인과 간음과 음란과 도둑질과 거짓 증언과 비방이니...이런 것들이 사람을 더럽게 하는 것이라"**(마 15:18~20상; 막 7:21~23)하심이 그것이다. 타락한 인간의 이런 추하고 더러운 것들이 어디서 나온다는 것인가? 병든 마음에서 나온다는 것이다. 뒤에서 구체적으로 진술하겠지만, 인간의 마음을 컨트롤하는 곳이 뇌요, 뇌 기능인 것이다. 죄로 말미암아 뇌가 병들었기 때문이다. 그러므로 죄로 말미암아 인간이 부패하고 변질되었다는 표현을 집약적으로 표현하자면 죄로 말미암아 인간의 뇌가 변질되고 부패되었다는 뜻이다. 인간의 모든 악한 생각과 악한 행동이 마음을 컨트롤하는 뇌와 연결되어 있기 때문이다.

예수님께서 천국 복음을 선포하시기에 앞서 광야에서 40일간 금식하시며 공생애를 준비하실 때, 마귀가 예수님에게 도전한 세 가지 시험을 말씀으로 물리치신 과정도 인간이 당할 영적 정신적 도전을 예표적으로 보여주는 것이라 할 수 있다(마 4:1~11). 그런데 이 광야의 시험을 승리하신 후 **"회개하라 천국이 가까이 왔느니라"**(마 4:17)라고 천국 복음을 선포하시면서 제일 먼저 하신 일이 바로 영적 치유 사역, 정신적으로 귀신 들린 뇌 손상자를 말씀으로 치유하시는 사건이었다. **"예수께서 온 갈릴리에 두루 다니사 그들의 회당에서 가르치시며 천국 복음을 전파하시며 백성 중에 모든 병과 모든 약한 것을 고치시니...모든 앓는 자 곧 각종 병에 걸려서 고통당하는 자"**(마 4:23~24상)를 고치셨는데, 특히 **"귀신 들린 자, 간질하는 자, 중풍 병자들을 데려오니 그들을 고치시니라"**(마 4:24하)라고 성경은 강조하고 있음을 본다. 귀신 들리거나 간질을 하거나, 심지어 중풍에 걸린 상태는 인간의 신체 구조 중에서 뇌기능의 손상과 밀접한 관계가 있는데, 예수님께서는 이처럼 뇌기능이 손상된 병자를 치유하신 것이다.

누가는 이 사실을 보다 구체적으로 묘사하고 있다. 그 사건은 예수님께서 베드로와 야고보와 요한을 따로 데리시고 산에 올라가셔서 그 용모가 거룩하게 변모되시는, 이른바 인간으로 오신 예수님이 하나님의 아들로서의 신성(神性)을 나타내신 변화산 사건 직후에 된 일이다. 예수님이 산에서 내려오시니 귀신 들린 아들을 둔 어느 아버지가 예수님을 찾아와 호소를 한다(막 9:14~29). 이 귀신 들린 아이의 아버지는 예수님의 제자들에게 아들을 고쳐주기를 부탁했으나 제자들은 능히 고치지 못했다. 이에 아이의 아버지가 아이를 데리고 예수님께 찾아와 간청을 한다. **"이에 데리고 오니 귀신이 예수를 보고 곧 그 아이로 심히 경련을 일으키게 하는지라 그가 땅에 엎드러져 구르며 거품을 흘리는지라"**(막 9:20) 예수님께서 그 아버지에게 언제부터 이렇게 되었느냐고 물으니 어릴 때부터라고 대답한다. 아이의 아버지가 "귀신이 그를 죽이려고 불과 물에 자주 던졌나이다 그러나 무엇을 하실 수 있거든 우리를 불쌍히 여기사 도와주옵소서"라고 간청한다. 그러자 예수님께서 "할 수 있거든이 무슨 말이냐 믿는 자에게는 능히 하지 못할 일이 없느니라" 하신 후 예수님께서 귀신을 향하여 꾸짖으시며 명하신다. **"말 못하고 못 듣는 귀신아 내가 네게 명하노니 그 아이에게서 나오고 다시는 들어가지 말라!"**(막 9:25) 하시매 귀신이 소리 지르며 그 아이에게서 떠나갔다. 인간적으로는 도저히 치유할 수 없었던 귀신들린 정신적인 고질병을 예수님은 기도와 말씀으로 치유하신 것이다. 고질적인 뇌 질병을 치유하신 모범을 보이신 것이다. 심지어 쇠사슬도 제어할 수 없는 군대 귀신 들린 병자도 말씀으로 내쫓으신 신유의 하나님이 바로 이 땅에 우리를 구원하러 오신 구주 예수이시다(막 5:1~15).

3. 인간의 온전한 구원과 신경신학

예수님의 구원사역을 신경신학적으로 집약해서 표현하자던 '뇌의 구원', '뇌의 치유'라고 할 수 있을 것이다. 성경은 분명히 증언한다. 뇌 치유를 받지 않으면 천국에 들어가지 못한다는 것이다. **"개들과 점술가들과 음행하는 자들과 우상 숭배자들과 거짓말하는 자들은 다 성 밖에 있으리라"**(계 22:15) 개 같은 존재가 누구인가? 점술을 하고 우상을 숭배하는 자들이 누구인가? 음행하고 거짓말하는 자들이 누구인가? 죄로 타락한 우리 인간이 아닌가? 죄로 말미암아 마음에서 늘 악한 생각을 하는 우리들이 아닌가? 뇌가 망가진 불행한 인생들이 아닌가? 이런 가련한 인생이 예수 그리스도를 영접하지 않으면 천국에 들어가지 못한다는 종말론적인 경고인 것이다.

그것을 성령께서는 사도 요한의 붓을 통해 위에서 인용한 말씀 바로 앞에서 밝히 증언하고 있다. 즉 **"자기 두루마기를 빠는 자들은 복이 있다"**(계 22:14)고 말이다. 즉 죄로 얼룩진 남루를 그리스도의 보혈로 씻은 자는 구원의 은혜를 누리는 복 된 자라는 것이다. 그들이 생명나무에 들어간다는 것이다. 문들을 통하여 하늘에서 내려온 새 예루살렘 성에 들어간다는 것이다. 종말론적인 구원의 선포인 것이다. 앞에서 살펴본 바, 이 땅에 오셔서 우리 인간의 죄성을 여지없이 적시하신 예수 그리스도의 책망에 호응하여 기록한 마지막 시대의 묵시의 말씀이요, 66권 성경의 대미를 장식하는 계시록 마지막 장의 증언인 것이다. 한 마디로 뇌 치유 없이는 구원을 받지 못한다는 가르침인 것이다. 성경이 증언하는 예수 그리스도의 구원사역의 치유적인 이해와 깨달음과 이를 신학-교리 체계적-으로 체계를 세운 치유신학, 신경신학의 중요성이 바로 여기에 있다고 할 것이다.

이렇게 볼 때 신경신학은 단순히 뇌기능 이해와 뇌치유의 문제가 아니라 궁극적으로 이를 통한 인간의 온전한 구원(Entire Salvation), 전적인 구원(Total Salvation)을 위한 신학이라고 할 것이다. 전적으로 부패한 인간을 전적으로 구원하는 것이 신학의 요체이며, 여기에는 뇌 치유를 중심으로 망가진 인간의 정신을 온전하게 하는 신경학이 자리하고 있으며, 이러한 신경과 신학의 만남과 상호작용이 신경신학인 것이다.[4] 뉴버그는 그의 <Neurotheology>에서 "여러 면에서 신경신학은 인간의 뇌로부터 시작한다. 단어 그 자체가 신경(neuro)으로 시작되기 때문이 아니라 우리가 종교 및 영적 자아와 관련된 것들을 포함해서 우리의 모든 사고와 느낌, 그리고 체험을 할 수 있게 해주는 것이 뇌이기 때문이다."라고 주장한다. 그래서 그는 신경과학과 신경신학의 관계를 설명하는 장(章)에서도 신경과학의 중심을 뇌로 보고, 신경신학의 연구 과제로서 '종교적 현상과 기본 뇌 기능'을 구체적으로 다루고 있는 것이다.[5] 평소 신경과학(Neurology)의 입장에서도 뇌가 중심임을 지론으로 가지고 있는 온 뉴버그의 이런 주장에 전적으로 동의하기 때문에 앞으로 이 책에서도 신경신학을 진술함에 있어서 '신경과학'을 '뇌과학(Brain Science)'과 동의어로 사용하게 될 것이다. 그는 단적으로 "여러 면에서 신경신학은 인간의 뇌로 시작한다(In many ways, neurotheology begins with the human brain.)"라고 말한다. 그런 맥락에서 뉴버그는 자신의 신경신학을 인간의 뇌 감옥으로부터의 탈출을 염두에 두고 출발하고 있어서 흥미롭다. 그러면서 "신경과학과 종교, 또는 신학 사이의 관계를 이해하려면 뇌의 기능에 대해 현재까지 알려진 것을 재검토할 필요가 있다. 또한 신경신학의 맥락에서 뇌의 기능을 측정하기 위한 다양한 접근방식의 장단점을 이해하면 이 분야를 더욱 발전시킬 수

---

4) Ibid, p. 14.
5) 위의 책 chapter 3. 'Neuroscience and Neurotheology'를 참고하라(pp. 46-66)

있을 것"이라고 했다.6) 아울러 신경신학에서 뇌 기능 이해를 돕기 위해 뉴버그가 진술하는 아티클과 이와 관련된 뇌 관련 구조도를 그대로 소개하려고 한다.7)

4. 목회학의 입장에서 중요한 신경신학

신경신학을 정립함에 있어서 먼저 목회학적 입장에서 이 작업의 중요성을 제시하려고 한다. 왜냐하면 신경신학이 신경과학과 함께 인간의 질병 치유, 뇌 치유를 위해 유용한 도구가 된다는 현실적인 목적을 가지고 있지만, 이것이 신경신학의 존재 이유의 전부가 아니기 때문이다. 신경신학의 궁극적인 목적과 역할은 인류에게 복음을 전한다는 숭엄한 사명에 있다. 우리가 왜 인간의 뇌를 중심으로 한 신경병리 현상의 개선과 극복에 총력을 기울이고 있는가? 현실론적으로는 인간이 질병을 극복하고 건강하고 행복하게 살기 위함이다. 그러나 그것이 궁극적인 목적이 될 수 없고, 되어서도 안 된다. 궁극적인 목적은 인간이 인간다워야 한다는 창조론적인 전인(全人)의 구현에 있는 것이다. 이것이 궁극의 목적이 아니라면 건강한 몸으로 온갖 사회적 범법을 행하는 사람을 만들 수도 있다. 우리가 그런 사람을 만들기 위해 신경과학에 헌신하는 것이 아니다. 더욱이 신경과학이 건강한 육체에 건강한 정신을 겸비한 보다 전인적인 인간(Whole Person) 구현에 있기 때문에 신앙[신학]과의 협력을 추구하기 위해 신경신학을 정립하고자 하는 것이다. 그런 만큼 성경을 통하여 하나님의 말씀을 믿는 기독교는 목회 현장에서 신앙을 지도하는 목회자의 신경과학과 신경신학의 이해가 대단히 중요한 것이다. 그래서 이번어 신경신학을 집필하기에 앞서 <신경목회학(Neuroministry)>를 연구, 저술한 바 있다.8) 신경신학과 신경목회학은 서로 유기적인 관계를 가지고 하나님의 형상으로 창조된 인간의 온전한 구원과 영생, 그리고 인간다운 참 행복을 추구하는 학문인만큼 <신경목회학>의 서문 "왜 신경목회학인가"를 여기에 더 밝혔으니 신경신학의 필요성에 독자들이 한 걸음 더 가깝게 나아가시기를 바란다.9) 요컨대 신경신학의 궁극적인 목적은 복음을 통한 인간의 통전적인 구원에 있는 것이다.

---

6) Ibid., pp. 45-46.
7) 이 진술은 뉴버그의 위의 책(pp. 53-65) 참조.
8) 손매남, 신경목회학(서울: 에셀나무, 2021) 참조.
9) 손매남, "서문", 신경목회학, pp. 4-9. 참조.

신경목회학(Neuroministry)은 뇌 과학에서 밝혀진 다양한 지식과 정보를 성경과 융합하여 목회 현장에서 바르게 활용하는 학문이다.

창 2:7에 **"여호와 하나님이 흙으로 사람을 지으시고 생기를 그 코에 불어넣으시니 '사람' 생령이 된지라"**

하나님이 지으신 우리 몸은 세포(cell)로 구성되어 있는데, 그 수는 60조~100조에 이르고 신경세포(Neum)는 1,000억 개 정도이다. 이 세포 안에는 핵이 있고, 그 핵 안에는 DNA가 있어서 여기에 유전자들이 들어 있다. 이 유전자에 의해 단백질이 만들어져서 사람이라는 구조를 만든다. 이 유전자가 어떤 단백질을 만들어내고 이런 특정 단백질이 세포의 종류와 기능을 결정한다. 세포의 종류만 해도 면역세포, 근육세포, 내피세포, 신경세포 등 200여 가지가 넘는다. 세포의 면역기능이 제대로 작동하지 못하면 많은 질병이 생겨난다. 신경세포는 네트워크(신경네트워크)를 형성하는데 이 네트워크가 인간의 사고와 행동을 결정한다. 신경회로의 구성과 신호전달이라는 시냅스의 형성에 중요한 물질이 결여되면 여러 신경학적 정신장애를 일으킨다.

하나님께서 인간을 지으시고 제일 먼저 문화명령을 내렸다.
창세기 1:28 **"하나님이 그들에게 복을 주셔서 그들에게 이르시되 생육하고 번성하여 땅에 충만하라, 땅을 정복하라, 바다의 고기와 공중의 새와 땅에 움직이는 모든 생물을 다스리라 하시니라"**

하나님은 아담에게 문화적 계약관계를 가지시고 명령으로 제시하였다. 기독교는 계시의 종교이다. 하나님은 두 가지 방법을 통하여 계시하였는데, 특별계시와 일반계시이다. 특별계시는 성경에 기록되어 있다. 성경을 통하여 하나님의 뜻을 알 수 있다. 일반계시는 자연계시라 부르는데 피조물들을 통하여 하나님을 알도록 하였다.

교회나 신학교에서는 이 특별계시에 초점을 두고 가르치고 있다. 그러나 하나님은 피조세계를 창조하신 후 이것을 개발하고 연구하도록 하였는데, 이것이 바로 문화명령(창 1:28~29)이다.

"문화"라는 말은 경작하다, 개간하다(cultivate)라는 뜻의 라틴어 Colore에서 온 말이다. 이것은 땅을 개간하는 것뿐만 아니라 정신, 마음 또는 감정을 도야하는 것이라는 의미를 지닌다. 결국 문화는 인간이라는 모든 창조적 활동을 뜻하며, 포괄적으로는 인간의 모든 활동인 정신세계까지 포함하는 것이 문화이다. 그것은 정치, 경제, 노동, 교육, 군사, 농업, 축산, 예술뿐만 아니라 모든 활동을 포함한다.

다시 말하면 문화는 식물학, 천문학, 심리학, 목회학, 생물학, 생리학, 의학, 정신의학, 영상의학, 신경의학, 병리학도 포함된다. 심리학도 신경심리학, 긴지심리학, 이상심리학, 발달심리학들이 있으며, 생물학에는 세포생물학, 신경생물학, 분자생물학, 정신생물학 등으로 세분화 되어 있다. 최근에 와서는 당 생물학까지 계발하여 당이 건강과 질병에 끼치는 역할을 연구하기에 이른 것이다. 뇌 과학은 뇌를 포함한 신경계를 연구하는 생물학의 한 분야이다. 뇌 과학은 인간의 마음에 대한 인식을 바꾼다는 점에서 특별하고 흥미로운 것이다.

뇌는 기억, 생각, 감정, 언어, 감각에 중요한 역할을 하기 때문에 뇌 과학은 심리학이나 인지과학과 일정한 관련이 되어 있다. 뇌 과학은 마음과 마음이 긴밀하게 연관된 기관인 뇌를 연구하여 인간에 대한 이해를 제공해 준다. 뇌 과학은 피조물에 대한 연구를 통해 다시 인간에 대한 이해를 발전시킨다. 인간의 마음이나 정신, 행동이나 정서를 결정하는 기능을 하는 기관이 뇌이기 때문에 뇌 과학은 인간의 문화적 활동의 기본이 되는 것이다. 현대 영상기술의 발달로 인해 우울이나, 분노, 불안, 충동, 중독 등의 뇌를 PET, MRI, fMRI, SPECT 영상기술을 통해 뇌의 구조와 기능을 알 수 있게 되었다.

일반계시는 피조물을 연구하여 과학적 증거로 나타난 진리인데 이것은 발견된 진리라고 한다. 이에 반하여 성경에 나타난 진리를 계시 된 진리라고 하는데 이 두 가지 진리를 우리는 목회현장에서 올바르게 적용할 때가 된 것이다. 성경은 과학의 산물이 아니다. 성경은 하나님의 말씀이기에 그 자체로 원천적인 권위를 가지고 있다.

성경 히브리서 4:12에 "**하나님의 말씀은 살아 있고 운동력이 있어 좌우에 날선 어떤 검보다도 예리하여 혼과 영과 및 관절과 골수를 찔러 쪼개기까지 하며 또 마음의 생각과 뜻을 판단하나니**"

세포생물학(뇌과학)적으로 하나님의 말씀은 세포의 기능을 말하고 있기 때문에 당연히 세포의 재생, 처리, 청소, 면역 등의 기능을 한다. 그래서 하나님의 말씀은 면역세포의 백혈구가 치유기능을 하기 때문에 "혼과 영과 및 관절과 골수를 찔러 쪼개기"까지 함으로써 치유를 한다.

성경 잠언 22:6에 **"마땅히 행할 길을 아이에게 가르치라 그리하면 늙어도 그것을 떠나지 아니하리라"** 뇌 과학(신경생물학)에 의하면 "초기 경험은 인간에게 먼 미래까지 영향을 준다"는 한 연구에서 중년남자의 신체적, 정서적 건강은 35년 전에 부모에게 받은 온정의 양과 상관관계가 있다는 결과가 나왔다(Russek & schwartz,1997).

어린 시절의 경험이 나중의 삶에 있어서의 정신건강과 신체적 건강에 영향을 미친다라고 뇌 과학은 증거하고 있다. 출생 후의 첫 몇 년은 신경망의 형성이 활발하게 진행되는 민감한 시기이다. 이 시기에는 너무나 많은 신경성장과 조직화가 이루어지기 때문에 초기의 대인관계 경험은 나중에 겪게 되는 경험보다 더 많은 영향을 미칠 수 있다. 이때의 신경망의 구조가 자기경험의 핵심구조물을 고착화시킨다(Cozolino, L. 2010).

성경 요한일서 4:18에 **"사랑 안에서 두려움이 없고 온전한 사랑이 두려움을 내나니…"** 신경과학은 사랑이 가진 가장 중요한 측면은 두려움이 없는 것이라고 증거하고 있다(11장).
성경 잠언 12:25에 **"근심이 사람의 마음에 있으면 그것으로 번뇌하게 되나 (Anxiety in the heart of man causes depression)"**(NKJV) '번뇌'의 히브리어는 샤하(שחה)인데 그 뜻은 "굽히다, 엎드리다, 가라앉다, 풀이 죽다, 경배하다"라는 기본 어근에서 파생된 말이다. 번뇌라는 우리말 해석보다는 NKJV에 의한 우울(depression)이라는 번역이 더 원어에 합당한 번역으로 생각한다. 뇌 과학에서 불안은 90% 우울을 동반하며 우울장애는 40%를 동반한다고 증거하고 있다. 그런데 드물게 우리 성경에 '뇌가 번민한다'는 의미의 '번뇌(煩惱)하다'로 번역한 곳이 잠언 15:16을 비롯하여 일곱 군데 나타나 있으며, 위의 잠언 12장 25절처럼 '번뇌케 하다'로 피동형으로 표현된 곳이 여섯 곳이며 '번뇌' 명사형으로 기록된 곳이 두 곳이다. 이 구체적인 성경 본문과 그 의미는 뒤에서 뇌(신경) 관련 성경 말씀을 상고할 때 함께 다루겠다. 아무튼 영어권에서는 뇌(신경) 관련 용어로 mind, heart를 주로 사용하고 있으며, brain이라는 단어를 사용한 곳은 찾아보기 어렵다.

성경 잠언 23:7에 "대저 그 마음의 생각이 어찌하면 그 위인도 그러한즉 (As he thinks in his heart, so is he.)"(NKJV). 이 말은 뇌는 생각 하는 대로 되어진다는 뜻이다. 뇌 과학에서 밝혀낸 신경가소성을 의미하는 구절이다. 신경가소성은 치유의 원동력이다. 긍정적으로 생각하면 뇌는 긍정적인 행동을, 부정적인 생각을 갖게 되면 부정적인 행동을 하게 된다.

성경 마태복음 17:14~18에 예수님이 간질(뇌전증)로 고생하는 아이를 고치실 때 "귀신아 나가라!" 하자 그때부터 병이 나아지는 사건이 기록되어 있다. 현대의학에 의하면 뇌전증(간질)은 다양한 원인에 의해 발생되는 신경발달장애 중 하나요, 전문의에 의해 치료 또는 회복이 가능하다. 우리는 이 성경을 보고 모든 간질 또는 모든 정신병은 귀신들림에 의해 생긴 병이라고 주장한다면 현대의학에 의한 치료의 기회를 놓칠 수 있다. 뇌전증(간질)은 세포간의 전류발생에 오류가 생겨 발작을 일으킨 신경발달장애의 질병이다. 외부의 정보를 받는 뇌세포에 다른 뇌세포의 전류의 힘에 의해 전달되는데 시냅스의 간극(틈)이 있어 더 이상 다른 세포에 전류가 흐르지 않아 정보의 전달이 안 된다. 그런데 그 틈은 20나노미터라는 아주 작은 간격이 있어 못 건너가게 된다.

성경 시편 139:14절에 "내가 주께 감사하옴은 나를 지으심이 신묘막측하심이라"(개역한글) 다음 세포로 정보가 전달할 때는 시냅스의 소포에 있는 신경전달물질이 분비가 되어 건너가게 되는 것이다. 얼마나 신비롭고 기적 같은 하나님의 계획하심에 감탄하지 않을 수 없다. 그런데 뇌전증은 세포의 전류가 비정상적인 오작동이 생기고 흥분과 억제의 균형이 깨져서 발작이 일어나 발생되는 질병이다. 예수님이 "귀신아 물러가라" 고 해서 뇌전증이 모두 귀신 들림의 병이라고 이해해서는 안 된다.

목회학은 문화의 한 소산이다. 우리는 성경대로 살라고 흔히 말한다. 그러면 바울이 로마에서 독사를 만졌는데 지금 우리는 독사를 아무도 만지지 않는다. 왜냐하면 독사는 사람을 죽이는 독이 있다는 것을 모두가 알고 있기 때문이다. 독사에 독이 있다는 것은 과학적 증거요, 발견된 진리이다. 문화는 늘 진보하고 발전한다. 피조물에 대한 연구는 다시 인간에 대한 이해를 발전시킨다. 컴퓨터가 처음 들어 오자 기독교는 거의 666이라고 하지 않았던가? 새로운 문화에 대한 어처구니없는 반응인 것이다.

이제 뇌 과학은 문화의 여러 활동영역에서 넓고 깊게 영향을 미치고 있다.
> 윤리학은 신경윤리학(Neuroethics)으로,
> 마케팅은 신경마케팅(Neuromarketing)으로,
> 교육학은 신경교육학(Neuroeducation)으로,
> 정신의학(psychiatry)은 신경정신의학(Neuropsychiatry)으로,
> 또는 생물정신의학(Biologicalpsychiatry)으로,
> 법학은 신경법학(Neurolaws)으로,
> 미학(미술)은 신경미학(Neuroesthetic)으로,
> 치유상담은 뇌치유상담(손매남 저) 등으로 활동영역을 넓혀가고 있다.

이제 목회학도 뇌 과학과 융합한 신경목회학(Neuroministry)을 발전시키는 것은 당연한 시대적 부름에 호응하는 것이다. 신경목회학(손매남 저)은 인간과 관련된 과학적 정보나 발견된 진리와 계시된 진리의 성경을 재조명하여 성경의 위대함을 깨닫게 하고 왜곡된 성경해석을 바르게 하여 삶의 목회현장에서 활용하는 학문이다.

이 시대는 뇌 과학을 요구하고 있다. 모든 문화의 영역은 뇌 과학으로 통하고 있다. 하물며 뇌 과학은 컴퓨터 공학, 인공지능과 상호작용하여 기하급수적으로 발전하고 있다. 이제 뇌 과학과 신학의 만남도 필연적이다. 즉 신경과학과 신경신학의 만남이다. 신경신학의 정립이 중요한 이유가 여기에 있다.

5. 성경은 신경신학의 모판

성경은 죄로 말미암아 죽게 된 인간의 구원을 위하여, 병든 인간의 치유를 위하여 하나님께서 주신 구원과 생명의 말씀이다. 그러므로 성경은 예수 그리스도 안에서 우리를 구원하시겠다는 약속의 말씀(Testament)이자 언약의 말씀(Covenant)인 구속사(救贖史, Salvation History)이다. 한마디로 인간은 죄인이라는 것이다. 죄라는 가장 치명적인 병에 걸린 중환자라는 것이다. 죄인을 살리기 위해서 예수님이 오셨다. 불치의 병자를 살리기 위해 치유자로 예수님이 오셨다. 죄로부터 구원을 받기 위해서는 구주로 오신 예수님을 믿어야 한다는 선언이다.

물론 성경은 하나님의 창조와 인간의 타락과 구원 전반을 다루고 있다. 그런데 하나님

말씀의 중심과 시종(始終)은 인간 구원에 초점을 맞추고 있다. 우리가 알듯이 최초의 성경 기자인 모세가 창세기를 언제 기록하였는가? 이스라엘 민족이 하나님의 주권적인 역사로 출애굽한 뒤가 아닌가? 즉 구원의 은혜를 체험한 자리에서 성령님께서 모세를 감동하셔서 창세기를 비롯한 모세오경을 기록하신 것이 아닌가? 즉 구원의 자리에서, 구원의 시간에, 창세 전에 작정하신 하나님의 뜻에 따라 천지를 창조하신 사건을 기록하게 하신 것이다. 하나님이 창조사역을 하실 때에 모세가 있었던가? 아니다. 태초에 하나님이 천지를 창조하실 때, 성삼위 하나님께서만 영원 전부터 스스로 계셨다.

이 사실은 구원 받은 우리에게 영적으로 중요한 시사점이 되고 있다. 즉 모세가 이스라엘 선민의 구원의 시간과 자리에서 하나님의 창조사역을 기록한 것처럼, 우리도 구원의 시간과 자리에서 예수님을 통하여 창조주 하나님을 만나게 되었다는 사실이다. 이것은 필자가 앞으로 전개한 신경신학의 중요한 단서와 모티브가 될 것이다. 즉, 죄로 말미암아 죽게 된 인간을, 신경학적으로 또는 의학적으로 표현하자면 영육간의 질병으로 죽게 된 인간에 비유할 수 있겠는데, 죄로 말미암아 영육이 죽게 되었다 함 같이, 질병으로 말미암아 정신과 육체가 죽게 되었다 함은 유비적(喩比的)인 관계에 있다는 뜻이다. 여기서 성경이 증언하는 바, 영혼과 육체를 위한 치유[神癒, Divine Healing]는 뇌 과학(腦科學, Brain Science) 또는 뇌 의학(Brain Medicine)에서 말하는 뇌 치유(腦治癒, Brain Healing)와 밀접한 관계가 있고, 뇌 치유에 중요한 방법과 근거를 제공하게 되리라 믿는 것이다.

이런 점에서 성경에 근거한 신경신학의 정립이 절실함을 느끼게 된 것이다. 참고로, 지금까지 해외에서 신경신학(Neurotheology)을 최초로 쓴 학자는 앤드류 뉴버그(Andrew Newberg)인데, 그의 저서 <Neurotheology>는 성경적-기독교적-신경신학이라기 보다는 범종교적인 관점에서 쓴 일종의 신경종교학(Neuroscience of Religion)이라고 할 수 있겠다. 그러나 이 책의 저자는 뇌과학 연구의 세계적인 권위자로서 종교가 인간의 뇌에 미치는 영향에 대하여 그가 시도한 임상실험적인 사례와 데이터는 대단히 주목할 만한 자료로서 앞으로 본서에 상당히 참고가 되리라 믿는다. 그런데 이 분야에 대한 국내 저서는 아직까지 나오지 않은 실정이다. 본서를 집필하게 된 것은 누군가가 이 분야 연구에 대한 첫 삽을 들어야 한다는 사명감 때문이다. 이제 서두에서 신학 일반론을 살펴본 후에, 왜 신경신학이 필요한지를 제시하고, 성경적인 신경신학의 이해와 적용이 뇌 치유에 어떤 도움을 주는지를 구체적으로 진술하고자 한다.

6. 신경신학의 궁극적인 목적

우리는 먼저 신경신학이 왜 필요한지? 왜 이 학문의 집을 지어야 하는지? 그 궁극적인 목적을 분명히 정하고 이 길을 개척해야 한다. 서구에서 최초로 신경신학의 필요성을 제기하고 이 분야의 책을 쓴 앤드류 뉴버그도 그의 책<Neurotheology>에서 '신경신학'이 목적하는 바를 분명히 밝히고 있다.[10]

여기서 뉴버그는 신경신학의 근본적인 목적을 다음과 같이 제시하고 있다.

1. 인간의 정신과 뇌에 대한 우리의 이해를 증진시킨다.(To improve our understanding of the human mind and brain)
2. 종교와 신학에 대한 우리의 이해를 증진시킨다.(To improve our understanding of religion and theology)
3. 특별히 건강과 웰빙의 관점에서 인간의 상태를 증진시킨다.(To improve the human condition, particularly in the context of health and well-being)
4. 특히 종교와 영성의 관점에서 인간의 상태를 증진시킨다.(To improve the human condition, particularly in the context of religion and spirituality)

또 한편 신경신학은

1. 신비주의적 체험의 중요성과 그 의미를 탐구한다.
2. 신경신학(또는 종교)과 영성을 이해하는 데 기여한다.
3. 신경신학(또는 종교)과 뇌병리학의 관계를 탐구한다.
4. 신경신학(또는 종교)의 주제, 즉 의례, 의식, 믿음, 말씀, 기도 등을 뇌과학적으로 탐구한다.
5. 신경신학의 전제는 인지신경과학과 함께 뇌에 의해 어떤 방식으로 해석되고 조작되는지를 탐구한다.

---

10 Andrew Newberg, Neurotheology, p. 41.

6. 신경신학(또는 종교)은 신경과학의 초점을 맞추어 탐구한다.
치유와 건강을 뇌과학적으로 탐구한다.

요컨대 신경과학은 신경신학의 도움을 절실히 요구한다. 인간 치유에 있어서 현대의학이 만병통치약은 아니라는 것이다. 의학이 해결할 수 없고 감당할 수 없는 영역이 있다는 것이다. 아니 현대의학이 해결할 수 있는 영역은 빙산의 일각이 지나지 않을 것이다. 인간의 지혜와 능력으로 감당할 수 없는 영역을 주관하시는 분이 누구신가? 바로 천지를 창조하시고 당신의 형상으로 인간을 지으신 창조주 하나님이 아닌가? 죄로 말미암아 전적으로 부패하고 망가진 인생을 구원하시기 위해 우리를 찾아오신 구원주 하나님이 아닌가?

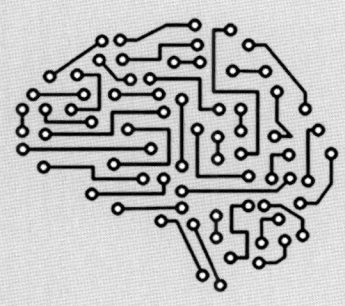

제2장

신경신학을 위한 신학적 이해

제2장

신경신학을 위한 신학적 이해

1. 신학이란 무엇인가?

신학이란 무엇인가? 신경신학을 이해하기 위해서는 먼저 신학에 대한 기본적인 정의를 살펴보는 것이 중요하다. 신학을 쉽게 설명하면 '하나님에 관한 학문'이다. 신학(神學)이라는 용어가 그것을 말해준다. 즉 '하나님(神)'에 관하여 연구하고 합의된 정설을 논하는 '학(學)'을 말한다. 영어로는 'Theology'라고 하는데, 이 용어는 그리스어로 '하나님', 즉 '신(神)'을 뜻하는 'θεός(데오스)'와 '도(道)', '이론', '학(學)'을 뜻하는 'λόγος(로고스)'가 만나서 이루어진 'θεόλογια(데오로기아)'란 말에서 유래한다. 이 'θεόλογια'라는 용어는 그리스 철학자들이 하나님에 대한 학문을 지칭하면서 사용하게 되었다고 한다. 우리말로 쉽게 표현하자면 "하나님이란 무엇인가?"가 될 것이다.

그 전제는 성경이 증언하는 하나님에 대한 교리적 규명이다. 성경에 대한 교리적인 이해와 규명을 위한 작업이 신학이란 학문이 정착하기 이전에는 초대 교부들에 의해 성경에 의한 '교리(敎理, Dogma)'를 연구하는 '교리학(敎理學)', 또는 '교의학(敎義學, Dogmatics)'이라는 명칭으로 연구되었다. 하나님에 관한 학문이 신학이라는 명칭으로 정착된 이후에도, 물론 지금까지 교의학이 존재하고 있다. 교의학은 신학보다 성경에 직접적으로 다가선 학문으로 이해된다. 즉 하나님의 말씀인 성경을 체계적으로 바로 이해하고 가르치기 위해 교리적으로 체계를 세운 학문이다. 초대교회로부터 지금까지 우리가 성경을 주관적으로-자기 소견대로-이해하고 풀면 이단이 되고 영혼의 잘못된 길에 빠지는 것이다. 초대교회로부터 지금까지 그런 사례를 많이 보아왔고 또 보고 있다.[11] 초대교회 시대에도 교회에 가만히 들어온 자들이 성도들을 영적으로 혼란에 빠트린 사례를 우리는 성경에서 자주 만난다(갈 2:4; 벧후 2:1; 유 1:4).

그러므로 신학은 철저히 성경에 근거하고 거기에 기초를 두어야 한다. 그리고 성경에 근거한 신학이 세상적인 이론(理論)이나 사변(思辨)에 흘러서는 안 된다. 교리가 성경의 바른 이해를 돕고 바른 신앙생활을 위한 지침이 되어야 하는 것처럼, 신학 또한 우리의 신앙고백과 연결되어야 하며 보다 전인적인 신앙의 실천을 위한 지침이 되어야 한다. 이런 점에서 신학은 이론적인 학문을 넘어서 우리의 신앙고백서인 것이다. 요즘 한국교회와 신학 교육계에 "신학은 학문이 아니다"라는 역설적인 경종이 울리고 있어서 목회자와 신학자, 그리고 한국교회의 다음 세대를 이어갈 신학생들에게 시사하는 바가 크다고 생각한다. 그러므로 우리가 관심하는 신경신학도 이에 다르지 않음을 유념해야 한다.

우리가 지금까지 '뇌치유'에 대한 신경의학적 연구는 상당한 진전을 이루었으나 이를 신학적으로 연구하는 작업은 아직 미미한 상태이다. 이 분야의 개척은 뇌치유와 신경의학 발전을 위해 반드시 필요한 시대적 요청이다. 그런데 이 연구의 목적이 또 하나의 신학 장르를 개척하려는 것이 되어서는 안 되며, 이 신학을 통하여 오늘날 우리 주위에 뇌 기능 장애를 비롯한 정신적 질병으로 고통을 당하고 있는 수많은 이웃들을 치유하며, 그들에게 건강한 삶과 궁극적인 구원의 소망을 주기 위한 것이 되어야 한다. 그러기 위해서 신경신학은 다른 신학과 마찬가지로 철저히 성경의 가르침에 충실해야 한다. 오늘날 여러 경향의 신학이 성경을 떠나서 인간의 사변에 호소함으로써 신학의 옷을 입은 위험한 변종신학으로 둔갑하여 우리를 혼란에 빠트리고 있다. 이러한 때에 우리가 함께 떠나는 신경신학의 여행은 출발부터 종착까지 철저히 성경을 통하여 하나님이 깔아주신 영적 레일을 성령님의 인도하심으로 따라가야 할 것이다.

---

11 가령 사도 바울이 초대교회 안에 "가만히 들어온 거짓 형제들"에 대하여 경계하라고 한 것이나"(갈2:4), "하나님의 말씀을 혼잡하게" 하거나 "믿지 아니하는 자들의 마음을 혼미하게" 하는 일들을 경계하라고 한 말씀(롬4:1-4) 등에서 초대교회 안에 예수 그리스도의 복음을 방해하고 어지럽게 하는 사례가 많았음을 알 수 있다. "이는 가만히 들어온 거짓 형제들 때문이라 그들이 가만히 들어온 것은 그리스도 예수 안에서 우리가 가진 자유를 엿보고 우리를 종으로 삼고자 함이로되"(갈 2:4) 우리가 살고 있는 이 시대에도 많은 이단들이 하나님의 진리를 왜곡하며 우리를 유혹하고 있다.

2. 신학의 여러 양상들

이러한 원론적인 이해를 전제로, 신학에 대해 주요 신학자들이 어떻게 정의하고 있는지 잠깐 살펴보자.

정통주의신학(Orthodox Theology)의 입장에서 4세기 히포의 성자 어거스틴은 신학을 "하나님의 말씀인 성경을 통하여 인간을 구원하는 구속사적인 이해"라고 정의했으며, 13세기의 토마스 아퀴나스는 "성경에 근거하여 신의 본질을 규명하는 것"이라고 설명한다. 아퀴나스는 영혼과 육체를 논할 때, 정신(mind)과 뇌(brain)를 다루었는데, 이 점에 주목하여 신경과학자 앤드류 뉴버그는 혼을 육체의 실체와 밀접하게 연결된 것으로 보면서도 혼은 육체와 별개로 존재한다고 인식한 것 같다면서, 기독교 교리의 관점에서 인간의 정신과 뇌를 이해한 것으로 뇌의 성경적 관점, 즉 신경신학의 한 단서를 제공하고 있다고 보았다.[12]

찰스 핫지는 신학을 "하나님의 속성과, 우리 인간과의 관계, 하나님과 피조세계, 인간의 죄와 하나님의 인간 구원의 계획을 성경 계시의 관점에서 연구하는 학문"이라고 설명한다.[13] 아브라함 카이퍼는 신학을 하나님의 계시를 연구하는 학문으로 보고, 이를 구체적으로 연구하기 위해서는 하나님의 특별계시의 원천인 성경에 충실해야 한다고 했다. 오거스투스 스트롱은 신학이란 하나님에 대해서, 하나님과 우주와의 관계에 대해 연구하는 학문이라고 정의했다.[14] 우리가 잘 알듯이 정통주의 신학은 교회사 초기에 교회가 성경의 진리를 왜곡하는 이단들과 싸우는 과정에서 형성되었는데, 특히 영지주의(Gnosticism)에 대항하여 정통적인 기독교 교리를 사수했다. 4세기 어거스틴에 의해 정립되기 시작한 이 신학은 16세기 종교개혁기에 루터와 칼빈에 의해 확립되었다. 여기서 우리가 주목할 것은 성경의 진리를 왜곡하거나 떠나면 이단이 된다는 사실인데 신학도 마찬가지다. 그러므로 우리가 추구하는 신경신학도 정통주의 신학자들의 주장처럼 어디까지나 성경 위에 세워

---

12) Andrew Newberg, Neurotheology, p.31.
13) Charles Hodge, Systematics Theology, (Grand Rapids, Michigan: Wm. H. Eerdmans Publishing Company, 1975), Vol. I, p.21.
14) Augustus Hopkins Strong, Systematics Theology, (Vally Forge, Pa. Judson Press, 1976) p. 1.

져야 함은 물론이다. 성경을 하나님 중심으로 해석하는 정통주의 신학은 18세기에 들어와서 슐라이에르마허로 시작된 자유주의신학의 도전을 받고 있으나 성경을 유일하고 무흠한 하나님의 말씀으로 믿는 신학자들과 목회자들에 의해 지금까지 신학의 주류를 형성하고 있다.

3. 정통주의 신학과 자유주의신학

정통주의 신학에 대립하는 신학으로 19세기에 대두된 자유주의신학(Liberal Theology)이 있다. 자유주의신학은 슐라이어마허(Friedrich Schleiermacher)로부터 시작되었다. 슐라이에르마허는 신학을 하나님에 대한 인간의 절대 의존의 감정(the feeling of absolute dependence)라고 설명한다.15) 즉 인간의 주관적인 종교 체험을 중시한 신학적인 견해라고 할 것이다. 앤드류 뉴버그는 자신의 <신경신학>에서 슐라이에르마허의 이러한 견해는 신경과학에도 심리학적 분석을 위한 기반을 제공한다면서 다음과 같이 말하고 있다.16) "슐라이어마허는 종교를 인지적, 본능적, 또는 직관적 감각이라고 했다. 그는 신앙과 신학의 근거를 (신에 대한) '절대 의존의 감정(feeling of absolute dependence)'이라고 생각했다. 종교를 느낌으로 생각하는 그의 개념은 종교 교리에서 멀어지거나 심지어 이성적으로 이해하는 것에서 벗어나기 시작한 반면에 신경학적 관점을 취할 수 있는 심리학적, 신경학적 분석을 위한 기반을 제공한다."17)

여기서 뉴버그는 슐라이어마허의 감정적 종교 이해는 전통적인 이성적 종교 이해와 대조되는 것으로서, 인간의 주관적이고 감정적인 인지로 받아들인 그의 종교관은 자유주의적인 신학적(종교학적) 관점이라고 지적한다. 그러면서 슐라이어마허의 신학은 신경학적 분석을 위한 잠재적인 기반이 될 수 있다고 본 것이다.

자유주의신학은 18세기 합리주의 신학을 이어받아, 하나님 중심으로 성경을 해석하는 정통주의 신학과 달리 인간의 감성과 이성을 중시하는 자세로 성경을 해석하는 입장을 취하고 있다. 16세기 종교개혁 이후, 인간의 이성 중심의 18세기 합리주의는 19세기에 와서

---

15) Ibid.,
16) Ibid.,
17) Ibid., p.32.

자유주의신학으로 발전하게 되었는데, 이 신학은 하나님의 계시에 근거를 둔 정통주의 신학의 노선과 달리 인간의 경험과 종교적인 감정을 중시하는 경향을 보이고 있다.

정통주의신학과 자유주의신학이라는 양대 산맥과 함께 신학은 여러 경향을 보이며 변천해 왔으니, 가령 19세기 자유주의신학의 반작용으로 일어난 칼 바르트(Karl Barth)의 신정통주의신학(Neo-orthodoxy Theology), 성경보다 교황권 강화에 기반을 둔 로마 가톨릭에 도전하여 일어난 신학으로서 16세기 종교개혁 이후 프로테스탄트 신학을 대변하는 복음주의신학(Evangelical Theology), 문화의 급진적인 세속화 상황 속에서 신앙의 근본을 지키자는 각성으로 일어난 근본주의신학(Conservative Theology), 칼빈을 비롯한 종교개혁자들의 개혁 사상을 중심으로 하는 개혁주의신학(Reformed Theology) 등이 있다.

4. 신학의 여러 갈래들

한편, 신학은 이러한 큰 갈래 외에도 필요에 따라 성경을 언어적인 입장에서 탐구하는 성경신학(Biblical Theology), 교리적인 입장에서 체계를 세운 조직신학(Systematic Tgeology), 교회사적인 입장에서 성경을 연구하는 역사신학(Historical Theology), 윤리적인 관점에서 성경을 이해하는 윤리신학(Moral Theology), 성도에게 교회를 통하여 말씀을 가르치고 신앙생활을 지도하는 실천신학(Practical Theology) 또는 목회신학(Pastoral Theology), 복음의 대위임 명령에 따라 타 문화권에 복음을 전파하는 근거를 성경에서 찾는 선교 신학(Mission Theology), 성경이 가르치는 문화의 사명을 위한 문화 신학(Cultural Theology) 등 다양한 신학으로 그 영역이 확대되고 있다. 심지어 오늘날에는 성경적인 바른 기도 생활을 가르치는 기도 신학(Theology of Prayer), 평신도들의 올바른 신앙생활을 가르치는 평신도 신학(Laity Theology), 영육 간의 질병 치료를 위한 성서적 근거를 체계화한 치유신학(Healing Theology) 뇌과학의 발전으로 인한 신경과학과의 융합을 통한 신경신학 등 대단히 세분화 된 영역으로 신학이 발전하고 있다. 심지어 오늘날은 현대인의 일상생활에 가장 가까이 있는 커피가 인간에 미치는 문화와 건강 등을 창조론적인 관점에서 연구하는 '커피 신학(Coffee Theology)'까지 필요하다그 농담할 정도로 신학과 타 학문, 신학과 삶의 제반 영역이 밀접하게 만나고 접목되는 시대를 우리가 살고 있는 것이다.

이러한 가운데 우리는 하나님의 형상으로 지음 받은 인간이 보다 복된 삶을 위해 제반

과학과 신학의 만남은 자연스러운 일이며, 이러한 만남을 통해 신학의 존재 이유가 더욱 중시되고 신학의 효용성이 증대되고 있는 것이다. 이렇게 볼 때, 우리가 깊이 관심하는 신경신학이야말로 인간의 건강한 삶을 위해서 더없이 중요한 학문의 영역이 아닐 수 없다. 그런데 우리가 신학을 이야기할 때, 언제나 잊지 말아야 하는 것은 신학의 토대가 되는 성경, 하나님의 말씀이다. 필자가 앞에서 원론적으로 제시한 제반 영역의 신학은 성경에 근거한 것이며, 기독교 신앙에 기초한 것이다. 앞에서도 언급한 바와 같이, 뉴버그의 신경신학은 이런 점에서 기독교를 비롯한 주요 종교 전반의 관점에서 신경과 종교의 문제를 다룸으로써 신경신학이라기보다는 신경종교학이라고 보는 것이다.

5. 신학의 존재 이유

앞에서 살펴본 신학과 제반 영역의 학문과 문화 양상을 종합하여, 신학의 사명과 존재 이유를 신경신학과의 관계에서 생각해본다.

1) 신학은 성경에서 나와서 성경으로 돌아가는 학문이다.

주지하는 바와 같이 신학이란 하나님에 대한 학문이다. 그 전제는 성경이 증언하는 하나님에 대한 교리적 규명이다. 아울러 성경적인 인간에 대한 규명과 이해를 추구하는 영역이 신학의 영역의 하나인 인간학이다. 인간학은 인간에 대한 성서적 신학적 연구이다. 성경은 인간을 영(spirit)과 육(body)을 가진 존재(마 10:28, 고전 3:3~5), 혹은 영과 혼과 육을 가진 존재(살전 5:23, 히 4:12)라고 표현한다. 이른바 인간의 구성요소에 대하여 이분설(二分說, dichotomy)이냐, 삼분설(三分說, trichotomy)이냐 하는 것인데, 우리가 어떤 설을 지지하든지 그것 때문에 구원을 받고 받지 못하는 문제가 아니다. 중요한 것은 인간을 하나님의 거룩하신 형상으로 지으신 목적에 따라 우리가 바로 살아야 한다. 성경은 인간 구원을 위한 하나님의 말씀이다. 그러므로 신학은 성경에 충실해야 한다. 성경에서 출발하여 성경으로 돌아가야 한다. 그러나 오늘날 신학이 성경보다는 인간의 사변에서 나온 철학적 신학, 인본주의적 신학으로 경도되고 있다. 우리는 자유주의 신학의 조류를 거부하고 철저히 성경에 충실한 정통신학을 견지해야 한다. 특히 인간의 영육간 건강과 치유를 학문인 의학과 신학의 만남과 조화를 통해 인간의 균형 있는 삶을 위한 신경신학이야말로 철저히 성경에 근거하여 정립되어야 한다.

2) 신학은 성경에 근거한 실천적인 학문이다.

그런데 신학은 성경에만 충실해서는 안 된다. 그것은 기본적인 대 전제다. 신학이 성경의 가르침을 교리적으로 바로 정립하여 교회에 제공하는 한편, 신학이 성도의 삶을 성경에 근거한 온전한 삶으로 인도해야 한다. 신학이 논쟁이나 일삼고 공리공론에 흐른다면 그 존재가치는 무익할뿐더러 해악한 것이 된다. 우리는 교회의 역사를 통해 비생산적이고 무익한 교리 논쟁을 수없이 보고 있으며, 이러한 신학의 논쟁이 때로 성경의 가르침을 떠난 이단 색출에 기여하기도 했으나 성도의 삶을 지나치게 영리하게 하고 게으르게 한다.

신학의 궁극적인 목적은 성도들로 하여금 성경의 가르침을 바로 배워 그 가르침을 실천에 옮기도록 하는 것이다. 아울러 강단에서 말씀을 선포하는 목회자[설교자]에게 성경의 건강한 교리와 올바른 해석을 제공하여 성도들에게 구원에 합당한 올바른 삶을 살도록 지원해야 한다. 한마디로 신학은 교회의 성실한 조력자가 되어야 한다. 결코 신학 지상주의가 되어서는 안 된다. 신학을 위한 신학, 그것은 신학이 아니다. 요즘 한국교회와 신학계에 이런 관점에서 "신학은 학문이 아니다"라는 자각이 일어나고 있어서 반갑다.

특히 인간의 건강한 삶, 뇌치유를 목적으로 하는 신경의학이 신학의 도움을 받고자 하는 의미에서 우리가 추구하는 신경신학이야말로 더욱 실천적인 학문이 되어야 한다.

3) 신학의 중심은 예수 그리스도를 통한 인간 구원이다.

이러한 신학의 정체성과 신학의 사명의 중심에는 예수 그리스도가 있다. 성경은 처음부터 끝까지 시종을 일관하여 예수 그리스도를 증언하고 있기 때문이다. 예수님이 친히 말씀하셨다. **"너희가 성경에서 영생을 얻는 줄 생각하고 성경을 연구하거니와 이 성경이 곧 내게 대하여 증언하는 것이니라"**(요5:39), **"하나님이 처음부터 너희를 택하사 성령의 거룩하게 하심과 진리를 믿음으로 구원을 받게 하심이니 이를 위하여 우리의 복음으로 너희를 부르사 우리 주 예수 그리스도의 영광을 얻게 하려 하심이라"**(살후1:13~14). **"다른 이로서는 구원을 얻을 수 없나니 천하 사람 중에 구원을 얻을 만한 다른 이름을 주신 일이 없음이라"**(행4:12). 신학이 이것을 놓치거나 소홀이 하면 올바른 신학이 아니다.

그러므로 이처럼 예수 그리스도 중심의 신학과의 조화를 추구하는 신경신학 또한 그 목적을 예수 그리스도를 전파하는 데 두어야 한다. 즉 성경이 증언하는 주 예수 그리스도의 영성으로 뇌 치유의 은혜를 누린 우리들은 우리를 온전케 하시는 이인 예수 그리스도를 증언하는 것이 마땅하다.

우리는 위에서 살펴본 신학의 존재 이유와 신학의 목적을 토대로 신경신학의 제반 요소를 살펴보아야 할 것이다.

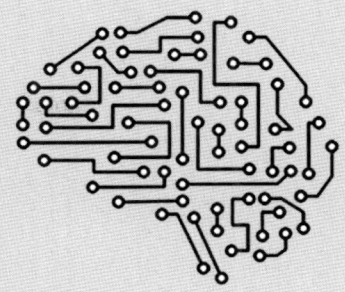

제3장

신경과학과 신경신학

제3장

신경신학과 신경신학

1. 신경과학과 신경신학의 만남

신경신학(神經神學)은 명칭 그대로 신학(종교)적인 주제들(영성, 믿음, 기도 등)을 뇌과학적인 측면에서 이해하고 연구하는 학문이라 할 수 있다. 다울러 신경의 건강을 위한 신학의 역할을 목적으로 하는 일종의 융합 학문이라 할 것이다. 여기서 말하는 '신경의 건강'은 예방의학적인 면과 치료의학적인 면을 포함한다. 인간의 뇌를 중심으로 하는 신경이 병들지 않고 건강을 유지하는 것은 가장 적극적인 치유이다. 뉴버그도 그의 저서에서 신경신학의 중심이 뇌 치유에 있음을 분명히 밝히고 있다. "뇌 병리학과 종교 간의 관계는 신경신학의 핵심 주제"라는 것이다.[18] 흔히 우리는 신경과학을 말할 때, 주로 병든 신경을 치료하는 쪽으로 치우쳐 생각하기 쉬운데, 근본적으로는 건강한 신경 상태의 유지를 우선시하며, 이차적으로 병들거나 상처 입은 신경을 치유하고 회복하는 것이다.

이렇게 볼 때, 필요한 신경신학이라는 용어가 함축하고 있는 의미는 그리 간단하지 않다. 우선 이 명칭은 단일(單一)한 것이 아니다. 명칭을 볼 때, 상식적으로 '신경학(뇌)'과 '신학'이 접목된, 단일 학문 분야가 아니라 종합적인 학문 분야임을 짐작할 수 있을 것이다. 오늘날 대학 교육의 현장에서 일반화되고 있는 융합학문 분야라고 이해해도 틀리지 않다.

---

18) Ibid, p.8

현대 학문과 과학은 과거와 달리 단일 학문, 단일 전공분야 보다는 상호 보완이 가능하고 시너지 효과를 기대할 수 있는 학문과 학문이 만나서 복합적인 연구를 함으로써 새로운 창조적인 소산물을 만드는 융합의 시대, 팀워크의 시대인 것이다. 그래서 최근 노벨상 수상의 내용을 보면 - 특히 과학과 의학 분야에서 - 팀 리서치를 한 창의적인 소산물이 주류를 이르고 있음을 볼 수 있다.[19] 신경신학 분야도 같은 성격이라고 할 것이다.

이 분야의 첫 책을 쓴 엔드류 뉴버그의 말을 빌리자면, "신경신학(Neurotheology)은 '신경(neuro)'이라는 조각과 '신학(theology)'이라는 조각이 결합 된 종합적(복수적)인 학문"[20] 분야라고 하겠다. 한편 뉴버그는 신경신학이라는 복합적인 명칭을 확정하기까지 상당히 고심했음을 실토하고 있다. 신경신학에 관심이 있는 사람에게 먼저 문제가 되는 것이 바로 '신경신학'이라는 명칭 그 자체라고 지적하면서 이렇게 말한다.[21]

"신경신학은 '신경(학)'과 '신학' 분야가 모두 상당한 이론들을 가지고 있으므로, 이 명칭 또한 잠재적으로 많은 문제를 가지고 있다. 그는 신경신학을 집필하기에 앞서 생물신학(biotheology), 또는 신경종교학(neurureligion), 아니면 심리영성학(psychospirituality) 같은 명칭 등, 이 명칭을 대체할 수 있는 용어를 고려하는 데 많은 시간을 보냈다.

뉴버그는 그 고심 끝에 얻은 결론으로서의 명칭이 'neuro'라는 조각(학문)과 'theology'라는 조각(학문)이 만나서 이루어진 하나의 새로운 천(융합학문)이라는 것이다. 필자도 이 분야의 명칭을 '신경신학'이라고 결정하기까지 상당한 사색과 문헌적인 고려를 했음을 밝힌다. 그러나 필자는 이미 '뇌 치유'를 중심으로 한 신경학을 목회자들이 어떻게 목회에 접목시킬 것인지 그 방법론을 제시한 <신경목회학>을 먼저 집필한 바 있어서, 인간의 신경과 관계된 문제를 성경과 신학에서 그 해답을 찾는 이 분야의 명칭을 <신경신학>이라고 결정짓는 데는 뉴버그와 같은 고민을 하지 않아서 좋았다.

그런데 뉴버그는 신경신학을 이해함에 있어서 몇 가지 중요한 개념들이 있음에 우리의

---

19) 최근 10년간의 과학 분야의 노벨상 수상 내용을 보면,... 등 단일 학문과 단일 연구자보다는 복수 학문과 복수 연구자의 업적이 주류를 이루고 있음을 알 수 있다.
20) Ibid, p.15.
21) Ibid, p.36.

주의를 환기시키고 있다.22) 앞에서도 지적했지만, 그는 신경신학은 인지 신경과학 분야에 유익을 준다는 것이다. 우리의 과학적 방법론으로는 영성(Spirituality) 이나 종교성(religiousness)과 같은 매우 주관적인 현상을 연구하는 데는 한계가 있다는 것이다. 뇌를 연구하기 위해 취해야 할 최선의 접근 방식과, 뇌를 연구하기에 가장 적절한 시기와 주제, 그리고 궁극적으로 이러한 연구를 통해 얻은 정보를 어떻게 해석할 것인지에 대해 많은 질문이 발생한다는 것이다. 또한 신경과학과 신학 또는 종교 사이의 관계를 이해하려면 뇌와 그 기능에 대해 현재까지 알려진 것을 재검토할 필요가 있다고 주장한다. 또한 신경신학의 맥락에서 뇌의 기능을 측정하기 위한 다양한 접근방식의 장단점을 이해하면 이 분야를 더욱 발전시킬 수 있을 것이라고 내다봤다.

그러면서 뉴버그는 신경과학의 중심인 뇌의 한 영역이 한 가지 과정에만 수반되는 단순한 방식으로 작동하는 경우는 거의 없으며, 뇌는 전체가 통합적으로 작동한다는 점을 강조한다. 이와 같은 뇌의 작동방식은 더 복잡한 유형의 과업에서 관찰해야 한다고 주장한다. 예를 들어서 성경과 같은 종교 서적을 읽는 수행은 시각과 기억언어, 감정의 개선에 효과적이라는 것이다. 이런 점에서 신앙[종교]의 주요 국면, 영성 훈련으로서의 기도와 묵상, 예배와 인격의 수양 등은 신경의학의 영역을 넘어 신경신학의 영역에서 가능하다는 것이다. 뉴버그는 이런 점에서 신경신학의 정립과 활용이 신경과학의 발전, 좁혀서 표현하면 건강한 신경[뇌]의 유지와 상처 입은 신경[뇌] 치유에 상호작용을 하게 될 것이라고 한다.

2. 뉴버그의 범종교적인 신경신학과 기독교적 신경신학

바로 이러한 뉴버그의 통찰과 문제 제기에 공감하면서, 필자는 그가 이해하고 있는 신학의 개념에 하나의 이의를 제기하는 바이다. 뉴버그의 신경신학(Neurotheology)은 범종교적, 또는 범신론적이다. 뉴버그가 이 명칭을 확정하기까지 '신경종교학(neuroreligion)' 이라는 명칭도 고려했다는 사실이 이를 뒷받침하고 있다. 이러한 고심은 분명 신학과 종교학의 성격을 이해한 것을 시사하는 것인데, 그럼에도 불구하고 그의 <신경신학>에서 진술하고 있는 그의 신학은 범종교적이며 범신론적이다. 그는 이 책에서 기독교를 비롯한 주요 종교의 교리나 이론을 넓은 의미에서 신학으로 보고 있으며, 이런 신학과 신경학의

---

22) Ibid., pp. 46-47.

접목을 통하여 인간의 뇌를 중심으로 한 신경의 치유와 회복에 신앙(종교)가 감당하는 영역을 실제적인 임상실험과 데이터를 통해 제시하고 있다. 물론 학문 분야에서, 일반적으로 '신학'이라고 하면, 반드시 기독교 신학만을 의미하지 않고, 주요 종교의 교리를 체계화한 것을 그 종교의 신학이라고 한다.

그러면서 뇌와 종교를 연결하여 이해한 최초의 뇌과학자는 유진 다퀼리(Eugene d'Aquili, 1940-1998)[23]라고 할 수 있지만, 신경신학이라는 단어는 1962년 올더스 헉슬리의 소설 <섬(Island)>에 처음 등장한다고 주장한다.[24] 디스토피아적인 미래 세계에 관한 이 소설에서 헉슬리는 미래의 인간이 종사하고 있는 여러 새로운 학문 간 분야를 언급하고 있는데, 신경신학도 그 중에 하나로 나온다. "약리학, 사회학, 생리학을 포함하여 응용자동학, 신경신학, 미립자화학(Metachemistry), 진균신비주의(Mycomysticism), 궁극적인 과학인 사망학은 말할 것도 없다."[25] 또한 뉴버그는 학문적인 차원에서 신경신학이라는 용어가 처음 사용된 것은, 제임스 애쉬브룩이 1984년 저널 <Zygon: 신앙과 과학>에 발표한 "신경신학: 일하는 뇌와 신학의 일"이라는 논문에서였다고 한다.[26]

3. 폴 투르니에의 의학과 신앙의 관계

스위스의 정신의학자로 '인격의학'을 개척한 폴 투르니에(Paul Tournier, 1898-1986)가 1972년에 발표한 <A Doctor's Casebook in the Light of the Bible>에서 사실상 신경과학과 성경의 관계를 언급한 바 있다.[27] 이 책에서 폴 투르니에는 성경의 입장(신앙의 입장)에서 질병과 신학의 관계를 다음과 같이 말한다. "어떤 질병이든지 두 가지 차원으로 이해할 수 있다. 첫 번째는 과학적인 차원으로 그 질병의 성질과 성장에 관한 진단, 병의 원인, 그리고 병의 발생에 관한 질문이다. 두 번째는 영적인 차원으로 그 질병의 깊은 의미와 그

---

23) 참고로, 유진 다퀼리는 앤드류 뉴버그와 함께 쓴 〈왜 신은 우리 곁을 떠나지 않는가?〉 등 여러 권의 주목할 만한 뇌과학서 발표하였다. 우리나라에도 한울림어린이 출판사에서 2001년 번역되어 출판되었다.
24) Andrew Newberg, Neurotheology, p.35.
25) Ibid., p.35.
26) Ashbrook JB. "Neurotheology: The working brain and the work of theology." Zygon: Journal of Religion and Science 19, p.331-350.
27) Paul Tournier, A Doctor's Casebook in the Light of the Bible, Hymns Ancient & Modern Ltd, 이 책은 2007년 도서출판 CUP에서 〈폴 투프니에의 치유〉라는 제목으로 출판됨(정동섭·정지훈 공역).

목적에 관련된 질문이다. 모든 질병은 두 가지 진단을 요구하는데, 하나는 과학적[의학적]이고 질병 분류학적이며 병리학적인 진단이고, 다른 하나는 영적이며 질병의 의미와 목적에 대한 질문이다."[28]

그러면서 투르니에는 첫 번째 진단은 객관적인 것이며 의사들이 환자에게 내리는 진단이 바로 그것이며, 두 번째 진단은 주관적인 것으로, 결코 의사가 할 수 없는 일이라고 지적하고 있다. 왜냐하면 두 번째 진단은 인간의 보다 깊은 내면의 문제, 영적인 문제이기 때문이라는 것이다. 과학[의학]은 첫 번째 진단을 내리는데 역할을 하지만 두 번째 진단에는 어떤 역할도 할 수 없다. 즉 질병의 현상과 질병의 의미를 구분하여 설명한다. 의학은 질병의 현상, 즉 원인과 상태에 대해 진단하고 치료하지만 그 질병의 의미에 대해서는 설명을 할 수 없으며, 이것이 바로 신앙[종교]의 영역으로 성경[신학]에서 해답을 찾아야 할 문제라는 것이다.[29] 그는 단적으로 "질병의 의미에 대해서 과학은 아무런 해답도 제시할 수 없다."고 말한다.[30] 인간의 존재 의미와 생명, 죽음과 정신적, 영적 세계의 문제에 과학[의학]이 어떤 답을 줄 수 있는가 반문한다. 이 영역은 어디까지나 신앙[종교]의 영역으로 성경에서 답을 찾아야 한다는 것이다.

그런데 이 둘은 무관하지 않다는 것이다. 매우 밀접한 관계라는 것이다. 아니 뗄 수 없는 불가분리의 관계이며 원인과 결과의 관계라는 것이다. 나타나는 현상에는 보이지 않는(나타나지 않는) 근원이 있다는 것이다. 그러므로 진정한 치유, 전인적인 치유는 과학[의학]의 역할만으로는 불가능하여 신앙[종교]의 역할이 함께 할 때 가능하다는 것이다. 이러한 투르니에의 주장과 통찰에는 이미 과학과 신앙의 만남과 접목, 즉 신경신학이 전제되어 있다고 할 것이다.

이 점에 대해 뉴버그도 그의 <신경신학> 제3장 '신경과학과 신경신학'에서 "신경신학은 신경과학 분야에 유익할 수 있다. 그런데 우리의 과학적 방법론으로는 영성이나 종교성과 같은 매우 주관적인 현상을 연구하는 것에는 한계가 있다"고 함으로써 객관적인 신

---

28) Paul Tournier, <폴 투르니에의 치유>, 정동섭·정지훈 공역, (서울: 도서출판 CUP, 2007), PP. 21-22.
29) Ibid., p. 22-23.
30) Ibid., p. 23.

경과학이 주관적인 종교의 영역인 신경신학을 이해하는 데는 한계가 있음을 시인했다. 그러면서도 신경신학이 신경과학에 유익한 영향을 줄 수 있다고 보았다.[31]

아울러 초기의 신경과학 연구는 비교적 간단했으나, 최근에 와서는 신경[뇌] 의학은 종합적인 방법으로 접근해야 한다면서 "예를 들어 성경과 같은 종교 서적을 읽는 과업은 시각, 기억언어, 감정, 그리고 다양한 아이디어를 해석해서 표현할 수 있는 다양한 인지과정이 필요하다. 종교 서적을 읽는 사람에게, 이와 같이 다른 모든 과정들은 유동적으로 흘러가는 것처럼 보인다. 그러나 뇌 영상법을 사용해서 과정들을 관찰하려는 시도는 언제 한 과정이 끝나고 다른 과정이 시작되는지 알기 어렵기 때문에 명확하지 않다"고 했다.[32] 즉 신경[뇌] 과학은 과학 자체의 기술과 능력만으로는 한계가 있으며, 인간의 정신적 영적 세계를 관장하는 신앙적 신학적 도움을 받아야 한다는 것이다.

4. 의학은 전인 치유를 위해 신앙[신학]의 도움을 받아야

더욱이 그는 대단히 중요한 지적으로 우리의 주의를 요구하는데, "환자를 영원한 생명으로 본다면 두 번째의 진단[역할]이 첫 번째보다 훨씬 중요하다"고 단언한 것이다.[33] 여기서 투르니에는 인간이 영원한 생명의 존재임을 강조하고 있는 것이다. '환자를 영원한 생명으로 본다면'이라는 표현은 하나의 가정(假定)이나 전제(前提)가 아니다. 인간은 영원한 생명, 즉 영적인 존재라는 것을 강조하고 있다. 영혼을 소유한 영적인 존재를 다른 피조물과 같이 단순히 과학[의학]의 힘과 기술만으로 접근해서는 안 된다는 경고이다. 이 영적인 존재, 성경으로 표현하자면 '하나님의 형상(Image of God)'으로 지음 받은 인간의 치유에는 신앙[종교]의 힘이 더욱 중요하다는 것이다. 이는 오늘날 신경의학, 뇌의학이 과학의 논리와 함께 신앙[신학]의 논리를 필요로 하는 것과 맥을 같이하는 주장이다.

참고로, 여기서 투르니에의 그 유명한 '인격의학(人格醫學, Medesine de la Personne, Personal Medicine) 사상이 나오는데, 사실 인격 신학은 그가 2차 대전 직후 1949년 국제

---

31) Andrew Newberg, Neurotheology, p. 46.
32) Ibid., .46.
33) Paul Tournier, 〈폴 투르니에의 치유〉, p. 22.

연구 그룹을 창설하여 의료봉사활동을 하면서부터 구상한 것이었다. 그의 인격의학은 앞에서도 언급한 바와 같이 인간은 하나님의 형상으로 창조된 고귀하고 존엄한, 인격적인 존재라는 사실에 기초한다. 그러므로 의학[과학]은 인간의 질병을 치료함에 있어서 단순히 신체적, 생물학적 존재로 취급해서는 안 되며, 보다 차원 높은 인격적, 영성적인 존재로 취급해야 한다는 것이다. 여기서 의학과 신앙[종교]의 만남과 협력은 필수적이고 필연적인 것이 된다.

투르니에는 '신경신학'이라는 전문용어를 사용하지 않았을 뿐, 오늘날 우리가 신경신학을 연구하는 시점보다는 무려 50년 전에, 그리고 제임스 애쉬브룩이 신경신학에 대한 논문을 발표한 1984년보다는 40년 전에 이미 의과학[뇌과학]과 성경[신학]의 관계와 상호 협력의 중요성을 통찰을 하고 있었던 것이다.

사실상 이 분야의 이론을 정립하고 있는 앤드류 뉴버그가 그의 책에서 간과하고 있는 투르니에의 선견적인 의사상(醫思想)을 개괄적으로 소개함으로써 기독교적인 '신경신학'의 정립의 중요성을 더욱 분명히 하고자 한 것이다. 궁극적으로는 우리가-전문적으로는 신경[뇌]과학계와 보편적으로는 일반적으로는 신경[뇌] 환우들-신앙[종교]이 가져다주는 치유의 효과에 보다 큰 관심을 갖고 이 세계를 경험하게 되기를 바라는 것이다. 이 영역의 각론이라고 할 수 있는 '기도(prayer)'와 '묵상(meditation)', '예배(worship)' 등 영성 훈련의 실제에 대해서는 다음 각 장에서 살펴보기로 한다.

뉴버그는 그의 책에서 신경신학에 관심을 가지고 연구하는 학자들을 제한적으로 소개하고 있는데, 우수한 편집 저서로는 신경신학 개념을 탐구하는 데 아이디어를 제공하고 있는 패트릭 맥나마라(Patrick McNamara)[34]의 <하나님과 과학이 만나는 곳(Where God and Science Meet)>과 볼니 게이(Volney Gay)[35]의 <신경과학과 종교(The Neuroscience and Religion)> 등이다. 맥나마라는 위의 저서 외에도 <종교적 경험과 신경과학(The Neuruscience of Religious Experience)>도 신경신학의 정립에 중요한 기반을 제시하고 있다

---

34) 보스턴의과대학 신경학과 교수
35) 테네시 주 벤더빌트 대학의 종교학, 인류학 교수

고 한다. 이 외에도 마리오 보리가드(Mario Beauregard)[36]와 데니스 오리어리(Denyse O'Leary)[37]가 공동 저술한 <영적 두뇌(Spiritual Brain)>와 랄프 메클렌버거(Ralph Mecklenburger)[38]의 <우리의 종교적 두뇌(Our Religious Brain)도 뇌와 종교적 개념에 대한 최신 연구로, 우리에게 참고가 된다고 정보를 제공하고 있다.

5. 인간의 전인 치유를 위한 신경신학

위에서 진술한 신경신학을 어디까지나 기독교 신학, 즉 하나님의 말씀인 성경에 기초한 신학과 신경학(뇌)의 관계를 논하고, 이 두 학제 간의 만남과 협력을 통하여 뇌 치유와 회복의 길을 성경과 뇌과학에서 그 해답을 찾고자 하는 것이다. 이처럼 신경신학이란 '신경'과 '신학'의 만남으로써, 신경과학과 인간의 영혼구원과 치유를 통해 우리가 보다 건강하고 행복한 삶의 길을 제시하는 실천적 학문이다. 그래서 신경과학에 대한 구체적인 이해가 필요하다. 다음 장에서 '신경과학'과 '신경신학'의 관계에 대해 주체적으로 설명하게 될 것이다. 이 점에 대해 뉴버그도 그의 책 서문에서부터 중요하게 다루고 있음을 본다.

그는 수천 년 동안 인류의 역사를 이끌어 온 두 개의 힘은 바로 과학기술의 힘과 종교와 영성이라는 것이다.[39] 이 두 개의 힘은 서로 상반되어 갈등하고 양립하기도 했으나, 때로는 협력하고 보완하여 인류의 역사에 기여해 왔다는 것이다. 이런 면에서 인간의 신경[뇌]을 중심으로 과학[의학]과 신학의 만남은 인류의 미래를 위해 희망적이라고 할 것이다.

참고로, <Neurotheology>의 저자 앤드류 뉴버그는 그의 책 제2장 "신경신학이란 무엇인가?"에서 정작 간명하게 신경신학에 대한 정의를 내리지 않았다. 제2장 전반에 걸쳐 길게 신경신학을 설명하는 형식을 취하고 있는데, 그만큼 '신경신학'을 간단하게 정의하기가 어렵다는 것이다. 그는 고대 문헌으로부터 동양의 힌두교 경전과 유대교 경전인 성경을 통하여 인간의 정신(뇌)과 신앙의 관계를 설명하고 르네상스와 산업혁명 시대의 신경신학, 그리고 현대사회에서의 신경신학을 설명하고 있다. 그러면서 그는 신경신학의 주요

---

36) 캐나다 몬트리올 대학의 뇌과학연구소 교수
37) 캐나다 토론토 중심의 프리렌스 여류작가로, 신앙과 종교에 대한 전문기사를 쓰는 것으로 알려짐
38) 미국 포트워스 Brite Divinity School의 교수이자 유대인 랍비. 유대교와 기독교의 대화에 힘씀
39) Andrew Newberg, Neurotheology, p.2.

내용으로 영적 명상과 기도, 의식(ritual), 신비적인 체험 등을 살펴보고, 신경신학이 지향하는바 목표를 제시하는 것으로 신경신학을 포괄적으로 설명라고 있다. 뉴버그의 이러한 내용을 종합해 보면, 신경신학은 인간의 정신(뇌)의 문제를 신앙(종교)의 영역과 결부하여 종교적인 명상과 기도, 영적 훈련 등을 통하여 건강한 정신과 상처 난 정신의 회복(치유)를 목적하는 학문이라고 설명하고 있다.[40]

---

40) Ibid., pp.28-49. 뉴버그의 위의 책, Chapter Two, WHAT IS NEUROTHEOLOGY? 전체를 참고.

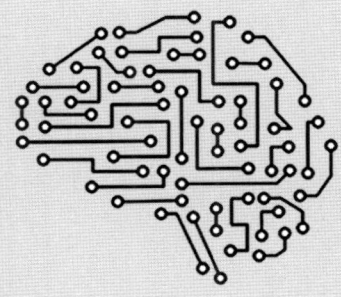

제4장

신경신학을 위한 뇌 구조와 기능

제4장

신경신학을 위한 뇌 구조와 기능

신경신학의 개념을 이해하고 정의를 내림에 있어서 한 가지 고려할 것은, 신경신학의 중심에는 뇌(腦)가 있다는 점이다. 뉴버그도 그의 <신경신학>에서 이 점을 분명히 밝히고 있다. "신경신학은 인간의 뇌로부터 시작한다. 단어 그 자체가 Neuro로 시작되기 때문만이 아니라, 뇌는 우리의 종교 및 영적 자아와 관련된 것들을 포함하여 우리 인간의 모든 사고(思考)와 감성, 그리고 체험을 가능하게 하는 우리 자신의 일부이기 때문이다."[41] 라고 주장한다. 여기서 뉴버그는 'neuro'를 신경이라는 넓은 의미에서 '뇌(brain)'라는 좁은 의미로 집약해서 설명하고 있는데, 그는 이와 관련하여 정신과 뇌의 상관관계를 제기하면서 신경의 중심, 신경신학의 중심에 뇌가 있음을 환기시키고 있다. "뇌와 정신과의 관계를 고려해보자. 정신(mind)과 의식(consciousness)은 뇌의 상태와 동일한가? 아니면 뇌의 부산물인가? 아니면 완전히 독립적인가? 이 거대한 철학적이고 과학적인 수수께끼는 '정신-육체의 문제(the mind-body problem)'로 알려져 있으며 인류 역사상 수 천 년 동안 우리를 괴롭히고 있다"[42] 라고 하면서, 이것이 바로 종교적, 영적 체험을 통해 규명되어야 할 문제라고 지적하고 있다. 이런 점에서 인간의 뇌는 신경과학만으로 규명할 수 없으며, 종교와 영성을 다루는 신학과의 만남과 대화를 통해서 규명해야 할 지난한 문제임을 지적하

---

41) Ibid, p.13.
42) Ibid, p.16.

고 있다.

이와 관련하여 뉴버그는 신경과학과 신경신학의 관계를 설명함에 있어서 신경신학의 중심에는 뇌가 있다고 보고, 인간의 뇌 현상과 신앙적[종교적] 현상에 대해 다음과 같이 설명하고 있다.[43]

"신경신학에 대한 고찰을 위해 다양한 뇌 구조와 그들[뇌] 각각의 기능이 종교 및 영적 믿음(spiritual beliefs)과 수행(practices), 그리고 체험 요소들과 어떤 연관을 갖는지 고찰하는 것이 중요하다. 뇌의 각 구조들이 수행하는 것을 설명하겠지만, 뇌의 구조가 궁극적으로 인간의 복잡한 세계를 이해해서 그에 따라 일관된 행동으로 반응할 수 있도록 협력하여 작동한다는 것을 깨닫는 것이 중요하다." 그러면서 뉴버그는 뇌는 신체의 일부이면서도 영적인 영역과 닿아 있는 가장 중요한 구조라고 보았다. 이런 점에서 그는 뇌 기능과 종교적 현상에 대해 다음과 같이 설명하고 있다.[44]

1. 기본 뇌 기능과 종교적 현상

신경신학에 대한 고찰의 나머지 부분을 진행하기 위해, 다양한 뇌 구조와 그들 각각의 기능이 종교 및 영적 믿음, 의식, 그리고 경험 요소들과 어떻게 연관되어 있는지 고찰하는 것이 중요하다. 뇌의 각 구조들이 수행하는 것을 설명하겠지만, 뇌의 구조가 궁극적으로 인간이 복잡한 세계를 이해해서 그에 따라 일관된 행동으로 반응할 수 있도록 협력해서 작동한다는 것을 깨닫는 것도 중요하다. 즉, 뇌의 한 특정 영역이 언어나 시각과 크게 연관되어 있을 수도 있지만, 그것이 별도로 작동되지는 않는다. 뇌의 다른 부분 모두는 한 가지 또는 다른 방식으로 상호 의존한다. 그러나 특정 구조에 상당히 국지적인 것으로 보이는 특정 기능이 있으며, 다른 많은 구조들도 연관이 있을 수 있지만, 이 리뷰는 신경신학에 가장 중요한 구조들을 설명할 것이다.

마지막으로, 이 리뷰는 그 정도나 세부 사항을 철저하게 설명하는 것이 아니라, 신경과학에 대한 지식이 비교적 적은 사람들이 뇌의 기본적인 구조와 작동의 일부를 이해할 수

---

43) Andrew Newberg, Neurotheology, pp. 53~66.
44) Ibid., p. 53. 이하 참조.

있도록 하기 위한 것이다. 신경과학을 보다 더 세부적으로 분석한다면, 궁극적으로 신경신학 분야에서 더 미묘하고 통합된 발전을 가능하게 할 수도 있을 것이다.

2. 자율신경계

기능적으로 신경계의 가장 기본적인 부분은 자율신경계(autonomic nervous system)이다. 자율신경계는 뇌의 나머지 부분과 중추신경계로부터 입력을 받아서 기준이 되는 신체기능을 유지하는 역할을 한다. 또한, 신체는 자율신경계를 통해 다양한 외부 자극에 반응을 할 수 있다. 따라서, 자율신경계는 뇌와 신체의 나머지 부분을 연결하는 데 도움을 준다. 자율신경계는 또한 뇌의 전반적인 활동은 물론, 공포, 기쁨, 그리고 수치심과 같은 근본적인 감정 표현에도 중요한 역할을 한다.

자율신경계는 전통적으로 교감신경계(sympathetic system)와 부교감신경계(parasympathetic system)라는 두 개의 시스템으로 구성되어 있는 것으로 이해되고 있다. 두 신경계는 거의 모든 신체 기관을 형성하며, 일반적으로 "밀고 당기는" 효력이 있기 때문에, 한 신경계가 심박수를 증가시키면, 다른 신경계가 감소시키고: 한 신경계가 눈의 동공을 확장시키면 다른 신경계가 수축시킨다.

교감신경계는 소위 "투쟁-도주 반응(fight-or-flight response)"의 보조 역할을 하며, 신체 각성 시스템을 책임진다. 교감신경계의 기능 중에는 필수 자원 소비, 심박수와 혈압 증가, 근육 효율성 향상, 그리고 호흡 증가가 있으며, 이 모든 것들은 환경에서 중요한 자극이나 위협에 대응하기 위한 노력이다.

부교감 신경계는 교감신경계의 반대이다. 부교감 신경계는 또한 진정(calming) 또는 정지(quiescent) 시스템으로 생각될 수도 있다. 부교감 신경계의 기능은 필수 자원 저장, 심박수 및 혈압 감소, 그리고 호흡을 느리게 하는 것 등이 있다.

그러나 점점 더 많이 연구되면서, 교감신경계와 부교감 신경계 간의 상호작용이 이보다 훨씬 더 복잡하다는 것을 알게 되었다. 교감신경계와 부교감 신경계 모두를 빠르게 교대로 활성화시키거나, 동시에 활성화시킬 수 있다는 것을 시사하는 증거가 있다. 이와 같이 매우 특이한 유형의 상호작용은 한 신경계가 극단적으로 흥분되었을 때 발생 될 수도 있다. 예를 들면, 마라톤과 같은 지속적인 신체 운동은 교감신경계 활동이 매우 높은 수준으로 증가되는 것과 관련이 있으며, 심오한 단계의 기도는 부교감 신경계 활동이 매우 높은 수준으로 증가되는 결과를 초래할 수도 있다. 한 신경계에서 이와 같이 활동 수준이 높아질 때, 다른 신경계에서 상호적 변화가 있을 수도 있다. 두 팔의 자율신경계 간 실질적인 상호작용의 정도는 완전히 밝혀지지 않고 있다. 그러나, 영적 의식은 깊은 흥분감, 또는 진정, 또는 그 둘을 합한 느낌을 초래할 수 있기 때문에, 명상과 같은 영적 의식을 연구하는 많은 연구원들은 자율신경계의 활동은 종교 및 영적 경험과 매우 관련이 있는 것으로 생각하고 있다. 이와 같이 복잡한 자율신경계의 상태는 다양한 의식(儀式), 의례, 그리고 신비로운 경험과 관련이 있기 때문에, 다음 장에서 이들을 고찰할 것이다.[46]

3. 뇌의 구조와 4개의 엽

뇌는 구조적으로 매우 비슷하게 보이는 좌우 두 개의 반구로 나뉜다. 그러나, 좌우 반구는 각각 신체의 반대편을 통제하기 때문에 기본적인 기능면에서 몇 가지 차이가 있다. 그러나, 보다 중요한 것은 좌반구는 대부분 사람들의 주요 언어 영역을 차지하고 있기 때문에 일반적으로 지배적인 반구로 간주된다는 것이다.[47]

특히, 오른손잡이 사람들의 주요 언어 영역은 98% 이상이 좌반구에 있으며, 왼손잡이 사람들의 주요 언어 영역은 약 75%가 좌반구에 있다. 일반적으로, 좌반구는 분석적이고 정량적인 사고에 수반되는 것으로 보이는 반면, 우반구는 창의적이고 감정적인 사고에 수반되는 경향이 있다. 그러나 많은 뇌 영상 연구들에 따르면, 두 반구 모두 모든 정신적 과정에 참여하는 것을 보인다. 뇌에는 신경 정보를 공유할 수 있도록 두 반구를 연결하는 특정 연결 섬유가 있다. 현재까지, 어느 반구에서 종교적 또는 영적 사고와 경험이 우세한지 여부는 불분명하다. 완전하게 이와 같은 결정을 내리려면 더 많은 데이터가 필요하다.[49]

신을 의인화해서 보는 뇌, 후두엽(occipital lobe)은 뇌의 뒤쪽에 있으며 시각과 시각정보를 담당하며 시각기억을 저장한다. 우리는 눈으로 보는 게 아니라 뇌로 보는 것이며, 시

---

46) Andrew Newberg, Neurotheology, Columbia University Press, 2021, pp. 54~55.
47) Ibid., p.55.
49) Ibid., p. 56.

각 기억은 후두엽에 저장된다. 여기서 후두엽과 두정엽을 '감각영역'이라고 일컫는데, 망막에 들어온 빛의 신호가 직접 세로토닌 신경을 흥분시킨다.

후두엽은 세로토닌과 델타파를 생성함으로써 휴식을 취하고, 동시성을 재개하게 하는 뇌의 능력을 조절하는 것으로 알려져 있다. 일반적으로 세로토닌 신경은 시상하부, 대뇌변연계를 중심으로 뇌 전체에 뻗어 있으며 신경 말단에서 세로토닌을 방출한다. 세로토닌은 충동을 억제하는 역할을 하는데, 세로토닌이 부족하면 의욕과 성욕이 줄고 기분이 가라앉는다.

세로토닌은 뇌와 몸에 치유, 보살핌, 만족의 느낌을 주는데, 이것이 균형을 이루면 숙면을 취하고 잘 먹으며 이성적으로 판단하게 된다. 그러나 후두엽이 손상되거나 세로토닌의 균형이 깨지면 우울증, 호르몬 불균형, 생리 전 증후군, 섭식장애와 같은 신체적 악영향이 나타난다.

두 번째 설명해야 할 뇌구조는 사고와 추리의 뇌, 전두엽(frontal lobe)이다. 전두엽은 뇌에서 중요한 부분이며, 우리 인간을 독특하게 만든다; 즉, 인간의 전두엽은 인간을 지구상의 모든 동물들과 다르게 만든다. 실제로, 인간의 전두엽은 다른 동물의 전두엽보다 뇌의 나머지 부분에 비해 크다. 전두엽의 기능 중에는 집중하고, 미래 사건과 행동을 계획하고, 행동과 동작을 개시하며, 감정적인 반응을 조절하는 능력이 있다. 이러한 과정들 중 많은 것들은 집행 기능(executive function)이라 불리는 영역에 속한다. 전두엽은 우리가 하루를 계획하고, 금전출납의 균형을 맞추며, 직무를 수행하고, 사회적 관계를 유지하는 데 도움이 되며, 심지어 의지의 자리(seat of will)이기도 하다. 전두엽은 몸의 움직임을 조절하고 자극에 반응하며 성격을 형성한다. 전두엽과 측두엽을 합쳐서 연합영역이라고 하며, 연합영역 중에서도 앞쪽에 위치한 전두연합영역은 인간의 이성을 탄생시키는 곳이다.

전두엽의 신경세포는 도파민과 베타파를 생성하며, 도파민은 뇌의 전압을 조절한다. 도파민은 몸과 마음의 에너지이며 강하고 민첩하며 재치가 있다. 일반적으로 도파민 신경은 대뇌변연계에 밀집되어 있는데, 신경 말단에서 도파민을 방출하여 쾌감과 기쁨을 느끼게 한다.

1990년에 미국 의학협회 저널에 실린 프랭크 메쉬버거(Frank Meshberger)가 쓴 기사는 매우 흥미로웠다. 그 기사에서, 메쉬버거는 신경과학자로서 미켈란젤로의 시스티나 성당 그림에 대해, 특히 뇌의 전두엽과 연관지어 자신의 관점을 설명하고 있다. 그는 신과 천사의 형상이 인간 뇌의 해부학적 구조와 매우 유사하다는 것을 알아차렸다. 미켈란젤로 시대의 예술가들이 인간의 시체를 자주 해부했기 때문에, 미켈란젤로가 의도적으로 또는 우연히 신의 전체적인 형상을 인간의 뇌 모양으로 만들었다고 생각하는 것은 당연하다고 그는 주장했다. 메쉬버거는 한 걸음 더 나아가 하나님의 손이 아담에게 닿을 때 전두엽에서 발산된다는 점을 지적했다. 메쉬버거는 신은 처음부터 아담을 완전하게 창조한 것이 아니라, 아담이 완전한 인간이 될 수 있도록 기능이 복잡한 전두엽으로 이루어진 뇌를 그에게 주었을 지도 모른다고 주장했다.

    이 모든 것이 단순히 재미있는 추측에 불과하지만, 다음 장에서 전두엽이 종교 및 영적 의식과 경험에서 어떻게 중요한 역할을 하는지 살펴보게 될 것이다. 전두엽에 많은 믿음과 행동을 조절하는 능력이 있다는 것은 그것이 명상, 기도, 그리고 다양한 의례와 같은 의식을 행하는 동안 활성화되며, 특정 믿음을 유지하고 그러한 믿음에 대한 감정적 반응을 조절하는데 필연적으로 수반된다는 것을 시사한다. 그리고, 어떤 사람들은 전두엽이 의지의 자리라고 주장하기 때문에, 우리가 자유 의지(free will)의 본질을 논하기 시작할 때 전두엽은 중요한 장소처럼 보일 것이다.

    또 다른 뇌의 중요한 부분은 성령을 체험하는 뇌, 두정엽(parietal lobes)이다. 두정엽은 뇌의 상단 뒤쪽에 있다. 두정엽의 매우 중요한 기능 중에는 사회적 상호작용과 공간적 감각을 창조하는 것이다. 오순절 신자들이 방언할 때 두정엽의 활동이 증가되고 깊은 명상 시에는 그 활동이 감소된다.

    공간적 감각 창조의 경우, 두정엽은 뇌의 다른 모든 부분으로부터 감각 정보를 취해서, 공간에서 우리 신체가 3차원 표현을 구성하도록 도움을 준다. 두정엽은 세상에서 우리 신체가 방향을 정하는데 관련된 대부분의 공간적 과업에 수반된다. 이 책을 읽고 나서 의자에서 일어나 문 쪽으로 돌아서서 문을 통과하면, 두정엽은 당신 주변의 공간과 신체가 그 공간 내에서 어떻게 적합한지에 대한 명확한 감을 제공함으로써 그와 같은 모든 기능을 수행하는데 도움이 된다. 많은 종교 및 영적 의식들은 공간 내에서 신체의 감각 변화와 연관이 있으며, 심지어 자아 감각의 소멸과 연관되어 있기 때문에, 우리는 두정엽이 그와 같은 의식 경험에서 중요한 역할을 할 것으로 기대할 수도 있다. 또한, 종교의 많은 측면들은 사회적 상호작용과 관련이 있기 때문에, 연민 및 공감과 같은 느낌의 측면에서, 두정엽은 그와 같은 사회적 관계를 맺는 것을 돕는 과정에 중요할 것으로 보인다.

마지막으로 고려해야 할 주요 구조는 신의 목소리를 듣는 뇌, 측두엽(temporal lobe)인데, 이것은 뇌의 측면을 따라 위치해 있다. 측두엽은 종교 및 영적 현상과 연관될 수도 있는 매우 중요한 기능들을 담당한다. 세상을 생생하게 3차원으로 만드는 것을 돕는 시각 처리 시스템의 일부는 측두엽의 아랫부분에 위치하고 있다. 후두엽의 주요 시각 영역은 기본 정보를 측두엽의 하부로 보내 우리가 "세상을 볼 때" 일반적으로 생각하는 복잡한 표현을 구축하기 시작한다. 측두엽의 상부는 청각과 언어에도 수반된다. 사실, 좌측두엽 윗부분은 좌두정엽 아랫부분과 연결되어 있으며, 이것은 우리의 언어 개념 기능에 크게 관여하고 있다. 이곳은 뇌가 추상적 사고, 수학의 정량, 그리고 언어를 처리하는 곳이다. 이 영역들은 또한 전두엽과 함께 협력해서 우리가 전반적인 행등과 믿음 체계를 구축하는 데 도움을 준다.[51]

4. 감정의 뇌, 변연계

측두엽에서 깊은 안쪽에는 변연계(limbic system)라 불리는 구조의 집단이 있는데, 이것은 뇌가 감정을 처리하는 중심이다. 변연계는 두려움, 행복, 슬픔, 공격성, 사랑과 같은 단순한 감정에서 질투, 쑥스러움, 우울감과 같은 미묘한 감정에 이르기까지 광범위한 인간의 감정을 담당한다.

인간이 모든 범위의 감정을 가지고 그것들을 다양한 경험과 사고에 적용할 수 있으려면, 변연계가 뇌 전체와 긴밀하게 연결되어야 한다. 이를 통해 인간은 복잡한 생각을 할 수 있으며, 또한 이러한 사고에 감정적 가치를 부여할 수 있다. 따라서, 인간이 신을 생각하고, 어떤 결론에 도달하며, 강한 감정적 반응으로 그 결론을 뒷받침할 수도 있다. 시상하부(hypothalamus), 시상(thalamus), 편도체(amygdala), 해마(hippocampus)가 변연계에서 가장 중요한 영역이다.

---

51) Ibid., pp.57-60.

신체리듬의 평형을 조절하는 뇌, 시상하부는 뇌에서 중추 구조이며, 심박수, 혈압, 그리고 대부분의 호르몬 시스템을 비롯한 신체의 많은 기능을 유지하는 역할을 한다. 시상하부에 의해 조절되는 호르몬 시스템으로는 성호르몬, 갑상선 기능에 수반되는 호르몬, 그리고 코르티솔(cortisol)과 같은 스트레스 호르몬 등이 있다. 정중선(midline)에 가장 가까운 부분의 시상하부는 부교감 신경계가 뇌로 확장되는 부분이며, 따라서 부교감 신경계를 뇌의 다른 부분과 연결한다. 시상하부의 바깥 부분은 교감신경계가 뇌로 확장되어 있는 것으로 보인다. 이것은 도피-투쟁 반응, 공포 또는 분노감, 그리고 적당한 즐거움에서 행복에 이르기까지 긍정적인 감정과 관련이 있다. 시상하부에 의해 생성되는 감정의 중요한 측면은 긍정적이건 부정적이건 감정이 그들은 자극에 지배되는 경향이 있다는 것이다. 이것은 그들이 특정 자극에 반응한 다음 자극이 사라지면 빠르게 반응도 사라진다는 것을 의미한다. 근심, 걱정, 염려(벧전 5:7 메림나) 한다면 시상하부는 평상보다 더 많은 화학물질을 분비한다.

신께 두려움을 느끼는 뇌, 편도체는 각 측두엽의 중간 부분에 위치해 있으며, 일반적으로 우리에게 중요한 동기부여가 발생될 때 활성된다. 편도체는 두 반구 모두의 다양한 뇌 부분과 광범위하게 상호 연결되어 있으며, 다른 피질하 구조와도 연결되어 있는데, 이를 통해 감각 자극을 관찰해서 그것이 조직에 중요한 동기부여가 되는지 여부를 결정할 수 있다. 편도체는 사랑, 애정, 우정, 공포, 불신, 그리고 분노와 같은 매우 미묘한 사회적 감정을 분별하고 표현하는 능력을 지니고 있다. 편도체는 기쁨이나 행복과 같은 긍정적인 사랑의 감정에만 반응하도록 설계되어 있다. 부정적인 생각으로 가득할 때 편도체는 재 역할을 하지 못한다. 편도체는, 감정과 동기부여 기능 외에도, 주의력, 학습, 그리고 기억력에 관여한다.

잠재적으로 관심이 있는 자극이 감지되면, 편도체는 감정 또는 동기부여의 중요성을 분석하는 기능을 하며, 적절한 행동을 유발할 수 있도록 시상하부와 같은 뇌의 다른 영역에도 관여한다. 편도체는 피질 및 자율신경계와 연결되어 있기 때문에, 우리 사고에 감정을 제공해서 신체 전체에 걸쳐 그러한 감정을 느끼도록 도움을 줄 수 있다. 반대로, 편도체는 우리가 우리 신체에서 나오는 느낌에 대해 생각하는 것을 돕는다. 시상하부와 관련된 기본적인 감정과는 대조적으로, 편도체에서 나오는 감정은 오랫동안 지속될 수 있다. 사실, 편도체는 외상 후 스트레스 장애와 같이 강하고 오래 지속되는 감정을 수반하는 장애에 관여한다. 신경신학적 관점에서, 편도체는 신에 대한 기도나 믿음과 같은 의식과 관련된 사랑이나 연민의 강한 감정에 관여할 수도 있다.

신을 기억하는 뇌, 해마는 전화 수화기처럼 생겼으며, 각 측두엽의 편도체 바로 뒤에 위치하고 있다. 해마는 정보 처리, 기억력, 그리고 학습 과정에 중요한 역할을 한다. 해마는 정서적으로 매우 중요한 것을 기억하는 역할을 한다. 우리는 좋은 것과 나쁜 것 모두를 기억하고 싶어 한다. 우리는 자녀들을 평생 보살피기 위해 그들을 기억하고 싶어 하고 장수하기 위해 질병을 일으키는 음식을 피하고 싶어 한다. 따라서 해마는 편도체와 상호작용을 해서 동기부여가 되는 중요한 것들을 기억하도록 도움을 주며 전반적인 감정반응을 조절한다. 신경신학적 관점에서, 기독교인들이 그리스도가 그 자신의 죄로 인해 죽었다는 것을 기억하는 것과 같이, 해마는 종교적 전통과 관련된 감정적으로 중요한 개념들을 기억하는데 도움을 줄 수 있다.

또 다른 매우 중요한 구조 중 하나는 신을 실재처럼 감지하는 뇌, 시상이라 불리는 중추 구조이다(각 반구에 하나 씩, 두 개의 시상이 있다). 시상은 뇌에서 많은 피질 영역을 다른 피질과 연결하며, 피질하 영역과도 연결하는 중요한 중계소다. 시상은 몇몇 시상 활동을 조절하는데 도움을 주는 해마와 깊게 연결되어 있다. 시상은 또한 귀와 눈으로부터 들어오는 정보를 취해서 그것을 뇌의 다른 영역으로 보낸다. 시상은 많은 과정에서 중요한 역할을 하기 때문에, 우리가 현실감을 형성하도록 도움을 주는 가장 중요한 구조 중 하나일 수도 있다. 시상이 감각을 생각 및 믿음과 연결하기 때문에, 그것이 나타내는 것과 우리가 반응하는 방법을 포함한 세상에 대한 우리의 모든 관점은 시상을 통과하는 것으로 보인다. 우리가 마취제를 맞고 의식이 없을 때 시상이 조용해진다는 점도 흥미롭다. 이것은 시상이 의식의 자리(seat of consciousness)에 있거나 적어도 의식의 중심 역할을 한다는 것을 시사한다. 따라서, 신경영상학 연구가 시상에서 종교와 영적 의식, 그리고 믿음과 관련된 변화를 발견했다는 것은 놀라운 일이 아니다.

마지막으로, 각 반구의 변연계와 피질 사이에 뇌섬엽(insula)이라 불리는 중요한 영역이 있는데, 이것은 최근에 감정 처리에 매우 중요한 것으로 밝혀졌다. 이 영역은 변연계가 이끌어내는 감정을 이해하고, 공감하는데 도움을 주는 것으로 보인다. 따라서, 뇌섬엽은 사람들이 종교 및 영적 믿음의 감정적 내용을 처리하는 것을 돕는데 매우 중요할 수도 있다.[53]

---

53) Ibid., pp. 60-63.

5. 공감과 온정의 뇌, 전대상회[54]

전대상회는 변연계와 전전두엽 사이에 위치하고 있는데 신경학적인 심장으로서 신에게 다정함(Loving)을 느끼는 뇌의 부위로 알려져 있다. 자극을 받으면 화를 내거나 겁을 먹는 충동을 억제한다. 전대상회는 사회적 상황을 평가하는 것과 관련된 필수적인 많은 기능을 수행하며 또한 사람들이 거짓말을 하면 감지하고 갈등을 다루는 전략을 조정하는 데 도움을 준다.

그리고 우리의 불안이나 두려움, 죄책감이나 분노를 감소시키고 학습이나 기억, 집중적인 주의에 관여하기도 한다. 명상이나 관상기도는 전대상회의 활동을 자극한다. 그러나 관상기도나 깊은 명상(묵상)은 두정엽의 활동을 감소시키며 신과 합일화를 이룬다, 오순절 신자들이 방언을 하거나 성령체험을 하면 두정엽 활동은 증가된다.

전대상회에는 폰 에코노모 뉴런(Von Economo Neuron) 이라 불리는 방추형세포(Spindle-shaped Cell)가 집단을 이루고 있는데 이는 인간을 비롯 유인원 그리고 고래에서 발견된다. 이 뉴런들의 연결고리는 뇌의 다른 부분과 광범위하게 연결되어 있으며 우리의 사고, 느낌, 그리고 행동을 통합하기 때문에 사회적 인식 발달에 밀접하게 관여하는 것으로 여겨진다. 이 뉴런들은 우리를 부정적인 감정에서 벗어나 긍정적인 감정으로 인도한다.

방추형 세포는 출생 후 출현하고 경험 의존적으로 발달하기 때문에 관계의 생리학적 관점에서 볼 때 매우 매혹적인 세포이다. 어린 시절 방치나 스트레스 외상은 방추형 세포발달에 부정적인 영향을 준다. 지속적인 스트레스에 노출되면 이 뉴런들의 기능이 저하되지만 사랑, 소통, 그리고 감각 및 지적 자극이 풍부한 자신을 노출시키면 폰 에코노모 뉴런과 전측대상회의 기능이 강화될 수 있다.

명상은 스트레스를 줄이는 동시에 전대상회의 활동을 자극한다. 그래서 영적 수행은 전

---

54) 기독일보 2025. 3. 10, 3. 24

대상회에서 중요한 역할을 하며 사회적 인식과 온정을 강화시킨다. 또한 폰 에코노모 뉴런은 알츠하이머병과 다른 노인성 질환을 앓고 있는 환자들의 퇴화에 특히 취약한 것으로 알려져 있다. 그래서 인지장애가 있는 환자들이 하루에 단 12분간의 명상을 수행한 것만으로도 자신들의 기억력을 향상시키는데 이는 영적수행이 희귀한 이 영장류 뉴런기능을 향상시킬 수 있음을 시사한다.

전대상회는 전두엽과 변연계 사이의 활동을 조절하고 균형을 이루는 일종의 받침점 역할을 한다. 공포를 일으키는 편도체를 포함하고 있는 감정중추의 변연계는 논리, 이성, 그리고 언어를 사용하는 능력을 지닌 전두엽간의 상호관계를 맺고 있다. 그래서 전대상회는 인지와 정서를 조절하는 기능을 하며 인지적 융통성을 발휘한다.

변연계와 전두엽사이 경계에 자리 잡고 있는 전대상회는 느낌과 사고의 균형을 맞추는 받침대 역할을 한다. 너무 감정에 치우치면 변연계로 혈액이 들어가서 편도체의 경계심, 방어력, 그리고 공포심을 자극한다. 마치 시이소처럼 변연계에서 활동이 증가되면 전두엽에서 활동이 감소된다. 따라서 분노, 또는 불안해지면 논리적이거나 이성적인 활동이 중단되고 인지기능이 억제된다. 편도체가 활성화되면 전대상호의 활동은 멈추게 되고 공감과 직관력은 떨어지고 타인이 어떻게 느끼는지 정확하게 평가할 수 있는 능력을 상실하게 된다. 반면에 전두엽이 활성화되면 전대상회를 자극하는데 이것이 편도체 활동을 느리게 만든다. 따라서 논리와 이성이 분노와 공포를 가라앉힌다. 이러한 작동 원리는 간단하다. 가상 시이소의 한쪽이 올라가면 다른 쪽은 내려가는 것과 같다.

그러나 전대상회가 손상을 입게 되면 공감능력이 떨어지그 함묵증이 생길수 있으며 모성행동이나 표현력이 감소되고 정서가 불안정하고 충동성이나 과잉행동을 하게 된다. 전대상회가 뇌졸중, 병변등으로 손상되거나 심지어 지나치게 흥분되면 모든 것이 균형을 잃게 된다. 따라서 명상과 영적수행과 같은 내적 인도자를 양성하는 것은 필수적이다. 명상과 영적수행은 전대상회를 자극하는 전두엽을 강화시키며 이를 통해 의식적으로 더 큰 목표와 평온함을 이루어 삶의 목표를 추구할 수 있다. 전대상희 회로가 강화되면 불안, 우울증, 그리고 분노를 억제할 수 있다.

최근 우리나라 기초과학연구원 (IBS)에서 공감능력을 조절하는 유전자와 관련된 신경회로를 밝히는데 성공하였다. 전대상회는 타인이 고통 받고 있거나 상처받은 사람에 대한 공감의 감정을 불로 일으킨다. 전대상피질은 관찰공포에 핵심적인 역할을 수행한다고 알려져 있는데 실험결과 억제성 SST(Somatostatin) 뉴런 등 특정종류의 뉴런에서 Nrxn3 유전자가 제거된 경우에만 생쥐의 공감능력이 크게 향상돼 공포행동을 가장 두드러지게 보였다[55] (기독일보 2025.3.17.).

연구진은 원인을 밝히기 위해 뉴런의 전기생리학적 신호를 측정한 결과 Nrxn3 유전자가 제거된 SST 뉴런은 다른 뉴런들의 흥분을 억제하는 신경전달물질인 GABA 분비능력이 크게 줄어든 것을 확인했다. GABA 분비감소는 공감능력 향상으로 이어졌다. 결과적으로 Nrxn3 유전자는 SST 뉴런의 시냅스 전달기능을 조절해 공감능력에 관여한다고 볼수 있다.

이번 연구는 공포 공감을 조절하는 중요 유전자를 밝혀내고 전대상피질의 정보처리를 담당하는 신경회로의 작용기전을 구체적으로 규명하는데 의의가 있다. 공포감을 관장하는 유전자의 발견은 인간의 위로, 온정 및 이타심 같은 다른 형태의 공감능력 차이를 결정하는 기본적인 신경회로와 기전을 이해하는 계기를 마련한 것이다.

전대상회는 공감(Empathy)과 온정(compassion)에 중요한 부위이다.[56] 온정과 공감은 유사한데 공감은 인간의 신경이 타인의 감정에 반향 하는 능력을 나타내며 온정은 한걸음 더 나아가 타인의 고통에 반응하는 인간의 능력을 나타낸다. 온정으로 인해 인간은 타인에게 더욱 더 관대할 수 있고 우리 자신의 단점과 결점을 잘 수용할 수도 있다. 온정은 진화론적으로 적응하는 과정인 것으로 보인다.

전대상회는 신경학적의 심장이며 영혼의 진정한 심장이기도 하다. 이것은 사고와 행동을 개시하는 전두엽과 광범위한 느낌과 감정을 처리하는 변연계 사이의 중요한 의사소통을 하는 연접부 중심에 위치하고 있는 매우 작은 구조이다. 이 전대상회는 인간의 사고와

---

55) Keum S, Shin H et al. "Variability in empathy tunes social learning in mice", Neuron, 98(3), 588-601 (2018)
56) Newbeng A& Walelman M,R 2009. 19

느낌사이의 미묘한 균형을 유지하는데 도움이 되며 뇌의 진화 역사에서 가장 새로운 부분이다. 또한 전대상회와 협력하는 뇌섬엽도 정서를 조율하고 공감하는 능력으로 핵심적 역할을 한다.

인간의 전대상회가 더 크거나 더 활동적이면 상당히 더 큰 공감을 경험할 수 있고 분노나 두려움에 반응할 가능성이 더 낮을 수도 있을 것이다. 전대상회가 오작동을 하면 인간의 의사소통 기능이 저하되며 타인이 생각하고 느끼는 것을 정확하게 인지하지 못할 것이다. 전대상회는 명상과 같은 수행에 자극을 받는다. 전대상회와 전두엽 피질에 뻗어 있는 신경회로는 주의력, 기억작업, 동기부여, 그리고 기타 많은 실행기능들을 통합한다.

전대상회는 사회적 인식과 직관에도 관여하며 남성보다 여성의 것이 더 크다.

그래서 여성이 일반적으로 공감을 잘하며 사회적으로 더 숙련되고 두려움을 유발하는 자극에 더 높이 반응하는 이유일수 있다. 자신의 느낌을 표현하거나 타인의 느낌을 인식하는데 어려움이 있는 사람은 뇌우반구의 전대상회가 더 크다. 따라서 이런 사람들은 편도체에서 두려움을 유발하는 활동을 줄임으로써 느낌을 차단하는 능력이 더 클 수도 있다. 또한 무신경한 남자들은 전대상회의 활동이 떨어진다. 전대상회가 큰 사람은 걱정과 불안이 많고 감정부전증이 있는 사람은 우측 전대상회가 더 작다.

전대상회는 정서를 조절하는 역할을 한다. 그래서 전대상회의 구조 및 기능장애는 여러 가지 심각한 사회적 장애와 정서장애가 발생한다. 전대상회(피질)의 이상이 생기면 강박장애, 범불안장애, 기분장애, 자폐증, PTSD, 함묵증, 무동증, 약물남용 등이 일어날 수 있다(Cogzolino, L.2014.106).

명상이나 관상기도는 전대상회의 활동을 자극한다. 전대상회를 활성화 시키는 것은 어려운 일이 아니다. 단지 심호흡을 하면서 긴장을 풀고 온정이나 평화의 이미지에 집중하면 된다. 하루에 최소 12분 동안 이렇게 수행하면 몇 개월 이내에 새로운 온정 신경회로를 구축해서 강화시키기 시작할 것이다.

6. 신경전달물질: 뇌의 화학적 전달자

지금까지 논한 모든 기능들과, 그러한 기능에 기여하는 뇌 구조는 신경학적 장애가 있는 환자에 대한 임상 연구, 죽은 사람의 뇌에 대한 연구, 그리고 뇌 영상 연구를 바탕으로 판단되었다. 그러나, 신경세포 및 뇌 구조가 함께 기능을 하는 방법을 알기 위해, 뇌 신경세포가 서로 정보를 전달하는 방법을 이해하는 것도 중요하다. 결국, 뇌 각 부분 모두가 전체적으로 통합되어 기능을 할 때 진정으로 작동을 한다. 신경세포들은 신경전달물질이라 불리는 다양한 화학물질을 통해 신호를 보내면서 서로 통신을 한다. 이러한 신경전달물질을 통해 정보가 한 신경세포에서 다른 신경세포로 전달될 수 있다. 각 신경전달물질은 별개의 기능 영역을 지니고 있다. 신경전달물질 연구 분야를 불과 몇 페이지에 자세히 기술할 수는 없지만, 이러한 화학적 전달자들이 뇌를 통해 정보를 전달하는 역할을 하고 있으며, 특히 몇몇 신경전달물질들은 종교 및 영적 경험과 관련되어 있다는 것을 이해하는 것이 중요하다. 따라서, 뇌의 신경전달물질을 간략히 고려하려면, 종교 및 영적 경험과 직접 관련이 있는 것으로 보이는 신경전달물질들만 설명해야 할 것이며, 또한 이러한 신경전달물질들은 그와 같은 경험에 관여한 것을 측정한 특정 연구 맥락에서 고려되어야 할 것이다.

글루타메이트(glutamate - 중추신경계 흥분 작용을 하는 신경전달물질)는 주요 흥분성 신경전달물질이며 일반적으로 신경세포를 활성시킨다. 명상이나 기도와 같이 많은 뇌 구조를 활성화 시키는 의식을 행하는 동안, 글루타메이트는 주로 이러한 활동을 담당하는 것으로 생각될 수 있을 것이다.

GABA(Gamma-aminobutyric acid /감마아미노부티르산)는 뇌에서 중요한 억제 신경전달물질이다. 즉, 뇌의 특정 부위가 비활성되거나 과도하게 활성 된 부위를 억제할 필요가 있을 때, GABA가 역할을 하는 경우가 많다. 뇌를 진정시키는 것은 많은 영적 의식과 의례의 일부이기 때문에, GABA는 중요한 역할을 할 가능성이 있으며, 몇몇 연구들은 명상 의식을 수행하는 동안 GABA가 증가된다는 것을 보여주고 있다.

세로토닌(Serotonin)은 기분 및 시각 처리에 관여하는 신경전달물질이다. 배측 봉선/배측 솔기(dorsal raphe)라 불리는 뇌 줄기 한 부분의 세포들은 시상하부에 의해 활성화될 때 세로토닌을 생성해서 분배한다.
세로토닌 수치가 낮으면 종종 우울증을 나타내는 반면, 적당히 증가되면, 긍정적인 기분과 관련이 있는 것으로 보인다. 그래서, 뇌에서 세로토닌 양을 증가시키는 프로작(Prozac)과 졸로푸트(Zoloft)가 우울증 치료에 사용된다. 측두엽에 있는 세로토닌 수용체가 빠르고 유의하게 활성화되면 이 자극으로 환각 효과가 나타날 수 있다. 실로시빈(psilocybin / 환각유발 물질)과 LSD(lysergic acid diethylamide/ 리세르그산 다이에틸아마이드 - 환각유발 약)와 같은 환각 약물은 이러한 메커니즘의 이점을 이용해서 특별한 시각 및 기분을 경험하게 하며, 종종 영적인 것으로 묘사된다. 또한, 명상 의식은 세로토닌 수치가 전반적으로 증가되는 것과 관련이 있다.

신경호르몬 멜라토닌(melatonin)은 송과체에 의해 생산되며, 중추신경계를 억제해서 통증 민감도를 감소시키는 것으로 보인다. 명상을 수행하는 동안, 혈장 멜라토닌 수치가 급격히 증가되는 것으로 밝혀졌다.

도파민(dopamine)은 정상적인 뇌 기능에도 매우 중요한 신경전달물질이며, 운동 기능, 기분, 주의력, 그리고 인지 처리에 크게 관여한다. 도파민은 뇌의 보상 경로 중 일부이며, 자연적으로 혹은 코카인과 같은 약물 사용으로 도파민이 증가되면 강력한 긍정적 감정이나 심지어 극도의 희열을 느낄 수 있다. 도파민은 강렬한 영적 경험에 관여할 가능성이 높다. 또한, 조현병이나 특이한 종교적 경험과 관련된 질환에서 도파민 기능이 비정상적이라는 점이 흥미롭다.

베타-엔돌핀(Beta-endorphin)은 주로 시상하부에 의해 성산되어 뇌 피질하부 영역에 분포되는 자연적인 아편유사제(opioid)이다. 시상하부는 극도로 민감한 흥분성 신경전달물질에 반응하여 베타-엔돌핀을 방출한다. 베타-엔돌핀은 호흡을 저하시키고, 공포심을 줄이며, 통증을 줄이고, 즐거움과 희열을 유발한다. 아편제 시스템(opiate system)은 영적 경험을 깊게 느끼는데 관여할 수도 있으며, 명상은 베타-엔돌핀 방출을 변화시키는 것으로 밝혀졌다.

아세틸콜린(Acetylcholine)은 뇌에 있는 또 다른 신경전달물질이며, 이를 통해 적절한 신경세포들이 통신을 할 수 있다. 따라서, 이것은 인지처리와 기억력에 크게 관여한다. 알츠하이머병에서 인지과정이 매우 떨어지는 것은 종종 아세틸콜린 수치 감소와 관련이 있으며, 환자들은 가끔 뇌에서 아세틸콜린 수치를 높이도록 제조된 약물에 반응한다. 추상적 사고, 도덕적 추론, 그리고 인과관계 추론과 같은 종교 및 신학과 관련된 많은 수준 높은 사고 과정은 아세틸콜린에 의해 활성화되는 신경세포를 필요로 할 것이다.

마지막으로 고려해야 할 신경호르몬(neurohormone)은 옥시토신(oxytocin)으로, 이것은 사람들 간의 강한 사회적 유대감을 형성하는 호르몬이다. 두 종의 초원 들쥐를 대상으로 한 흥미로운 동물 연구는 사람들이 사회적 유대감을 형성하는데 옥시토신이 얼마나 중요한지 잘 보여주고 있다. 연구된 들쥐 중 하나는 일부일처 종으로, 평생 한 마리와 짝짓기를 하는 반면, 다른 하나는 닥치는대로 짝짓기를 한다. 그 부분만 제외하면, 그들은 매우 비슷한 종이다. 짝짓기 선호도에서 이러한 차이는 무엇에 기인하는가? 일부일처제의 뇌에는 옥시토신 수용체가 있는 반면, 문란한 쥐의 뇌에는 옥시토신 수용체가 거의 없는 것으로 밝혀졌다. 인간의 경우에도, 옥시토신은 강한 사회적 유대감을 생성하는데, 이것이 출산과 오르가즘을 느끼는 동안 방출되는 이유이다 - 이 기간 동안 사회적 유대감이 최고조에 달할 가능성이 높다.[57]

---

57) Ibid., pp. 63-65.

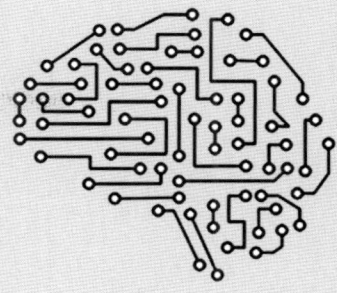

제5장

신경신학을 위한 성경의 주요 뇌(brain) 용어

제5장

신경신학을 위한 성경의 주요 뇌(brain) 용어

신경신학을 제대로 정립하기 위해서는 성경이 증언하는 주요 용어에 대한 이해가 무엇보다 중요하다는 것이다. 그래서 먼저 성경에서 뇌(腦)와 관련된 용어를 살펴보기로 한다.

1. 영(靈, spirit)

먼저 영이라는 용어다. 이 용어는 신구약 성경에 131회 사용되고 있다. 영은 히브리어로 חוּר(ruwach, 루아흐)라고 한다. 그 뜻은 호흡, (느낄 수 있는)내쉼, (상징적으로) 생명, 분노, (하늘의) 영역, 공기, 마음 등이다. 이와 관련된 성경 말씀은 아래와 같다.

욥 6:4 "전능자의 화살이 내게 박히매 나의 영이 그 독을 마셨나니 하나님의 두려움이 나를 엄습하여 치는구나"

시 31:5 "내가 나의 영을 주의 손에 부탁하나이다 진리의 하나님 여호와여 나를 속량하셨나이다." [눅23:46]

시 104:30 "주의 영을 보내어 저희를 창조하사 지면을 새롭게 하시나이다"

영에 대한 헬라어는 πνεύμα(pneuma, 프뉴마)인데, 그 뜻은 (공기의) 흐름, 숨, 미풍, (상징적으로) 영혼, (인간의 이성적인) 영, 하나님, 그리스도의 영, 성령 등이며 관련 성구는 다음과 같다.

요 3:6 "육으로 난 것은 육이요 영으로 난 것은 영이니"

요 4:24 "하나님은 영이시니 예배하는 자가 신령과 진리로 예배할 지니라"

고전 15:46 "기록된 바 첫 사람 아담은 생령이 되었다 함과 같이 마지막 아담은 살려주는 영이 되었나니(So it is written; The first man Adam became a living being; the last Adam, a life-giving spirit.)"

2. 영혼(靈魂, spirit)

영혼에 대한 용어는 신구약 성경에 195회 기록되고 있으며, 히브리어로는 שׁפֶנ(nephesh, 네페쉬) 호흡하는 생물, (추상적으로) 생명의, (문자적으로) 초월된, 정신, 영혼, 혼령의 뜻이 있다. 영혼과 관련된 성구는 다음과 같다.

욥 33:28 "하나님이 내 영혼을 건지사 구덩이에 내려가지 않게 하셨으니 내 생명이 빛을 보겠구나 하리라"

시 6:4 "여호와여 돌아와 나의 영혼을 건지시며 주의 인자하심을 인하여 나를 구원하소서"

시 19:7 "여호와의 율법은 완전하여 네 영혼을 소성케 하고 여호와의 증거는 확실하여 우둔한 자로 지혜롭게 하여"

한편 영혼을 헬라어로는 πνεύμα(pneuma, 프뉴마)로 그 뜻은 (공기의) 흐름, 숨, 미풍, (상징적으로) 영혼, (인간의 이성적인) 영, 하나님, 그리스도의 영, 성령이며, 프뉴마 관련 성구는 다음과 같다.

마 27:50 "예수께서 다시 크게 소리 지르시고 영혼이 떠나가시니라[눅23:46]"

약 2:26 "영혼 없는 몸이 죽은 것 같이 행함이 없는 믿음은 죽은 것이라"

또한 영혼에 대한 또 하나의 헬라어는 ψυχή(peusche, 프쉬케)가 있으며, 그 뜻은 호흡, 영, 영혼을 의미하는 πνεύμ와 구별됨, 목숨, 마음, 영혼, 생명 등이다. 프뉴마와 관련된 신약 성경의 성구는 다음과 같다.

눅 1:46-47 "마리아가 이르되 내 영혼이 주를 찬양하며 내 마음이 하나님 내 구주를 기뻐하였음은…"

벧전 1:9 "믿음의 결국 곧 영혼의 구원을 받음이라"

요삼 1:2 "사랑하는 자여 네 영혼이 잘 됨 같이 네가 범사에 잘 되고 강건하기를 내가 간구하노라"

3. 혼(魂, soul)

혼에 대한 성구는 신구약 성경에 31회 기록되어 있으며, 히브리어로 נפש(nephesh, 네페쉬)인데 그 뜻은 호흡하는 생물, (추상적으로) 생명의, (문자적으로) 초월된, 정신, 영혼, 혼령 등이다. 이 혼과 관련된 관련 성구는 다음과 같다.

욥 33:18 "그는 사람의 혼을 구덩이에 빠지지 않게 하시며 그 생명을 칼에 맞아 멸망하지 않게 하시느니라"

시 31:9 "여호와여 내 고통을 인하여 나를 긍휼히 여기소서 내가 근심으로 눈과 혼과 몸이 쇠하였나이다[개역]"

시 31:9 "여호와여 내 고통 중에 있사오니 내게 은혜를 베푸소서 내가 근심 때문에 눈과 영혼과 몸이 쇠하였나이다[개정]"

헬라어로는 ψυχή(peusche, 프쉬케)인데, 그 뜻은 호흡, 옷, 영혼을 의미하는 πνεύμ와 구별되며 목숨, 마음, 영혼, 생명의 뜻이다. 이 용어를 사용하고 있는 관련 성구는 다음과 같다.

살전 5:23 "평강의 하나님이 친히 너희로 거룩하게 하시고 또 너희 온 영(spirit)과 혼(soul)과 몸(body)이 우리 구주 예수 그리스도 강림하실 때에 흠 없게 보전되기를 원하노라"

히 14:12 "하나님의 말씀은 살아있고 활력이 있어 좌우에 날선 어떤 검보다 예리하여 혼(soul)과 영(spirit)과 및 관절(joint)과 골수(marrow)를 찔러 쪼개기까지 하며 또 마음의 생각과 뜻을 판단하나니"

4. 머리(首, head, mind, brain)

이 용어는 성경에 393회 머리 393회, 뇌 6회 사용되고 있는데, 히브리어로 ראש(resh, 로쉬)인데 그 뜻은 '머리', (상징적으로) 총계, 총액, 우두머리 등이다. 확장된 의미는 기둥머리, 가장 중요한 사람, 장소, 부위, 선두의, 첫째의, 가장 높은 부분, 꼭대기, 통치자이다. 헬라어로는 κεφαλή(kephale, 케팔레)인데, 잡는다는 의미에서 유래한 '머리'라는 뜻이다.

개역 한글성경에는 '뇌', 개역개정에는 '머리', KJV는 'head', NIV는 'mind', 국한문성경은 '뇌(腦)'로 번역되어 있으며, 다니엘서에 다음과 같이 집중되어 있다.(단 2:28, 4:5, 4:10, 4:13, 7:1, 7:15) 이 뇌와 관련된 성구에 대한 리써치는 다음에 별도로 하기로 한다.

단 2:28 "오직 은밀하신 것을 나타내시는 자는 하늘에 계신 하나님이시라 그가 느부갓네살 왕에게 후일에 될 일을 알게 하셨나이다 왕의 꿈 곧 왕이 침상에서 뇌 속으로 받은 이상은 이러하니이다"

단 7:1 "바벨론 왕 벨사살 원년에 다니엘이 그 침상에서 꿈을 꾸며 뇌 속으로 이상을 받고 그 꿈을 기록하여 그 일의 대략을 진술하니라"

5. 마음(心, mind, heart)

성경에는 마음이 1,080회 사용되고 있으며, 히브리어로는 לב(leb, 레브)로 '마음', (상징적으로)정서, '가운데'('중심'의 의미로 사용됨) 뜻이 있다. 이 말은 לבב(lebab, 레바브)에서 유래했는데, (기본 의미는)에워싸이다, 열중하다, 지혜롭다 등이다.

시 4:7 "주께서 내 마음에 두신 기쁨은 저희의 곡식과 새 포도주의 풍성할 때보다 더하니이다"

시 19:14 "나의 반석이시오 나의 구속자이신 여호와여 내 입에 말과 내 마음의 묵상이 주의 앞에 열납되기를 원하나이다"

이 용어에 대한 헬라어는 καρδία(kardia, 카르디아)인데 라틴어 '마음(kar)'에서 유래된 연장형이다. (상징적으로) 사고(思考), (마음의) 감각, 중심부의 뜻이 있으며 관련 성구는 다음과 같다.

마 15:18~19 "입에서 나오는 것들은 마음에서 나오나니 이것이야말로 사람을 더럽게 하느니라 마음에서 나오는 것은 악한 생각과 살인과 간음과 음란과 도적질과 거짓 증거와 훼방이니"

골 3:15 "그리스도의 평강이 너희 마음을 주장하게 하라 평강을 위하여 너희가 한 몸으로 부르심을 받았나니 또한 너희는 감사하는 자가 되라"

6. 정신(情神, spirit)

성경에서 이 용어는 명사형 11회, 기타 6회 기록되어 있으며, 히브리어 נפשׁ(nephesh, 네페쉬)인데, 그 뜻은 호흡하는 생물, (추상적으로) 생명의, (문자적으로) 초월 된, 정신, 영혼, 혼령 등이며, 관련 성구는 다음과 같다.

렘 32:41 "내가 기쁨으로 그들에게 복을 주되 정녕히 나의 마음과 정신을 다하여 그들을 이 땅에 심으리라"(נפשׁ, nephesh를 '정신'으로 번역함)

또한 רוח(ruwach, 루아흐)인데, 그 뜻은 호흡, (느낄 수 있는) 내쉼, (상징적으로) 생명, 분노, (하늘의) 영역, 공기, 마음이며, 관련 성구는 다음과 같다.

삿 15:19 "하나님이 레히에서 한 우묵한 곳을 터뜨리시니 거기서 물이 솟아나오는지라 삼손이 그것을 마시고 정신이 회복되어 소생하니 그러므로 그 샘 이름을 엔학고레라 불렀으며 그 샘이 오늘까지 레히에 있더라"(רוח, ruwach를 '정신'으로 번역함)

헬라어로는 πνεύμα(soperoneo, 소페로네오)이며, 마음이 안정된, 온전한 마음이 되다. (상징적으로) 온전하다. 술 취하지 않다의 뜻이며, 관련 성구는 다음과 같다.

막 5:15 "예수께 이르러 그 귀신 들렸던 자 곧 군대 지폈던 자가 옷을 입고 정신이 온전하여 (예수의 발 아래) 앉은 것을 보고 두려워하더라(눅 8:35)"

또 다른 헬라어로 πνεύμα(pneuma, 프뉴마)인데, 그 뜻은 (공기의) 흐름, 숨, 미풍, (상징적으로) 영혼, (인간의 이성적인) 영, 하나님, 그리스도의 영, 성령이며, 관련 성구는 다음과 같다.

엡 1:7 "우리 주 예수 그리스도의 하나님, 영광의 아버지께서 지혜와 계시의 정신을 너희에게 주사 하나님을 알게 하시고"(πνεύμα, pneuma를 '정신'으로 번역함)

7. 뇌(腦, head, mind)

성경 상에 뇌라는 표현은 개역 한글성경에 6회 사용되었는데, 히브리어로는 ראשׁ(resh, 레쉬)이며, 그 뜻은 '머리', (상징적으로) 총계, 총액, 우두머리 등이다. 이 용어는 확장된 의미로 기둥머리, 가장 중요한 사람, 장소, 부위, 선두의, 첫째의, 가장 높은 부분, 꼭대기, 통치자의 뜻이다. 개역 한글성경에는 '뇌', 개역개정에는 '머리' KJV는 'head', NIV는 'mind', 국한문 개역성경은 '뇌(腦)'로 번역하고 있다. 관련 성구는 다니엘서에 집중되어 있는데,

다음과 같다.

단 2:28 "오직 은밀하신 것을 나타내시는 자는 하늘에 계신 하나님이시라 그가 느부갓네살 왕에게 후일에 될 일을 알게 하셨나이다 왕의 꿈 곧 왕이 침상에서 뇌 속으로 받은 이상은 이러하니이다"

단 4:5 "한 꿈을 꾸고 그로 말미암아 두려워하였으니 곧 내 침상에서 생각하는 것과 머리 속으로 받은 환상으로 말미암아 번민하였었노라"(개역 성경은 '뇌 속으로'로 번역)

단 4:10 "내가 침상에서 나의 머리 속으로 받은 환상이 이러하니라 내가 본즉 땅의 중앙에 한 나무가 있는 것을 보았는데 높이가 높더니" (개역 성경은 '뇌 속으로'로 번역)

단 4:13 "내가 침상에서 머리 속으로 받은 환상 가운데에 또 본즉 한 순찰자, 한 거룩한 자가 하늘에서 내려왔는데" (개역 성경은 '뇌 속으로'로 번역)

단 7:1 "바벨론 왕 벨사살 원년에 다니엘이 그 침상에서 꿈을 꾸며 뇌 속으로 이상을 받고 그 꿈을 기록하여 그 일의 대략을 진술하니라" (개역 성경은 '뇌 속으로'로 번역)

단 7:15 "나 다니엘이 중심에 근심하며 내 머리 속의 환상이 나를 번민하게 한지라" (개역 성경은 '뇌 속의'로 번역)

〈참고〉

한글 성경 상 '뇌(腦)'를 히브리어로 רֹאשׁ(resh, 레쉬)라고 하는데, '우두머리', '머리', '총계', '총액'의 뜻을 가지고 있다. 이 단어는 확장된 의미로 (흔들리는 것으로서의) '머리', 문자적으로나 상징적으로 (장소, 시간 지위 등에 다양하게 적용됨) '무리', '시작', '기둥머리','우두머리' '가장 중요한' (장소, 사람, 일들) '떼'. '끝', '탁월한', '첫째의', '선두의', '높이', '가장 높은 부분', '꼭대기', '대제사장', '통치자' 등의 다양한 뜻을 내포하고 있다. 영어 성경에는 'head'(KJV, NKJV), 'mind'(NIV)로 번역하고 있으며, 한글 성경에는 '뇌(腦)'(개역),'머리'(개역개정)로 번역하였다. 참고로, 성경은 마음(mind)과 심장, 가슴(heart)을 구별하여 사용하거나 혼용하여 사용하고 있는데, 마음을 이성적인 사고의 기능으로, 가슴을 감성적인 감정의 기능으로, 또는 이 둘을 호환적(互換的)으로 사용하고 있다. 예를 들어 계시록 2장 23절에서, 두아디라 교회를 향한 칭찬과 책망 중에 "또 내가 사망으로 그의 자녀를 죽이리니 모든 교회가 나는 사람의 뜻(hearts)과 마음(minds)을 살피시는 자인 줄 알지라 내가 너희 각 사람의 행위대로 갚아주리라", 히브리서 5장 12절에서 "… 또 마음의 생각과 뜻을 감찰하시나니(it judges the thoughts and attitudes of the heart)", 예레미야 11장 20절에서 "공의로 판단하시며 사람의 마음을 감찰하시는 만군의 여호와여(But you, Lord Almighty, who judge righteously and test the heart and mind.)", 히브리서 10장 15~16절에서 "… 내 법을 그들의 마음에 두고 그들의 생각에 기록하리라(I will put my laws in their hearts, and I will write them on their minds)" 등에서 보는 바와 같다. 이처럼 성경은 뇌의 기능을 머리(head)와 관련짓고 있으며 이를 마음(mind)과 가슴(heart)과 연결 짓고 있음을 볼 수 있는데, 이러한 말씀에 대한 심층적인 연구는 '신경신학' 이해에 큰 도움이 될 것이다.

8. 자기(לב, 레브), 뇌(시냅스)

* 레브(구약 600회, 레바브 250회)
* 잠 14:10 "마음의 고통은 자기(לב, 레브, 뇌, Oneself,)가 알고"

신경과학자 조지프 르두 박사는 Synaptic self P2에서 "자아는 곧 시냅스(뇌)"라고 단언했다.

* 잠 12:25 "근심이 사람의 마음(לב, 뇌)에 있으면 그것으로 번뇌케 하나"
* 창 6:5 "그 마음(לב, 뇌)의 생각과 모든 계획이 악할 뿐"

9. 뇌(腦)와 관련된 성경의 언급

성경은 위에서 살펴본 바와 같이 뇌(腦)와 직접적인 언급 외에도 우리 인간의 영혼의 번민을 함축한 '번뇌(煩惱)'와 관련된 말씀을 여러 곳에서 하고 있다. 신경과학과 신경의학의 중심이 '뇌'인 만큼 이와 관련된 성구를 찾아보자. 저자는 본문을 편의상 개역 성경에서 인용한다.

먼저 명사 '번뇌'는 전도서에 두 번 나와 있다. **"지혜가 많으면 번뇌도 많으니 지식을 더하는 자는 근심을 더하느니라"**(전 1:18) **"일평생을 어두운 데서 먹으며 번뇌와 병과 분노가 저에게 있느니라"**(전 5:17)

여기서 '번뇌'는 히브리어로 כעס(kaach 카하츠)인데, '슬픔', '노함', '분개', '원한', '진노'의 뜻을 가지고 있다. 이러한 영적 상태를 '뇌가 번민함'으로 본 것이다. 이처럼 인간의 분노와 슬픔의 감정이 뇌와 연결되어 있다고 본 것이다. 그리그 번뇌, 즉 뇌의 이상과 병과 분노는 깊은 관계에 있음을 알 수 있다. 즉 번뇌는 정신적 육신적 병을 가져오고, 정서적으로 분노의 감정을 유발하는 것이다.

다음으로 '번뇌케 하다'라는 동사의 피동형 문장을 **"여호와의 신이 사울에게서 떠나고 여호와의 부리신 악신이 그를 번뇌케 한지라"**(삼상 16:14)라는 사무엘 선지자의 글에서 찾아볼 수 있다.

'번뇌케 하다'의 히브리어 원어는 בעת(baat, 바아트)로 '두려워하게 하다', '놀라게 하다'의 뜻이다. 여기서 우리는 '하나님의 신[성령]은 우리의 심령과 뇌를 평안하고 즐겁게 하지만 악신[사단]은 우리의 심령과 뇌를 근심케 하고 번민하게 하는 것을 알 수 있다. '뇌의 번민은 정신 이상을 가져오는 것을 우리는 사울의 전말에서 알 수 있다. 악령이 사울을 괴롭힘으로 신하들이 수금 잘 타는 목동 다윗을 청하여 수금으로 왕을 위로하자 처음에는 상쾌하여져서 악령이 그에게서 떠난다(삼상 16:23). 그러나 다윗이 블레셋 장수 골리앗을 죽이고 국민적인 영웅이 된 후에는 사울 왕이 그 심령에 시기심과 질투가 가득하여 악령이 떠나지 않음을 보게 된다. 사울이 다시 악령에게 사로잡혀 번뇌할 때, 다시 다윗을 불러 수금을 타게 한다. 그러나 그때는 수금으로 마음을 안정시키기 위함이 아니라 그 기회에 다윗을 죽이려고 마음먹었기 때문에 악령은 더욱 사울을 괴롭힌다. 그래서 사울은 수금으로 자기를 위로하고 있는 다윗을 향하여 단창을 던지며 발작을 하게 된다.(삼상 19:9) 이러한 사울의 전말을 통해 악령의 역사와 뇌는 밀접한 관계에 있음을 알 수 있다.

그리고 **"사울의 신하들이 그에게 이르되 보소서 하나님의 부리신 악신이 왕을 분노케 하온즉"**(삼상 16:15)라는 말씀을 통하여 악신을 부리시는 분이 하나님이심을 알 수 있다. 우리는 욥기서를 통해서도 하나님은 사단을 통제하시는 분이심을 확인하고 있다. 이는 하나님께서 만물을 창조하신 주인이시오 주권자이심을 가르치는 것이다. 사단도 하나님의 주권 아래 있음이다.

"이런 말을 내가 많이 들었나니 너희는 다 번뇌케 하는 안위자로구나다"(욥 16:2, 개역한글), **"너희가 내 마음을 번뇌케 하여 말로 꺾기를 어느 때까지 하겠느냐"**(욥 19:2, 개역한글), 욥이 사단의 시험을 받을 때에 당한 고난과 시련을 성경은 '뇌의 번민' 즉 '번뇌'로 표현하고 있다.

이 외에도 **"근심이 사람의 마음에 있으면 그것으로 번뇌케 하나 선한 말은 그것을 즐겁게 하느니라"**(잠 12:25), **"내가 네 패망의 소문으로 열국 곧 너의 알지 못하는 열방에 이르게 할 때에

많은 백성의 마음을 번뇌케 할 것임이여"(겔 32:9) 이렇게 근심이 번뇌를 가져오며, 국가적 멸망이 국민의 마음에 번뇌를 가져온다고 성경은 말하고 있다.

다음으로 '번뇌하다' 라는 자동사와 관련된 성구를 살펴보자.

"**날마다 그 말로 그를 재촉하여 조르매 삼손의 마음이 번뇌하여 죽을 지경이라**"(삿16:16) 이 외에도 전략이 번번이 노출됨으로 아합 왕이 번뇌하며(왕하 6:1), 왕이 모르드개를 존귀하게 함으로 하만이 번뇌하고(에 6:12), 하나님께서 고난 중에 마음이 번뇌하는 자에게 생명을 주신다는 고백(욥 3:20), 여호와를 경외하는 것이 크게 부하고 번뇌하는 것보다 낫다는 잠언(잠 15:16), 슬프다 나의 근심이여, 나의 중심이 번뇌하도다 하고 탄식하는 예레미야의 노래(렘 8:18), 여호와 하나님을 향하여 환난 중에 마음이 번뇌하다는 선지자의 애가(애 1:20) 등 여러 곳의 말씀에서 인간이 정신적으로, 영적으로 번민하는 모습을 발견하게 된다.

이처럼 인간의 죄성과 깊은 관계에 있는 영혼을 치유하고 회복하기 위한 신경신학은 성경이 가르치는 말씀에 민감하게 반응해야 한다. 이러한 신경신학은 근본적으로 죄로 타락한 인간을 치유하는 신학이며, 타락한 영혼과 손상 입은 뇌의 관계를 규명하는 신학이며, 성경이 가리치는 뇌 치유의 길을 제시하는 신학이라 할 것이다.

제6장

신경신학과 뇌 병리학

제6장

신경신학과 뇌 병리학

　신경신학에서 가장 중심적이고 특징적인 요소는 인간의 믿음이라고 할 것이다. 기독교에서 보편적으로 신앙을 실천적으로 평이하게 믿음이라고 표현한다. 보다 넓은 의미로는 각 개인이 가지고 있는 종교라는 개념으로도 이해된다.[58] 그런데 신앙(faith)은 보다 교리적이고, 믿음(belief)이라고 하면 보다 실천적이다. '믿음'은 '믿다(believe)'라는 동사에서 발전한 동명사이다. 즉 움직임, 실천이 전제된 명사로서의 믿음이다. 반면에 신앙은 우리가 믿음을 가지고 있는 상태, 신분을 뜻하는 것으로서 '종교적인 믿음의 상태(status of religious belief)'를 뜻한다. 예를 들어 누가 나에게 "당신의 신앙이 뭡니까?" 라고 질문할 때, 나는 "기독교 신앙을 가지고 있습니다."라고 대답할 것이다. 또는 "당신의 종교가 무엇입니까?"라고 묻는다면 나는 "기독교입니다.", 혹은 "기독교 신앙을 가지고 있습니다." 이렇게 대답할 것이다. 반면에 누가 나의 신앙의 정도를 보고 "당신 참 믿음이 좋다."(사실은 그렇지도 못하지만)라고 말하면, 나는 "아이고 내 믿음이 형편없습니다." 또는 "아이고 믿음이 많이 부족합니다." 이렇게 말하지, "내 신앙이 많이 부족합니다." 이렇게 말하기는 자연스럽지 않다. 마치 예수님께서 파도를 보고 놀란 베드로에게 '믿음이 작은 자여 왜 의심하였느냐'(마 14:31)라고 책망하심과 같다.

---

[58]　참고로, 기독교 신앙인들은 기독교를 "여러 종교 중의 하나"라는 상대적인 종교의 개념보다는 신앙이라는 절대적인 개념으로 이해하는 경향이 강함을 고려하고 이 장(章)을 대하기 바란다.[필자-주]

이처럼 우리의 믿음은 신경신학에 가장 중요한 전제가 된다. 즉 인간을 신경과학으로 접근하여 그 상태를 진단하여 개선하려고 할 때는 과학적[의학적]인 방법을 사용할 것이다. 그 때는 그 사람의 신앙의 유무나 믿음의 정도가 문제되지 않을 것이다. 그러나 신경과학이 신학과 결부될 때는 상황이 달라진다. 의학적인 기술과 과학적인 데이터 외에 신앙(종교)라고 하는 플러스 알파(A)를 고려해야 하기 때문이다. 오늘날 신경과학에서조차 불신자[무종교자]에게도 요구되는 것이 상황을 극복하고자 하는 자신의 신념이 중요하다고 하는 추세임을 감안할 때, 신경신학에서 중요한 것은 신앙이요, 신경신학은 어떤 면에서 신앙을 전제로 성립되는 것이다. 즉 신경 신학적으로 뇌 치료의 결과는 그 사람의 신앙에 달려있다는 것이다. 그래서 뉴버그는 이 점과 관련하여 "신경신학의 가장 흥미로운 요소의 하나는 신앙[종교]과 신앙적인 경험과 관련하여 뇌병리학의 본질을 이해하려는 것이다."라고 강조하고 있다.[59]

그러면서 "우리는 자신이 메시아 또는 예수 그리스도라고 믿는 조현병을 앓고 있는 사람을 잘 알고 있다. 조현병 외에도 머리에 부상을 입거나 신경퇴행성 장애, 발작 등 여러 신경 질환은 거의 한 시점, 또 다른 시점에서 비정상적인 종교적 또는 영적 현상과 관련이 있다.

이러한 병리학은 특정 방식으로 뇌에 영향을 미치기 때문에 특정 신경전달물질 시스템뿐만 아니라, 관련이 있을 수 있는 어떤 특별한 영역을 탐색할 수 있다. 이처럼 종교[신앙]와 관련된 뇌 병리학의 연구는 종교[신앙]가 뇌와 어떻게 관련되어 있는지를 이해하는 중요한 단서가 된다."고 주장함으로써 신경신학에 있어서 신앙의 중요성을 강조한다.[60]

성경에서 우리는 정신질환자에게 있어서 믿음의 중요성을 가르치는 장면을 만날 수 있다. 바로 예수님의 치유 사역을 통해서다. 어느 날 예수님이 간질을 앓고 있는 아이의 아버지를 만난다. 많은 무리 가운데 한 사람이 예수께 와서 꿇어 엎드려 간청한다. "**주여 내 아들을 불쌍히 여기소서 그가 간질로 심히 고생하여 자주 불에도 넘어지며 물에도 넘어지는지라 내가 주의 제자들에게 데리고 왔으나 능히 고치지 못하더이다 예수께서 대답하여 이르시되 믿**

---

59) Andrew Newberg, Ibid, P. 138.
60) Ibid, p. 136.

음이 없고 패역한 세대여 내가 얼마나 너희와 함께 있으며 얼마나 너희에게 참으리요 그를 이리로 데려오라 하시니라 이에 예수께서 꾸짖으시니 귀신이 나가고 아이가 그때부터 나으니라"(마 17:14~18) 여기서 우리가 주목하는 것은 이 사건에서 예수님이 강조하신 것이 바로 믿음이다. 간질 앓는 아들의 아버지의 간절한 믿음을 보시고 그를 치유하신 것이다. 이 외에도 예수님은 각색 병자들을 치유하실 때마다 가장 중요하게 보신 것이 그 환자의 믿음의 상태였다. "네게 믿느냐?"에 대한 주님의 질문에 "주여, 제가 믿습니다."라는 믿음의 고백을 확인하시는 주님이셨다. 그리고 하시는 말씀이 "네 믿음이 너를 구원하였느니라"(마 9:22)라는 신유의 선언이었다. 예수님의 겉옷이라도 만지면 병이 나을 것이라는 간절한 믿음을 가진 가련한 여인을 보시며 예수님께서 **"딸아 네 믿음이 너를 구원하였으니 평안히 가라 네 병에서 놓여 건강할지어다"**(막 5:34) 하신 것이다.

인류의 구원자요 만병의 치유자이신 예수님이 오시기 전, 구약 시대에도 하나님은 믿는 자에게 동일하게 신유의 기적을 베푸셨다. 히스기야가 중병에 들어 이사야 선지자가 살지 못하고 죽을 것이라는 예언을 했음에도 불구하고 하나님의 성전에 올라가 간절히 기도함으로 하나님께서는 그의 믿음을 보시고 히스기야의 생명을 15년이나 연장하여 주셨다(왕하 20:1~6)

엔드류 뉴버그도 성경에서 유사한 사건을 제시하면서 신경신학에 있어서 신앙의 주요성을 이렇게 기술하고 있다. "신앙(종교)과 뇌 병리의 관계는 아마도 수천 년을 거슬러 올라간다. 구약 시대에도 우리는 모세와 같은 사람들이 동포들에 의해 선지자나 미친 사람으로 간주되는 이야기를 발견한다. 성경에서 진정으로 거룩한 개인은 궁극적으로 자신이 미친 것이 아니라 그들의 뇌가 어떻게 하든지 하나님의 거룩학에 다가간 특이한 사람임을 알 수 있는, 하나님으로부터 온 기이한 어떤 힘임을 보여준다."[61]

말하자면, 구약 시대 이스라엘 백성을 구원하라는 신명을 받은 모세를 통하여 우리는 인간의 상식과 경험을 뛰어넘는 초자연적인 신의 능력과 그것을 절대 의존한 인간 모세의 신앙을 통하여 출애굽이라는 위대한 구원의 역사가 이루어졌음을 간접적으로 증언하고 있는 것이다. 이 민족적인 오랜 숙원의 과제인 출애굽을 우리 개인의 영적, 정신적 고통으로부터의 해방으로 본다면, 이 지병으로부터의 치유와 해방은 본인이 가지고 있는 믿음으

---

61) Ibid, p.138.

로 가능하다는 이야기가 될 것이다.

1. 영성 치유와 뇌 병리학

이제 이러한 신앙심이 작용하여 치유할 수 있는 신경학[뇌과학] 영역의 몇 국면을 살펴보기로 한다. 뉴버그는 신경신학의 가장 매력적인 분야 중 하나가 신앙과 영성훈련을 통하여 뇌 병리학의 본질을 이해하고, 영성이 뇌 치유에 상당한 역할을 할 수 있다는 것이다.[62] 그러면서 그는 자신이 메시아 또는 예수 그리스도라고 믿는 조현병을 앓고 있는 사람을 알고 있으며, 조현병 외에도 머리 부상, 신경퇴행성 장애, 발작 등 여러 질환은 종교적 또는 영성 현상과 관련이 있다고 주장한다. 이러한 병리학은 특정 방식으로 뇌에 영향을 미치기 때문에 특정 신경전달물질 시스템뿐만 아니라 영성이 미칠 수 있는 뇌의 특별한 영역을 탐색할 수 있다고 한다. 이런 종교와 관련된 뇌 병리학에 대한 연구는 종교가 뇌와 어떻게 관련되어 있는지에 대하여 우리가 풀어야 할 퍼즐이라고도 했다.[63]

이처럼 종교가 어떤 모양으로든지 인간의 뇌[신경] 병리학과 관련이 있고 영향을 미치고 있다는 뉴버그의 주장은 주목할 만하며, 필자는 이런 관점에서 그 영역을 범종교의 관점에서 기독교의 관점으로 초점을 분명히 하여 성경을 중심으로 앞에서 살펴본 바와 같다. 기독교 영성이 미칠 수 있는 주요 병리학의 요소에 대해 아래와 같이 살펴보기로 한다.

2. 조현병(SCHIZOPHRENIA)

조현병(schizopherenia)은 정상적인 생각과 말, 행동이 손상되는 신경발달장애이다. 한번 발병하게 되면 평생 지속되는 경향이 있고, 일상생활에 어려움이 생기기도 한다. 조현병은 약 0.3~0.7%의 사람들에게서 발생하고, 발병률은 나라마다 차이가 있다. 남자와 여자에게서 같은 비율로 발생한다.[64] 뉴버그는 조현병이 비정상적인 종교적 영적 믿음 및 영적체험과 관련되어 나타나는 가장 잘 알려진 병리 현상의 하나이다.[65]

---

62) Andrew Newberg, Ibid, P. 138.
63) Ibid., p. 139.
64) 손매남, 산경목화학(서울: 에셀나무, 2021), p. 84.
65) Andrew Newberg, Ibid., p. 139.

조현병은 갑자기 시작할 수도 있고 천천히 시작할 수도 있다. 이 장애를 가진 대부분의 사람은 오랜 시간에 걸쳐 천천히 발병한다. 정상적인 아동기 시절을 보내고 기능도 아주 잘하다가 10대 후반이나 초기 성인기 시절에 증상이 나타날 수도 있다. 여자보다 남자에게서 더 일찍 증상이 나타나는 경향이 있다. 대부분의 남자에게서 첫 정신병적 삽화(즉, 망상이나 환각)가 20대 초반과 중반에 나타난다. 대부분의 여성에게서는 첫 삽화가 20대 초반과 중반에 나타난다. 대부분의 여성에게서는 첫 삽화가 20대 후반에 나타난다.

10대 이전에 증상이 시작되는 것은 매우 드물다. 아동들은 강상이나 환각이 아닌 백일몽이나 환상을 가질 수 있다. 아동에서 나타나는 조현병 증상은 아동기에 시작하는 다른 장애들의 일부 증상과 같다. 그래서 아동기에는 조현병이 진단되기 전에 반드시 아동기 장애에 주의를 기울여 배제되어야만 한다.

조현병을 가진 사람들은 알코올이나 다른 약물을 남용할 우험이 크다. 이들 중 약 절반 이상이 상습 흡연자다. 조현병을 가진 사람들은 알코올, 마리화나 혹은 다른 약물들을 사용해서 조현병 증상을 가라앉히려고 한다. 하지만 이것은 병을 더 악화시킬 뿐만 아니라 치료 또한 더 어렵게 만든다. 강박장애와 공황장애 발병률도 조현병 환자에게서 높다.

자살은 조현병을 가진 사람들에게 또 다른 큰 위험 요인이다. 스스로 목숨을 끊으라는 목소리가 들리기도 하고, 약물 사용과 우울 증상 또한 위험을 증가시킨다. 이 장애를 가진 사람들 중 약 5~6%가 자살을 하고, 20%가 적어도 한 차례 이상 자살 기도를 한 경험이 있다. 자살 위험은 치료와 세심한 도움, 지도감독을 통해 낮출 수 있다. 이러한 이유로 가능한 빨리 치료를 받기 위해 도움을 주고 숙련된 정신건강보호 제공자를 찾는 것이 중요하다. 조현병은 평생 약물을 복용해야 할 수도 있지만, 대부분의 경우 치료를 통해 증상이 완화되는 것을 경험한다. 정신병적 증상은 나이가 들면 줄어들기도 한다. 조현병을 가진 삶 중 약 20%가 좋은 경과를 보이고, 시간이 흐를수록 증상이 덜 심해지며, 소수에서는 완전히 회복되기도 한다. 이 병을 가진 대부분의 사람은 평생에 걸쳐 도움을 필요로 하고, 일상생활에서 어느 정도 수준의 보조가 필요하다.66)

조현병은 특이한 종교적 또는 영적 발상 및 경험과 관련된 가장 잘 알려진 뇌 병리현상 중 하나이다. 앞서 언급했듯이, 가장 일반적인 표현 중 하나는 자신을 메시아, 예수 또는

---

66) 손매남, 신경목회학, pp.84-87.

선지자와 같은 중요한 종교적 인물로 인식하는 것이다. 사실, 본인이 환생한 다윗왕이라고 주장하는 한 사람을 포함하여 메시아라고 주장하는 많은 사람들을 본 적이 있다. 물론, 이 개인들은 자신에 대해 매우 진지한데, 진정한 정신병적 질환을 가진 사람들과 어떤 이유로든 매우 강렬하고 독특한 종교적 관점과 관련이 있는 사람들을 구별하는 것은 항상 그렇게 간단치가 않다. 조현병과 같은 뇌 병리를 가진 사람들은 종교적 또는 영적 발상을 고수하다 정상적인 일상기능을 해치는 경향이 있다. 이것은 사제나 수녀와 같은 삶의 근본적인 부분으로서 종교적 또는 영적 신앙을 지향하는 개인들과 구별되어야 한다. 뇌병이나 정신병을 가진 사람을 정상적 일상생활을 포기할 정도로 극단적인 신앙체계를 따르는 사람으로 정의하면, 사제, 수녀 및 승려가 병이 있다고 간주될 수 있다는 것을 깨닫는 것은 항상 흥미롭다. 그러나 이러한 고도로 종교적인 개인은 뇌 병리학에 대한 다른 기준을 충족시키지 못하고 종종 자신의 독특한 방식으로 사회에서 매우 기능적인 사람들로 존재한다. 그들은 존경받고 있으며 다른 사람들과 지역사회 전반의 복지에 실질적으로 기여한다.

강렬한 종교적 신앙이나 경험을 가진 조현병을 앓고 있는 사람들은 일반적으로 질병의 다른 많은 측면을 나타낸다. 이 개인은 종종 환각과 다른 망상을 경험하고 항정신성 약물에 상당히 중요한 반응을 보인다. 조현병을 앓고 있는 사람들은 또한 자신의 신앙 중 일부가 틀린 것으로 인식하는 경향이 있다. 그들은 때때로 목소리를 듣고 그들이 듣는 것을 막을 방법이 없는 것처럼 보일지라도 그들의 목소리를 듣지 않아야 한다고 인식할 것이다. 그러나 강렬한 종교적 신앙을 가진 사람들은 그러한 신앙이 옳다고 느끼는 경향이 있다. 그들은 신에 의해 감동을 받거나 신과 매우 강렬한 방식으로 연결되어 있다고 느낄 수 있으며, 유일한 합리적인 결론은 그들이 선지자 또는 메시아가 되어야 한다는 것이다. 수녀, 사제, 승려와는 달리, 이 같은 개인들은 사회에서 효과적으로 기능할 수 없다. 그들은 자기 수표책을 관리하거나 다른 사람들과 효과적으로 상호작용할 수 없으며, 인지장애 또는 비정상적인 정서적 반응과 같은 다른 관련 증상을 가지고 있다.

신경학적 관점에서 볼 때, 우리는 조현병과 관련된 뇌 관련 과정을 고려할 수 있다. 조현병은 매우 이질적인 질환인 경향이 있으며, 따라서 조현병을 앓고 있는 모든 사람들 사이에서 일치하는 뇌 이상은 단 하나도 없다. 그러나 뇌영상 연구는 일반적으로 이 사람들 사이에서 어느 정도의 유사성을 보여주었다. 예컨대, 뇌 스캔은 일반적으로 조현병 환자의 뇌가 비정상적인 피질 대 피질하 비율의 활동을 갖는 것으로 나타났다. 다시 말해, 전두엽과 같이 피질의 더 높은 뇌기능은 변연계 및 기저 신경절의 하부 뇌기능과의 균형을 잃는다. 전반적인 결과는 인지 및 감각 통합의 제어에 대한 조절장애인 것으로 보인다.

종교적 망상과 관련된 뇌활동에 관해서는 불행히도 데이터가 매우 제한돼 있다. 종교적 망상을 가진 한 개인에 대한 뇌스캔 연구가 현재 가용한 전부이다. 이 보고서에서 연구자들은 단일 광자 방출 컴퓨터 단층 촬영(SPECT) 이미징을 사용하여, 몇 달 동안 약물 복용을 중단한 조현병을 앓고 있는 37세 남성의 뇌를 이미지화 했다. 그는 입원환자 정신과 시설에 입원하여 성경이 문자 그대로 그에게 말하고 있다고 주장했다. 그는 자신이 메시아적 역할을 했다고 믿었고, 시편과 성경의 다른 많은 부분들이 어떻게 그를 직접 언급했는지 직원들에게 자세히 설명해주었다. 그는 종교적 망상을 경험하면서 처음에는 스캔을 받았고 주로 도파민과 히스타민 수용체에 결합하는 전형적인 항정신병 약물로 6개월 동안 치료한 후 두 번째로 스캔했다. 두 번째 스캔 당시, 종교적 망상은 완전히 해결되었다. 첫 번째 스캔은 그가 종교적 망상을 적극적으로 경험하는 동안 전두엽과 왼쪽 측두엽에서 더 큰 활동이 있었고 후두엽의 활동이 감소했다는 것을 보여주었다. 이러한 결과는 흥미롭지만, 이 단일 사례연구가 종교적 망상의 생물학적 본질에 대한 명확한 이해를 어떻게 제공할 수 있는지는 불확실하다. 전두엽과 측두엽의 증가는 종교적 망상의 생산과 직접적으로 관련이 있을 수 있다. 아마도 증가된 활동은 다른 구조가 비정상적인 생각과 발상을 생성할 수 있게 해주는 기능장애를 반영할 것이다. 후속 스캔이 뇌활동의 개선을 보여 주었다는 것은 흥미롭지만, 사람이 약물을 복용하는 동안 수행되었다는 것을 인식하는 것이 중요하다. 이 검사는 뇌와 망상 모두에 영향을 미쳤을 것이다. 따라서 뇌와 종교적 망상 사이의 결정적인 인과관계를 그리는 것은 어렵다.

이 사례는 또한 도파민 시스템의 기능장애와 관련된 조현병의 또 다른 중요한 병리생리학적 특징을 암시하는데, 이는 환자의 망상을 치료하는 데 도움이 되는 도파민을 표적으로 삼는 약물이기 때문이다. 조현병에 대한 뇌스캔 연구는 일반적으로 비정상적인 도파민 기능을 보여 주었고, 더 중요한 것은 조현병을 앓고 있는 사람들은 종종 뇌의 도파민 농도를 변화시키는 약물을 사용하여 성공적으로 치료된다. 따라서 우리는 피질과 뇌의 더 중심영역 간의 비정상적인 관계뿐만 아니라 도파민 시스템의 비정상적인 기능이 조현병의 증상에 관여하고, 또 조현병 경험이 있는 일부 사람들의 강렬하거나 특이한 종교적 경험과 관련이 있을 것으로 예상한다. 우리는 이미 많은 피질 영역과 도파민 시스템이 일반적으로 종교적 경험에 관여한다고 생각했기 때문에 조현병과의 관계는 놀랄 일이 아니다. 도파민은 감정, 인지 및 행동을 조절하는 데 도움이 되지만 비정상적인 도파민 수치가 종교적 망상에 어떻게, 그리고 왜 기여하는지는 불확실하다. 파킨슨병과 같은 다른 도파민 관련 질환이 일반적으로 비정상적인 종교적 경험과 관련이 없다는 것을 고려할 때 문제는 더욱 모호하다.

종교와 조현병 사이에는 흥미로운 긍정적 관계가 있다. 연구에 따르면 일반적으로 높은 수준의 종교성을 표현하는 조현병을 앓고 있는 사람들은 일반적으로 사회적 통합 개선, 자살위험 감소, 약물남용 감소, 향상된 삶의 질과 예후를 보인다. 전반적으로 조현병은 뇌의 병리학이 종교 및 특히 비정상적인 종교적 행동과 어떻게 관련될 수 있는지에 대한 중요한 예이다. 그러한 행동이 유익하거나 해로울 수 있으며, 또 뇌 기능을 향상시키는 약물을 통해 교정될 수 있다는 것은 이러한 종교적, 영적 신앙이 어떻게 생겨나는지에 대한 기계론적 개념을 더욱 뒷받침한다. 반면, 조현병 환자의 약 50%는 망상이나 환각의 형태로 특이한 종교적 신앙을 표현한다. 따라서 조현병을 앓고 있는 사람들에게 종교가 미치는 긍정적인 영향은 확실히 보편적이지 않으며, 이는 그 그림을 더욱 복잡하게 만든다.

중요한 것은 일반적으로 종교적, 영적 신앙을 지나치게 병리화하지 않도록 주의를 기울여야 한다는 것이다. 리처드 도킨스Richard Dawkins의 『신 망상』은 하나님에 대한 모든 믿음이 망상적이거나 병리적이라는 것을 암시한다. 이것은 종교적, 심리적, 신경신학적 관점에서 다루어야 할 복잡한 문제이다. 문제 중 일부는 순전히 정의적(definitional)이다. 우리가 뇌병리학을, 보이지 않는 존재가 우리와 의사소통하고 우리 삶에 영향을 미치는 경험과 관련이 있는 것으로 정의한다면, 정의에 따라 우리는 모든 종교적인 개인을 병리학적으로 간주할 것이다. 반면에, 우리가 적응력의 관점에서 병리학을 정의한다면, 종교적 또는 영적인 것은 매우 정상일 수 있다. 사람들이 세상에서 적응하고 대처하고, 의미와 목적의식을 제공하고, 보다 효과적으로 기능할 수 있도록 돕는 방법으로 종교에 의지한다면, 종교와 영성은 적응력이 있으며 본질적으로 병리학적이 아니게 된다. 사실, 도킨스의 진술은 비정상적인 종교적 경험이나 신앙을 가진 사람들을 어떻게 대우해야 하는지에 관한 중요한 윤리적 질문을 제기한다. 과거에 많은 사람들이 동성애가 치료가능한 장애라고 생각했던 것처럼, 우리는 종교와 관련해 비슷한 주장을 추론할 수 있겠는가, 그리고 이것은 타당하거나 윤리적인 관점이 될 수 있는가?

뇌기능과 뇌정상의 연속체의 가능성을 고려하는 것도 흥미롭다. 정신병자에 대해 고려하려면 얼마나 큰 망상이 필요한가? 예컨대, 연구에 따르면 "교수의 90%는 평균 이상이라고 생각한다." 분명히 대부분의 학자들은, 비록 대부분의 사람들이 아니더라도, 그들 자신과 그들의 능력에 대해 어떤 망상을 가지고 있다. 만일 어떤 사람이 하나님에 대한 믿음을 가지고 있다면, 비록 그 사람이 그 믿음을 증명할 수 없다는 것을 이해한다 하더라도, 그것이 실제로 그 사람을 망상에 빠진 것으로 만드는가? 그리고 세계인구의 대다수가 자신을 종교적이거나 영적이라고 생각한다면, 우리는 대부분의 인류를 병리학적으로 비난할 수 있는가? 일부 무신론자들은 이것이 적절한 관점이라고 주장할 수도 있지만, 신경신학은 적어도 이 문제에 대해 보다 포괄적인 시각을 갖도록 요구할 것이다. 어느 시점에서 우리가 하나님에 대한 믿음이 망상적이고 진화론적이라는 결론에 도달한다면, 우리는 사람들의 신앙을 비종교적인 것으로 전향시키는 방법을 고려할 수 있다. 그러나 우리는 또한 과학적 관점이 종교적 또는 영적 관점을 대체할 수 있는지, 그리고 여전히 사람들을 의미, 목적 및 도덕성의 감각으로 인도할 수 있는지 숙고해야 한다. 그것은 여전히 대답해야 할 신경학적 질문이다.

이 외에도 양극성 및 관련 장애(BipolarDisorders)와 우울장애(Depressive Disorders), 불안장애(AnxietyDisorders), 강박관련장애(Obsessive-compulsive Disorders) 등이 있다. 67)

3. 측두엽 뇌전증(간질)

측두엽 뇌전증은 대부분의 경우 목소리, 음악, 후각, 미각, 기억상실, 극단적인 감정 상태 등과 관련된 단순부분발작으로 시작된다. 측두엽에 발작이 있는 사람들은 강렬한 종교적 경험과 관련된 뇌 병리를 가진 개인의 또 다른 중요한 집단이다. 이 분야의 초기연구 중 일부는 심오한 종교적 경험을 가진 사람들의 일화적인 이야기를 탐구했으며, 뇌파 조영술 연구를 통해 발작 활동을 경험한 것으로 밝혀졌다. 흥미로운 점은 일부 종교적 경험이 발작 사건 자체와 관련이 있는 것처럼 보이지만 다른 일부는 발작 사이에 경험된다는 것이다.

터키 무슬림 여성에 대한 한 사례 연구에 따르면 오른쪽 측두엽, 특히 해마에서 발작 활

---

67) 손매남, Ibid., p. 106.

동을 하는 동안 그녀는 "La eela'hay ee l'allah, Muhammed'een resul'allah("신은 특별하시며 모하메드는 그의 예언자")"라는 말을 반복하기 시작했다. 이 발성 거동은 비정상적 뇌영역의 외과적 제거 후에 본질적으로 제거되었다. 그러한 사례는 흥미로운 질문을 제기한다. 발성은 단지 자동 발성이었는가, 또는 그녀는 본인이 말하는 것을 믿었는가? 그녀는 발작의 결과로 그녀의 종교적 신앙을 바꾸지 않았기 때문에, 그녀의 발성이 큰 종교적 신앙을 지니지 못했을 수도 있다.

반면에, 사람들이 발작과 관련된 종교적 개종을 경험하는 많은 사례보고가 있다. 종교에 대한 거부에 이어 종교가 개종한 매혹적인 사례에는 37세 때부터 측두엽 발작을 앓고 있던 51세 버스기사가 등장한다.

요금징수 중, 그는 갑자기 행복의 느낌에 사로잡혔다. 그는 문자 그대로 천국에 있다고 느꼈다. 그는 운임을 정확하게 징수하면서 동시에 승객들에게 천국에 있다는 것이 얼마나 기뻤는지 말했다. 그가 집으로 돌아왔을 때, 그는 그의 아내를 알아보지 못하는 것처럼 보였지만, 그녀는 그의 천상의 체험에 대한 다소 일관성 없는 이야기를 그에게서 들었다. 나중에 이 환자는 자기 지역보건의에게 "마치 머리에 폭탄이 터진 것처럼 느꼈다"고 말했다.

그 후 2년 동안, 그는 사흘 연속으로 세 번의 발작을 겪은 에피소드가 있을 때까지 매우 종교적이었다. 그 결과, '그는 다시 기뻐했다. 그는 자신의 마음이 깨끗해졌다고 말했다. 이 에피소드 동안 그는 믿음을 잃었다. 그는 천국과 지옥을 믿곤 했지만, 이 같은 체험 후에, 내세가 있다는 것을 믿지 않았다. 그는 또한 그리스도의 신성에 대한 믿음을 잃어버렸다.' 이 경우는 그 사람이 처음에는 깊은 종교적 경험을 한 다음 종교성이 자신을 떠난 경험을 했다는 점에서 더욱 특이하다. 더 자세한 내용이 없이 그러한 변화와 관련된 생리적 과정을 이해하는 것은 어렵지만 측두엽에서 일어나는 변화 사이에는 강한 관계가 있음이 분명하다.

다음은 영적체험에 대해 발작과 관련된 19세 남자의 이야기이다. "나는 방금 열아홉 살이 되었는데 최근에 발작을 일으키기 시작했다. 나는 2년 전쯤 하나님께 관심을 갖게 되었다. 데자뷰 느낌을 갖기 시작했지만 왜 내가 그것을 가지고 있는지 알지 못한 채, 일상생활을 하다가 때때로 그 느낌을 얻게 될 수도 있었다. 내가 그 느낌을 받았을 때 나는 더 높은 힘에 대해 생각했고 평온함의 강력한 감각을 느꼈다. 몇 달 전 자던 중 실제로 발작을 일으킨 후, 나는 예수님과 그의 가르침에 매료되었다. 나는 잠들기 전에 기도하곤 했고, 같은 느낌을 갖기 시작했으며, 내가 천사라고 믿었던 존재를 보았다." 따라서 뇌의 측두엽에서의 강렬한 활동은 매우 심오한 종교적 경험과 관련이 있으며 때로는 신비주의에 접해 있다. 이러한 경험을 가진 사람들은 종종 일상생활의 일부로 발작 사이에 종교와의 강한 동일성을 갖는다. 그리고 발작과 관련된 경험과 평생 신앙 패턴 사이에는 연관성이 있을 가능성이 크다.

측두엽 발작과 강렬한 종교적 경험 사이의 관계는 몇몇 신경심리학자들로 하여금 역사의 위대한 종교적 인물 중 많은 사람들이 측두엽 발작을 경험했다는 가설을 세우게 했다. 두 명의 저명한 신경심리학자인 제프리 세이버Jeffrey Saver와 존 라빈John Rabin은 이 관계에 대한 논문을 썼는데, 여기에는 잔다르크, 조지프 스미스, 모하메드, 성 바오로(사울)를 포함한 역사의 위대한 종교적 인물들이 열거된 표가 포함되어 있었다. 저자들은 이러한 개개인에게서 관찰된 행동들에 대한 묘사를 평가하기 위해 영리한 접근법을 사용했다. 예컨대, 다메섹으로 가는 길에서 사울의 경험은 성경에 다음과 같이 묘사되어 있다.

그가 여행 중에 다메섹에 가까이 다가가자, 갑자기 하늘에서 온 빛이 그의 주위에 번쩍였다.

그는 땅에 엎드려 "사울아, 사울아, 어찌하여 나를 핍박하느냐?" 하고 말하는 음성을 들었다.

"주님, 당신은 누구입니까?" 사울이 물었다.

"나는 네가 핍박하는 예수이다"라고 그는 대답했다.

"이제 일어나서 도시로 들어가면, 네가 해야 할 일을 알게 될 것이다."

사울과 함께 여행하는 사람들은 말문이 막혀 서 있었다. 그들은 소리를 들었지만 아무도 보지 못했다. 사울은 땅에서 일어났지만, 눈을 떴을 때 아무것도 볼 수 없었다. 그래서 그들은 손을 잡고 다메섹으로 그를 이끌었다.

사흘 동안 그는 눈이 멀었고 아무것도 먹지도 마시지도 않았다.

세이버과 라빈은 사울이 번쩍이는 빛을 보고, 쓰러지고, 예수의 음성을 듣는 것을 발작과 일치하는 증상으로 해석하고, 그의 실명이 지속적인 발작 후 실명과 일치한다고 주장했다. 이것은 단지 하나의 해석일 뿐이며, 이러한 역사적 인물 중 일부가 발작과 같은 뇌병리를 가지고 있는지 여부를 가정하는 것은 흥미로운 행위이지만, 이것을 증명할 수 있는 방법은 없다.

측두엽 발작을 비정상적인 종교적 경험과 완전히 관련시키기 위한 능력은 엄청나게 복잡하다. 우선, 대부분의 기록에 따르면, 측두엽 발작을 앓고 있는 사람들의 5% 미만이 비정상적인 종교적 경험을 가지고 있다. 또한 측두엽이 격렬한 종교적 경험을 가진 사람들에게 항상 명확하게 관련되어 있는 것은 아니다. 측두엽 발작과 종교활동 사이 관계의 최초 가치는 측두엽이 이러한 경험에서 근본적인 역할을 하는 것으로 확인하는 것과 관련이 있다. 측두엽이 종교적 경험에 관여한다는 것은 해마, 편도체와 같은 측두엽 구조의 직접적인 뇌자극뿐만 아니라 뇌의 언어, 기억 및 추상적인 과정에서 측두엽의 중요성을 포함하는 다른 증거에 의해 뒷받침된다.

편도체의 전기자극은 생생한 시각적 환각, 신체외 감각, 데자뷰 감각 및 수많은 유형의 환상을 일으키는 것으로 밝혀졌다. 해마의 자극은 데자뷰 감각, 자동기억회상 및 꿈과 같은 환각의 생성과 관련이 있다. 일반적으로 해마의 적당한 전기자극은 종종 꿈, 백일몽 또는 꿈과 같은 환각과 관련된 생리적 변화를 일으킨다. 측두엽 뇌전증이 종교적 경험 사이의 관계와 결합될 때, 편도체와 해마가 이러한 경험에서 직간접적으로 중요한 역할을 한다는 것은 의미가 있다.

심리학자 마이클 퍼싱어Michael Persinger가 "신의 헬멧"이라고 부르는 것을 사용하여 저에너지 전자기파를 측두엽으로 보내는 작업은 이러한 데이터의 일부이다. 퍼싱어는 영과 같은 경험을 이끌어내는 장치의 능력에 관한 여러 논문을 발표했다. 그의 연구는 실험 대상자들을 감각 박탈 상태의 조용한 방에 두는 것을 포함하고 있다. 방에 있는 동안, 시험 대상은 측두엽을 향한 전자기 펄스를 생성할 수 있는 전선에 연결된, 개조한 오토바이 헬멧처럼 보이는 것을 착용한다. 이것이 바로 "신의 헬멧"이다. 그런 다음 연구원은 한쪽이나 다른 쪽을 자극하거나 전혀 자극하지 않고 시험 대상에게 자신이 무엇을 느끼는지 묻는다.

가장 일반적으로 묘사된 경험 중 하나는 "감지된 존재"의 경험이다. 시험 대상자가 측두엽을 자극할 때, 그녀는 방에 다른 존재의 현현을 경험할 수 있다. 퍼싱어의 실험을 복제하려는 시도는 효과를 보여주는 데 실패한 것이지만, 퍼싱어는 실험이 제대로 수행되지 않았다고 주장했다. 신경신학적 관점에서 볼 때, 가장 중요한 것은 연구설계와 결과의 강점과 약점에 대해 토론하는 연구자들과 함께 연구 복제의 패러다임을 사용하여 과학을 적용하는 것이다.

어느 집단이 궁극적으로 가장 정확한 데이터를 가지고 있는지에 관계없이, 퍼싱어의 헬멧으로 측두엽 자극을 받는 사람들의 경험은 더 본격적인 영적 경험의 몇 가지 요소만 포함하는 것으로 보인다. 아무도 다메섹으로 가는 길에서 사울이 겪은 경험과 같은 것을 묘사하지 않는다. 뇌수술을 받고 측두엽을 직접 자극하는 사람들에 대한 오래된 일화적인 보고는 일반적으로 삶의 기억이나 매우 생생한 시각적 경험과 같은 경험을 묘사한다.

전반적으로, 측두엽이 종교적 경험에서 근본적인 역할을 한다는 것은 확실히 의미가 있다. 그러나 측두엽 발작을 앓고 있는 사람들의 적은 비율만 비정상적인 종교적 경험이 있고, 뇌의 다른 영역에서 발작을 가진 사람들도 비정상적인 경험이 있다면, 측두엽이 이러한 경험의 주요 원천이라는 것을 얼마나 확신할 수 있겠는가? 측두엽 발작과 종교적 경험은 관계가 있지만, 확실히 완전한 설명은 아니다. 향후 연구는 발작을 앓고 있는 사람들의 종교적 경험 정도를 탐구하고 측두엽 발작이나 뇌의 다른 영역에서의 발작이 이러한 비정상적인 경험과 가장 관련이 있는지 여부를 더 잘 묘사할 것이다. 발작의 치료가 종교적 또는 영적 구성요소를 어떻게 변경하거나 감소시키는지를 결정하는 것도 중요하다. 약물이나 수술을 통해 측두엽 발작과 관련된 심오한 종교적 경험이나 신앙을 제거할 수 있다면, 확실히 이 생물학적 관계를 지원하는 길로 훨씬 더 진전하게 될 것이다. 물론, 사람이 놀라운 영적 경험을 제거할 수 있다면 그러한 수술을 받기를 원하는지에 관한 흥미로운 윤리적 문제가 발생할 수 있다.

4. 신경퇴행성 질환

알츠하이머병과 파킨슨병과 같은 신경퇴행성 질환은 뇌와 종교 간의 관계를 연구할 수 있는 또 다른 기회를 제공한다. 이러한 장애에서는 하나 이상의 뇌과정이 악화된다. 예컨대, 알츠하이머병에서는 기억력과 공간처리의 일반적인 악화가 있다. 파킨슨병에는 떨림, 근육 강직, 운동기능 및 조정의 악화를 포함하는 고전적인 세 가지 증상이 있다. 이러한 장애는 이질적이어서 각각의 사람이 약간씩 다른 증상을 나타낸다. 이것은 그러한 장애를 종교적, 영적 현상을 이해하기 위한 탐침으로 사용하는 능력을 복잡하게 만든다.

신경퇴행성 질환은 뇌의 특정 영역이 기능을 상실함에 따라, 우리는 그 기능의 상실이 사람의 종교적 또는 영적 신앙에 어떻게 영향을 미치는지 물어볼 수 있다. 예컨대, 알츠하이머병을 앓고 있는 사람들의 코호트 집단을 취한 경우, 우리는 질병이 진행됨에 따라 어느 정도 종교적이 되었다는 것을 알 수 있는가? 아니면 뇌의 어느 부분이 가장 영향을 받는지에 따라 다소 종교적이 될 수 있는 사람들의 하위 집단이 있는가?

신경퇴행성 장애연구는 또한 질병 진행이 종교적 또는 영적 신앙의 지속적인 변화와 어떻게 연관될 수 있는지 모니터링 하기 위해, 시간이 지남에 따라 사람들을 관찰할 수 있는 능력을 제공한다. 그러나 이 방법에는 한계가 있다. 알츠하이머병과 같은 신경퇴행성 과정의 맥락에서 종교를 평가할 때 가장 큰 문제 중 하나는 사람들이 상당한 언어 및 인지 능력을 손실한다는 것이다. 그러므로 그들이 신에 대해 좀 더 단순한 관점으로 끝나는 경우, 이것은 단순히 그들이 더 복잡한 버전의 하나님을 표현할 수 없기 때문인가? 아니면 훨씬 더 단순한 방법으로 하나님을 진정으로 체험하고 있기 때문인가? 하나님과 단일의 격렬한 경험을 한 신비주의자들은 분명 하나님을 매우 단순한 방식으로 생각하는데, 그러한 경험을 알츠하이머병을 앓고 있는 사람의 경험과 비교하는 일은 흥미로울 것이다.

파킨슨병을 앓고 있는 대부분의 사람들은 정상적인 인지기능을 계속 가지기 때문에 더 적절한 표적이 될 수 있다. 파킨슨병에서 도파민 시스템 기능의 상실은 일반적 주요 증상으로 운동장애를 초래한다. 그러나 종종 파킨슨병은 기분과 감정적인 반응의 변화와 관련이 있다. 파킨슨병을 앓고 있는 사람들이 종교나 하나님에 대한 인식에 변화가 있는지 여부를 결정하는 것은 흥미로울 것이다. 이탈리아의 어느 가톨릭 지역에서 실시한 한 연구는 바로 이 문제를 다루었다.

연구원들은 파킨슨병 환자 83명, 건강한 성인 8명, 만성 고혈압을 앓고 있는 79명에게 종교적 신앙에 대해 물었다. 이것은 상대적으로 많은 사람들의 집단을 포함하기 때문에 부분적으로 훌륭한 연구이다. 또한 두 대조군의 사용은 파킨슨병을 앓고 있는 사람들을 건강한 사람들과 비교할 수 있을 뿐만 아니라 만성 질환을 앓고 있는 다른 사람들과도 비교할 수 있는 능력을 제공했다. 고혈압은 파킨슨병처럼 일반적으로 뇌에 영향을 미치지 않기 때문에 다른 만성질환으로 선택되었다. 참가자들은 종교적 신앙에 대해 잘 검증된 설문지인 로열 프리 인터뷰Royal Free Interview21을 완료했다. 질문의 예는 다음과 같다.

"당신은 삶에 대한 종교적/영적 견해를 얼마나 강하게 붙잡고 있는가?"

"당신의 믿음의 실천(명상과 기도와 같은 관행을 나타냄)은 당신에게 얼마나 중요한가?"

"당신은 우리의 일상생활에서 당신에게 일어나는 일에 영향을 줄 수 있는 당신 자신 이외의 영적 힘이나 세력을 믿는가?"

"인생에서 깊은 새로운 의미를 느꼈거나 세상이나 우주와 하나가 되는 강렬한 경험을 한 적이 있는가?"

이 연구는 전반적으로 세 집단 간의 종교성에 큰 차이가 없다는 것을 발견했다. 그러나 파킨슨병을 앓고 있는 사람들이 왼쪽 또는 오른쪽에 더 많은 증상을 가진 사람들로 분류되었을 때, 흥미로운 것이 나타났다. 주로 왼쪽에 증상을 가진 사람들(뇌의 오른쪽이 비정상적이라는 것을 의미)은 종교적인 감정이 현저히 낮았다. 이것은 우뇌, 특히 도파민 기능과 관련된 영역이 종교적 신앙을 유지하는 데 중요할 수 있음을 시사한다. 불행히도, 이 같은 연구는 그 설계에서 단면적이었고 종교적 신앙이 질병의 과정에서 계속 변했는지 여부를 평가하지 않았다. 이러한 정보는 질병 자체의 진행이 종교성의 추가 손실을 초래하는지 여부를 결정하는 데 중요할 수 있다. 향후 연구를 위한 한 가지 가능성은 뇌 영상을 사용하여 이러한 장애의 생리적 악화 정도를 평가하는 것이다. 파킨슨병을 앓고 있는 사람이 뇌에서 도파민을 잃으면 종교적 또는 영적 신앙이 점진적으로 바뀔 수 있는가?

또한 명상이나 기도와 같은 종교적 의식에 대한 참여가 신경퇴행성 장애 환자에서 증대 또는 감소하는 것처럼 보이는지, 그리고 그러한 의식이 증상을 개선하거나 질병 진행을 늦추는 데 도움이 되는지 여부를 결정하는 것이 도움이 될 수가 있다. 인지장애가 있는 사람들을 포함하여 노인들의 명상 의식의 가치를 뒷받침하는 증거는 거의 없다. 임상적 관점에서 볼 때, 알츠하이머병과 같은 신경퇴행성 장애를 가진 사람들의 기억력 향상에 명상과 같은 실천이 얼마나 가치가 있는지를 확인하는 것도 도움이 될 수 있다. 이러한 실천은 사람들을 평온하게 유지하는 데 도움을 주며 "인지운동" 덕분에 기억기능을 향상시킬 수 있다. 이 가능성은 여러 연구자들로 하여금 이러한 장애를 가진 사람들에서 기도나 명상과 같은 특정 유형의 종교적 의식의 사용을 탐구하도록 이글었다. 한 연구 집단이 수행한 한 연구는 쿤달리니 요가 전통에서 개발된 만트라 기반 연습인 키르탄 크리야Kirtan Kriya라는 명상연습의 사용에 대한 조사이다. 연습은 비교적 간단하며 개인은 "사, 타, 나, 마 sa, ta, na, ma" 등 네 가지 소리를 반복해야 한다. 사실, 명상은 네 가지 소리 각각의 "아 ah" 구성요소와 함께 다섯 개의 소리를 갖는 것으로 간주되며, 그 자체로 다섯 번째 소리로 간주된다. 또한 이러한 소리는 출생, 삶, 죽음 및 환생을 나타내기 때문에 근본적인 영적 의미가 있음을 주목해야 한다. 그러나 연구의 목적을 위해, 특정한 영적 개념을 참조하지 않고 세속적인 의식으로 유지했다. 연습은 하루에 12분간 수행되는데, 2분간 큰 소리로 진행되고, 2분간 속삭이다가, 4분간 침묵 속에서, 그리고 다시 2분간 속삭이고, 마지막으로 2분간 큰 소리로 진행된다. 크리야Kriya라는 용어는 노래명상을 의미하므로 이 명상은 일반적으로 간단한 멜로디로 수행된다. 기억상실을 호소하는 개인에서 8주 동안 키르탄 크리야 명상의 사용을 테스트했다. 여기에는 단지 기억력이 예전과 다르다고 느낀 일부 노인, 경미한 인지장애로 진단된 사람들, 알츠하이머병으로 진단된 몇몇이 포함되었다. 키르탄 크리야 집단의 결과를 모차르트 협주곡을 듣는 사람들의 대조군과 비교했다. 두 집단 모두 하루에 약 12분간 연습을 했으며 8주 전후에 뇌 영상 및 신경심리학 검사를 받았다.

뇌 혈류의 변화를 평가하기 위해 앤드류 뉴버그는 SPECT 이미징을 사용했다. 피험자들은 휴식 상태에서 스캔한 다음 키르탄 크리야 명상을 수행하는 동안 다시 스캔했다. 명상은 참가자들에게 호평을 받았다. 사실, "명상 타입"이 아닌 것처럼 보이는 일부 참가자는 집에서 연습하는 것을 즐겼다고 보고했다. 키르탄 크리야 명상연습 8주 후, 평균적으로, 우리 피험자에게서 뇌의 여러 전두엽 영역으로의 혈류가 증가했다. 이 증가된 혈류는 휴식 중에도 관찰되었으며, 이는 명상 연습을 수행하는 것이 실제로 뇌의 장기적인 기능을 변화시켰음을 시사한다. 전두엽 활동이 증가하면 집중력과 기억력이 향상된다. 그리고 이것이 우리가 신경심리학 테스트에서 본 것이다. 키르탄 크리야 프로그램을 한 사람들의 뇌혈류와 기억기능은 약 10-15% 향상되었다. 전두엽이 일반적으로 정상적인 노화 과정에서 가장 영향을 많이 받는 뇌 영역이라는 점도 흥미롭다. 따라서 명상과 같은 연습은 나이가 들수록 개인을 보호할 수 있다.

별도의 연구결과에 의하면 그들이 믿지 않거나 좋아하지 않는 관행을 수행한 사람들에게서 전두엽이 같은 방식으로 활성화되지 않았다는 것을 관찰했다. 이것은 사람의 신앙체계와 일치하고 개인이 완전히 참여할 수 있는 의식이 뇌기능의 변화를 초래할 가능성을 가장 높인다는 뜻이다. 유대인이나 파킨슨병을 앓고 있는 무신론자에게 묵주기도를 하라고 하는 것은 부적절하고 비효율적이거나 심지어 해로울 수 있다. 그러나 가톨릭 신자인 사람에게 묵주기도를 하도록 격려하는 것은 몇 가지 유익한 효과를 가져올 수 있다. 사실, 우리 집단의 또 다른 연구에 따르면 묵주기도는 불안을 줄여주며, 신경퇴행성 질환을 앓고 있는 사람들은 흔히 불안을 경험하기 때문에, 묵주기도나 명상과 같은 연습이 유용할 수 있다. 또는 다양한 종교적, 영적 접근법과 함께 약물을 사용하는 보다 통합된 접근법은 질병 과정을 통해 환자를 지원하는 데 도움이 될 수 있다. 신경신학의 전체 폭은 종교적 신앙의 요소, 신경생리학적 및 신경병리학적 상관관계 및 잠재적인 실제 적용을 탐구할 수 있다.68)

5. 뇌 손상 연구

직접적인 외상이나 뇌졸중, 종양과 같은 다른 원인으로 인한 뇌손상은 신경신학에 대해 뇌문제의 또 다른 예를 제공한다. 심리학자 코시모 우르게시Cosimo Urgesi가 이끄는 한 흥미로운 연구에서는 악성 뇌종양을 앓고 있는 68명의 사람들의 자기초월 감정에 대한 수술의 효과를 탐구했다. 클로드 클로닝거Claude Cloninger의 기질과 성격 조사법을 사용해, 연구원들은 수술 전후의 자기초월에 대한 그들의 감정에 관해 이들 개인에게 질문했다. 앞서 살펴본 바와 같이, 자아 초월은 영성과 종교성의 중요한 요소이다. 사실, 이 연구에서 종교성은 자기초월과 크게 관련이 있었다. 연구 결과, 두정엽의 종양에 대해 수행된 수술이 뇌의 다른 영역에서의 수술에 비해 자기초월의 감정과 관련이 있을 가능성이 훨씬 높다는 점에서 흥미롭다. 이러한 발견은 두정엽의 활동 감소가 하나됨의 감각과 자기감각의 상실과 관련이 있는 다양한 종교적, 영적 관행에 대한 우리의 뇌스캔 연구와 일치한다는 것을 보여준다. 이러한 뇌종양 환자에서 수술은 두정엽의 활동을 감소시키는 것과 유사한 효과를 가졌으며, 결과적으로 자기초월의 느낌을 가능하게 했다.

이 연구와 다른 병변 연구는 두정엽과 같은 특정한 뇌영역과 종교적 및 영적 경험의 특정 요소의 관계를 이해하는 데 도움이 되는 확증적인 방식으로 다른 데이터를 지원한다. 이 연구의 마지막 요점은 연구원이 이전에 여러 달 동안 수술을 받은 사람들조차도 수술 전 수준에 비해 더 높은 수준의 자기초월을 계속 경험한다는 것을 발견했다는 것이다. 즉, 효과는 오래 지속된다. 이러한 발견은 영적 경험이 어떻게 사람의 신앙체계에 영구적인 변화로 이어질 수 있는지 이해하는 데 도움이 될 수 있다. 그러나 연구의 주요 단점은 손

---

68) Ibid,p.p,147~151

상이 언제 발생할지 알 수 없으며, 손상의 정도를 확인하기가 어렵다는 것이다. 뇌스캔에서 종양이나 뇌졸중의 영향을 받는 부위를 볼 수 있지만, 그것이 얼마나 광범위한지, 손상으로 인한 영향이 얼마나 광범위한지를 항상 알 수는 없다.[69]

6. 임사체험

임사체험은 어떤 면에서, 비정상적인 뇌기능의 궁극을 나타낼 수 있다. 이름에서 알 수 있듯이 임사체험은 일반적으로 사람이 거의 죽을 뻔했거나 적어도 의학적으로 사망한 것처럼 보일 때 발생한다. 임상적으로, 이들은 심박수를 잃고 일정 기간 동안 호흡을 멈춘 사람들이다. 그러나 임사체험에 대한 초기 연구 중 일부는 육체적으로 죽음에 가까운 적이 없었지만 생명을 위협하는 상황에 처한 눈사태 생존자들이었다는 점에 유의해야 한다. 이 사람들은 육체적으로 죽음에 가까이 간 사람들의 경험과 비슷한 경험을 묘사했다. 임사체험에 관한 문헌은 그 경험에 대한 설명과 이러한 경험의 다양한 조건과 경이로운 요소를 평가하는 연구 측면에서 비교적 탄탄하다..

불행히도, 신경학적 관점에서 임사체험을 연구할 때 가장 문제가 되는 것은 예측하기가 사실상 불가능하다는 것이다. 따라서 임사체험을 하고 있는 사람을 관찰하고 관련된 뇌기능을 평가할 수 있는 연구를 설정하는 것은 매우 어렵다. 마찬가지로, 사람들이 육체적으로 죽음에 가까워졌을 때를 알았더라도, 일반적으로 의식이 없기 때문에, 우리는 그들이 정말로 임사체험을 하고 있는지 여부를 알 수 있는 방법이 없다. 사실, 우리는 그 경험이 특정 시간에 일어나고 있는지, 아니면 다른 시간에 일어나고 있는지조차 알지 못한다. 예컨대, 임사체험에 대한 전형적인 해석은 사람이 죽어가는 과정에 들어갈 때 발생한다는 것이다. 사람이 익사하기 시작하는 경우 가정은, 익사과정이 발생함에 따라 그 사람이 그런 경험을 하는 것이다. 뇌가 상당한 기간 동안 산소를 빼앗긴 후에 임사체험이 발생할 가능성이 있다. 그러나 임사체험은 사람이 죽어가는 것이 아니라 그 사람이 부활할 때 발생할 수도 있다.

이 같은 연구의 어려움에도, 임사체험은 신경신학연구의 귀중한 표적이다. 임사체험의

---

69) Ibid,p.p,151~152

몇 가지 요소는 다른 유형의 종교적, 영적 경험보다 과학적 평가를 더욱 쉽게 만든다. 이와 관련해, 아마도 임사체험의 가장 중요한 측면은 개인이나 죽음의 방식에 관계없이 비슷한 패턴을 따르는 경향이 있다는 것이다. 엘리자베스 쿠블러-로스Elisabeth Kubler-Ross, 레이먼드 무디 Raymond Moody, 케니스 링Kenneth Ring과 같은 임사체험학자들은 처음에는 이러한 경험과 관련된 핵심요소 세트를 정의했다:

1. 형언 불가능한 느낌
2. 자신의 죽음에 대한 소식을 들음
3. 평화롭고 조용한 느낌
4. 소음
5. 어두운 터널
6. 몸을 벗어난 경험
7. 다른 이들과의 만남
8. 빛의 존재
9. 인생 사건의 검토
10. 경계
11. 돌아옴

이 모든 것이 각각의 임사체험 중에 발생하는 것은 아니다. 그럼에도, 임사체험 안에서 일관된 진보가 있는 것처럼 보인다.[70]

신경학적 관점에서 볼 때, 우리는 특정 뇌기능과 다른 핵심요소의 연결을 시도할 수 있다. 예컨대, 어두운 터널 경험을 시각 시스템의 변화와 연결할 수 있다. 뇌의 여러 부분으로 가는 뇌혈류와 산소가 차단됨에 따라 주변부보다 일반적으르 더 많은 혈류를 받는 중심부가 임사체험 과정 중 보존된 마지막 영역이 될 가능성이 높다. 시각피질에서는 뇌에 표현된 시야의 중심부가 마지막 차례일 것으로 예상된다. 시야의 주변부가 기능을 상실하여 시야의 가장 중심부만 그대로 두면 터널효과가 예상될 수 있다. 물론, 터널효과에 대한

---

70) Andrew Newberg, Ibid., 153.

다른 설명이 있을 수도 있으며, 그 터널이 사람들의 의식이 통과하는 실제 터널의 어떤 유형을 나타낼 가능성을 포함한다. 다른 생물학적 가능성에는 환각, 발작 활동 또는 감각 박탈 반응 등이 포함된다.

삶 돌아보기의 측면은 뇌의 기억영역, 특히 해마체에서의 활동 변화와 관련이 있을 수 있다. 사실, 해마체의 직접적인 자극은 생생한 자서전적 기억을 도출하는 것으로 밝혀졌다. 임사체험이 진행됨에 따라 피질영역이 폐쇄되어 해마체와 같은 중추 뇌영역이 보다 적극적인 방식으로 기능할 수 있다. 해마체는 우리의 기억 시스템의 많은 부분을 수용하기 때문에, 그 활동은 삶에의 돌아보기를 담당할 수 있다. 비슷한 방식으로, 사망한 친척이나 예수와 같은 종교적 인물의 이미지를 보는 것은 해마체 또는 편도체의 변화를 통해 호출될 수도 있다. 빛의 존재를 목격하는 것은 우리가 다른 사람이나 존재를 경험할 수 있게 해주는 두정엽의 시각적 영역과 사회영역에서의 특정 활동을 나타낼 수 있다.

임사체험은 자율신경계의 강한 변화와 관련이 있을 것으로 보인다. 분명히, 임사 상태는 생명을 위협하는 위험에 직면한 매우 자극적인(공감적) 상태이다. 앞에서 설명한 바와 같이, 부교감 신경계의 어떤 형태의 돌파구와 함께 교감신경계의 강렬한 활성화는 평온하거나 심지어 행복의 강렬한 느낌을 초래할 수 있다. 이러한 과정이 임사 상태에서 발생할 수 있다. 자율신경계는 편도체 및 해마체와 같은 변연계 영역의 일부를 활성화할 수 있기 때문에 자율신경계, 변연계 및 특정 피질영역과 관련된 기능 네트워크와 관련된 전체과정을 볼 수 있다.

임사체험에 대한 유일한 뇌스캔 연구는 잘 알려진 신경과학자 마리오 뷰레가드Mario Beauregard에 의해 수행되었다. 그는 열다섯 명의 사람들을 연구했는데, 그들은 "빛의 존재"와 연결되어 있다고 느끼는 임사체험이 있었다고 보고했다. 그는 이 개인들에게 두 가지 명상 연습을 수행하도록 했는데, 하나는 "빛의 존재"를 정신적으로 시각화하고 그것과 감정적으로 연결되는 것이며 하나는 램프에서 방출되는 빛을 정신적으로 시각화하는 것이다. 이 두 가지 상태에서, 피험자는 fMRI로 스캔되었으며, 이는 거의 임사체험 명상 중 전두엽, 오른쪽 두정엽(사회 영역), 시각 피질, 뇌섬엽 및 변연계의 일부에서 더 큰 활동을 보였다. 예상할 수 있듯이, 이러한 연구는 빛의 존재가 시각적 및 사회적 영역과 더불어 긍정적인 감정과 시각적 정신적 이미지에 관여하는 것으로 알려진 영역에서의 활동의 조합을 통해 경험된다는 것을 암시한다. 결정적이지는 않지만, 이와 같은 연구는 임사체험의 신경생물학을 조금씩 깎아 먹기 시작했다.

뇌의 관점에서 볼 때, 임사체험의 또 다른 특히 중요한 요소는 경험의 결과로 발생하는 극적이고도 영구적인 변화이다. 임사체험을 한 후, 사람들은 더 이상 죽음을 두려워하지 않고, 관계와 직업에 대해 다른 시각을 가지며, 때로는 덜 종교적이지만 일반적으로 더 영적으로 느낀다고 보고한다. 여기서 중요한 점은 매우 짧은 순간에, 몇 분 정도의 순서로, 한 사람의 전체 신앙체계, 따라서 두뇌 기능이 극적으로 변화되는 듯 보인다. 이것은 우리가 신경 가소성과 학습을 이해하는 전형적인 방식과는 반대된다. 일반적으로 뇌는 신경연결을 자극하는 반복적인 과정을 통해 장기간에 걸쳐 서서히 변화한다. 그러나 임사체험은 매우 짧은 시간 내에 근본적으로 뇌의 배선을 바꾸는 것처럼 보인다.

이것은 임사체험이 언제 그리고 누구에게 일어날지 예측할 수 없다는 도전을 보여줌에도 불구하고 향후 연구에서는 그러한 경험 전후의 뇌를 탐구할 수 있을 것이다. 그러나 의료 환경 내에는 임사체험의 빈도가 더 높을 것으로 예상되는 몇 가지 가능한 시나리오가 있다. 중증 뇌수술이나 심장 흉부 수술을 받는 사람들, 특히 심장이 정지된 상황에서는 거의 임사체험을 할 가능성이 더 크다. 충분한 비율의 환자가 임사체험을 보고하는 경우 이러한 어려운 수술절차 전후에 그러한 사람들에 대한 평가가 결실을 맺을 수 있겠다. 이러한 연구는 또한 임사체험이 단기적으로나 장기적으로 뇌에 어떻게 영향을 미치는지 더 잘 이해하는 데 도움이 될 수 있다.

AWARE[71] 연구에서는 응급실과 외상구역에 있는 환자들을 연구함으로써 이 같은 일을 하고 있다. AWARE 연구의 목표는 사람의 의식이 말 그대로 몸 밖으로 빠져나와 자신의 몸 주위의 세계에서 무슨 일이 일어나고 있는지 지켜보는 것을 확인하고자 하는 것이다. 일반적인 연구 설계는 응급실과 외상구역으로 데려온 환자를 평가하여 임사체험을 할 가능성이 가장 높은 사람들을 포착하는 것을 포함한다. 임사체험을 해 본 충분한 수의 사

---

71) 참고로, AWARE는 AWAreness during REsuscitation-a prospective study에서 따온 용어임.

람들을 연구한다면, 우리는 이러한 경험에 대한 귀중한 정보를 얻을 수 있다. 그리고 연구설계가 효과가 있다면, 우리는 의식, 정신 또는 영혼이 실제로 몸에서 분리될 수 있는지 알 수도 있다. 그러나 AWARE 연구에서 아직 결론을 내리기에 충분한 데이터는 나오지 않았다.

피터 펜윅Peter Fenwick과 엘리자베스 펜윅Elizabeth Fenwick은 『죽어가기 기술』(The Art of Dying)이라는 제목의 관련 저서에서 임종 비전, 몸을 벗어나는 경험, 기타 텔레파시적이고 초자연적인 현상을 포함하여 죽음 과정의 변칙적 경험들을 많이 묘사하고 있다. 이러한 모든 경험은 또한 잠재적, 근본적인 뇌 메커니즘을 탐구하는 신경학적 연구에 의해 평가될 수 있다. 그리고 뇌와 관련된 설명이 발견되지 않는다면, 신경신학은 또한 현재의 과학을 뛰어넘는 다른 패러다임이 고려되어야 한다고 주장할 것이다.

모니카 렌츠Monika Renz와 같은 다른 학자들은 죽음을 전환 전, 전환 그리고 전환 후세 단계로 나눈다. 그녀는 이러한 과정을 통해 이기주의와 세계에 대한 우리의 자아중심의 인식이 사라진다고 주장한다. 이것은 세계에 대한 다른 유형의 민감성, 의식의 변화된 상태, 영적 연결성의 대안적인 차원으로 이어진다. 신경신학연구는 이러한 역동적인 과정을 더 잘 평가하는 데 도움이 될 수 있다. 뇌스캔은 자아의 감소와 다른 수면 상태를 연구하는 것과 유사한 방식으로 의식의 다른 상태의 시작을 문서화하는 데 도움이 될 수 있다.

임사체험의 한가운데서 뇌를 연구하는 것이 이상적일 것이다. 영화 『플랫라이너』(Flat-liners)에서와 마찬가지로, 일시적 사망을 일으켜 임사체험을 정기적으로 이끌어내는 윤리적 방법이 있다면, 임사체험이 뇌에 미치는 영향을 조사하는 것이 가능할 것이다. 그러나 이것이 가능하다고 할지라도 뇌영상화와 관련된 기술적인 문제가 있을 것이다. 대부분의 뇌영상 연구, 특히 방사성 추적기의 주입과 관련된 연구는 혈류가 뇌로 유입되도록 요구한다. 그러나 심장이 멈추면 추적기를 뇌에 전달할 방법이 없다. 기능적 MRI 연구는 뇌 산소 수치의 변화를 결정할 수 있지만, 전형적인 fMRI 접근법은 그에 의해 신호가 영향을 받는 지속적인 혈류를 필요로 한다. 뇌의 전기활동과 같은 다른 생리학적 과정에 대한 평가를 시도할 수도 있지만 시상, 편도체 및 해마체와 같은 아주 중심에 있는 구조에서 전기활동의 변화를 관찰하기는 어렵다. 따라서 임사체험을 연구할 수 있는 가망성은 솔솔 피

어나는 반면, 그러한 경험과 뇌 사이의 관계를 평가하는 데는 많은 어려움이 있다.[72]

7. 약물유발경험

다음은 신경신학에 영향을 미치는 약물유발경험이다. 특히 정신활성물질의 의식적 사용, 이러한 물질의 신경생리학적 효과 및 그 사용으로 인해 발생하는 주관적인 경험을 포함한 다양한 주제를 망라하기 때문에 신경신학연구에 있어 매우 중요한 영역이다. 또한 뇌 병리학에 관한 장(chapter)이 약물로 인한 영적 경험을 논의하기에 가장 적합한 장소가 아닐 수도 있음을 지적하고 싶다. 이 주제는 쉽게 별도의 장에서 다루기에 적합하다. 그러나 약물유발경험이 "자연적으로" 발생하는 상태가 아니기 때문에 이 장에 배치하는 게 가장 합리적인 것처럼 보인다. 또한 신경신학의 다른 영역을 가로지르는 중요한 주제이기 때문에 다른 여러 장에서 약물유발경험을 고려할 것이다. 그러나 마약으로 인한 영적 경험은 본질적으로 병리학적이 아니다.

종교적, 영적 의식의 일부로 뇌에 영향을 미치는 물질을 사용하는 문화와 전통은 전 세계적으로 무수히 존재한다. 이러한 정신활성 물질은 종종 환각유발물질(entheogens)이라고 불리며, 이는 "내면의 신성을 생성" 하는 것을 의미한다. 샤머니즘 문화에서는 종종 버섯, 페요테 선인장 또는 영적 상태를 유도하는데 도움이 되는 다른 물질을 섭취한다. 예컨대, 아야화스카(ayahuasca) 샤머니즘은 바니스테리오포시스 카아피 바인 (Banisteriopsis caapivine)과 사이코드리아 비리디스(Psychotria viridis) 잎으로 만든 아야화스카 양조주를 사용하는 것에 기초한 전체의 영적 체계이다. 이 양조주의 환각적 효과는 중요한 영적 경험을 이끌어낸다. 양조주는 또한 정화 또는 치유 효과가 있으며 전염병을 유발하는 벌레 및 기타 열대 기생충의 몸체를 제거하기 위해 구토 또는 설사를 유도하는 데 자주 사용된다.

이러한 전통과 그 전통에 참여하는 개인에게 물질은 뇌의 인위적이거나 비정상적인 기능을 나타내지 않는다. 그들에게 물질은 영적 영역으로 들어가는 입구를 나타낸다.
서양의 관점에서 볼 때, 이것은 직관에 어긋나는 것처럼 보일 수 있다. 우리는 정신활성물질을 복용한 직접적인 결과로 발생하는 경험이 그 물질에 의해 유발된다는 개념을 가지고 있다. 이러한 경험은 현재의 과학적 관점에서 비현실적이거나 인공적인 것으로 간주된다.

신경신학에서는 약물로 인한 영적 경험의 의미를 해석하는 가능한 방법을 주의 깊게 살펴보라고 요청할 것이다. 한편으로는 약물유발경험이 실제로 약물에 의해 유발된다고 보는 게 합리적인 듯하다. 그 경험은 약물로 인해 발생한다. 그러나 샤머니즘에서와 같이 대안적인 해석들에 개방적이어야 할 이유가 있다. 제가 학생들에게 자주 드는 비유는 안경을 착용하는 것과 관련이 있다. 나는 시력이 꽤 나쁘다. 그래서 아침에 일어나면 세상은 매우 흐릿한 곳이다. 안경을 쓰고 나면 세상이 훨씬 더 맑아진다. 세상 자체는 변하지 않았다. 그것에 대한 나의 인식은 장치-내 안경에 의해 바뀌었다. 약물유발경험과 관련해 비슷한 상황을 가정할 수 없는가? 향정신성 버섯을 섭취하는 무당이 세상을 더 명확하게 보기 위해 본질적으로 뇌에 "안경을 씌우는" 것이 가능할까? 아마도 초자연적인 세계를 보기 위해 우리의 뇌는 도움이 필요하며, 아마도 이 도움은 정신활성 물질의 형태로 올 것이다. 요점은 이러한 관점 중 어떤 관점이 옳고 그름이 아니라, 단지 우리가 이러한 종교적 경험과 다른 종교적 경험의 진정한 본질에 대한 우리 자신의 편견에 근거하여 가정을 하지 않도록 주의해야 한다는 것이다.

다른 전통에서 다양한 물질의 사용에 대해 많은 글이 쓰였다. 사실, 이 주제에 관한 책 전체가 쓰였다. 우리의 목적을 위해, 마약으로 인한 경험은 다양한 종교적, 영적 전통의 맥락에서 의미 있고 강력한 경험을 나타낸다는 것을 인식하는 것이 중요하다. 이러한 경험에서 사람들은 종종 다양한 신들에 대한 인식을 묘사한다. 또한 사람들은 색상, 소리, 냄새 및 신체적 감정과 관련된 특이하고 매혹적인 감각 인식을 묘사한다.

이 주제에 관한 가장 중요한 최근 연구 중 일부는 존스 홉킨스 대학의 롤랜드 그리피스(Roland Griffiths) 실험실에서 제작된 연구였다. 그의 연구는 강력한 환각제인 실로시빈(psilocybin)에 중점을 두었다. 처음에 그는 실로시빈을 복용한 사람들의 경험의 주관적인 성격에 대한 연구를 발표했다. 통제된 조건 하에서, 그러한 개인은 현실감과 자아의 변화와 기쁨, 환희, 행복 등의 감정과 같은 신비주의 요소에 높은 점수를 준 엄청나게 강렬한 경험을 한 것으로 나타났다. 약 1/3 정도의 사람들은 두려움과 통제력 상실과 같은 부정적인 감정을 보고했다. 그러나 대다수는 지속적인 혜택에 대해 매우 긍정적인 경험을 보고했다. 심지어 일 년 반 이후에도 대부분의 사람들은 실로시빈 경험이 그들이 가진 가장 놀라운 경험 중 하나였으며 "실질적이고 지속적인 개인적 의미오- 영적 중요성"을 지니고 있었다고 보고했다. 또한, 이들은 우울증과 불안 수치가 낮고, 흥미롭게도 새로운 발상에 대한 인지 개방성이 더 높다고 보고했다.

그리고 강렬한 영적 경험에 대한 온라인 설문조사를 기반으로 한 가장 최근의 연구실에서, 다른 유형의 강렬한 영적 경험과 비교해서 약물유발경험의 내용에 대한 설명 데이터를 발표했다. 환각적 물질에 의해 유발된 경험이 더 신비로운 것으로 평가되었고, 비환각적으로 촉발된 경험에 비해 삶의 의미와 목적에 대한 감각이 증가하고, 영성에 대한 감각이 증가한다는 것을 발견했다. 이 결과는 약물유발경험의 중요성과 가치에 매력적인 함의를 미칠 수 있다.

그러나 약물에 의한 경험과 자연적으로 발생하는 영적 경험은 주관적인 요소의 관점에서 동일하거나 다른가? 한 연구에 따르면 약물에 의한 경험은 감각요소에 의해 더 많이 주도되는 반면, 자연적으로 발생하는 경험은 본질적으로 더 신비롭거나 영적인 것으로 간주되었다. 그러나 가장 최근의 연구는 이러한 초기 발견과 모순될 수 있다. 이러한 데이터는 약물유발경험의 본질, 그리고 자연발생 된 영적 경험과 유사하거나 다른 점을 이해하는 데 필수적이다. 또한 마약으로 인한 경험이 나쁠 때, 즉 유명한 "나쁜 여행(불쾌한 환각 체험)"을 평가해야 한다. 이러한 물질을 복용하는 주요 단점 중 하나는 사람들이 매우 부정적이거나 혼란스러운 경험을 할 수 있다는 것이다. 다른 중요한 문제로는 위장 및 심혈관 시스템에 미치는 영향을 포함하여 다양한 생리적 부작용의 가능성이 있다. 그리고 사람들은 신체적이든 심리적이든 중독의 가능성에 대해 항상 조심해야 한다. 긍정적이든 부정적이든 모든 약물유발경험의 주관적인 성격을 평가하는 것은 미래 신경신학연구의 기초가 되어야 한다.

아마도 신경학적 관점에서 약물유발경험을 조사하는 가장 중요한 측면은 관련된 특정 신경전달물질을 확인하려고 시도하는 것이다. 예컨대, 다른 물질이 어떤 유형의 수용체와 결합하는지 알고 있다. 리세르그산 디에틸아미드 Lysergic acid diethylamide (LSD)는 주로 세로토닌 수용체에 결합하지만 도파민 수용체에도 결합한다는 점에서 다소 독특하다. 수용체 활성화의 이러한 조합은 LSD와 관련된 강렬한 환각성 경험을 담당할 수 있다. 저명한 심리학자 티모시 리어리Timothy Leary는 LSD에 대한 그의 연구의 많은 부분에 초점을 맞추고 LSD를 성찬으로 사용하여 영적 발견을 위한 연맹을 설립했다. 또 다른 연구자인 스타니슬라브 그로프Stanislav Grof는 LSD로부터 얻은 경험은 다양한 종교전통에 묘사된 신비로운 경험들과 현상학적으로 구별될 수 없다고 제안했다.

솔방울샘(송과선)에서 생성되고 아야화스카에서도 발견되는 디메틸트립타민(DMT)은 세로토닌과 도파민 수용체에도 결합한다. 롤랜드 그리피스의 연구에 중점을 둔 약물인 실로시빈은 주로 세로토닌 수용체에 결합한다. 케타민은 N-메틸-D-아스파르테이트(NMDA) 수용체에 결합하여 강렬한 탈현실화 및 비인격화 효과를 일으키는 마취제이다. 케타민과 관련 화합물(예: 펜시클리딘[PCP])은 해리성 환각제의 부류를 형성한다. 도파민 수송체와 결합하는 코카인과 같은 다른 약물과 모르핀 및 살비아 디비노룸Salvia divinorum과 같은 다양한 아편 수용체 결합 물질도 환각 효과가 있다.

이 시점에서 다양한 경험적 요소를 관련된 특정 수용체와 완전히 연결하기에는 데이터가 충분하지 않다. 그러나 이것은 미래의 신경신학연구를 위한 매우 중요한 영역이다. 전반적으로, 약물유발경험의 본질, 주관적 요소 및 신경생리학적 상관관계를 이해하는 것은 종교적, 영적 경험을 이해하는 퍼즐에 중요한 부분이다.[73]

8. '정상적인' 그리고 '비정상적인' 경험 연구의 향후 방향

이 장에서 논의된 병리학적 조건과 관련해 발생하는 흥미로운 신경학적 질문은 이러한 조건을 가진 사람들의 경험이 병리학적 뇌상태와 관련해 발생하더라도 "정상" 또는 "비정상" 영성 또는 종교성을 나타내는지 여부이다. 첫 번째 질문은 "정상" 대 "비정상" 종교적 경험을 정의하는 방법이다. 우리는 정상적인 종교적 체험을 "정상적인" 사람에게서 일어나는 경험이라고 생각할 것인가? 비교적 정상적인 사람은 비정상적인 종교적 경험을 할

---

[73] Ibid, p.p,157~160

수 있는 반면, 조현병을 앓고 있는 사람은 정상적인 종교적 경험을 할 수 있다고 생각할 수 있는가? 다시 말하지만, 리처드 도킨스가 이것에 대해 할 말이 있다면, 모든 종교적 경험은 비정상으로 간주 될 것이다. 그러나 우리가 그러한 극단적인 견해를 취하지 않는다면, 정상적이고 비정상적인 종교적 경험에 대한 어떤 정의나 차별화에 도달할 수 있는가?

한 가지 가능한 묘사는 적응력이다. 종교적 경험은 그 사람이 대처하도록 돕고, 더 큰 의미를 부여하며, 더 긍정적인 외적 행동을 초래함으로써 일상생활에서 보다 효과적인 방식으로 기능하도록 격려하는가? 이와 관련해 비정상적인 경험은 부정적이고 해로운 신앙을 품거나 부정적인 행동을 조장하여 사람이 사회를 적절하게 협상하는 것을 어렵게 만드는 일에 덜 적응하게 만드는 것이다. 비정상적인 경험으로부터 정상을 묘사하는 또 다른 방법은 경험의 특정한 감정적인 내용과 관련이 있을 수 있다. 우리는 정상적인 종교적 경험을 긍정적인 정서적 내용이 있는 것으로, 그리고 비정상적인 경험을 부정적인 감정적인 내용을 갖는 것으로 정의할 수 있다. 우리는 또한 인간의 지배적인 신앙체계에 통합될 수 있는 능력에 기초하여 정상 또는 비정상적인 경험을 정의할 수 있다. 어떤 사람이 기존의 신앙체계와 너무 다른 경험을 가지고 실존적 투쟁으로 끝나는 경우, 이것은 비정상적인 경험으로 간주 될 수 있다. 그 사람이 경험을 자신의 신앙체계에 통합하거나(예컨대, 개종 경험을 통해) 자신의 신앙체계를 실질적으로 바꿀 수 있다면, 그 경험은 궁극적으로 긍정적일 수 있다.

신경신학의 관점에서 볼 때, 심리학 및 신경과학적 분석은 종교적 경험 간의 차이점을 보다 명확히 하고 정상 또는 비정상으로 구별하는 데 도움이 될 수 있다. 또 다른 접근법은 방대한 수의 개인의 다양한 종교적 경험을 탐구하고 여러 심리적, 영적, 행동적 변수에 대해 평가하는 것이다. 이것은 정상적인 것으로 간주 될 수 있는 경험과 비정상으로 간주 될 수 있는 경험을 구별하는 데 도움이 될 수 있지만, 그러한 묘사는 궁극적으로 불가능하거나 적절하지 않을 수 있다.

전반적으로, 종교 및 영적 현상과 관련된 뇌 병리학을 이해하는 것은 신경학적 퍼즐의 중요한 부분이다.

일부 병리학적 상태는 종교적, 영적 현상과 직접적으로 관련이 있는 것처럼 보이지만 다른 것들은 우리의 뇌가 다른 신앙과 경험과 어떻게 교차하는지에 대한 탐침으로서 더 유용해 보인다. 이 연구 분야는 확실히 신경신학 분야에 큰 관심사이다. 이러한 병리학적 상태에 대한 많은 향후 연구는 뇌기능, 신경전달물질 및 자율활동이 종교적 및 영적 현상과 어떻게 관련되어 있는지 더 잘 이해할 수 있도록 개발되고 평가될 수 있다.[74]

---

74)　Ibid,p.p,160~162

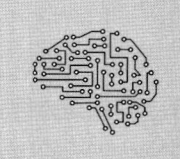

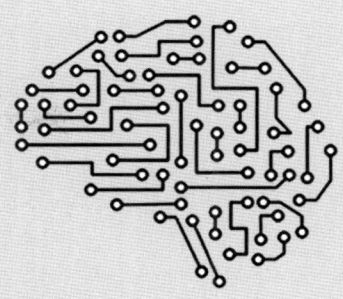

제7장

신경신학과 성서적 치유

제7장

신경신학과 성서적 치유

1. 성경 속의 신경과학

필자는 <신경목회학>에서 이미 뇌 치유에 있어서 성경의 주요성을 자세히 밝힌 바 있다.[75] 사실 자세히 살펴보면 하나님의 말씀인 성경 속에는 뇌 과학에 관한 진리가 담겨져 있다. 이는 신경신학 이해에 중요한 기초와 근거가 될 것이다. 그래서 필자는 이 책에서 다시 한번 신경신학의 배경이 되는 성경의 주요 국면을 여기 제시하고자 한다. 왜냐하면, 서두에서도 밝혔듯이 기독교 신학이 성경 없이는 존재할 수 없듯이, 신경신학 역시 성경에 비춰보지 않으면 올바른 정립도, 그 이해도 불가능하기 때문이다. 철저히 하나님의 말씀인 성경에 근거하지 않으면 그 신경신학은 범신론적인 종교학이거나 인간의 사변에서 나온 이론과 신경과학의 조합에 지나지 않을 것이다.

"뇌 이야기"라 하면 많은 사람들이 자신과는 아무 관련이 없는 것처럼 생각한다. 그러나 뇌가 없으면 우리는 존재할 수도 없으며 뇌는 우리 삶의 전체를 주관한다. 그렇다면 우리는 자연히 어떻게 우리에게 뇌가 주어졌으며, 이 뇌에 대한 구조와 기능에 관심을 갖지 않을 수 없게 된다. 아울러 이 오묘한 뇌를 누가 고안했을까? 하는 창조론적인 호기심을 갖

---

[75] 손매남, <신경목회학>(서울: 에셀나무, 20210), '제3부 성경 속의 뇌과학에 의한 신경목회' 참조.

게 되는 것이다. 이는 신의 존재를 믿는 신앙인이든지, 아니면 신의 존재를 부정하는 무신론자나 신이 존재하는지 알지 못하겠다는 불가지론자를 불문하고 마찬가지인 것이다. 이런 점에서 인간은 자신의 종교 유무를 떠나서 눈에 보이는 현상을 초월한 보이지 않는 세계에 대한 관심을 갖고 있는 영적인 존재인 것이다.

고대 그리스 시대(B·C 335년경) 철학자 아리스토텔레스는 인간의 마음은 심장에 있다고 하였다. B·C 400년경 의사의 아버지인 히포크라테스는 모든 사고는 뇌에서 이루어진다고 하였다. B·C 170년경 로마의 의사 갈렌은 인간의 마음은 심장이 아니라 뇌이며, 뇌는 우리의 사고를 조절하며 정서나 기억을 담당한다고 주장한 최초의 학자였다. 약 2,200년이 지난 오늘날에서야 비로소 뇌가 우리의 기분을 조절한다는 갈렌의 이론을 받아들이게 되었다.

마음이 어디에 있느냐고 물으면 가슴에 손을 대고, 정신이 어디에 있느냐고 물으면 머리에 손을 대던 때가 엊그제 같은데, 세월은 참으로 빠르게 흐른다는 것을 통감한다. 왜냐하면 이제 사람들이 마음과 정신을 물으면 뇌를 가리키기 때문이다. 최근 뇌 과학에 관련된 서적들이 급격히 늘어나고 그와 관련된 강의가 큰 인기를 끌고 있는데, 이는 뇌 과학의 발전이 우리의 손에 쉽게 와 닿아있고, 인간의 마음이나 정신을 이해하고 탐구하는데 결정적인 역할을 하고 있기 때문이다.

현세대에 와서 우울증 증가와 스스로 생명을 끊는 사고들은 모두 뇌에서부터 시작된다. 인간의 희로애락이 뇌에서부터 나오고, 부정적인 생각이나 먹고 자고 분노하고 공격하는 것도 뇌에서부터 나온다는 사실을 볼 때, 이제는 뇌를 알지 않고서는 살 수 없는 시기가 된 것이다.

기독교는 인간의 영혼에 가장 심층적인 관심을 갖고 있지만 오히려 마음이나 정신은 소홀히 하는 경향이 있다. 왜냐하면 마음은 심리학자에게, 그리고 정신은 정신의학자에게 빼앗겨 버렸기 때문이다.

성경은 시편 23편 3절에서 "(여호와께서) **내 영혼을 소생시키시고 자기 이름을 위하여 의의 길로 인도하시는도다**"라고 했는데, 여기서 '영혼'은 히브리어로 '네페쉬(שפנ)'인데, '호흡', '생명'의 뜻을 가지며, 헬라어로는 '프쉬케(ψυχή)'인데, '생명', '마음', '목숨'의 뜻을 가지고 있다. '소생시키다'는 히브리어로 '슈브(בוש)'인데, '새롭게 하다', '회복하다' 등 치유의 뜻이 있다. 헬라어로는 '이아트레이아(θεραπεία)'라고 하는데, 이 말에도 '치료하다', '고치다'의 의미가 있다. 정신의학(Psychiatry)이라는 명칭이 바로 헬라어 '프쉬케'와 '이아트레이아'가 합성어가 되어 'Psychiatry'(정신의학) 이라는 용어가 된 것이다. 이렇게 볼 때 '영혼'은 '정신'의 기능을 담당하는 곳이 바로 뇌(Brain)인 것이다.

또 하나님은 우리 영혼을 지극히 사랑하시어 주님이 재림할 때까지, **"너희 영과 혼과 몸이 흠 없이 보전"**(살전 5:23) 되기를 간절히 소망하고 있다. 여기서 "혼"이라는 단어는 헬라어로 "프쉬케"인데, 이것이 곧 마음이요 정신이다. 이 기능을 담당하는 곳이 바로 뇌(Brain)이다.

그리고 잠언서 14장 10절에서는 **"마음의 고통을 자기(oneself)가 알고"**라고 하였는데 "자기"는 히브리어로 "레브"인데 '자기'는 곧 뇌(Brain)를 지칭한 것이다. 현대 뇌 과학자 조지프 르두(Joseph LeDoux) 박사는 "자아(self)는 곧 뇌의 시냅스다"라고 하였다(LeDoux, 2008).

창세기 19장 17절에서는 롯의 가족을 향해 **"도망하여 생명(네페쉬)을 보존하라"**고 하였다. 생명은 곧 뇌이다. 이처럼 성경은 영혼이라는 단어를 구약에서는 네페쉬로, 신약에서는 프쉬케로 사용하였는데, 많은 부분에서 이를 뇌로 표현하고 있으며 아울러 뇌 정신건강을 요구하고 있다.

뇌는 마음과 정신의 기관이요, 행동을 결정하는 곳이다. 우리가 생각하고, 느끼고, 행동하고, 기억하고, 유대 관계를 맺고 신앙생활 하는 것도 모두 뇌의 기능이며, 먹고 자는 것, 불안하고 우울한 것도 뇌의 기능이다. 뇌의 기능 없이 인간은 살 수 없는 존재이며, 행복한 가정도 뇌의 기능이다.

예수님도 이 땅에 **"내가 온 것은 양으로 생명을 얻게 하고 더 풍성히 얻게 하려는 것이다"**(요 10:10)라고 하였다. 여기서 '생명'을 뜻하는 헬라어 '조에(ζωή)'는 '추구하다', '(생명을 구하기 위해) 열망하다' 라는 의미를 가지고 있으며, 살아있는 동안의 생명을 뜻하는 말이다. 그래서 인간의 생과 사를 판단하는 기준은 심장이 아니라 곧 뇌가 멈추었을 때 사망이라고 진단하는 것이다. 뇌가 없는 생명은 존재할 수 없기 때문이다.

일할 때, 잠잘 때, 말할 때, 들을 때도 뇌는 쉼 없이 움직이며 물건을 살 때, 팔 때 그리고 교육할 때, 설교할 때, 심방할 때, 모든 목회 과정에서도 뇌는 계속 움직인다. 그 외 모든 행위가 동반되거나 생각을 가질 때도 뇌는 마찬가지로 움직인다. 신앙생활도, 유대 관계도, 가족관계도 뇌 기능이 하는 것이며 또 감정적으로 우울할 때, 불안할 때, 충동적일 때, 분노할 때도 뇌는 움직인다. 뇌의 기능 없이 인간은 한순간도 살 수 없는 것이다. 이처럼 뇌는 우리의 삶이요, 정신이요, 과학이다. 뇌 과학을 바로 아는 것은 상담과 치유, 신앙과 인간관계뿐만 아니라 교육학, 법학, 경제학, 마케팅, 상담학, 목회학에도 유용되는 것이다.

2. 성경과 뇌 치유 상담

DNA 이중 나선 구조를 밝혀서(1953) 노벨생리의학상 공동 수상자인 분자생리학자인 왓슨(James Watson)은 지난 2004년 DNA 발견 기념 50주년 강연에서 "21세기에는 생물학과 심리학이 만날 것이다."라고 하였는데 이는 뇌 과학을 염두에 두고 한 말이다.

마음과 행동, 정서를 결정하는 것이 뇌이기 때문에 뇌 속에서 무엇이 벌어지고 있는지를 생물학자들이 알고 있는 모든 자연과학적 지식과 정보, 그리고 기술을 총 동원하여 뇌 과학을 살펴보게 되리라는 것을 강조한 것이다. 마음과 정신의 문제가 발생하는 것은 뇌의 기능에 의한 것임을 현대과학은 밝혀내고 있다.

심리학은 신경, 인지, 생물심리학을 통해 뇌를 연구하고 상담과 심리치료라는 기법을 개발하는 한편 기독교에서는 성경과 상담심리학을 통합하여 치유상담을 만들어내고 있다. 한편 생물학은 세포, 신경, 분자, 정신생물학 등을 세분화하여 뇌와 관련된 학문으로 연구하고 있으며, 최근에 와서는 당생물학까지 개발하여 당이 건강과 질병에 끼치는 영향을 연구하기에 이른 것이다. 심리학과 생물학의 만남은 결국 뇌 과학을 토대로 뇌 치유상담(Neuropsychotherapy)을 자연스레 탄생하게 한 것이다. 이것을 쉽게 도해하면 다음과 같다.[76]

---

76) 손매남 2019 최신뇌치유상담학 P334~335

우리 몸은 세포로 구성되어 있다. 이 세포 안에는 핵이 있고 핵 안에는 DNA가 있는데 여기에 유전자들이 들어 있다. 이 유전자에 의해 단백질이 만들어져서 사람이라는 구조를 만든다. 유전자가 어떤 단백질을 만들어내고, 이런 특정 단백질이 세포의 종류와 기능을 결정한다. 우리 몸은 60조~100조 개에 이르는 세포로 되어 있으며, 세포의 종류만 해도 면역세포, 근육세포, 내피세포, 뇌 신경세포 등 200여 가지가 넘는다. 세포의 면역기능이 제대로 작동하지 못하면 수많은 질병을 일으키게 된다. 또 뇌에는 신경세포인 뉴런(neuron)이 1,000억 개가 넘으며 지지세포인 교세포가 1조 개에 이른다. 신경세포는 네트워크(신경회로)를 형성하는데 이 네트워크가 인간의 사고와 행동을 결정한다. 신경세포간의 연접부인 시냅스가 이상을 초래하면 각종의 정신장애가 일어나기 때문에 뇌 치유 상담은 이 시대의 필연적인 과제인 것이다.

"**평강의 하나님이 친히 너희로 온전히 거룩하게 하시고 또 너희 온 영과 혼과 몸이 우리 주 예수그리스도 강림하신 때에 흠없이 보전되기를 원하노라**"(데살로니가전서 5:23)

3. 뇌 치유의 성경적 원리[77]

"여호와는 나의 목자시니 내게 부족함이 없으리로다. (1)
그가 나를 푸른 풀밭에 누이시며 쉴 만한 물 가로 인도하시는도다. (2)
내 영혼을 소생시키시고 자기 이름을 위하여 의의 길로 인도하시는도다 (3)."
(시편23:1~3)

기독교는 인간의 영혼에 가장 심층적인 관심을 갖고 있다. 그러나 마음이나 정신을 소홀히 하는 경향이 있다. 왜냐하면 마음은 심리학자에게, 그리고 정신은 정신의학자에게 뺏겨버렸기 때문이다.

우리의 영혼은 주님이 얼마나 귀히 여기고 있는지를 성경은 잘 말씀하고 있다. 그것은 "**주님이 재림할 때까지 너희 영과 혼과 몸이 흠없이 보전**"(데살로니가전서 5:23)되기를 간절히 소망하고 있다는 것이다. 다시 말하면 영적인 건강뿐만 아니라 혼의 건강 즉 마음과 정신의 건강 그리고 우리 몸의 건강을 요구하고 있다.

---

77) (손매남). Ibid P33~338

1). 뇌 치유의 근본이신 하나님

시편 23:3에는 "여호와는....내 영혼(프쉬케)을 소생(이아트레이아) 시키시고" (Psychiatry, 정신의학) 라고 하였다.

계시의 근본이 하나님이시기 때문에 치유의 근본도 하나님이다. 치유의 첫 번째 계시는 특별계시로 성경을 통해 치유를 제시하고 있다. 성경은 계시된 진리다. "**믿고 기도하면 병든 자를 일으킨다**"(야고보서 5:15)고 약속하였다.

또한 마태복음 4:24을 보면 "**예수께서 갈릴리에서 복음전파하실 때 모든 앓는 자 곧 각가지의 병과 고통에 걸린 자, 귀신들린 자, 뇌전증하는 자, 중풍병자를 데려오니 저희를 고치시더라**"라고 하였는데. 고통에 걸린 자는 심리적 문제를 가진 사람이고, 귀신들린 자는 영적인 문제를 가진 사람이며, 뇌전증 환자는 정신적인 문제를 가진 사람이다. 이러한 사람을 예수님께서 생생하게 치유하셨다. 그래서 치유의 근본이 하나님이심을 보여주고 있는 것이다.

치유의 두 번째 계시는 일반계시다. 일반계시는 자연계시라고 부르며 과학을 통해 발견된 진리이다. 정신의학이나 심리학은 모두 과학이다. 마음이나 정신이 병들면 발견된 진리를 따라 치유를 받게 된다. 물론 약물치료도 있고 정신치료나 심리상담도 이에 속한다.

2). 영혼은 뇌 치유의 하드웨어

"내 영혼을 소생시키며" 라는 말은 영혼이 뇌 치유의 하드웨어라는 말씀이다. 영혼이 병들면 뇌의 변화가 나타나 보인다. 마음이나 정신이 병들면 영혼은 뇌의 하드웨어이기 때문에 뇌의 문제가 발생되기 마련이다.

불안하면 뇌는 변화를 보인다, 뇌 안의 기저핵이 과잉활성화 되거나 측두엽의 기능장애가 나타난다. 잠언 12:25에서는 "**근심이 사람의 마음에 있으면 번뇌케 하나 선한 말은 그것을 즐겁게 하느니라**"고 하고 있다.

번뇌는 히브리어 "샤하"인데 이 뜻은 "굽히다, 엎드리다, 가라앉다, 풀이 죽다(fail down), 경배하다"의 의미를 지니고 있다. 여기서 근심은 불안(Anxiety)이고 번뇌는 우울하다는 뜻이다. 영어성경인 NKJV에서는 'Anxiety in the heart of man causes depression' 이라고 표현하였다. 불안하면 뇌에서는 우울이 온다. 동전의 양면처럼 불안하면 뇌의 기저핵이 과잉활성화 되어 여러 가지 불안장애, 공포(공황)장애를 보이거나 일 중독, 광장공포증이나 신체적 스트레스 증후군이 나타나게 되며, 짜증이나 분노를 보이게 된다. 우울하면 대뇌변연계가 과잉활성화 된다. 변연계가 과잉활성화 되면 우울증이 생기고 양극성장애(조울증)가 생기며 유대 관계가 깨지고 수면에 문제를 일으키게 된다.

강박증이 걸리면 전대상회가 과잉활성화 된다. 이렇게 되면 자동적으로 'NO' 라고 반응하며 부정적 생각에 사로잡힌다. 또 전대상회가 과잉활성화 되면 강박장애 뿐만 아니라 중독, 섭식장애, PTSD, 적대적 반항장애등도 보인다.

그리고 기억장애를 보이는 사람들은 측두엽의 기능장애를 보인다. 여기에 문제가 있으면 기억상실증이나 알츠하이머 치매가 나타나며 쉽게 짜증이나 분노를 일으키고 해리장애나 난독증, 일시적 뇌전증, 자살 생각의 우울증을 나타내 보이고 종교에 심하게 집착할 때도 여기에 문제를 보인다.

분노하는 사람은 뇌의 여러 구조에 이상을 일으킨다. 측두엽에 기능장애를 일으키면 짜증이나 화를 내며 폭력적 사고를 갖게 되고 좌측 변연계가 과잉활성화 되며 분노, 흥분, 부정적 정서 불안정을 보이며, 운전할 때 분노하는 사람들은 전대상회가 과잉 활성화되어 있으며, 이성적인 행동을 못하는 사람들의 뇌는 전전두피질(좌)의 기능장애를 보인다.

정신적 외상을 경험하면 정신적 충격이 심해지면서 두정엽의 기능에 문제를 일으킨다, 흔히 약물남용이나 알츠하이머병, 공간지각장애, 실어증에서도 두정엽의 기능에 문제를 보인다.

도박이나 스마트폰, 알코올, 마약을 하게 되면 뇌의 중변연 도파민계인 쾌락센터를 자극하여 중독에 이르게 한다.

이처럼 우리 마음이나 정신, 즉 영혼은 뇌의 하드웨어이기 때문에 서로 밀접한 관계를 갖게 된다. 영혼의 문제는 결국 뇌의 문제로 연결되는 것이다.

3). 뇌는 영혼치유의 기관

"영혼을 소생"하는 것은 뇌 건강과 영혼 치유의 원동력이요 정신건강의 원리이다. 뇌의 기능을 해치는 가장 중요한 것은 스트레스요, 부정적인 생각이다. 스트레스나 부정적인 생각은 뇌의 가소성에 크게 영향을 미치기 때문에 뇌 기능에 문제를 일으킨다.

뇌의 가소성이란 경험이나 자극에 뇌가 반응하는 유연성을 말한다. 과거에는 신경회로가 고정되어 변하지 않는다고 하였다. 그래서 뇌세포는 나이가 들어감에 따라 죽어가며 죽은 뇌세포가 재생하거나 새로운 뇌세포가 생겨나지 않는다고 생각하였다.

그러나 현대의 과학자들은 뇌는 일생동안 스스로 뇌 구조와 기능을 바꿀 수 있다는 것을 알게 되었다. 대뇌피질의 신경세포는 50세가 넘어도 성장하며 대뇌피질아래 있는 변연계의 일부분인 해마의 신경세포의 수도 증가하는데 이곳의 신경회로는 70세가 넘어도 증가한다. 뇌의 가소성의 원리에 의해 어떤 자극이나 경험이 뇌의 신경계를 변화시킨다는 것이다. 뇌의 가소성의 원리는 결국 치유와 건강에 유익을 주는 놀라운 발견이다.

4. 성경 속의 후성유전학[78]

1) 후성유전학에 대한 이해

1940년대 영국의 발생학자이자 유전학자인 와딩턴(Waddington)은 '유전학'이라는 단어와 그리스어로 '위' 또는 '더 하여'라는 뜻의 에피(epi)를 결합하여 후성유전학(epigenetics)이라는 용어를 처음 사용하게 되었다. '유전자가 환경과 상호 작용하여 표현형(phenotype)을 만들어낸다는 것이 '후성유전학'이다. 최근엔 이 단어를 'DNA 서열의 변화 없이 다음 세대로 전해질 수 있는 어떤 특별한 기전에 의한 유전자 발현의 변화라고 정의하고 있다. 이러한 후성유전학적 조절은 DNA 메틸화(methylation)와 히스톤 변화(histone modification)로 유전자 발현을 변화시키는 방식으로 이루어진다. 그리고 유전자 환경 상호작용의 핵심적인 연결고리로서, 신경정신과적 질환을 비롯한 유전체 각인(genomic imprinting), 암, 노화, 면역 관련 질환 등의 발병기전을 이해하는데 중요한 역할을 하고 있다. 후성유전학에 대한 이해는 똑같은 유전자를 가지고 있는 일란성 쌍둥이들을 다른 표현형으로 나타낼 수 있는지, 즉 왜 한 명은 조현병에 걸리고 다른 한 명은 걸리지

---

[78] 손매남 2021. 신경목회학 P194~220

않는가에 대한 것을 이해하는데 도움을 주게 된다.

후성유전학의 등장으로 환경적 요인(경험)이 유전자를 지배한다는 것이다. 이런 환경은 위험한 노출에서부터, 질병, 교육, 생각, 심각한 외상, 많은 스트레스, 따뜻한 애정이 있는 환경, 비만 등 우리 삶의 전체를 포함한다.

2) 정신장애의 후성유전학

기분장애 후성유전학은 유전자가 환경과의 상호작용으로 신경정신적인 질환인 암, 노화, 면역질환 등의 발병기전을 설명한다. (park, W. M. & Min, K. J, 2018, 48~49)

(1) 우울장애의 후성유전

우울장애에 대한 후성유전학적 연구가 이루어지고 있다. 후성유전학은 DNA 염기서열의 변화가 일어나지 않도록 환경적 영향이 유전자의 조절에 변화를 일으킬 수 있다. 후성유전학을 통해 우울장애에서 잘 설명되지 않던 현상들에 대한 해답을 제시하게 된다.

- 일란성 쌍둥이 사이에서 우울증 발병률이 완전히 일치하지 않는 것
- 근친 교배한 설치류의 우울증 동물모델에서는 서로 다른 증상이 나타나는 것
- 만성적으로 재발하는 경과를 나타내는 것
- 여성에게서 우울증 유병률이 높게 나타나는 것
- 우울증의 유전학적 상관연구 결과가 서로 일치하지 않는 이유

우울증 연구에서는 DNA메틸화 과정과 피스톤아세틸화의 크로마틴 단백질 변형과정에 초점을 맞춘다. DNA 메틸화 과정은 어머니의 행동이 자녀의 정서발달 과정에 영향을 미치는데 중요한 작용을 한다. 어미 쥐에게서 젖을 잘 먹지 못하고 돌봄을 받지 못한 새끼 쥐들을 충분한 모성행동을 받으면서 자란 새끼 쥐에 비해 성체가 되면, 불안 행동이 증가하고 해마에서 글루코코르티코이드 수용체(glucocortid receptor: GR)의 발현이 감소하는 것이 관찰되었다. 이러한 GR의 발현 감소는 GR 유전자 촉진제에 메틸화가 증가되어 유전자 발현이 감소되면서 나타난 결과이다. 그리고 이러한 메틸화의 증가는 히스톤 단백

질 탈아세틸라제 억제제를 투여하면 감소된다. 단백질 전사를 활성화시키고 크로마틴을 느슨하게 풀어주는 과정인 히스톤 아세틸화가 항우울제의 중요한 작용 기전일 것으로 생각된다.

해마에서 BDNF 유전자 촉진 부위에 히스톤 아세틸화를 증가시키는 것이 사회적 좌절에 의해서 발생하는 우울증 증상을 유발한다고 한다. 사회적 좌절과 다른 행동분석의 결과에 의하면 히스톤 아세틸화 억제제들이 항우울제와 유사한 효과를 보이는 것으로 나타났다.

(2) 스트레스의 후성유전학
정서적 발달 및 정신치료와 연관이 있는 한 가지 예는 어린 시절의 스트레스가 성인의 뇌에 미치는 영향이다. 신경계를 형성하는데 있어서 어린 시절의 환경적인 요소가 시상하부-뇌하수체-HPA 부신 축(hypothalamic-pituitary-adrenal[HPA] axis)에 대한 아주 크고도 지속적인 영향을 미친다. 이 축은 각 개인의 스트레스에 대한 반응을 조절하는 기능을 가지고 있다. 쥐를 이용한 실험에서 어린 시절에 어미를 격리시키는 스트레스가 성인기 동안에 신경생성의 정도와 스트레스에 대한 반응을 하향 조절한다는 것이 증명되었다. 특히 어미에게서 영양분을 제대로 공급받지 못한 새끼 쥐의 경우 특정 유전자의 발현이 억제되어 스트레스에 취약한 쥐로 자라난다는 점이 실험을 통해 밝혀졌다(Cozolino, L. 2010, 99).

Nature Neuroscience(2014. 4. 13)에 의하면 생이별한 새끼 쥐에게 정신적 외상을 주었더니 마이크로 RNA가 증가하고 정자와 난자, 혈액(피) 뇌에 영향을 주어 인슐린과 혈당 수치가 낮아지고 3대까지 유전된다는 사실을 이자벨 만수의 교수팀(스위스 취리히 연방공대 신경과학센터)이 발표하였다.

(3) 화합물의 후성유전학
2005년, 워싱턴주립대 마이클 스키너 교수는 임신시킨 쥐에 화합물을 주입한 뒤 태어난 수컷 새끼는 대부분 고환이 비정상이고 허약하며 숫자도 적었다. 이렇게 태어난 새끼들끼리 교배를 했더니, 놀랍게도 다시 태어난 수컷 새끼들의 90%이상에서 생식계에 비숱한 이상을 보였다. 물론 이 쥐들은 환경호르몬에 노출된 적이 없었다. 할머니 쥐가 새끼 임심했을 때 잠깐 노출된 것이 전부였다. 스키너 박사팀은 유명한 과학학술지<사이언스> 2005년 6월 3일자에 이 결과를 발표했다.

(4) 죄의 후성유전학

세계적인 과학학술지<네이처> 2014년 3월호에서는 '아버지의 죄(The Sins of the Father)'라는 제목으로, 부계를 통해 유전되는 후생유전학에 대한 연구결과를 소개했다.

"… 여호와 하나님은 질투하는 하나님인즉 나를 미워하는 자의 죄를 갚되 아비로부터 아들에게로 삼사 대까지 이르게 하거니와"(출 20:5)

(5) 특정자극의 공포의 후성 유전학

2014년 스키너 교수는 1월 <네이처 신경과학>은 특정 자극에 대한 공포가 후성유전학적으로 유전된다는 연구 결과를 신고 있다. 수컷 생쥐를 아세토페논(Acetophenone)이라는 아모든 냄새가 나는 물질에 노출 시킨 뒤, 발에 충격을 주는 실험을 반복하면 생쥐는 아세토페논 냄새만 맡아도 공포반응을 보였다. 이 수컷 생쥐와 이런 학습을 한 적이 없는 암컷 생쥐를 교배해 나온 새끼 대부분도 아세토페논에 민감한 반응을 보였다. 그리고 이 새끼의 새끼 역시 마찬가지였다. 연구자들은 세 세대에 걸친 생쥐들을 해부한 결과, 아세토페논에 민감한 뉴런이 있는 부분이 평균보다 크다는 사실을 발견했다. 이들 쥐에서는 아세톤페논과 결합하는 후각수용체의 유전자인 Olfr151이 많은 발현 돼 있었다. 즉 아세토페논이 수컷 생쥐의 정자 게놈에서 Olfr151 부근의 화학적 변이(메틸화 감소)를 일으켜 유전자 발현이 더 잘되도록 하고, 이 구조변이가 후세에서도 유지됐다.

(6) 비만과 당뇨병의 후성유전학

스키너 교수는 "오늘날 서양에 만연한 비만과 당뇨병 등 대사질환을 생활 습관이나 식단의 변화로만 설명하기는 어렵다"면서 "과거 DDT나 다이옥신, 비스페놀A 같은 화학물질에 과다하게 노출된 적이 있는 인류가 이런 질환에 취약하게 후성 유적학적으로 변이가 일어난 것이 또 다른 원인일 수 있다"고 주장했다.

(7) 불임의 후성유전학

최근 눈에 띄게 늘고 있는 불임 역시 결혼시기가 늦어진 것만으로는 설명하기 어려운 현상이다. 하지만 후성유전학을 적용하면 잘 맞아 떨어진다. 과거 후성적으로 조절에 관여하는 물질에 자신 또는 부모들이 노출되었을 확률이 높다.

스키너 교수의 실험처럼 후성유전학이란 용어에도 불구하고 후성유전은 유전될 수 있다. 후성유전학에 따르면 DNA 염기서열이 변하지 않아도 특정 형질이 나타나거나 발현되지 않을 수 있다. 또한 특정한 세대에 출현한 형질이 2~3세대 정도 대를 이어 유전될 수 있다.

이는 획득한 형질이 유전된다는 라마르크의 주장과 비슷하다. 후성유전학 연구가 시작되면서 비슷한 주장을 했던 라마르크의 이름이 다시 언급되고 있다. 찰스 다윈이 '종의 기원'을 발표하면서 진화론에 묻혀 한탄 속에 눈을 감았던 라마르크가 다시 부활한 것이다.

후성유전은 형태나 행동에서 어떤 특성이 바뀌었음에도 관련 유전자의 DNA 염기서열은 전혀 변화가 없는 현상을 설명하는 이론이다. 즉 DNA 염기분자나 DNA 가닥을 감싸고 있는 실패 같은 단백질인 히스톤 분자의 표면에 화학적 변형이 일어나고, 유전자의 발현 패턴이 바뀌면서 일어나는 병이다. 후성유전학이라는 말은 이런 변이가 유전됨(세포 또는 개체 차원에서)을 뜻한다. 이러한 메커니즘의 하나가 DNA 메틸화와 히스톤 변형(histion modification)이다.

지금 음주를 즐기거나 흡연을 즐기는 것이 단지 자신의 몸을 망치는 것만이 아니라 자손들에게까지 전달될 수 있다. 물론 수명이 늘어난 이유도 있지만 암 발생이 증가하는 것을 후성학적으로 설명할 수 있을 것이다. 갑자기 발달된 문명으로 인해 예전에 없던 새로운 물질들이 인공적으로 만들어지면서, 새로운 환경에 당황한 인체는 후성적인 변화를 감당할 수가 없게 됐다.

암환자들의 생명을 단축하는 습관 중 하나가 움직이지 않고 침대에 누워 있는 것이라고 한다. 물론 생리적인 모든 기능이 나빠진 상태에서 움직이는 것은 대단한 고통이다. 그러나 미국 암협회에서는 환자들에게 움직일 수 없는 경우 침대에서라도 가벼운 스트레칭이라도 하기를 권고한다. 원시 시대부터 인간은 몸을 움직여 먹을 것을 구하며 생존했다. 메틸기가 붙는 화학적인 후성적 변화뿐 아니라 생활 속의 후성적 변화, 즉 너무 편안한 생활은 암환자에게는 독과 마찬가지다. (Jung, D. K. & Park, Y. H. 2017, 216~219)

3) 유전자를 지배하는 생각이나 선택

생각이나 선택의 경험이 유전자를 지배한다. 우리의 생각이나 선택이 신경신호가 되어 우리의 뇌와 신체에 변화를 가져다준다. 이것은 유전자에 의한 변화가 아니라 생각의 선택에 의한 변화이다. 신경신호로 변화된 생각과 선택을 유전자의 활동을 통해 통제한다. 생각이나 선택이 일종의 뇌 스위치 역할을 하는 것이다. 신경신호에 의해 유전자가 자극을 받을 때 비로소 발현되는 현상이다.

우리의 생각과 선택이 뇌와 몸, 정신건강과 영적 상태에 영향을 끼친다. (신30:19) 그런데 이 선택의 영향력은 우리의 영, 혼, 육 뿐만 아니라 우리가 관계하고 있는 다른 사람에게까지 뻗어나간다. 사실 그 영향력의 파급 효과는 대단하다. 인간의 생각 네트워크가 정자와 난자의 DNA를 통해 향후 4대까지 이어진다는 사실을 입증해주고 있다. (Leaf, 2013, 57)

후성유전 신호가 유전자 발현에 영향을 준다.

발현(Expression)은 유전자가 단백질을 만드는 것을 말한다. 유전자 발현에 조금이라도 문제가 생기면 각종 병이나 기형, 심한 경우 사망할 수도 있다. 일란성 쌍둥이처럼 유전자가 같더라도 유전자와 발현하는 양상은 신경신호에 의해 변형될 수 있기 때문에 상이한 선택에 따라 그들 각자의 유전자 발현도 상이하게 나타나는 것이다. 신경신호에 주된 영향을 미치는 것은 바로 우리 주변에서 일어나는 일들과 환경에 대한 우리의 반응이다. 우리가 어떻게 반응하거나 선택하느냐에 따라 신경신호가 달라지고, 달라진 신경신호에 의해 유전자 발현(단백질 생성) 양상이 달라지는 것이다. 우리가 반응하는 방법 즉 생각하고 선택하는 행위는 하나의 신경신호가 되어 세대를 이어 나타나고 다양한 문제들을 활성화시키기도 하고 잠재우기도 한다. 일반적인 유전적 특징은 세대를 거쳐 이어지지만 선조의 부정적인 삶의 패턴을 그대로 학습할 필요는 없다. 선조들의 부정적인 유전자 발현을 차단시켜야 한다. 조상의 죄가 3~4대까지(출 20:5, 34:7, 민 14:18) 이어지기 때문에 끊어버리면 되는 것이다. 후성유전에 의해 발현된 특징은 세대를 거쳐 동일하게 나타날 수 있다. 그러나 신경신호를 제거해 버리면 후성유전의 특징은 사라지게 된다. "나의 어머니는 우울증을 앓으셨어, 그래서 나에게는 우울증이 있지, 이젠 내 딸이 우울증을 앓겠군" 이렇게 말하는 순간 후성유전의 특징은 활성화된다. 문제점을 생각하고 발설하는 행위 자체가 '신경신호'로 작동하여 해당 유전자를 활성화하기 때문이다. 결국 내가 말한 내용 그대로 또는 생각한 내용 그대로(잠 23:7) 현실이 되어버린다.

유전자 안에 후성유전 특징이 내재되어 있다. 그래서 어떤 사람은 흡연할 경향을 지니고 또 어떤 사람은 부정적 태도로 살아갈 경향을 지닐 수 있다. 또 어떤 사람은 스트레스를 통해 유전자의 스위치가 작동되지 않아 수명이 단축되고 삶의 질이 떨어지며 평안과 행복이 사라질 수도 있다. 하지만 이러한 경향은 언제든지 바뀔 수 있다. 우리 사람은 자신의 선택에 대해 책임을 져야 한다. 우리는 자신의 삶 예수 그리스도의 십자가 공로를 적용해야 한다. 죄를 자백하며 회개하고 앞으로 선택하게 될 가능성이 있다. 죄의 모습을 내어버리기도 다짐해야 한다. 그뿐만 아니라 우리의 선택(후성유전신호)은 유전자 발현 (후성유전표지)방식에 변화를 줄 수 있다. 이렇게 나타난 변화로 자녀와 후손에게까지 이어진다. 우리의 잘못된 선택은 장차 우리의 후손이 겪게 될 부정적 경향으로 전환된다. 과학자들에 의하면 충분히 사랑받은 양육환경에서는 해마의 유전자에 아세틸후성유전표지(Epigenetic marker)가 증가한다.

아세틸 표지가 많으면 많을수록 해마 속에 "평안 유전자"가 더 많이 발현되고 이로써 스트레스 완화 작용도 활발해진다. 하지만 유해한 선택은 이와 정반대의 효과를 낸다. 아세틸 표지가 줄어들고 메틸표자가 증가하는 것이다. 해마에 메틸표지가 증가할 경우 우리는 평안을 덜 체험하게 된다. 메틸표지는 유전자 발현의 스위치를 내리고, 아세틸 표지는 유전자 발현의 스위치를 올린다. 스위치를 올리고 내리는 행위는 신경신호에 기반을 둔다.

4) 성경속의 후성 유전학

현대 과학자들은 후성유전학을 신과학이라고 하지만 성경은 일찍이 후성유전학을 증거하고 있다. 성경은 다음과 같이 말씀한다(출 20:5~6).

"그것들에게 절하지 말며 그것들을 섬기지 말라 나 네 하나님 여호와는 질투하는 하나님인즉 나를 미워하는 자의 죄를 갚되 아버지로부터 아들에게로 삼사 때까지 이르게 하거니와" (5절)

"나를 사랑하고 내 계명을 지키는 자에게는 천 대까지 은혜를 베푸느니라" (6절)

(1) 후성유전의 축복은 하나님을 사랑하는 자에게 베푸시는 은혜이다.

본문 6절에 **"나를 사랑하고 내 계명을 지키는 자에게는 천 대까지 은혜를 베푸느니라"**라고 하였다.

하나님을 사랑하는 것은 첫째 되는 계명이다. 그래서 사랑과 계명은 동전의 양면이다.

· 하나님 사랑하는 사람은 선택받은 언약의 백성이다.
레 26:42에 **"아브라함과 맺은 내 언약을 생각하고…"** 하였다.

본문에 "사랑하다"의 뜻은 기뻐하고 즐거워 한다는 의미를 지니고 있다.
선택받은 백성은 언약의 백성이다. 후성유전은 언약 백성에게 주어지는 축복이다. (출 3:6, 마 8:11)

성경은 '아브라함, 이삭, 야곱, 요셉' 등의 계대적 축복으로 이어지는데 생물학적 표현으로 한다면 후성유전으로 이어지는 축복이다.
언약의 백성은 하나님께 속한 자요 하나님의 말씀에 순종하는 자이다. 그래서 요 8:47에는 **"하나님께 속한 자는 하나님의 말씀을 들나니 너희가 듣지 아니함은 하나님께 속하지 아니하였음이로다."**라고 하였다. 하나님을 사랑하는 자는 언약의 백성이기 때문에 하나님을 사랑하는 것이다.
요 1서 4:6에서도 **"우리는 하나님께 속하였으나 하나님을 아는 자는 우리말을 듣고 하나님께 속하지 아니하는 자는 우리의 말을 듣지 아니하나니 진리의 영과 미혹의 영을 이로써 아느니라"**고 하였다.

· 하나님을 사랑하고 선택받은 백성은 예배 중심의 삶을 사는 사람들이다.
하나님께서 만복의 근원이 되시는 아브라함을 시험하려고 아브라함을 불러 이삭을 데리고 가서 거기서 번제를 드리라고 하였다. 아브라함은 하나님의 말씀대로 순종하여 지시한 땅에 가서 독자 이삭을 번제물로 바치려 하였다. 그때 하나님은 그의 하나님을 경외하는 믿음을 보시고 이미 숫양을 준비하였다. (창 22:1~14) 예배에 최선을 다할 때 기적이 나타난다. 번제는 오늘의 예배이다. 번제물은 자기가 가지고 있는 모든 것일 수 있다. 기술일 수 있다. 목소리일 수 있다. 봉사일 수 있다. 재산일 수 있다. 시간일 수 있다. 지식일 수 있다. 물질이 있는 사람은 물질이 번제물이요 자기의 재능이 번제물일 수 있다. 예배에는 번제물이 따른다. 하나님 사랑은 하나님 경외하는 믿음으로 예배를 드리는 것이다.

· **예배는 믿음으로 살아가는 선택된 백성이 드리는 하나님 사랑의 표현이다.**
언약의 백성은 믿음으로 살아가는 사람이다. 아브라함은 믿음으로 살아갔다. (히 11:7), 이삭도 믿음으로 살아갔다. (히 11:20), 야곱도 믿음으로 살아갔다. (히 11:21), 요셉도 믿음으로 살아갔다. (히 11:22), 하나님을 사랑하는 사람은 하나님을 믿는 자요. 하나님을 사랑하는 사람은 하나님의 사랑을 믿는 사람들이다.

하나님의 사랑과 자비하심을 받는 HIV(인체면역결핍바이러스) 환자들과 그 사랑을 믿지 않는 HIV 환자의 에이즈(AIDS) 바이러스 환자를 실험해 보았다. 하나님의 사랑을 받는 환자들은 체내 T세포의 밀집도가 높아져서 우리 몸이 병원균과의 싸움을 보다 더 효율적으로 수행하였다.

그런데 하나님의 사랑을 믿지 않는 환자들은 체내 T세포의 손실 속도가 3배나 더 빠르고, 감염량 역시 3배나 더 빨리 증가했고, 스트레스 수치도 더 높게 나타났다.

하나님의 사랑을 믿는 사람에게는 훨씬 더 강력한 면역체계가 발견되었다. 그런데 하나님이 나를 사랑한다는 개인적인 고백을 한 사람은 훨씬 더 강력한 면역체계를 나타내었고 보고되고 있다.

아브라함은 만복의 근원이다. 선택받은 백성은 아브라함의 복을 받는다. 창 12:2에 **"내가 너를 큰 민족을 이루고 네게 복을 주어 내 이름을 창대케 하리니 너는 복의 근원이 될지라"** 라고 하였다. 언약 백성은 아브라함에게 주어지는 복이 수천 대로 이어지는 후성유전의 복을 받게 되는 것이다.

· **믿고 기도하는 예배는 응답받은 언약 백성의 축복이다.**

믿고 기도하면 뇌는 그대로 받아들여 뇌는 새롭게 조형되기 대문에 언약 백성의 축복이다.

"너희 믿음대로 되라"(마 9:29)
"무엇이든지 기도하고 구하는 것은 받은 줄로 믿으라 그리하면 그대로 되리라"(막 11:24)
"믿음의 기도는 병든 자를 구원하리니"(약 5:15)
"대저 그 마음의 생각이 어떠하면 그 위인도 그러한 즉"(잠 23:7)
이 말은 생각하는 대로 뇌는 그대로 되어진다는 뜻이다.
그래서 믿고 기도하는 언약의 백성은 하나님을 전심으로 예버를 드려야 되는 것이다.

(2) 후성유전의 축복은 하나님이 주신 계명을 지키는 자에게 베푸시는 은혜이다.

본문 6절에 **"…내 계명을 지키는 자에게는 천대까지 은혜를 베푸느니라"**고 하였다..

계명은 곧 사랑이다.
첫째 계명은 하나님 사랑이요 둘째 계명은 이웃 사랑이다. 이웃 사랑 안에는 자기 사랑도 포함되어 있다. 하나님 사랑은 영적인 관계요, 이웃 사랑은 심리적 관계이다.

한 율법사가 예수를 시험하기 위해 질문을 하였다. (마 22:34-40) **"선생님이여 율법 중에 어느 계명이 크니이까"**(36)

"예수께서 이르시되 네 마음을 다하고 목숨을 다하고 뜻을 다하여 주 너의 하나님을 사랑하라 하셨으니(37) 이것이 크고 첫째 되는 계명이요(38) 둘째도 그와 같으니 네 이웃을 네 자신 같이 사랑하라 하셨으니(39) 이 두 계명이 온 율법과 선지자의 강령이니라"(40)

· 서로 사랑하는 것이 둘째 계명이다.
요한복음 15:12에서 **"내 계명은 곧 내가 너를 사랑하는 것 같이 너희도 서로 사랑하라는 이것이니라"**
· 또 서로 사랑하면 하나님이 내 안에 거하는 축복을 받는다.

요1서 4:12에서는 "…만일 우리가 서로 사랑하면 하나님이 우리 안에 거하시고 그의 사랑이 우리 안에 온전히 이루느니라"

· 온전한 사랑은 불안을 치유하는 원동력이 된다.
요1서 4:18에서는 "…**온전한 사랑이 두려움을 내어 쫓나니**"라고 하였다.

· 서로 사랑하면 뇌 기능이 새로워진다.
믿음의 기도를 드릴 때처럼 서로 사랑하면 뇌에서는 신경생물학적 변화가 생겨 뇌가 새롭게 조형한다. 사랑은 뇌 기능을 향상 시키는 원동력이다. 사랑은 뇌에서 신경전달물질인 세로토닌을 분비하고 옥시토신을 분비하는데, 옥시토신은 사랑의 호르몬 또는 신뢰 호르몬이라 칭하게도 한다. 스트레스 호르몬의 분비를 억제하여 질병을 예방하는 중추적 역할을 한다.

사랑은 해마의 치상회에서 새로운 신경세포를 만들어준다. 오래된 신경세포를 새로운 신경세포로 바꾸어주면 뇌는 다시 원기능을 회복하게 된다. 신생 뉴런은 스트레스에 예민하여 부서지기 쉬운데, 잘 자라나기 위해서는 1개월 정도 시간이 걸린다.

이웃 사랑뿐만 아니라 자기 사랑도 중요하다.
자기 사랑은 자기를 지탱하는 힘이다. 자기 가치와 자존감의 원동력이 된다. 자기 사랑이 무너지면 정신 병리로 갈 수 있다. 자기 사랑은 정서적, 심리적, 자아를 건축하는 중추적 기능을 하기 때문이다.

이웃 사랑은 자기 사랑에서 출발한다. 내 이웃은 바로 모든 사람이다. 모든 영혼이다. 내 이웃은 가족뿐만 아니라 가난한 자, 소외된 자, 정신적 고통을 받는 자, 사회적 약자, 강자, 원수 된 자도 포함한다. 이웃 사랑은 상담자의 기본자세요, 치유자의 덕목이다. 네 이웃을 내 몸처럼 사랑하는 것이 둘째 계명이요, 이 계명을 지키는 자는 천대까지 복을 받는다고 말씀하고 있다.

(3) 천대까지 베푸시는 은혜는 하나님이 주신 후성유전의 축복이다.

본문 6절에 **"나를 사랑하고 내 계명을 지키는 자에게는 천대까지 은혜를 베푸느니라"**고 하였다.

"천대까지"란 말은 계대적이고 영구적인 숫자의 의미도 있지간 놀라운 숫자만큼 풍성한 은혜의 표현 의미도 있다.

하나님을 사랑하고 이웃을 내 몸과 같이 사랑하는 자는 천 대까지 은혜를 베푸시는 후성유전의 축복을 받는다는 놀라운 사실은 하나님의 절대적 은혜이다.

유전자 안에 후성유전의 특징이 내재되어 있기 때문에 어떤 사람은 알코올 중독 유전자가 있어서 알코올 중독자가 된다. 어떤 사람은 우울증의 유전자가 있어서 우울증이 될 수 있다. 또 어떤 사람은 학습장애 유전자가 있어서 학습장애가 될 수 있다. 어떤 사람은 흡연 유전자가 있어서 흡연중독자가 되고 잘못된 음식을 너무 많이 섭취하는 사람은 그 유전자가 있어서 그렇게 될 수 있다. 또 어떤 사람은 부정적 태도르 살아가는 사람은 그 유전자가 있어서 부정적인 태도로 살아갈 수 있다. 스트레스를 통해 유전자의 스위치가 작동되지 않아 수명이 단축되고 삶의 질이 떨어지며 행복과 건강을 잃어버릴 수 있다.

물론 유전자 때문에 문제를 일으킬 수 있다. 그러나 엄밀히 말하면 우리가 환경을 선택을 했기 때문에 문제를 일으키는 것이다. 우리의 선택(생각)은 DNA의 피막을 벗겨내는 신경신호로 작동한다. 우리의 선택(후성유전신호)은 유전자 발현(후성유전표지)방식에 변화를 줄 수 있다. 유전자를 지배하는 것은 바로 우리의 선택(환경, 사고)이다.

우리는 하나님이 택한 선민이라는 유전자를 가지고 있다. 그러나 하나님을 믿음으로 선택(환경) 해야만 후성유전의 축복을 받는다.

우리가 하나님을 사랑하고 계명을 지켜야만 수 천대의 복을 받는다. 내 자녀가 하나님의 택자라는 유전자를 가지고 있을지라도 그들이 하나님을 선택하지 않으면 아무 필요가 없다.

후성유전에는 축복과 저주가 공존한다. 하나님을 사랑하고 계명을 지키는 자에게는 수

천 대까지 은혜를 베푸시는 후성유전의 축복을 받는다.

그러나 하나님을 사랑하지 않고 우상을 숭배하는 자에게는 삼 사대까지 저주한다는 사실이다.

오늘의 미국을 만든 가정이 있다. 메사츄세스의 요나단 에드워즈와 사라의 가정인데, 12명의 자녀에게서 100명의 자녀가 탄생하였다. 이 부부는 하나님을 사랑하고 계명을 지키는 가정이다. 매일 기도하며 예배하는 가정이다. 이 가정에서 훌륭한 후성유전의 축복을 받았다. 부통령 1명, 주지사 3명, 상하의원 5명, 국무장관, 시장, 변호사 100명, 대학 총장 13명, 교수 15명, 의사 66명, 판사 30명, 성직자 100명 고급차관 80명, 군대 장교 75명, 대학 졸업자 295명, 저명한 저술가 60명이 배출되었다. 하나님을 사랑하는 가정의 후성유전의 축복이다.

이와 반대로 뉴욕에서 살롱 술집을 경영하는 가정인데, 의식주 기능을 하는 마크스 슐츠 후손의 1,062명의 자녀가 있다. 교도소에 수감 된 사람 96명, 정신병자나 알코올 중독자 58명, 창녀 65명, 영세민 286명, 제도적인 교육을 받지 못한 사람 460명, 미국 정부 지원금 1억 5천만 달러를 받고 살아가는 것이다. 하나님을 사랑하지 않고, 술집을 선택하며 유전자에 영향을 미쳐 저주의 후성유전을 받은 가정이다.

후성유전학은 영적 진리이다.
하나님을 사랑하고 이웃을 사랑하는 사람은 수 천대의 복을 받는다.
아브라함과 이삭과 야곱을 축복하는 진리이다.

후성유전학은 생물학적 진리이다.
태내환경이 유전자를 지배하여 후성유전에 영향을 미칠 수 있다.
양육환경이 유전자를 지배하여 후성유전에 영향을 미칠 수 있다.
외부환경이 유전자를 지배하여 후성유전에 영향을 미칠 수 있다.
비만도 유전자를 지배하여 후성유전에 영향을 미칠 수 있다.

후성유전학은 치유상담학적 진리이다.
정신병리가 유전자를 지배하여 후성유전에 영향을 미칠 수 있다.
심한 스트레스가 유전자를 지배하여 후성유전에 영향을 미칠 수 있다.
우울증과 조울증이 유전자를 지배하여 후성유전에 영향을 미칠 수 있다.
특정 공포나 사고가 유전자를 지배하여 후성유전에 영향을 미칠 수 있다.

알코올 중독이 유전자를 지배하여 후성유전에 영향을 미칠 수 있다.
정신적 외상이 유전자를 지배하여 후성유전에 영향을 미칠 수 있다.
부정적인 생각이나 태도가 유전자를 지배하여 후성유전에 영향을 미칠 수 있다.
후성유전의 축복은 결국 유전자와 환경(선택)에 달려있다.

유전자 발현에 조금이라도 문제가 있으면 여러 가지 질병을 야기시킨다. 환경이 유전자를 지배한다. 그래서 유전자에 영향을 주는 신경 신호의 스위치를 관리하여 잘 켜야 한다. 그 후성유전의 신경 신호가 바로 예수 그리스도이시다.

우리는 언약의 백성이다. 우리는 하나님이 택한 백성이다. 우리는 하나님의 자녀이다. 우리는 아브라함과 이삭과 야곱으로 이어지는 동일한 축복의 유전자를 지니고 있다.

우리는 하나님을 사랑하는 믿음의 유전자를 갖고 있다. 우리는 후성유전의 신경신호로 예수 그리스도를 믿음으로 작동시키면 수 천대의 복을 받을 수 있다.

후성유전은 하나님의 은혜다.

믿음의 유전자가 같더라도 유전자 발현에 영향을 끼치는 예수 그리스도를 믿음으로 신경신호를 바르게 작동시켜야 한다. 그래서 성경은 이렇게 말한다. **"하나님이 세상을 이처럼 사랑하사 독생자를 주셨으니 이는 그를 믿는 자마다 멸망치 않고 영생을 얻게 하려 하심이라"** (요 3:16)
예수 그리스도를 믿으면 수 천대까지 이어지는 후성유전의 축복을 누리게 된다.

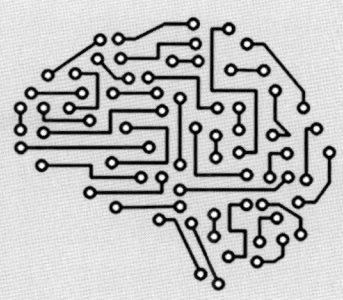

제8장

신경신학과
뇌과학의 치유원리

제8장

신경신학과 뇌 과학의 치유원리[79]

1. 신경발생(Neurogenesis)[80]

새로운 신경세포가 태어나는 것을 신경발생(Neurogenesis)이라고 한다. 성인의 뇌에서는 새로운 신경세포가 생겨나지 않는다고 생각해 왔다.

그러나 최근의 연구결과에 따르면 사건기억과 공간탐색에서 중요한 역할을 하는 부위인 해마(Hipocampus)의 치상핵, 학습과 습관, 형성에 중요한 역할을 하는 선조체(줄무늬체, Striatum), 후각망울(Olfactory Bulb, 전두엽의 아랫면) 등에서는 성인이 된 이후에도 새로운 신경세포가 생겨난다.(Song, M. Y, 2017).

또한 새로운 신경세포를 만드는 신경발생(Neurogenesis)은 뇌 속에 있는 액체로 차 있는 공간인 후구로 가는 측뇌실 부근(Gage, F. H, 2000)에서 발생한다.

그런데 뇌에서 새로운 신경세포가 생성된다는 사실은 계속적으로 증명되고 있는데, 해마(Hippocampus), 편도체(Amygdala), 그리고 대뇌피질(Cerebral Cortex)과 같이 새로운 학습에 관여하 는 영역에서 새로운 신경세포를 형성하는 능력을 유지하고 있다(Eriksson et al, 1988; Gould, E., 2007; Gross, C. G, 2000). 운동은 기억에 관여하는 측두엽과 계

---

79) 최신뇌치유상담학 P281~297
80) Ibid., p. 280

획 및 판단에 관여하는 전전두엽에서 새로운 세포를 생성한다. 운동은 새로운 뇌세포의 발생과 성장에 중요한 역할을 하는 BDNF(뇌유래신경영양인자)를 증가시킨다(Amen, D. G, 2010).

　새로운 신경세포는 신체적인 운동을 할 때, 다양한 경험할 수 있는 환경이 있을 때, 활발하게 형성된다(Opendak M, & Gould E, 2015(Opendak M, & Gould E, 2015 ; Ernest A et al., 2014)). 그래서 성인의 뇌는 환경변화에 따라 사용하는 방식에 따라 계속 변해간다(Eriksson, P.S.;Gould, E., 2007, 481-488; Gage, F.H., 2000, 1433-1438; Gross, C. G., 2000, 67-73; Song, M.Y, 2017; Opendak, M. & Gould, E, 2015, 151-161; Ernst A et al., 2014, 1072-1083).

　우리의 뇌는 생물학적이고 심리학적이며 사회학적인 외부 환경의 자극에 끊임없이 반응한다. 이처럼 자극에 반응의 사이클이 지속될 때 우리의 뇌가 조형되는데, 긍정적으로 조형되면 건강한 삶을 유지하게 하고 또한 부정적이고 유해한 방향으로 조형이 되면 이상행동이나 정신 장애를 일으킨다. 결국 우리의 뇌는 생각과 선택(의식)에 반응하여 긍정적으로든 부정적으로든 변화되는데 이 과정을 뇌 조형(Brain Architecture)이라고 한다(Leaf, C. 2013, 34).

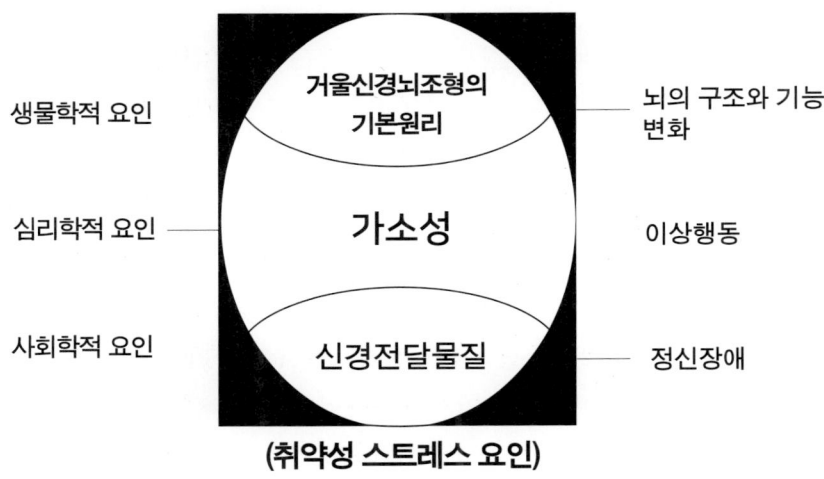

(취약성 스트레스 요인)

2. 뇌의 가소성(Brain Plasticity)

우리가 하는 생각과 학습과 행동이 유전자를 켜거나 꺼서, 뇌의 해부학적 구조와 형태까지 조정할 수 있는 뇌의 가소성의 원리는 20세기의 가장 놀라운 발견 중 하나인 것이다(Doidge, N, 2007). 뇌의 가소성(BrainPlasticity)은 다른 말로 신경가소성(Neuroplasticity, 신경유연성)이라고도 한다. 뇌는 환경의 변화 자극을 주면 변화된다는 것이 뇌의 가소성이다. 이 원리에 의해 뇌는 부정적으로 조형이 될 수도 있고 긍정적으로 조형될 수도 있어 뇌 구조의 기능에 변화를 주게 된다. 뇌는 일생동안 계속해서 재조직된다. 1930년, 스페인의 과학자 산티아고 카할은 신경회로는 고정되어 있고 변하지 않는다는 내용의 논문을 발표한 이래 1970년까지도 뇌 세포는 변하지 않는다고 믿어왔다. 그러나 뇌의 가소성을 연구하던 캐나다의 브라이언 콜브(Bryan Kolb)는 쥐의 등을 붓으로 매일 반복하여 쓰다듬으면 뇌의 일부세포가 변화한다고 보고하였다. 현미경을 통해 뇌세포를 관찰하였는데 이는 봄에 나무에 새순이 생기면서 줄기와 나뭇잎이 많아지는 것 처럼 뇌의 가지돌기의 가지가 증가함을 보게 되었다. 1997년 이후 유전학자 프레드 게이지(Fred Gage)박사와 그의 연구진이 인간의 성인에서도 새로운 신경세포가 날마다 생겨난다는 기념비적인 발표를 하였다.

오늘날 과학자들은 뇌가 기본적으로 일평생 재조직된다고 믿고 있다.

우리의 뇌는 스스로 그 자체의 구조와 기능을 바꿀 수 있다는 것이다. 가소성(Plasticity)이란 경험이나 환경에 의해 뇌의 신경계가 변화된다는 뇌의우연성을 일컫는 말이다.

뇌의 가소성의 발견은 결국 치유와 건강에 유익을 주는 놀라운 발견이기도 하다. 뇌는 어떤 환경이나 자극 그리고 경험에 의해 변할 수 있는 가소성의 기능 때문에 심리장애나 정신장애를 치유케 한다. 최근에 와서 많은 자극과 훈련을 통해 뇌는 활성화할수록 뇌세포의 수가 증가하고 뇌세포 간의 연결고리가 늘어난다는 사실이 밝혀지게 되었다. 뇌의 변화는 청소년기를 지난 성인은 물론 노년기에도 일어난다. 뇌의 시냅스 안에 엄청난 양의 프리온 단백질이 있다. 프리온 단백질은 장기기억 또는 자가 유지기억의 생성을 도우며 뇌의 신경가소성에도 기여한다. 우리가 무언가 생각하고, 배우는 동안 우리의 뇌 안에서는 변화와 재구축의 과정이 반복되는데 이것이 바로 신경가소성인 것이다. 프리온 단백질은 좋은 신경신호에 반응하여 놀라운 기능을 발휘하고 나쁜 신경신호에 반응하여 우리 몸에 해악을 끼친다. 우리가 근심, 걱정, 두려움 등 유해한 감정에 사로잡혀있거나 부정적인 생각에 빠져있으면 나쁜 신경신호를 생성할 수밖에 없다(Leaf. C, 2013, 73~74).

특히 어린 시절은 뇌의 가소성이 극대화하는 시기이다. 뇌 발달에는 민감기가 있는데, 뇌는 자극을 끊임없이 주어야 하고, 계속해서 자극이나 환경을 주지 않으면 안 된다. 눈으로 보는 자극을 통해 후두엽이 발달되고, 언어발달에도 민감기가 있어 이때 오감을 통한 자극이 극대화되는 시기이다. 귀는 듣는 자극을 통해 측두엽이 발달된다. 눈을 가려놓으면 눈은 영원히 못쓰게 된다. 우리의 성격도 어린 시절에 어떤 자극을 주었느냐에 따라 여러 형태로 달라지는 것이다. 성격은 대체로 50%가 태어나서 정해져 있지만 나머지는 성장하면서 만들어지는데 가장 중요한 환경이나 자극을 통해 성격도 2~3세 안에 결정되며 나머지는 18~25세에 완성되는 것이다. 특히 성격은 뇌의 신경전달물질과 관련지어지는데 그것은 도파민, 세로토닌, 아세틸 콜린, 가바 등에 의해 결정되는 것이다. 뇌의 가소성 때문에 어떤 자극을 주느냐, 어떤 환경을 주느냐에 따라 뇌는 그렇게 조형되는 것이다.

학습이 뇌의 가소성에 영향을 미친다. 인간은 신경세포를 상실하기도 하는데 나이가 들면 경험에 의해 뇌의 시냅스를 더 많이 발달시키기도 한다. 피질의 연합영역에서의 시냅스들은 가소성을 유지할 기능이 더 높아서 경험, 즉 학습에 의해 변화될 수도 있다. 요즘 우리 교육 중에 평생학습은 뇌를 변화시킬 수 있는 좋은 제도이다. 평생학습을 통해 뇌가 발달하게 되고 뇌는 스스로 조직화하는 능력 때문에 뇌의 시냅스를 증가시켜 건강한 뇌의 기능을 하게 된다. 반복학습의 원리도 뇌의 가소성을 이용한 좋은 학습방법이다.

자극이 뇌의 가소성에 영향을 미친다. 개인이 일생 동안 받는 자극은 끊임없이 시냅스의 형성과 뇌를 재구조화하는 역할을 한다. 예를 들어, 쥐를 대상으로 미로를 헤쳐 나아가도록 훈련시키든가 복잡한 환경에 노출시키면 피질에서 시냅스의 가지가 증가하게 된다. 특히 태어나서 0~3세는 뇌 발달의 절정기이지만 나이가 들어가는 성인기나 노년기에도 뇌의 가소성 원리는 작용되기 때문에 오감을 통한 자극을 주면 시냅스의 형성과 재구조가 일어나게 된다.

생각이 뇌의 가소성을 크게 구축한다. 긍정적인 생각을 가지고 있으면 뇌의 가소성 기능에 의해 뇌는 긍정적으로 삶을 살아가게 된다. 부정적인 생각을 가지고 있으면 뇌의 가소성 기능 에 의해 뇌는 그대로 부정적인 삶을 살아가게 된다. 그래서 성경은 일찍이 이를 증거하고 있다. 잠언 23:7에 **"대저 그 마음의 생각이 어떠하면 그 위인도 그러한즉"**이라고 하였다. "As he thinks in his heart, so is he" 이 말은 생각하는 대로 되어진다는 것이다. 부정적인 생각으로 사물이나 사건을 인식하면 뇌는 부정적인 행동을 야기하게 된다. 불안이나 우울 등이 바로 부정적으로 생각해서 발생되는 것이다.

스트레스는 뇌의 가소성을 크게 나쁘게 한다. 천재지변이나 참사 등, 외상을 경험하여 병을 앓고 있는 외상후 스트레스 장애(PTSD)의 환자들은 뇌의 신경가소성에 의한 원리에 의해 삶에 엄청난 피해를 끼치는 것을 보게 된다.

충격적인 사건을 체험한 후 대부분의 환자들은 기존에 인식했던 삶의 의미를 송두리째 바꿔버려 파괴적인 삶을 살아가게 만든다. 이러한 것은 외상이라는 엄청난 스트레스가 뇌의 신경가소성 기능으로 인해 뇌의 구조가 변질되고, 그 기능도 변했기 때문이다. 충격적인 스트레스와 경험의 기억이 지속되는 동안 환자는 내내 편안한 상태를 유지하지 못하게 된다. 이는 불안한 상태에서 생각하기 때문에 올바른 대응을 할 수 없어 고통을 받게 된다. 사건을 통한 자신의 생각을 부정적으로 옮겨왔기 때문에 뇌의 가소성에 의해 삶은 파괴적이게 되는 것이다. 사건을 머릿속으로 반복 재생하는 동안 그때의 기억은 마음속 더 깊은 곳으로 파고든다. 이제 그 사건은 뇌 속에서 '필터'의 역할을 개시한 긍정적인 생각을 걸러 내며 정상적인 뇌 기능을 방해한다. 문득문득 떠오르는 기억들, 하루에도 수십 차례 떠오르는 나쁜 기억들은 부정적인 뇌의 신경회로를 견고하게 구축하므로 상황을 더욱 악화시킨다.

3. 거울신경(Mirror Neuron)

거울신경(Mirror Neuron)은 20세기 신경과학의 가장 획기적인 발견이라 할 수 있다. 1990년도 중반, 이탈리아 지아코모 리졸리티와 그의 연구견은 원숭이들이 포도를 먹을 때 그것을 보고 있던 다른 원숭이들이 포도 먹는 모습을 볼 때와 똑같은 신경이 점화된다는 사실을 발견하였다. 이를 거울신경 또는 공감신경이라 한다. 거울신경은 다른 사람의 행동을 관찰하고 있을 때, 마치 관찰자 자신이 스스로 그 행등을 하는 것처럼 느끼는 것이다.

또한 다른 사람이 수행하는 동작을 이해하고, 모방하는 데에도 관여한다.

거울신경세포는 대뇌피질에 위치하는데, 전두엽의 운동피질 아래쪽과 두정엽의 아래쪽, 그리고 측두엽 앞쪽에 자리 잡고 있다. 이 곳에서는 타인의 행동뿐만 아니라 감정을 이해하는 데도 거울신경이 기반을 이루고 있으며, 행위의 관찰과 모방도 거울신경이 연결되어 있다. 거울신경은 모방을 통해 활성화된다. 고린도후서 2:3에 "**나의 기쁨이 너희 무리의 기쁨인 줄 확신함이로라**"라고 하였다. 또한 고린도후서 7:13에는 "**디도의 기쁨으로 우리가 더욱 많이 기뻐**"한다고 하였다. 왜냐하면 기쁨을 모방하는 것이 기뻐지는 원리이기 때문이다. 뇌 과학에서 거울신경을 밝혀냈는데 모방을 하면 그 신경이 활성화되는 것이다. 그래서 빌립보서 4:9에 "**너희는 내게 배우고 받고 듣고 본 바를 행하라. 그리하면 평강의 하나님이 너희와 함께 계시리라**"고 말씀하고 있다.

대뇌피질에 있는 거울신경세포들이 누군가 말하거나 행동하는 것을 바라보면서 활성화되어 관찰대상을 똑같이 모방하게 되는 것이다. 인간은 신체의 모든 부위의 움직임에 거울신경이 반응한다. 이 거울신경은 무의식적이고 내적으로 행동과 감정을 모방함으로써 다른 사람의 느낌이나 행위를 암시적으로 파악하게 한다(Son, M. N, 2017, 29).

거울신경은 공감(감정전이)을 통해 활성화 된다. 고후 2:3에 "**나의 기쁨은 너희 무리의 기쁨 인줄 확신하노라**", 고린도후서 7:13에는 "**디도의 기쁨으로 우리가 더욱 많이 기뻐**"한다고 하였다. 거울신경을 다른 말로 공감신경이라고 말하기도 한다. 로마서 12:15에 "**즐거워하는 자들로 함께 즐거워하고 우는 자들로 함께 울라**"라고 하였다. 공감할 때 거울신경은 활성화된다고 뇌 과학은 밝혀내고 있다. 아이는 반응하며 성장한다. 일반적으로 2~3세 무렵에 거울신경세포를 통해 공감 능력과 사회성의 토대로 이루어간다. 거울신경세포 때문에 공감능력도 발달되어 전두엽의 기능을 발달시킨다. 그러나 어린 시절에 거울신경세포를 발달시킬 수 있는 따뜻한 대상이 없는 경우에는 치명적인 상황에 처할 수 있다. 반응성 애착장애나 자폐증 진단을 받은 아이들은 거울신경세포의 결합이 현저하게 보인다. 자폐증의 아이들은 다른 사람의 처지나 입장에서 상황을 이해하는 능력이 전혀 없다는 것이 공통적인 특징이다.

모방을 통해 거울신경세포는 활동하며 공감을 통해 거울신경세포는 활동하고 동일시를 통해 거울신경세포는 활동한다. 거울신경세포는 인간관계와 사회성 발달을 이루는 중요한 조직이다. 뇌 세포를 사용하지 않으면 뇌는 그 기능을 잃게 된다. 거울신경이 행복을 만들어내도록 우리 가정이나 사회가 행복한 모습으로 대화하여 소통을 이루는 길이 중요하다. 우리가 행복하면 거울신경세포는 행복하게 활성화되어 주위를 행복하게 하는 것이다. 다른 사람의 짜증이 나의 짜증이 되고, 다른 사람의 분노가 나의 분노가 되며 다른 사람의 우울이 나의 우울이 된다. 거울신경은 행동의 모방과 관련되어 있을 뿐 아니라 행동의 의도를 이해하는 데에도 연관되어 있다. 예를 들어 설명하자면 친구가 전화로 통화하며 행복한 표정을 짓는다고 할 때 나는 친구의 표정을 거울반사하여 똑같은 미소를 짓고 똑같은 운동반응을 보이 된다. 그리고 전화로 말을 다 듣지 않아도 친구의 감정을 이해하게 되는 것이다. 우리는 타인의 표정이나 자세, 말의 억양과 강세, 심지어 말하는 방식이나 사용하는 단어까지 무의식적으로 흉내 낸다.

아기가 태어난 지 일주일이 되면 거울신경세포는 그 기능을 수행하기 시작하여 유아기 때는 아주 활발한 활동을 한다. 그래서 유아기는 모방의 전성기이다. 거울신경세포는 모방을 취하여 활성화되는 것이다. 거울신경은 의사소통체계의 필수적 신경이며 브로드만 영역 44번, 즉 브로카영역이 발화 산출에 결정적 역할을 한다. 특히 언어발달의 결정적 시기는 4세 이후부터인데 이 때 언어 모방을 통하여 언어를 발달시키는 것은 거울신경세포의 활동 때문이다. 부모가 아이에게 "엄마. 아빠."라는 단어를 가르칠 때 아이의 거울신경세포는 활성화되는 것이다. 이처럼 거울신경 세포가 활성화될수록 아이는 많은 단어를 익힐 수 있으며 인간으로서의 기능을 갖추어 나가는데 거울신경은 중요한 역할을 담당하게 된다. 거울신경은 의사소통체계의 필수적인 신경이다. 엄마, 아빠가 웃어주고, 자신을 돌봐주는 것을 바라보면서 아이의 거울신경세포는 활성화되고 이를 통해 학습할 말과 행동을 뇌 세포가 기억한다.

이러한 과정은 마치 거울을 보면서 행동을 익히는 놀이처럼 보인다. 태어난 지 얼마 안되어 거울신경세포를 통해 엄마, 아빠의 행동을 모방하는 행위는 사회적 관계의 첫 시작이며 최초의 인간관계라고 할 수 있다.

거울신경은 동일시를 통해 활성화된다. 고린도후서 7:13에 "**디도의 기쁨으로 우리가 더욱 많이 기뻐**"한다고 하신 말씀은 곧 기쁨을 동일시하면 기쁨이 나에게 그대로 찾아온다는 말씀이 다. 그것은 뇌에 거울신경이 있어 동일시할 때 활성화되기 때문이다.

청소년기 때는 시각을 통해 후두엽이 활발히 움직인다. 이 때는 유명 연예인의 머리, 모자, 안경, 의상 등을 모방하여 동일시한다. 청소년기의 이러한 행위는 동일시를 통해 거울신경을 활성화한다. 동일시는 태어나서 만 5세까지 이루어지는 심리방어기제다. 아이는 부모의 태도나 행동을 닮아 발달한다. 동일시는 자아나 초자아의 형성에 가장 큰 역할을 하여 성격 발달에 가장 중요한 방어기제다. 남아는 아버지를 동일시하고, 여아는 어머니를 동일시하여 자아를 발달시킨다. 또한 동일시를 통하여 부모가 자녀의 성격 내부에 들어오기도 한다. 부모의 완벽주의, 가치관, 규칙, 엄격한 신앙 등이 자녀의 초자아를 형성하게 된다. 이는 부모의 행동을 동일시하여 거울신경세포의 기능을 발달시켰기 때문이다. 그뿐 아니라 동일시를 통해 거울신경세포를 잘못 발달시키면 신경증, 정신병이 오고 반사회성 인격이 된다.

예를 들면 아버지의 인색함을 비난하면서도 물건값을 깎으려는 아들의 행동이다. 바람직하지 못한 사람을 동일시(깡패, 범죄자, 잔인무도한 사람)하는 것을 적대적 동일시라 한다. 아버지가 어머니를 폭행하면 자녀들도 결혼 후 아버지의 행위를 동일시해서 폭력자가 되고 가정폭력의 주범이 된다. 아버지가 알코올 중독에 걸려 있으면 자녀도 알코올 중독자가 되는 것은 동일시를 통해 거울신경이 잘못 발달되었기 때문이다.

호된 시집살이를 한 며느리가 나중에 호된 시어머니가 되는 경우는 거울신경을 통해 공격자와 동일시하기 때문이다. 어떤 이상적인 대상과 공생함으로써 그 대상이 갖고 있는 힘을 나누어 가지려고 자아가 대상을 동일시하는 경우가 있는데 이를 병적 동일시라고 한다. 이때도 거울신경을 통해 자아를 발달시킨다. 반대로 나의 웃음이 상대를 웃게 만들고, 나의 기쁨이 상대를 기쁘게 하며 나의 행복이 상대를 행복하게 한다. 고린도후서 2:3에 "**나의 기쁨은 너희 무리의 기쁨 인줄 확신하노라**" 고린도후서 7:13에 "**디도의 기쁨으로 우리가 더욱 많이 기뻐**"한다고 하였다. 거울신경세포를 제대로 바르게 작동시키려면 좋은 대상과 좋은 환경이 중요하다. 거울신경 발달이 잘되면 행복한 삶을 살 수 있으며 거울신경 발달이 잘못되면 병리적 삶을 살 수 있다. 그래서 우리는 거울신경을 건강하게 조형시키는 노력이 필요한 것이다.

4. 신경전달물질(Neurotransmitter)

신경전달물질은 흥분성과 억제성 신경전달물질로 구별된다. 중추신경계 안에서 신경전달물질로 작용하는 화학물질이 많이 알려졌는데 현재까지 아세틸콜린, 노르에피네프린(노르아드레 날린이라고도 함), 에피네프린(아드레날린이라고도 함), 글루타민산염, 아스파라긴산염, 도파민, 세로토닌, 가바, 엔케팔린, 엔도르핀, P물질, 히스타민 등 약 100종의 신경전달물질이 있다. 그 가운데 정신장애 치료에 자주 이용되고 있는 신경전달물질은 노르에피네프린(NE), 도파민(DA), 세로토닌(SE), 아세틸콜린(ACh), 가바(GABA)인데 이들은 주로 시냅스에서 작용한다.

뇌 속 신경전달물질의 균형은 뇌의 조형에 크게 영향을 미쳐 흐트러지면 이상행동이나 정신장애가 발생한다. 물론 그 종류는 가지각색이기 때문에 어떤 전달물질의 균형이 깨졌느냐에 따라 나타나는 증상도 다르다.

1) 아세틸콜린(Acetylcholine)

아세틸콜린성 신경세포의 세포체는 주로 뇌간 속의 내중격과 뇌간 위의 기저핵에 자리 잡고, 축삭돌기는 해마와 대뇌피질에 길게 연장하고 있다. 아세틸콜린은 해마에 집중, 발견된다. 이들 핵과 시냅스 연접을 이루고 있는 아세틸콜린 수용체는 니코틴형과 머스카린형의 두 성질의 것이 있는데, 대뇌피질쪽에는 머스카린형이 더 많다. 그리고 우리가 담배중독에 걸리는 것은 이 니코틴형 수용체 때문인 것이라고 한다.

알츠하이머(노인성 치매)병으로 죽은 환자들의 뇌를 해부해 보면 기저핵에 있는 아세틸콜린성 신경세포가 매우 퇴화현상을 나타내고 있었으며, 또 알츠하이머 환자들은 매우 감소된 양의 아세틸콜린을 지니고 있다. 이들 환자에게 아세틸콜린의 양을 증가시키기 위하여 기본물질인 콜린을 투여하거나 태아의 뇌 기저핵 신경세포를 환자의 기저핵에 이식해 주면 다소 효과를 나타내며 기억력도 증진된다고 한다.

아세틸콜린의 양이 급격히 증가해도 대뇌기저핵이 과도하게 흥분하여 파킨슨병과 유사한 증상이 나타난다. 반대로 아세틸콜린의 양이 부족하면 기억력이 감퇴하여 자신의 존재조차 인지하지 못하는 알츠하이머병에 걸리고 만다.

2) 도파민(Dopamine)

뇌 안에는 세 갈래의 도파민 회로가 있다. 이들 세 회로는 모두가 시냅스로 연결한 여러 신경 세포로 된 회로가 아니고, 한 개의 신경세포가 축삭돌기를 길게 뻗어서 된 단일세포의 경로로 되어있다. 첫 번째 도파민회로는 이 가운데 가장 단단한 회로이며, 신경세포의 세포체로 시상 하부 안에 있고 여기에서 축삭돌기가 바로 옆에 있는 뇌하수체로 뻗친 시상하부-뇌하수체회로이다. 시상하부 세포들은 호르몬을 생산하기도 하고, 뇌하수체로 뻗은 축삭돌기의 말단부에 호르몬을 축적하였다가 뇌하수체 세포들을 자극하여 뇌하수체 호르몬을 나오게 할 때 이를 방출하기도 한다. 뇌하수체 세포들이 내는 호르몬은 혈액 속으로 직접 방출된다.

두번째 도파민회로는 중뇌에 자리 잡고 있는 흑질핵에서 출발하는 회로로서 가장 잘 연구되어 있는 회로이다. 흑질핵은 중뇌에 자리 잡고 있는 핵인데, 이 핵을 이루고 있는 세포들 가운데 도파민과 함께 검정색 물질을 지니고 있는 신경세포들이 있다. 이 세포들의 축삭돌기는 전 뇌의 기저에 자리 잡고 있는 기저핵으로 뻗어있다. 뇌 안에서 볼 수 있는 모든 도파민의 4분의 3은 이 흑질-기저핵 계통에 속한다. 파킨슨병 환자들에게서는 원인 모르게 흑질핵 안에 있는 도파민성 세포들이 점차 죽어 없어지면서 뇌의 도파민 함유량이 차차 줄어들고 병세도 점점 악화된다. 이러한 현상을 보아 도파민은 우리 신체의 운동기능 조절에 중요한 역할을 하고 있음을 알 수 있다.

셋째 도파민회로는 조현병과 관련성이 있다. 이 회로에서는 도파민을 함유한 신경세포의 세포체로 흑질핵의 바로 옆자리인 피개핵 안에 있고 축삭돌기는 대뇌피질 전엽과 중격영역과 내비피질로 연장한다. 그리고 내비피질의 많은 세포들의 축삭돌기는 기억현상과 관계가 깊은 해마부위로 연장한다. 이 세번째 도파민 회로에 속하는 세포들이 과다한 도파민을 함유하여 과도하게 활성적일 때 정신분열 현상이 일어난다고 한다.

신경말단에서 도파민이 과도하게 방출되면 환상, 환각, 과대망상 등의 증상을 보이는 조현병을 일으킨다. 반대로 도파민이 부족해지면 뇌 기능을 원활히 조절하지 못해서 손발이 떨리고 다리를 질질 끌며 구부정한 자세로 걷게 되는 파킨슨병을 보이게 된다. 신경말단에서 방출되는 신경전달물질의 양이 너무 많거나 적을 때 마음에 병이 생기는 것은 분명하지만, 그렇다고 조현병이나 파킨슨병만 일으키는 것은 아니다.

3) 세로토닌(SE, 5-HT)

세로토닌세포의 세포체는 뇌간의 봉선핵 집단에 자리잡고 있는데, 이 봉선핵 집단이란 연수 와 중뇌까지의 사이에 길고 좁은 띠 모양으로 배열된 여러 개의 작은 핵들의 모임을 말한다. 세로토닌은 수면과 체온조절에 관여한다. 시냅스에서 세로토닌이 수용체에 접착하여 수용체를 활성화시킨 후 바로 수용체에서 이탈하여 시냅스 전막에 다시 흡수된다. 가바나 카테콜아민의 경우처럼 수용체 부근에는 세로토닌 분해효소가 없다. 노르에피네프린세포의 축삭돌기가 뇌의 여러 부위로 널리 뻗어 있는 것처럼 세로토닌 세포의 축삭돌기도 시교차 상핵, 중격, 해마, 대뇌 피질, 기저핵, 편도핵 등으로 널리 뻗어 있다. 시교차 상핵은 우리가 잠이 오고 잠을 깨는 리듬을 조종하는 핵으로서 시상하부에 자리 잡고 있다. 실험적으로 동물의 봉선핵을 파괴하면 그 동물은 잠을 이루지 못한다. 엄밀히 말해서 송과선은 뇌의 일부는 아니지만 세로토닌은 여기에 도 많이 포함되어 있다. 송과선에 있는 세로토닌은 멜라토닌이라는 색소로 변하는데, 이 색소는 우리의 피부 색깔에 영향을 미친다.

노르아드레날린, 도파민, 세로토닌과 같은 모노아민의 양이 너무 많아도 뇌의 흥분이 심해지는 탓에 이상증세가 나타난다. 의욕이 과하게 고양되면서 타인에게 공격성을 보이는 조증, 또는 잠시도 마음을 가라앉히지 못하고 초조해하는 불안 증상을 보인다. 모노아민의 양이 너무 적어도 마음에 병이 생길 수 있다. 모노아민이 충분하지 않으면 뇌의 흥분 정도가 부족하기 때문에 슬픔과 실망감이 깊어지고, 즐거움을 거의 못 느끼는 마음의 상태, 이른바 우울증에 빠지고 된다.

4) 노르에피네프린(Norepinephrine)

노르에피네프린회로는 뇌간 안에 자리 잡은 청반핵에 있는 비교적 소수의 노르에피네프린을 생성하는 신경세포가 소뇌·시상하부·편도핵 등 거의 뇌 전역에 그들 축삭돌기를 뻗쳐서 형성되는 회로이다. 노르에피네프린 신경전달물질의 양은 뇌에 포함된 모든 신경전달물질양의 1% 밖에 안되고 노르에피네프린을 생산하는 세포도 극소수인데도, 그 회로는 거의 뇌 전역에 분포되어 있는 점이 다른 신경전달물질 회로와 다른 점이다. 그리고 노르에피네프린회로는 다른 회로처럼 우리 생리에 어떤 특수한 영향을 미치는 것이 아니라, 우리에게 일반적인 흥분을 일으키는 역할을 한다.

노르에피네프린은 뇌에서만 생산되는 것이 아니라 부신에서도 생산된다. 뇌간 청반핵에서 생산되는 노르에피네프린은 신경전달물질로서 축삭돌기 말단부 시냅스에서 방출되는데, 부신에서 생산되는 노르에피네프린은 호르몬 역할을 하며 혈액으로 직접 방출된다. 부신에서는 노르에피네프린과 함께 에피네프린(일명 아드레날린)도 생성되는데, 사람이 여러 가지 자극을 받고 흥분하거나 긴장할 때 이들의 생산량은 유난히 증가한다. 우리들이 흥분할 때나 슬퍼할 때, 그리고 두려워할 때에 일어난 사건들은 잘 잊혀 지지 않고 오래 기억된다. 이때는 노르에피네프린이나 에피네프린의 양이 많아지는 때이다.

우리에게 중요하거나 정서를 유발시키는 것들이 더 기억이 잘 된다(LeDoux,J 1996).

노르에피네프린이 뇌에 작용하는 원리는 다음 표와 같다.

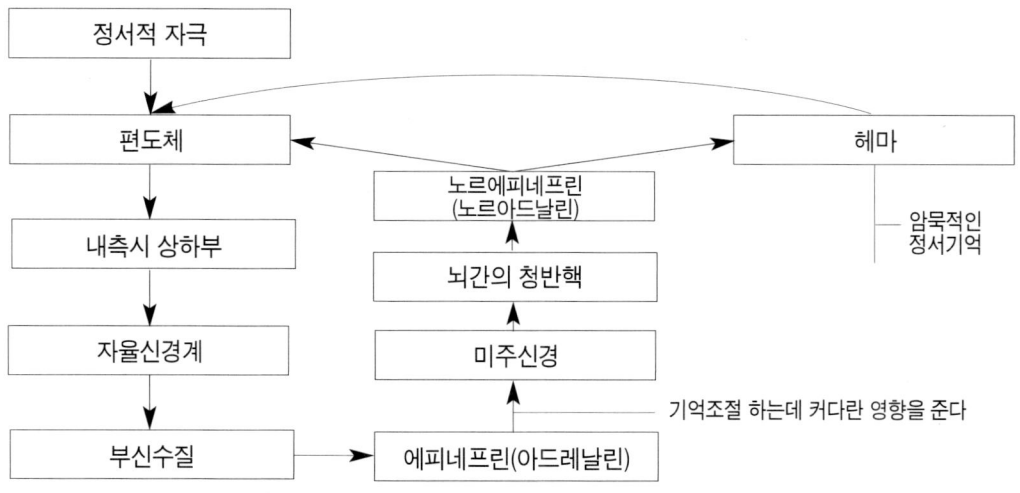

5) 가바(GABA)

가바는 L-글루타민산에서 생성되는 아미노산이다. GABA는 소뇌, 해마, 대뇌피질, 선조 흑질계통에 함유되어 있다. L-글루타민산이 글루타민산 탄산화제거효소(GAD)의 작용으로 가바가 된다. 신경세포의 세포체에 있던 글루타민산이 축삭돌기 원형질의 흐름에 따라 축삭돌기의 말단부에 도달하여, 여기에 있는 글루타민산 탄산화제거효소의 작용으로 가바가 된다. 이 가바가 시냅스주머니에 쌓여 있다가 후에 신경전달물질로 방출된다. 가바는 아세틸콜린의 경우와는 달리 가바수용체 근처에 이를 분해하거나 비 활성화시키는 효소가 없다. 그래서 수용체에 분리된 가바는 대부분 시냅스 전막에서 재흡수 되어 시냅스 주머니에 쌓여 있다가 다시 사용된다. 뇌전증은 뇌의 어떤 부위에 가바의 양이 심히 감소되었을 때 발작을 일으키는 경우가 많다. 뇌 속 신경전달물질이 균형을 이루지 못할 때 여러 정신장애를 발생할 수 있다(표 참조).

신경전달물질의 불균형에 의한 정신장애

신경전달물질	너무 많을 때	너무 부족할 때
가바(GABA)	기억력상실, 새로운 것 학습하는데 어려움	공황장애, 불면증, 뇌전증, 불안장애, 분노
도파민(DA)	과대망상, 조현병, 환각, 환상	파킨슨병
노르에피네프린(NE) 도파민(DA) 세로토닌(SE)	조증, 공격성, 초조, 불만	슬픔, 우울증
아세틸콜린(Ach)	파킨슨병	알츠하이머병

6) 항상성(Homeostasis)

　항상성(Homeostasis)이라는 용어는 생명 체계가 스스로를 조절하고 내부 환경을 유지하는 능력, 외적·내적으로 방해하는 요소들이 많음에도 안정적인 상태를 유지하는 능력을 알리기 위해 19세기 프랑스 생리학자 클로드 베르나르(French Physiologist Claude Bernard)가 맨 처음으로 서양 의학에 소개했다. 따라서 항상성은 체계가 가장 잘 돌아가도록 진화한 최적의 상태에서 벗어나도록 몰아가는 요소들에 맞선다. 예컨대 인간의 체온은 37도이고 우리 몸은 이 상태에서 가장 잘 기능한다. 체온이 너무 오르면 우리 몸은 그 온도로 돌아가려 한다. 그러지 못하면 죽을 수도 있다. 간, 신장, 피부, 신경계 같은 많은 장기들은 모두 우리의 항상성에 기여한다. 신경 연결망도 나름의 항상성 기제를 갖는다. 이 신경 연결망이 저마다 다른 기능을 수행한다는 것을 깨달을 때 가장 확실하게 와 닿는다. 중추신경계에서 운동계 신경세포는 일반적으로 뇌에서 근육으로 정보를 전달하여 근육을 움직이도록 만든다. 감각계 신경세포는 일반적으로 신체 부위에서 들어오는 감각 정보를 처리한다. 운동계와 감각계 신경세포를 일차적 신경세포라고 부르며, 둘 다 전기신호를 통해 정보를 전달하는 일에 관여한다. 연합신경세포(Interneuron)라는 것도 있다. 이것의 주요임무는 이웃하는 신경세포들의 발화 활동을 조절하는 것이다(G. Buzsaki, 2006, 77). 연합신경세포는 항상성 비슷한 조절기능을 할 수 있다. 다른 신경세포에 전달되는 신호가 최적의 시간에 최적의 수준이 되도록 해서 다른 신경세포를 압도하거나 미미하게 자극하지 않고 유용하게 쓰이도록 한다.

연합신경세포가 작동하는 방식의 좋은 예는 망막의 광수용체이다. 광수용체가 처리해야하는 빛의 양은 어두컴컴한 방 안의 빛에서 화창한 해변의 빛에 이르기까지 엄청난 범위에 이른 다. 빛은 '럭스'라고 하는 단위로 측정된다. 거실의 텔레비전 앞 불빛은 15럭스 정도 되고 화창한 여름날 해변에 쏟아지는 빛은 최고 15만 럭스이다. 눈에 있는 각각의 광수용체는 그처럼 넓은 범위를 처리하도록 진화하지 않았지만, 연합신경세포의 도움으로 여기에 적응할 수 있다. 감각신경세포로 들어오는 신호가 너무 약해서 감지하기 어렵다면, 연합신경세포가 신경세포를 쉽게 발화하도록 자극하고 들어오는 신호를 증폭시킨다. 반대로 신호가 지나치게 강하면 연합신경세포는 감각 신경세포의 발화를 억제해서 신호에 덜 민감하게 반응하도록 만들 수 있다. 연합신경세포는 또한 신호를 더 날카롭고 명확하게 만드는 일도 한다. 궁극적으로 연합신경세포와 연결망은 동공 주위의 작은 근육들에 신호를 보내 빛의 양에 따라 필요한 만큼 크기를 조절하도록 만든다(그러므로 동공의 크기 변화는 연합신경세포 피드백이 작동한다는 시각적 예가 된다). 그러나 항상성을 유지하도록 재조정하는 것은 동공만이 아니다. 연합신경세포 연결망의 대부분도 마찬가지로 이렇게 한다.

뇌 질환은 보통 연합신경세포에 타격을 준다. 몇몇 뇌 질환에 걸리면 세포는 그대로 남아있지만 특정 신경전달물질을 적절하게 만들어내지 못한다. 또 뇌졸중이나 뇌 손상을 입으면 세포가 죽는다. 어떤 상황이든 연합신경세포 체계가 남아있는 뇌의 항상성을 유지하도록 돕는 능력을 망가뜨릴 수 있다. 신호가 너무 약해서 뇌가 중요한 정보를 놓칠 수 있고, 신호가 너무 강해서(예 : 빛, 소리, 동작 등) 뇌의 연결망 전체로 퍼져 필요 없는 신경세포까지 자극할 수 있다.

항상성이 교란되면 억제와 흥분의 균형이 깨지고, 생명 체계는 넓은 범위의 입력을 조절할 수 없다. 그 결과 환자는 들어오는 신호에 무방비로 휘둘린다. 캄캄한 곳에서 손전등을 비추는 작은 불빛에도 괴로움을 느껴 눈을 가려야 한다. 그들은 어떤 자극에는 혼란을 느끼고 과민 반응을 보이지만, 어떤 자극에는 아무렇지 않은 경우도 있다.

뇌의 항상성을 활용하여 자기조절과 자기치료에 도움을 준다. 뇌간은 뇌와 척수, 소뇌의 경로와 여러 뇌신경들이 오가는 교차점이다. 우리는 모든 것과 연결되는 뇌 부위에 수많은 스파이크를 전달한다. 서로 다른 구조물들이 최고로 밀집된 뇌 부위로, 뇌간 구조물들의 절반은 스스로 조절하는 자율신경계와 다른 항상성 조절기관을 담당한다.

따라서 뇌간과 그곳의 연합신경세포를 겨냥하는 것은 몸의 여러 곳의 항상성 조절을 목표로 삼는 것이다. 뇌간에는 거대한 자율신경계(싸움-도주 상태인 교감신경계와 차분하게 가라앉히는 부교감신경계) 통제소가 있다. 심장박동, 혈압, 호흡이 여기서 스스로 조절된다. 위장관과 소화를 관장하고 조절하는 미주신경이 뇌간어 있다. 이곳이 자극되면 부교감신경계가 켜지면 서 사람이 차분해진다. 각성 수준을 조절하고 수면-각성 주기에 영향을 주며 뇌의 나머지 부분에 힘을 불어넣을 수 있는 망상활성계도 뇌간에 있다. 미주신경과 망상활성계의 자극 덕분에 대부분의 환자들이 밤에 더 잘 자고 낮에 정신이 더 활발하다고 느끼는 것이다(Doidge, N,2015, 265~270).

7) 뇌유래신경성장인자(BDNF)

뇌에는 BDNF(Brain Derived Neurotrophic factor)라는 신경영양인자가 있는데 그것은 뇌의 최적기능을 돕는 역할을 하는 뇌유래신경성장인자라는 단백질이다. 사람이 스트레스를 계속 받으면 뇌의 시상하부에서는 CRH라는 부신피질자극 방출 호르몬이 분비가 된다. 이 호르몬의 자극에 의해 뇌하수체로부터 ACTH, 즉 부신피질자극호르몬이 나오게 되는 것이다. ACTH는 부신피질에 자극을 주어서 스트레스호르몬인 Cortisol을 분비하게 된다. 이때 BDNF는 CRH의 분비를 억제하는 역할을 하는 것이다.

뇌의 해마와 대뇌피질에는 BDNF가 가장 많이 분포되어 있다. 해마 안에 BDNF가 많을수록 CRH(부신피질 자극 방출 호르몬) 의 분비를 억제시킨다는 사실이 과학적으로 입증되었다. 실험에 의하여 원숭이의 뇌에 CRH를 주사하면 곧 우울한 상태가 되고 또 한편 쥐의 해마에 BDNF를 주사했더니 해마의 활동이 증가되어 우울한 상태가 진정되는 사실이 발견하였다. 결국 스트레스 호르몬을 억제하여 우울한 상태를 멈추게 하려면 뇌의 신경영양인자인 BDNF를 생성하게 하는 것이 제일 중요하다. 신경세포의 생성에 중요한 성인기의 역할을 하는 것이 BDNF이다. 해마는 새로운 신경세포가 많이 태어나는 부위이다. 갓 태어난 신생신경세포의 가장 큰 적은 스트레스이다. 스트레스가 과도해지면 스트레스 호르몬이 분비되어 신생신경세포를 파괴해 버린다. 또 신생신경세포(Newborn Neuron)은 BDNF가 없으면 곧장 사멸한다.

해마는 변연계에 속해 있으며 변연계가 과잉활성화 되면 우울증에 걸리게 되는데 바로 그 작은 부위가 해마이다. 해마 안의 BDNF를 증가시키면 결국 CRH(스트레스 호르몬)를 진정시켜 우울증을 막아주는 일을 하게 되는 것이다.

BDNF는 중추신경계와 말초신경계의 특정한 신경세포에 활동하고 있으며 기존 신경세포의 생존을 도와주는 역할을 하고 신생신경세포와 신경접합부(시냅스)의 성장과 분화를 유도하는데 도움을 주는 뇌신경영양인자이다.

또한 BDNF는 뇌에서 학습, 기억 높은 사고와 관련된 필수적인 부위인 대뇌피질과 해마, 그리고 기저전뇌에서 활동하며 BDNF 자체가 장기기억에도 중요한 역할을 담당하기도 한다. 뇌의 신경영양인자 BDNF를 늘리는 원리를 아는 것은 우울증을 예방하고 치유하는 중요한 과제인 것이다.

첫째. 운동을 하면 BDNF가 증가한다. 운동을 해서 땀을 흘리면 뇌의 영양인자가 늘어나서 스트레스 호르몬의 분비를 감소시켜 우울증을 완화시킨다.

두 번째 사랑을 하면 BDNF가 늘어난다. 사랑을 하면 성호르몬의 분비를 야기시켜 해마의 움직임이 커지게 되고 BDNF를 증가시키는 동시에 시상하부에 직접 영향을 주어 CRH의 분비를 억제하기 때문에 사랑을 하면 예뻐진다는 이론이다. 바로 뇌에 BDNF가 많이 생겨서 BDNF를 늘리게 되고 그 결과 생기 있어 보이고 예뻐 보이는 것이다.

사랑이 BDNF를 생성케 하여 스트레스를 막아주고 정신건강을 유지시켜 주는 것이다. 그리고 우울증을 치료하는 프로작과 같은 항우울제나 전기충격요법도 뇌의 BDNF의 활동을 증가시 켜 해마의 위축을 막아주고 보호해 줌으로 치료효과를 높여 준다.

우리가 스트레스를 잘 이기고 오래도록 건강하게 살기위해서 사랑과 운동은 필수이다. 사랑과 운동은 해마의 BDNF(뇌신경영양인자)를 증가시켜 스트레스를 막아주고 해마의 기능을 회복시켜주며 우울증이나 치매를 예방하고 치료하는 원동력이 되기 때문이다 (Son, M. N, 2018,Vol.297, 70~71).

8) 미세 교세포(Microglia)

미세 교세포는 뇌 안에 있는 세포 중 가장 작은 교세포다. 미세 교세포는 신경계로부터 부스러기를 제거하는 식세포(Phagocytes)이다. 뇌손상, 뇌질환, 감염 혹은 노화로 인하여 뇌에 부스러기가 축적될 수 있다. 미세 교세포가 신경계에 있는 다른 세포들과 매우 다른 점이 미세 교세포가 뇌와 척수 밖에서 대식세포(macrophages)에 의해 만들어진다는 것이다. 미세 교세포의 지나친 활동이 다발성 경화증과 알츠하이머병과 같은 신경퇴행성 질환과 관련되어 있다(Ellias. L. T,saucier D.M, 2006, 31).

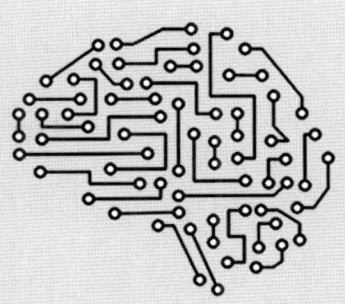

제9장

신경신학과 영성의 뇌과학(Ⅰ)

제9장

신경신학과 영성의 뇌 과학(Ⅰ)

1. 신경신학과 영성

1) 신경신학의 중요한 요소인 영성

신경신학에서 비중 있게 고려해야 할 또 하나의 요소는 영성이다. 이것은 앞에서 살펴본 종교성(신앙심) 못잖게 중요하다. 아니 어쩌면 더 중요하다고 할 것이다. 그런데 신경신학에서 영성(靈性, Spirituality)을 정의하기란 용이하지 않다. 영적인 체험을 하는 영성적인 사람도 영성이 무엇이냐고 물으면 명확한 대답을 하지 못할 수가 있다. 그만큼 영성은 인간에게 주어진 심오한 영적 성향이다. 이 개념은 종종 종교심, 또는 신앙심과 겹칠 때가 있다. 많은 신자들[종교인들]은 자신이 영성을 가지고 있다고 믿는다. 그렇다. 사실 영성이 없으면 하나님과 교제할 수 없다. 그것은 성경적으로 분명하다(요 4:24).

리처드 포스터(Richard J. Foster)는 영성을 하나님을 만나고 하나님을 경험하는 것이라고 했다. 그러기 위해 크리스천은 매일 기도하고 성경을 상고하며 예배를 드리는 등 영성 훈련을 해야 한다고 하면서 영성의 주요 요소가 말씀과 기도, 그리고 예배임을 제시한 바 있다.[81] 그러면서 그는 기독교 영성 훈련을 "우리가 그리스도의 성품과 그 존재 자체를 지니도록 우리의 전 인격을 세워가는 하나님이 정하신 과정이다. 우리가 이 과정에 마음을 열고 반응한다면 이 내적 형성은 외적 삶으로 표현될 것이다. 영성은 모든 인간의 삶에 존재하는 숨겨진 영역과 관련되어 있다. 그곳은 우리가 되고자 하는, 우리로 인간이 되도록 하나님이 주신 공간이다."라고 의미 있는 설명을 하고 있다.[82] 이처럼 포스터는 우리가 영성을 갖게 된 것과 그 영성을 계발하는 훈련의 궁극적인 목적이 원래 하나님이 그리스도 안에서 창조하신 인간을 회복하는 것임을 분명히 하고 있다. 여기서 죄인이 '인간이 되는 것' 그것이 영성 훈련의 최종 목표요, 예수 그리스도 안에서의 구원인 것이다. 여기서 우리는 포스터가 죄인이 인간이 되는 것이라는 표현 속에서 전인적인 인간의 구원과 전인적인 치유와 회복의 메시지를 발견할 수 있으며, 이를 신경[뇌]과 결부하면 신경의 치유, 또는 뇌치유로 연결될 수 있음을 알 수 있다.

앤드류 머레이는 기독교 영성을 하나님과의 만남, 하나님과의 교제의 자리라고 보았다.[83] 그러기 위해서 "우리는 매일 가장 중요한 하나님의 말씀을 읽고 기도하기 위해서 혼자 조용한 시간을 가질 필요가 있다. 하나님과 교제하며 보내는 시간은 축복을 가져오며 영적인 생활을 건강하게 한다. 그리고 이 세상을 살아가는 데 도움을 준다. 그때 비로소 우리는 하나님의 나라를 섬기기 위한 영성적 승리자와 중보자로서 준비될 수 있다"고 강조한다.[84] 그러면서 하나님과 교제하고 사귀는 통로가 영성이며[85], 그리스도를 믿는 통로가 영성이며[86], 성령의 임재와 경험의 통로가 영성이라고[87] 주장함으로써 삼위일체적인 영성을 강조하고 있다. 여기서 우리는 건강한 영적 생활을 가져오는 것이 영성의 역할이라는 머레이의 관점에서 인간의 전인적인 회복과 치유를 발견하게 된다.

토마스 하트는 <현대인의 영성탐구(Spiritual Quest; A Guide to the Changing Land Scape)>에서 각 분야의 주요 전문가들의 영성에 대한 정의를 제시하고 있다.[88] "영성은

---

81) 리처드 포스터, 김명혁 외 옮김, 영성을 살다(서울: IVP, 2009), PP.14~15. 참고로 이 책의 원명은 'Longing for God'로 2009년 InterVarsity Press에서 출판되었는데, '하나님을 향한 사랑의 질서 세우기', '여정으로서의 영성생활', ;타락으로 잃어버린 하나님에 대한 지식의 회복', '예수 그리스도와의 친밀한 관계', '하나님을 체험하는 바른 질서', '행동 그리고 관상', '영적 상승' 등 일곱 가지의 주제로 나누어 그 분야의 교회사적 영성가들을 조명하고 있다. 그 과정이 구속사적인 과정이라고 할 수 있으며, 죄로 말미암아 하나님의 형상(영성)이 파괴된 인간이 예수 그리스도 안에서 회복 된다는 성경의 구도에 충실하는 한편, 영성훈련의 실제에 대하여 진술하고 있다.
82) Ibid., p.15.
83) 앤드류 머레이, 정혜숙 옮김 위대한 영성(서울: 도서출판 브니엘, 20040, pp.5~7. 그의 프롤로그 참조.
84) Ibid., p.5.
85) Ibid., pp. 13~55.
86) Ibid., pp. 59~97.
87) Ibid., pp. 101~154.
88) 토마스 하트, 최대현 옮김, 현대인의 영성 탐구(서울: 도서출판 은성, 2000), pp.51~52.

우리의 가장 심오한 가치와 갈망, 즉 우리 존재의 핵심을 언급한다."[89] "우리가 깨달음을 넓히고 우리의 중심을 강화할 때, 목적을 분명히 할 때, 내면에 있는 악마를 변화시킬 때, 우리의 의지를 발전시키고 지각 있는 선택을 할 때, 우리는 자신의 영적 자아와 더 깊은 관계를 가지게 된다." (심리학자 몰리 브라운) "근본적으로 영성생활은 보는 것(seeing)과 관련된 것이다" (영성 작가 존 세아) "영성은 거룩한 열망, 인생의 의미를 알고 초인격적인 것과의 관계를 가지려는 갈망이다." (융의 학설을 추종하는 치유사 제레미아 에브럼즈) "영성이란 인생에서 궁극적인 힘의 근원이요 의미라고 지칭하는 것과의 관계 안에서 우리를 표현하는 방법이며 그 관계를 실천하는 방법을 말한다." (신학자 캐서린 피셔) "영성에 대한 관심은 붕괴의 한 복판에서 온전함을, 고립과 고독에 직면하여 공동체를 자유롭게 해주는 초월성을, 삶의 미의와 영속적인 가치관 등을 추구하는 20세기 인류의 심오하고 진정한 갈망을 나타내 준다. 인간은 세상에 있는 영이며, 영성은 그 특별하고 역설적인 상황의 잠재성을 깨닫고 이해하려는 노력이다." (신학자 샌드라 슈나이더스)

토마스 하트는 영성을 비단 신학과 의학적인 관점에서만 아니라 다양한 분야의 전문가들의 견해를 제시함과 아울러, 현대인들이 생각하고 있는 영성의 이해를 설문한 결과까지를 제시하고 있다.

사전적인 의미로, 가령 웹스터 사전은 영성을 '종교 또는 종교적 문제와 관련된 특성이나 상태: 영적인 것의 특성이나 상태'라고 설명하고 있다. 옥스퍼드 영어 사전은 '물질적 또는 물리적 사물과 대조되는 인간의 정신 또는 영혼과 관련된 특성'이라고 정의하고 있다. 이 정의는 물질적(physical)인 것과 비물질적(nonphysical)인 것을 구분하고 육체를 물리적인 것으로, 정신 또는 영혼을 비물질적인 것으로 구분하고 있다. 그러나 뉴버그는 이러한 견해에 대해 "신경신학은 영성과 뇌 사이에는 어떤 연관성이 있기 때문에 어쩌면 물리적인 것과 비물리적인 것을 쉽게 구분하기 어려운 문제"라고 지적한다.

하버드대학의 정신과 의사인 로버트 콜스(Robert Coles)는 영성을 "인생사에서 의미 탐색과 우주와 유대감에 대한 미지의 동경"이라고 했으며, 완다 모어(Wanda Mohr)는 정신학적인 맥락에서 영성을 "자신의 존재와는 별개의 힘에 대한 개인적인 체험이나 믿음"으

---

[89] 정신과 의사인 Gerald May(1940-2005) 박사는 미시간주립대학교 의대를 졸업한 정신과 의사로 1973년 미국 살렘연구소에서 영성훈련을 통한 정신치유에 힘쓴 영성운동가로 알려짐

로 정의했다

2) 보다 깊고 내면적인 영성

그런데 필자가 여기서 말하는 영성은 보다 깊고 내면적인 것이다. 기독교의 입장에서 교회에 다니는 신자라고 해서 과연 진정한 영성을 가지고 있다고 볼 수 있는가? 이 질문 앞에서 우리는 성경이 말하는 영성을 너무 쉽고 안이하게 이해하고 있다는 생각을 하게 될 것이다. 경건의 모양은 있으나 경건의 능력은 없다는 성경 말씀처럼, 교회를 다니면서도 아직 거듭나지 못한 가운데 영적인 세계를 경험하지 못한 신자들이 의외로 많다는 사실을 인식해야 한다. 말하자면 성전의 마당만 밟는 사람, 즉, 명목적 신앙인들이 꽤 많은 것을 볼 수 있다. 그럼에도 많은 경우에 자신이 기독교라는 종교를 가지고 있기에 자신이 곧 영적인 사람, 영성의 사람이라고 착각할 수 있다. 이는 마치 초대교회에 성령이 무엇인지 들어보지도, 알지도 못한 사람들이 있다는 사도 바울의 증언과도 일치한다. 바울이 에베소에 와서 어떤 제자를 만나 "너희가 믿을 때에 성령을 받았느냐"하고 물으니 "우리는 성령이 계심도 알지 못합니다"(행 19:1~2) 함과 같은 경우다. 이렇게 볼 때, 신경신학에서 영성은 대단히 중요한 반면 이를 적용한다는 것은 결코 쉽지 않음을 볼 수 있다.

이 점에 대해 뉴버그도 같은 견해를 보이고 있다. 그는 "신경신학의 관점에서 영성은 무엇인가?"를 논하면서[90] 다음과 같이 신경신학에서 영성을 이해하고 설명하기가 용이하지 않다고 설명한다. 첫째, 신경신학자로서 편견이 없는 객관성을 가지려고 노력하지만 사람은 누구나 자신이 가지고 있는 종교에 영향을 받기 때문에 영성의 이해는 달라질 수 있다는 것이다. 둘째, 신경신학은 과학적 추구와 영적인 추구의 결합이기 때문에 신경신학에서의 영성 정의는 그만큼 어렵다는 것이다. 그러면서 그는 이 문제에 대해 이렇게 피력한다.[91]

항상 신경신학이 다루는 큰 질문, 즉 신학(종교)이 신경(뇌) 치유에 어떤 영향을 끼치는가 하는 질문에 매료되어, 처음에는 답을 찾는 방법으로 과학적 방식을 추구했다. 그러나

---

90) Ibid, pp.92-105. *"What is spirituality from a Neurotheological perspective?"* 참조.
91) Andrew Newberg, *Neurotheology*, p. 92.

나 자신의 철학적 명상(philosophical meditation)도[92] 우주(universe)와 실재(reality)의 본질에 대한 중요한 질문을 하는 하나의 방법으로서 중요하다는 것을 알았다. 이러한 명상들을 통해 필자는 동일한 질문을 탐구하는 사람들이 설명하는 영적 체험과 신비주의적 체험을 잘 이해하게 되었다. 또한 여러 가지 면에서 나 자신의 명상을 통해서 우주를 영적으로 이해하게 되었을 뿐 아니라 과학적으로도 이해하게 되었다."

3) 과학과 영적 추구는 신경학과 신학의 관계

그러면서 그는 "내가 여전히 신경신학을 탐구하는 개인적인 여정의 결과를 잘 알지 못하지만, 과학과 영적 추구를 결합하는 신경신학이 성공할 가능성이 매우 높다고 하면서 겸손하면서도 분명한 확신을 표명한다.[93]

여기서 '과학(scientific)과 영적 추구(spiritual pursuits)'는 신경과학과 영성(종교) 즉 신학과의 관계를 말하는 것이다. 뉴버그는 영성을 정의하기가 어려운 이유로서 영성과 종교가 종종 겹친다는 점을 지적한다. 그 실례를 갤럽(Gallup)및 퓨 리서치 센터(Pew Research Center)가 미국인을 대상으로 수행한 설문조사에서 찾아볼 수 있다. 조사 대상자의 약 75%가 자신이 종교적(신앙적)이면서 동시에 영적인 사람이라고 생각하며, 약 15%는 자신이 영적인 사람이지만 종교적(신앙적)이지는 않다고 생각한다. 그리고 자신이 종교적이지도 않고 영적이지도 않다고 생각하는 사람이 전체의 5% 정도 된다는 조사 결과를 얻었다는 것이다.[94] 즉 자신이 신앙인이면서 동시에 영적인 사람과, 신앙인은 아니지만 영적인 사람, 그리고 신앙인도 영적인 사람도 아니라고 생각하는 부류로 나눌 수 있다는 것이다. 아마 우리나라 국민들도 마찬가지 유형일 것인데 다만 유형에 따라 거기 속하는 비율(portion)이 미국과는 다를 수 있다고 본다. 뉴버그가 제시한 설문은 서두에 이미 지적했듯이 그의 신학적 관점은 범종교적이기 때문에 여기서 필자가 견지하는 기독교 신앙으로서의 종교와는 구별해야 할 것이다.

한편, 우리가 뉴버그의 영성 이해에서 주목할 대목은 "(미국인 중에서 자신이) 영적이지

---

92) 여기서 뉴버그가 표현한 '철학적 명상'은 그의 종교적 신앙적 명상을 포함한 의미로 이해된다.
93) Ibid., p. 93.
94) Ibid., p. 93.

만 종교적이지 않다고 생각하는 사람들이 점차 많아지고 있다"는 점이다.[95] 이러한 현상의 주된 원인은 현대문화와 문명의 급진적 변화와 발전에 있다. 이러한 현상과 추세는 우리나라도 별반 다르지 않다. 그런데, 여기서 우리가 유의할 것이 있다. 그것은 종교성과 영성은 별개의 것이 아니라는 사실이다. 종교는 갖고 있지 않지만 영성은 있다? 과연 이것이 가능한가? 이는 죄성을 가진 인간이 편하게 살고 싶은 타성에서 나온 변명일 뿐이다. "나는 종교는 갖고 싶지 않다." 즉 어떤 신적 존재를 믿거나 받아들이고 싶지 않다. 그러나 "나는 영적인 존재다." 즉 다른 피조물과 달리 영성을 지닌 존재이기를 원한다는 것이다. 이 양자의 독립적, 별개적 관계성, 즉 양자가 무관하다고 생각하는 것은 인간의 자기 변명적 논리일 뿐이다. 실제로는 이 둘은 불가분리의 관계다. 종교(신앙)과 무관한 영성은 어떤 것일까? 신앙은 현실을 추구하는 것이 아니다. 현실 저 너머 영원한 세계를 추구하는 것이다. 즉 자아를 초월한 절대 타자를 바라보는 것이다. 이러한 신앙이 없는 가운데 영성이 있다고 한다면, 그 영성은 어떤 영성일까? 그러한 영성은 인간의 한계 속에서 나오는 인본적 영성일 것이다. 이는 성경이 말씀하는 "종의 영(spirit of slave)"인 것이다.[96] 여기서 종의 영은 인간의 죄성에서 나오는 세속의 영이요, 곧 죽음의 영인 것이다. 반면에 "양자의 영"(Spirit of Sonship)은 예수 그리스도로 말미암은 "아들의 영"이요, "생명의 영"이다. 20세기 영국 최고의 설교가이자 영성가로 알려진 로이드-존스(D. Martin Loyd-Jones)는 <영적 침체와 치유>에서 이 문제에 대해 성경에 근거하여 그 분명한 차이를 설명하고 있다.[97]

4) 참된 믿음에서 온 영성

그러므로 참된 영성은 종교(신앙)에서 나온 것이다. 영성에는 좋은 영성이 있고 나쁜 영성이 있다. 그러므로 성경은 **"우리가 세상의 영을 받지 아니하고 오직 하나님으로부터 온 영**

---

95) Ibid., p. 94.
96) 참고로, 성경은 우리 인간의 영성을 '종의 영'과 '아들의 영'으로 구분하고 있다. "너희는 다시 무서워하는 종의 영을 받지 아니하고 양자의 영을 받았다"(롬8:15) 종의 영은 죄에 깊은 뿌리를 가진 무서움의 영이요 마귀의 영이다. 반면에 아들의 영은 예수 그리스도로 말미암아 죄에서 해방된 기쁨의 영이요 하나님의 영이다.
97) 로이드 존스, 이용태 옮김, 영적 침체와 치유(서울: 기독교문서선교회, 2001), pp. 211-228. 참고로, 이 책의 원명은 Spiritual Depression-Its Causes and Its Cure(Grand Rapids; Wm. B. Eerdmans Publishing Company, 1965)

을 받았다"(고전 2:12)고 증언한다.

한마디로 종교(신앙) 없이 받은 영은 세상의 영이요 마귀의 영인 것이다. 종교는 없지만 영성은 있다고 생각하는 사람들은 그 영성이 세상에서 온 것이기 때문에 우리가 지금 의학[신경과학]과 영성신학의 관계에서 논하는 그런 영성, 즉 하나님으로부터 온 영성과는 근본적으로 다르다. 인간의 자아로부터 발생한 영, 세속적이고 마귀적인 영이 어떻게 인간의 신경[뇌] 치유에 도움을 줄 수 있겠는가? 종교적 영성, 신앙적 영성, 하나님으로부터[예수 그리스도로부터] 온 영성, 즉 양자의 영성이 인간의 신경[뇌] 치유와 밀접한 관계가 있는 영성임을 유념해야 한다. 그러므로 많은 사람들이 종교[신앙]은 없지만 영성은 있다고 생각하는 것은 인간으로서의 판단일 뿐, 그것이 하나님이 주신 영성은 아님을 분명히 알아야한다. 이에서 살펴본 바, 뉴버그가 그의 책에서 갤럽과 퓨 리서치 센터의 설문 결과를 제시한 것은 종교와 영성의 관계의 중요성을 강조한 것이지, 결코 종교[신앙] 없는 영성, 종교와 무관한 영성훈련으로도 신경신학에 기대하는 신경[뇌] 치유에 만족할 만한 효과를 거둘 수 있음을 주장하기 위한 것은 결코 아니다. 우리는 여기서 영성은 종교[신앙]과 밀접한 관계가 있으며, 이 영성은 인간 안에서 자가 발생적으로 생긴 것이 아니라 하나님이 주신 것으로서 하나님으로부터 부여받은 것이라는 사실을 다시금 강조하게 된다. 즉 인간의 영, 또는 영성은 하나님의 창조론과 밀접한 관계를 가지고 있다는 사실이다. 이 점은 '성경과 영성'에서 보다 구체적으로 고찰하게 될 것이다.

이처럼 과학과 영성의 관계를 살펴본 뉴버그는 다음과 같이 신경신학[신경종교학]에서의 영성을 설명한다.[98]

신경신학은 종교(religion), 영성(spirituality), 신(God), 영혼(soul), 정신(mind), 그리고 의식(consciousness)과 같은 고대 용어를 정의하는 데 새로운 다학제적 조망(a new multidisciplinary perspective)[99]을 제공한다. 영성을 '종교 또는 종교적 문제와 관련된 특성이나 상태, 즉 영적인 특성이나 상태', 또는 '물질적 또는 물리적 사물과 대조되는 인간의 정신 또는 영혼과 관련된 특성'이라는 사전적인 의미를 포함하여, 영성을 본질적으로 신

---

98) Ibid., p. 97.
99) 여기서 말하는 '다학제적인 전망'이란, 첨단과학이 눈부시게 발전한 오늘날은 학문의 영역 또한 독립된 단일 학제에서 복수(複數), 또는 다수(多數) 학문이 서로 협력하여 융합적인 학문으로 발전하고 있는 추세를 말함. 즉 과거에는 신경의학은 독립된 학문으로 존재했으나 오늘날은 신앙(신학)과의 만남을 통해 신경신학이라는 새로운 영역을 개발, 신경에 대한 과학의 힘과 신학의 힘이 함께 융합하여 시너지 효과를 창출하는 학문 간의 협력을 의미함.

성(神性)에 대한 탐구에서 발생하는 주관적 감정, 생각, 경험, 행동이라고 정의할 수 있다. 과학자, 의사, 그리고 심리학자들은 그들의 전공과 관심에 따라 영성을 나름대로 이해하고 다양한 정의를 내린다. 한 연구 집단은 영성을 '초월적 의미 탐색(the search for transcendent meaning)'이라고 했으며[100], 하버드대학교 정신과 의사이자 퓰리처상을 수상한 작가 로버트 콜스(Robert Coles)는 아동의 영성을 '인생사에서 의미 탐색과 우주와 유대감에 대한 동경'이라고 했음을 상기시킨다.[101] 영성이 자아를 넘어선 무엇인가와 우리를 연결한다는 개념을 완다 모어(Wanda Mohr)가 보다 정신학적인 맥락에서 영성을 "자신의 존재와는 구별된 별개의 힘에 대한 개인적 체험이나 믿음"으로 정의한다.[102]

신경종교학의 의미를 복합적으로 이해한 경우로는 가령 루스 머레이(Ruth Murray)와 주디스 젠트너(Judith Zentner)가 "영성이란 종교적 소속을 초월하는 질적 가치이며, 심지어 신을 믿지 않는 사람들에게도 영감(inspiration)과 숭배(reverence), 경외감(awe), 의미(meaning), 목적(purpose)을 향한 노력"이라고 이해한 경우이다.[103] 여기서 종교적 소속(religious affiliation)이란 인간이 외형적으로 소속된 종교를 말하며, 영성은 이것을 초월하여 추구하는 종교의 내재적 가치가 곧 영성이라는 뜻이다. 뉴버그는 이러한 이해에 대해 "영적 차원은 우주와 조화를 이루려고 노력하며, 무한한 것에 대한 답을 추구하고 본질적으로 감정적 스트레스와 육체적 정신적 질병, 상실, 사별과 죽음의 시기에 초점을 맞춘다"고 설명한다.[104]

릴랜드 카이저(Leland Kaiser)는 영성을 "모든 종교를 초월하는 광범위한 원칙이다. 영성은 우리 자신과 더 위대한 것과의 관계에 대한 것이다. 영성은 모든 것과 올바른 관계에 존재한다는 것을 의미한다. 영성은 모든 생명체를 무해(無害)하게 대하는 자세이며, 그들의 상호의존성을 이해하는 것이다"라고 주장한다.[105]

---

100) Ibid., p. 98.
101) Ibid., p. 98. 콜스의 이런 견해는 그의 The Spirituality of Children(Boston Houghton: Mifflin)참조.
102) Andrew Newberg, *Neurotheology*, p. 98. 모어의 이런 정의는 Mohr의 책 "Spiritual issues in psychiatric care" *Perspectives in Psychiatric Care* 참조.
103) Andrew Newberg, *Neurotheology*, p. 98.
104) Ibid., p. 98. Murray R, Zentner J, 1989, *Nursing Concepts for Health Promotion, London*: Prentice-Hall. 참고.
105) Andrew Newberg, *Neurotheology*, p. 98.

뉴버그는 위에서 언급한 여러 정의들을 살펴본 다음, 자신의 영성에 대한 견해를 다음과 같이 제시한다.106)

'많은 사람들은 영성을 예술이나 음악과 같은 창의적인 형태로 나타나는 것으로 이해한다. 이처럼 창의적으로 나타나는 것은 영성 표현의 일부이다. 영성은 여전히 우주에 대한 경외감과 의미, 그리고 유대감의 느낌을 포함하는 것으로 다시 돌아간다. 창의성과 영성의 두 개념은 동일하지 않기 때문에 이들을 구분하는 것이 중요하다. 최근의 뇌스캔 연구는 뇌의 일부 영역이 창의성(creativity)과 연관이 있으며, 일부는 영성(spirituality)에 관하여는 부분적으로 겹친다는 것을 시사한다. 예를 들면 창의성은 종종 전두엽(前頭葉, frontal lobe)에서 활동이 감소되는 것과 연관이 있다.107)

전두엽 활동이 감소되면 뇌의 다양한 영역들이 더 자유롭게 상호작용을 할 수 있으며, 그에 따라 충분한 상호작용이 일어나서 개념이나 생각을 통합하는 새로운 방법을 고안할 수 있다. 수행자가 더 이상 의도적으로 하지 않고 자동 반응적으로 방언이 터져 나오게 될 때 108) 그 수행자의 전두엽 활동이 감소되는 것을 관찰할 수 있다.109) 방언으로 말할 때, 그러한 체험은 발성(發聲)이 자기가 아닌 초월적 존재라고 생각되는 타자(他者)에 의해 이루어진다는 것이다. 전두엽 활동의 증가는 의도적 행동에 의한 것이기에 전두엽 활동이 감소하는 것은 자신이 스스로 의도하지 않는 것으로 보이는 행동과 관련이 있다는 것은 타당할 것이다. 그러나 방언과 같은 의식행위(practice)는 동일한 사람의 창의성 프로세스와 직접적으로 비교하기는 어렵다. 그와 같은 것을 비교 연구한다면, 영성과 창의성을 구분하는 데 많은 도움이 될 수 있을 것이다. 이러한 영성의 정의에는 의미와 목적, 유대감과 상호의존성, 그리고 영감과 경외감이 풍부하게 포함되어 있다. 영성을 더욱 구체적으로 정의할수록 영성을 이해하고 측정할 수 있는 설문지와 다른 접근방식을 고안할 수 있다. 궁극적으로 영성의 구체적인 요소들을 밝힐 수 있다면, 영성과 관련된 복잡한 뇌 프로세스 모형을 개발할 수 있을 것이다.

---

106) Ibid., pp. 98-99.
107) Jung RE, Segall JM, Jeremy Bockholt H, Flores RA, Smith SM, Chavez RS, ET. AL. 2010. "Neuroanatomy of creativity." *Human Brain Mapping* 31(3), pp. 398-409.
108) 방언(放言, tongues)은 신앙적인 깊은 기도의 황홀 상태에서 나오는 말을 의미함.
109) Newberg A, Wintering NA, Morgan D, Waldman MR, 2006, "The measurement of regional cerebral blood flow during glossolalia: A preliminary SPECT study." *Psychiatry Research: Neuroimaging* 148(1):67-71.

5) 성경이 가르치는 영성

그러나 우리가 성경으로 돌아가 보면 신경신학에 있어서 영성의 역할이 어렵지 않을뿐더러 얼마나 중요한 것인지를 깨닫게 된다. 앞에서도 잠깐 살펴보았듯이, 성경은 인간의 영성은 창조주 하나님으로부터 온 것임을 성경은 증언한다. **"우리가 세상의 영을 받지 아니하고 오직 하나님으로부터 온 영을 받았으니 이는 우리로 하여금 하나님께서 우리에게 은혜로 주신 것들을 알게 하여 하심이라"**(고전 2:12)

위의 성구를 유의해서 살펴보면, 세상의 영과 하나님의 영을 상호 구분하고 있음을 알 수 있다. 즉 마귀로부터 오는 세속적인 영과 하나님으로부터 오는 거룩한 영을 구분하고 있다. 우리가 신경신학에서 관심하는 영은 하나님으로부터 오는 "거룩한 영"이다. 이 영은 믿음[신앙]으로 말미암아 주어지는 것이다. 이 거룩한 영성은 인간 안에 있는 것이 아니라 하나님이 주시는 것임을 성경은 밝히 증언한다. 이렇게 볼 때 인간의 영성은 하나님과 연결되어 있으며, 인간의 사고를 지배할 뿐 아니라 하나님과 교감할 수 있는 기능이고 기관이라 할 수 있다. 영적인 것은 영적으로 분별할 수 있는데, 그 기능을 하는 것이 영성이다. **"영적인 일은 영적인 것으로 분별 하느니라"**(고전 2:13) 사람의 일(상태)을 알고 인식하는 것은 사람 속에 있는 영성이다. 하나님으로부터 오는 영 외에는 이것을 알지 못한다는 것이다.

사도 바울은 로마서에서 **"육신을 따르는 자는 육신의 일을 생각하고 영을 따르는 자는 영의 일을 생각한다."**(롬 8:5)고 함으로써 하나님을 인식하고 종교적인 성향을 갖는 것은 하나님으로부터 온 영성의 작용임을 진술하고 있다. 나아가서 **"만일 너희 속에 하나님의 영이 거하시면 너희가 육신에 있지 아니하고 영에 있나니 누구든지 그리스도의 영이 없으면 그리스도의 사람이 아니라"**(롬 8:8)고 단언한다.

6) 하나님으로부터 받은 영성

인간의 영성은 인간의 것이 아니다. 인간 안에서 자가발전(自家發電)된 것이 아니라는 뜻이다. 우리 안에 있는 영성은 하나님으로부터 부여받은 것이다. 이러한 영과 영성은 하나님이 주신 것이다. **"우리가 세상의 영을 받지 아니하고 하나님으로부터 온 영을 받았으니"**(고전 2:12상)

그런데 중요한 사실은 세상의 영을 받은 사람이 있고 하나님의 영을 받은 사람이 있다는 것이다. 우리가 앞에서 뉴버그가 보고한 바, 미국 사람들 중에는 종교(신앙)는 갖고 있지 않으나 자신을 영성의 사람이라고 믿는 사람들이 상당히 있는데, 이런 부류의 사람들을 기독교 신앙의 관점으로 보자면 세상의 영을 받은 사람들이다. 하나님을 믿지 않는 사람들이 하나님의 영을 받을 수 없음은 자명하다.

우리는 여기서 신경신학에서 말하는 영성이 세상으로부터 온 영성을 의미하는가 하는 문제를 제기할 수 있다. 과연 하나님의 관여 없는 영성-하나님으로부터 오지 않은 영성-이 신경[뇌] 치유에 얼마나 도움이 될 것인가? 무종교[무신론]의 영성도 어느 정도는 신경[뇌] 치유에 도움을 줄 수도 있을 것이다. 그러나 그것은 한계가 있고, 이러한 것은 신경신학에서 말하는 영성은 아니다. 뉴버그가 "신경신학은 과학적 추구와 영적 추구의 결합"이라고 말한 것처럼[110] 신경과학이 일차적인-객관적인-의학의 치료에만 의존하지 않고 이차적인-주관적인-종교[신앙]의 도움을 받음으로써 다학제적인 신경신학[111]이 성립되는 것이다. 신경신학을 통해 주장하고자 하는 영성은 종교적[신앙적] 영성이지 종교와 무관한 자의적, 무신론적, 인본주의적 영성이 아니다. 이에 비해 뉴버그의 신경종교학에서 말하는 범종교적인 영성은 신으로부터 온 영성, 즉 하나님이 주신 영성만을 의미하지 않는다는 점에서 기독교 신학적 영성과는 분명한 차이가 있음을 지적하지 않을 수 없다. 기독교 신학[신앙]의 입장에서 신경신학이 말하는 영성은 어디까지나 성경에 근거한 영성, 하나님이 인간에게 주신 영성, 인간이 하나님으로부터 받은 영성을 뜻한다. 이러한 영성이 뉴버그의 저서에 나오는 철학적 명상(philosophical meditation), 우주와 실재에 대한 추구(questions about the nature of the universe and reality), 즉 초월적 영성인 것이다.[112] 이 초월적 영성, 신적 영성의 능력이 신경과학에 부어짐으로써 신경신학의 기초를 형성하게 된다.

7) 인간의 믿음인가? 하나님의 믿음인가?

여기서 믿음에 대해 원론적 이해를 상기할 필요가 있다. 여기에서 제기하는 문제를 달

---

110) Andrew Newberg, *Neurotheology*, p. 92.
111) Ibid., p. 97.
112) Ibid., p. 92.

리 표현하면 우리가 이해하는 믿음은 인간 안에서 일어나는 믿음인가? 아니면 하나님으로부터 오는 믿음인가?라는 것이다. 다시 말하면 신경신학에서 말하는 믿음은 무신론(atheism)의 믿음인가? 아니면 유신론(theism)의 믿음인가? 그것도 기독교의 신론인 '유일신론(唯一神論, monotheism)의 믿음인가, 아니면 유일신론과 유사하나 본질적으로 다른 단일신론(單一神論, monarchianism)의 믿음인가 하는 것이다.[113] 이 질문에 대한 바른 응답은 기독교의 신론은 성경말씀에 근거한 유일신론이다. 그러므로 우리의 믿음도 이 말씀에 근거하여 유일하신 하나님을 향한 믿음이어야 한다.

"이스라엘아 들으라 우리 하나님 여호와는 오직 유일한 여호와시니 너는 마음을 다하고 뜻을 다하고 힘을 다하여 네 하나님 여호와를 사랑하라"(신 6:4~5)

하나님께서 출애굽한 선민(選民) 이스라엘 백성들에 명하신 이 말씀은 우리 하나님이 유일(唯一)하신 신(神)이심을 분명히 가르치고 있다. 여기서 유일(唯一)은 상대적인 단수로서의 일(一)이 아니다. 다른 어떤 잡신이나 우상과 비교를 허용하지 않는, 오직 절대적인 유일(唯一)이며, 동시에 삼위일체로 유일하신 하나님 엘로힘(אלהים)을 뜻한다. 엘로힘은 단수(單數) 엘(אל)의 복수(複數)이다. 이를 신학에서는 '복수로서의 단수(a singular as plural)'라고 한다. 즉 단수인 '신'을 가리킬 때는 단수 동사로 쓰이고 복수인 '신들'을 가리킬 때는 복수 동사로 쓰인다.

우리 한글 성경에서는 주로 '하나님'으로 번역되어 있다. '하나님'이라는 명칭은 형태론적으로는 단수이지만 본질적으로는 삼위일체로서의 하나님이라는 복수의 의미를 갖는다. 이는 히브리 원어 상으로 엘로힘이 언어의 형태론적으로는 복수이지만 이스라엘의 유일신을 나타낼 때는 단수 동사나 형용사를 취하는 것과 비교된다. 원어 성경에서 사용된 하나님(엘로힘)에 대해 비교적 자세히 살펴보는 것은 유대교와 기독교가 믿는 하나님은 '유일(唯一)하신 하나님'이시지 단일신론에서 말하는 '하나(一)의 하나님'이 아님을 강조하기 위함이다. 우리는 자칫하면 기독교의 하나님을 유일신(唯一神)이 아니라 단일신(單一神)으로 오해하거나 잘못된 지식을 가질 수 있기 때문이다. 그래서 우리 한글 성경, 개역판에서 *"우리 하나님 여호와는 오직 하나인 여호와시니 너는 마음을 다하고 뜻을 다하고 힘*

---

113) 참고로, 무신론(無神論,)에 대칭되는 유신론 중에서도 기독교 신론은 유일신론인데, 그 뜻은 한마디로 유신론 중에서도 오직 한 분의 신만을 인정하는 신론이다. 이 유일신론을 인간의 신인식 과정에서 가장 발달한 마지막 단계로 본다. 유대교와 정통 기독교에서 지지하는 신론으로 여러 신들 가운데 최고의 신을 인정하는 단일신론(單一神論, henotheism)과는 다르다.

을 다하여 네 하나님 여호와를 사랑하라"고 번역된 신명기 6장 4절을 개역개정판에서 "... . **오직 유일하신 여호와시니...**"라고 수정하여 번역한 것은 다행한 일이라고 하겠다. 창세기 1장 1절의 주어(主語)인 하나님은 신명기 6장 4절에 기록된 유일하신 하나님이시다. 그러므로 신경신학에서 말하는 믿음(신앙)은 유일하신 하나님을 믿는 믿음이다.

8) 믿음은 어디서 오는가?

그러면 믿음은 어디서 오는가를 살펴보자. 성경은 죄로 말미암아 죽게 된 우리 인간을 위한 구원의 책이다. 성경은 인간 타락의 원인이 믿음의 부재에 있음을 증언한다. 최초의 인간, 첫 아담이 하나님의 금령을 어기고 선악과를 범한 원인에 대해 성경 연구자들은 저마다 다양한 해석을 하고 있다. '인간이 하나님처럼 되고 싶은 욕망', '지적 욕구', '불순종', '감사의 결여', '영적 교만', '허영심' 등이 그것이다. 그 해석을 종합하면 하나님의 명령에 대한 불순종이라는 것이 대체적인 결론이다. 그런데, 그 사건의 전후 맥락을 살펴보면 하나님의 금령을 어긴 아담의 외적 행위는 불순종으로 나타났으나, 그의 내적 원인은 하나님의 말씀을 믿지 못한 불신에 있음을 알 수 있다. 그것을 아담과 뱀[사단]의 대화에서 찾을 수 있다.

"**여호와 하나님이 그 사람을 이끌어 에덴동산에 두어 그것을 경작하여 지키게 하시고 여호와 하나님이 그 사람에게 명하여 이르시되 동산 각종 나무의 열매는 네가 임의로 먹되 선악을 알게 하는 나무의 열매는 먹지 말라 네가 먹는 날에는 반드시 죽으리라 하시니라**"(창 2:16~17) 창조주 하나님이 당신의 형상으로 지으신 인간에게 하신 명령[금령]이다. 하나님의 형상으로 지음 받은 인간은 하나님의 명령을 믿음으로 받아들이고 순종해야 했다. 그러나 다음에 이어지는 뱀과의 대화를 보자. "**그런데 뱀은 여호와 하나님이 지으신 들짐승 중에 가장 간교하니라 뱀이 여자에게 물어 이르되 하나님이 참으로 너희에게 이르되 동산 모든 나무의 열매를 먹지 말라 하시더냐 여자가 뱀에게 말하되 동산 나무의 열매를 우리가 먹을 수 있으나 동산 중앙에 있는 나무의 하나님의 말씀에 너희는 먹지도 말고 만지지도 말라 너희가 죽을까 하노라 하셨느니라 뱀이 여자에게 이르되 너희가 결코 죽지 아니하리라 너희가 그것을 먹는 날에는 너희 눈이 밝아져 하나님과 같이 되어 선악을 알 줄 하나님이 아심이니라 여자가 그 나무를 본즉 먹음직도 하고 보암직도 하고 지혜롭게 할 만큼 탐스럽기도 한지라 여자가 그 열매를 따먹고 자기와 함께 있는 남편에게도 주매 그도 먹은지라**"(창 2:1~6)

이 말씀에서 보듯이 인간은 하나님의 말씀보다는 뱀의 말을 더 믿음으로써 하나님의 금령을 어기고 만다. 하와의 심령에 하나님의 말씀을 믿는 믿음이 있었다면 밖으로부터 오는 유혹을 물리칠 수 있었다. 이처럼 사단의 유혹에 넘어간 인간의 불신은 신학적으로 '외유내응(外誘內應)'이라고 하는데, 그 행동의 근저에는 하나님의 말씀을 믿지 못한 믿음의 부재, 즉 불신이 자리하고 있었기 때문이다. 불신이 불순종의 결과를 가져온 것이다. 그랬기에 하나님께서는 불신으로 타락한 인간을 위하여 여자의 후손을 보내어 인간을 죄로부터 구원하시기로 언약을 하셨다. 이것을 에덴동산에서의 첫 언약, 원시언약(Proto-Evangelium이라고 하는데, 이 언약의 중심에는 하나님의 은혜와 인간의 믿음이 있다. 하나님의 말씀을 믿지 못해 불신으로 타락한 인간이 구원받기 위해서 여자의 후손으로 예수 그리스도를 보내시어 하나님을 믿는 믿음으로 타락한 인간을 구원하시기로 작정하신 것이다. 정리하자면 믿음이 없어 타락한 인간이 구원받는 길은 하나님이 베푸신 은혜를 받아들이는 믿음이다(엡 2:5~8).

실상 하나님이 인간을 당신의 거룩한 형상으로 창조하심이 은혜요, 에덴동산의 선악과를 제외한 모든 실과를 누리게 하심도 은혜. 단 하나의 금령도 하나님의 인색함이 아니라 하나님의 사랑이요 은혜인 것이다. 하나님의 명령을 금지와 제약으로 볼 것이 아니라, 인간이 영원히 살고 인간답게 살도록 배려하신 하나님의 은혜였다. 이렇게 볼 때 창조주 하나님과 인간의 관계는 처음부터 하나님의 은혜와 인간의 믿음의 관계였음을 알 수 있다. 그러므로 인간에게 주어진 자유의지(自由意志, free will)도 바로 이 두 관계 속에서 이해해야 한다. 하나님의 은혜 아래서의 자유의지이며 인간의 믿음으로 행하는 자유의지인 것이다. 이렇게 볼 때 선악과를 범한 인간의 행동은 하나님의 은혜를 거부한 인간의 불신이 가져온 죄인 것이다. 최초의 인간이 타락한 것을 두고 하나님이 주신 자유의지의 남용이라고 보는 관점 또한 이 두 관계 속에서 이해되어야 한다. 그러하기에 하나님은 독생자 예수 그리스도를 우리에게 보내시며 "주 예수를 믿으라 그리하면 구원을 받는다"는 은혜와 믿음의 관계를 분명히 선포하신 것이다. 은혜 베푸신 하나님에 대한 불신으로 불순종하여 타락한 첫 아담의 후손에게 은혜 베푸시는 하나님을 믿음으로 순종하여 구원받도록 하신 것이다. 이처럼 인간의 타락과 구원에는 하나님의 은혜와 인간의 믿음이라는 떼려야 뗄 수 없는 중심축이 자리하고 있는 것이다.

9) 영성은 하나님이 주신 선물

구약 성경은 구원에 대한 약속의 책이고 신약 성경은 그 약속에 대한 성취의 책이다. 성경은 무엇을 약속하고 그 약속을 누가 성취하셨는가? 예수 그리스도다. 하나님은 죄로 말미암아 전적으로 타락한 인간을 구원하시기 위해 독생자 예수를 보내시기로 약속하셨다(창 3:15, 사 7:14). 약속하신 대로 예수님이 오셨다(요 3:16, 롬 5:8). 인류의 구원자가 히브리어로 메시아(משיח, 미쉬아)이며 헬라어로 그리스도(χριστός, 크리스토스)다. 이처럼 성경이 증언하는 구원론에는 은혜와 믿음이라는 양면이 있다. 즉 죄인에게 그리스도를 통하여 베푸시는 하나님의 은혜(Grace of God)와, 죄인의 믿음(Faith of Sinner)이다.

"**긍휼이 풍성하신 하나님이 우리를 사랑하신 그 큰 사랑을 인하여 허물로 죽은 우리를 그리스도와 함께 살리셨고 너희는 은혜로 구원을 받았느니라**"(엡 2:4~5)" 하나님이 죄인에게 베푸신 은혜이다.

"**너희는 그 은혜에 의하여 믿음으로 말미암아 구원을 받았으니 이는 너희에게서 난 것이 아니요 하나님의 선물이라**"(엡 2:8) 하나님의 은혜에 대한 인간의 믿음이다.

즉 하나님은 은혜를 베푸시고 인간은 믿음을 바친다. 구원을 위하여 인간이 할 수 있는 일은 아무 것도 없다. 존 밀턴이 그의 <실낙원>에서 "인간은 죄 아래 스스로 떨어졌으나 스스로 일어서지 못하리" 노래한 것처럼 구원을 위해 인간은 속수무책이다. 다만 베푸시는 값없는 은혜를 믿음으로 받아들일 뿐이다.

그런데, 이 믿음이 어디에서 온 것이라고 성경이 증언하는가? 인간 안에서 생긴 것이 아니라고 했다. 하나님이 주신 것이라 했다. 그것을 분명히 하기 위해서 사도 바울은 하나님의 선물이라 했다. '믿음이 선물'이요, '하나님의 은혜로 말미암은 믿음'이 선물이라고 했다. 즉 하나님이 베푸신 은혜도 선물이요, 하나님이 주신 믿음도 선물이다. 이 괄호 안에는 '예수 그리스도'가 계신다. 하나님은 죄인에게 거저 은혜를 베푸시지 않는다. 예수 그리스도를 통하여 은혜를 베푸시고, 예수 그리스도를 받으시고 은혜를 베푸신다. 하나님은 거저 믿음을 주시지 않는다. 예수 그리스도를 통하여 믿음을 주시고, 예수 그리스도를 받으시고 믿음을 주신다. 그러므로 우리의 믿음은 하나님의 것이고 독생자 예수 그리스도를 믿는 것이 믿음이다. 그러므로 이 은혜는 값없이 주시는 것도(하나님이) 값없이 받는 것도 (인간이) 아니다. 이러한 성경의 기록은 진리의 역설(paradox)이다. 죄인인 인간으로서는 그 무엇으로도 지불할 수 없는 은혜이기에 값을 매길 수 없는 것이다. 죄인인 인간 안에서는 나올 수 없는 믿음이기에 하나님이 자신의 아들을 지불하시고 거저 주신 것이다. 왜 값이 없다 하는가? 하나님은 이 은혜 베푸시기 위하여, 이 믿음 주시기 위하여 아들을 지불하신 것이다. 한 영혼이 천하보다 귀할진대 하물며 하나님의 독생자 예수님이야 온 우주보다 귀하지 않겠는가? 아니 그 무엇으로도 비교할 수 없이 귀한 예수님이시다. 그래서 우리는 그저 하염없이 눈물 흘리며 염치없이 이렇게 찬송할 수밖에 없다.

> 주 예수보다 더 귀한 것은 없네 이 세상 부귀와 바꿀 수 없네
> 영 죽을 내 대신 돌아가신 그 놀라운 사랑 잊지 못해
> 세상 즐거움 다 버리고 세상 자랑 다 버렸네
> 주 예수보다 더 귀한 것은 없네 예수밖에는 없네
>
> 주 예수보다 더 귀한 것은 없네 이 세상 명예와 바꿀 수 없네
> 이 전에 즐기던 세상 일도 주 사랑하는 맘 뺏지 못해
> 세상 즐거움 다 버리고 세상 자랑 다 버렸네
> 주 예수보다 더 귀한 것은 없네 예수 밖에는 없네
>
> 주 예수보다 더 귀한 것은 없네 이 세상 행복과 바꿀 수 없네
> 이 전에 즐기던 세상 일도 주 사랑하는 맘 변치 않네
> 세상 즐거움 다 버리고 세상 자랑 다 버렸네
> 주 예수보다 더 귀한 것은 없네 예수밖에는 없네

이 진리는 기독교 구원관의 핵심이다. 가장 중요한 구원의 강령이다. 예수님께서도 믿음 없는 제자들에게 믿음을 강화시켜주셨다. 어느 날 예수님께서 안타깝게도 말 못하고 귀신 들린 아들을 둔 아버지로부터 아들의 병을 고쳐달라는 간청을 듣게 된다(막 9:14~24). 그때가 예수님이 베드로와 야고보와 요한을 데리고 산에 올라 제자들이 보는 앞에서 영광스러운 모습을 보이고 내려온 직후였다. 이른바 변화산 사건을 목격한 세 제자들이 하늘로부터 **"이는 내 사랑하는 아들이니 너희는 그의 말을 들으라"**(마 9:7)고 하신 하나님의 음성을 듣고 다른 제자들이 기다리는 자리로 내려왔다. 불쌍한 아들을 둔 아버지가 이렇게 간청했다. "내가 선생님의 제자들에게 귀신을 내쫓아 달라고 부탁했으나 그들이 능히 하지 못했습니다. 그러니 하실 수 있거든 선생님이 도와주옵소서" 이때 예수님께서 하신 말씀이 이러했다. "할 수 있거든이 무슨 말이냐 믿는 자에게는 능치 못함이 없느니라" 불쌍한 소

년의 아버지가 다시 간청을 한다. "주여, 내가 믿나이다 나의 믿음 없는 것을 도와주소서" 소년의 아버지의 간절한 부르짖음을 들은 예수님은 불쌍히 여겨 소년을 짓누르고 있는 마귀를 내쫓아 주신다.

10) 치유의 핵심인 믿음과 영성

여기서 우리가 주목하는 것은 바로 '믿음'이다. 말씀의 전말에서 보듯이 예수님이 변화산에서 내려오시기까지 대다수의 제자들은 한 곳에서 자신들의 믿음에 도전을 받고 있었다. 이 아이 아버지의 진술과 같이 제자들은 이 아이로부터 마귀를 내쫓지 못했는데, 그 원인이 바로 제자들에게 마귀를 쫓아낼 만한 믿음이 없었던 것이다. 제자들에게 실망한 나머지 예수님께 간청하는 그 아이의 아버지 또한 믿음이 없는 상태였다. "할 수 있으시면 도와주십시오."라는 간구 그 자체가 자신의 신앙 상태를 고백하고 있는 것이다. 그럴 뿐만 아니라 예수님 자신의 믿음도 의심하고 있었던 것이다. "할 수 있거든이 무슨 말이냐 믿는 자에게는 능치 못할 일이 없다"고 말이다. 그때 아이의 아버지가 한 고백이 무엇인가? "내가 믿나이다 나의 믿음 없는 것을 도와주소서" 라는 것이었다. 이 사건을 통해 예수님은 인간의 능력이 믿음에서 나온다는 것을 가르쳐 주셨다. 그런데 능력의 그 믿음이 인간에게서 나온다는 것인가? 아니다. "나의 믿음 없는 것을 도와주소서"하는 간구를 볼 때, 믿음은 사람에게서 나오는 것이 아니라 하나님이 주시는 것임을 알 수 있는 것이다. 에베소서 2장 8절 말씀 "너희는 그 은혜에 의하여 믿음으로 말미암아 구원을 받았나니 이것은 너희에게서 난 것이 아니요 하나님의 선물이라" 함과 같은 것이다. 그렇다. 믿음은 나의 것이 아니다. 믿음은 하나님이 주시는 선물이요 은사인 것이다.

이처럼 믿음을 강조하신 주님께서는 "우리는 어찌하여 능히 귀신을 쫓아내지 못하였나이까" 라는 제자들의 질문에 "기도 외에 다른 것으로는 이런 종류가 나갈 수 없느니라" 하신 예수님의 말씀에서 마귀를 쫓아내는 믿음과 기도를 뗄 수 없는 관계에 있음을 알 수 있는데, 이 구체적인 관계는 '신경신학과 기도'의 장에서 살펴보기로 한다. 이처럼 믿음은 우리 안에서 나오는 것이 아니라 하나님이 주시는 것이다. 그러므로 우리는 불쌍한 소년의 아버지처럼 주님께 믿음을 달라고 부지런히 기도해야 한다. '믿음을 달라는 기도' 이것은 신경신학을 가능하게 하는 주요한 요소이자 뇌치유에 있어서 가장 중요한 영성이라 할 것이다.

또한 예수님은 제자들의 연약한 믿음을 보시고 꾸짖기도 하셨다(마 14:31~33). 예수님께서 '오병이어(五餠二魚)'로 5천 명을 배불리 먹이신 사건은 4복음서에 빠짐없이 기록된 기사이다(마 14:13~21, 막 6:30~44, 눅 9:10~17, 요 6:1~14). 특히 누가는 이 사건이 일어난 장소가 벳새다라고 기록하고 있다(눅 9:10). 이 놀라운 기적을 체험하고 목도한 군중들이 예수님을 임금으로 모시려는 움직임을 보이자 예수님은 한적한 곳으로 몸을 피하셨다가 밤이 깊어서 제자들이 타고 있는 배를 찾아오고 계셨다(마 14:22~36). 마침 그때 바다에 풍랑이 일어 제자들이 두려워 떨고 있었다. 밤 4경에 물 위를 걸어오시는 예수님을 유령으로 알고 두려워할 때, 예수님은 "안심하라 나니 두려워하지 말라"고 제자들을 안심시켰다. 그때 너무나도 기쁜 나머지 베드로가 "주님이시거든 나를 명하사 물 위로 걸어오라 명하소서"하자 예수님이 "오라"고 허락을 하셨다. 말씀에 의지하여 물에 뛰어든 베드로가 바람을 보고 놀란 나머지 물에 빠져 죽게 되자 "주여 나를 구원하소서" 하고 소리를 질렀다. 그때 주님께서 손을 내밀어 베드로를 물에서 건져주시면서 하신 말씀이 "믿음이 작은 자여 왜 의심하였느냐" 하라는 책망이었다. 여기서 우리는 믿음과 관련하여 두 가지 교훈을 얻게 된다. 믿음이라고 다 동일한 믿음이 아니라, 큰 믿음이 있고 작은 믿음이 있다는 것이다. 사도 바울은 이를 젖을 먹는 믿음과 밥을 먹는 믿음으로 표현하였다(고전 3:1~3) 그리고 믿음의 최대 걸림돌이 의심이라는 사실이다. 의심은 불신과 통한다. 이 사건에서 우리는 믿음의 진보를 이루어야 하며, 장성한 믿음의 사람이 되어야 한다는 교훈을 얻는다. 믿음도 훈련이라는 것이다. 아무 노력도 하지 않고 신앙의 연륜이 쌓인다고 해서 믿음이 저절로 자라나는 것이 아니라는 사실이다.

우리는 위에서 신경신학에서 우리를 건강하게 하고, 병든 몸을 치유하는 데 가장 중요한 영적 자원인 믿음의 성장을 위해 우리는 부단히 노력해야 한다는 가르침을 받았다. 성경적인 믿음을 요점적으로 정리하자면, 믿음은 인간 안에서 생기는 것이 아니라 하나님이 주시는 은사이며, 우리가 받은 믿음을 노력하지 않으면 잃어버리게 되므로 부단히 믿음 훈련을 해야 한다는 가르침이다. 이 믿음 훈련은 추상적인 개념이 아니라 아주 구체적인 것이다. 즉 말씀과 기도, 묵상과 봉사 등 믿음의 주요 덕목을 균형 있게 훈련함으로 가능한 것이다. 이런 점에서 우리는 각론으로서 신경신학과 말씀, 신경신학과 기도, 신경신학과 묵상, 신경신학과 봉사 등을 살펴보기로 한다.

11) 신경신학의 다른 표현, 믿음의 신경신학

신경 과학자 앤드류 뉴버그가 쓴 <Born to Believe>는 제목 그대로 뇌의학을 믿음과의 밀접한 관계에서 탐구한 책이다.114) 뉴버그는 이 책에서 '믿음이란 무엇인가?'라는 문제를 많은 지면을 할애해서 다루고 있다. 그 내용을 살펴보는 것은 신경신학에 있어서 믿음의 역할을 이해하는 데 상당한 도움이 될 것이다. 독자들이 먼저 이해할 것은 뉴버그가 이 책에서 설명하고 있는 믿음은 어디까지나 과학-뇌과학, 또는 신경과학-과의 관계에서 규명한 것이라는 점이다.

뉴버그는 먼저 '믿음(Belief)'에 대한 일반적인 정의를 옥스퍼드 영어사전과 웹스터 사전에서 살펴본 다음 뇌과학의 관점에서 설명하고 있다.115) 옥스퍼드 영어사전은 '믿음'을 다음과 같이 정의하고 있다.

"1. (특별한 증거가 없어도) 어떤 것이 존재한다고 느끼는 감정과 그 존재가 사실이라고 느끼는 감정, 2. 확고한 의견, 3. 신뢰 또는 확신, 4. 종교적 신앙"

이 정의는 다른 경우처럼 입증할 수 있는 것과 입증할 수 없는 것을 구별하여 포함하고 있으며 많은 사람들이 이 구분을 종교적인 믿음에 결함이 있다는 주장을 펴는 데 이용하고 있다고 뉴버그는 주장한다. 또한 뉴버그는 비평가들은 믿음에 대한 입증 역시 일종의 믿음인 동시에 증명되지 않은 가설들로 이루어진 규칙에 기반을 두고 있음을 간과하고 있다고 지적한다. 그는 웹스터 사전이 설명하고 있는 믿음의 정의도 살펴보고 있다. 웹스터 사전에 의하면 '입증(proof)은 타당한 결론에 이르게 해주는 일련의 단계들, 곧 진술(statement) 또는 시연(demonstration)이다. 그러나 철학과 과학, 법학 등 다양한 분야에서는 사실을 정립하는 데 있어서 각 분야 고유의 기준을 적용하고 있으며 그 때문에 종교와 과학 사이에 관점 상의 충돌이 일어나기도 한다. 신이 존재한다는 어떤 증거가 만족을 줄 수도 있지만, 어떤 증거는 이해를 주지 못할 수도 있다는 것이다.116) 가령 신비로운 환상(mystical vision)에 대하여 신학자들은 그것이 하늘로부터 주어진 선물이라는 믿음을 갖는가

---

114) Andrew Newberg and Mark Robert Waldman, *Born to Believe*, New York: Free Press, 2006. 이 책은 휴먼
115) 사이언스에서 〈믿는다는 것의 과학〉이라는 제목으로 진우기 번역으로 2012년 출판되었다.
　　 Ibid., pp. 20~23.
116) Ibid., p. 21.

하면, 뇌과학자들은 단지 측두엽(temporal lobe)에서 일어난 전기화학적 파동이라고 확신한다는 것이다.[117] [측두엽 해부도 제시 및 측두엽이 주로 하는 역할 설명]

그렇다면 "과학적 연구를 가능하게 하는 믿음이란 무엇인가?" 뉴버그는 신경신학적 입장에서 과학과 종교의 협력 관계에 대한 진지한 질문을 제기한다. 그는 생물학적으로 그리고 신경심리학적으로 믿음은 뇌가 의식적으로든 무의식적으로든 사실(true)이라고 생각하는 지각(perception), 인지(cognition), 또는 감정(emotion)으로 정의할 수 있다고 한다. 여기서 '지각'은 '감각을 통해 우리 자신과 세상에 대해 받아들이는 정보'를 의미하며, 반면에 '인지'는 뇌 속에서 일어나는 다른 단계의 과정으로 '우리가 자각한 것들을 뇌가 체계화하고 이해하는 데 사용하는 모든 추상적인 개념의 작용'을 포함한다고 뉴버그는 설명한다.[118] 그는 기억과 의식은 인지의 한 부분이며 기억과 의식 외에도 수십 개의 다른 인지 활동 또한 믿음을 확립하는 것에 역할을 한다고 지적했다. 또한 감정은 신경 처리 과정에서 모든 지각과 인지 체험의 가치와 강도를 결정하는 일을 돕는다고 말한다. 그리고 중요한 것은 우리가 충분한 사회적 합의를 경험하지 못한다면 소중한 믿음들이 의식화되지 못하고 묻혀버릴 것이라고 한다.[119]

그러면서 뉴버그는 이처럼 지각(perception)과 인지(cognition)와 감정(emotion) 및 사회적 합의(social consensus)라는 네 개의 영역은 서로 영향을 주고받으며 세상에 대한 평범한 판단으로부터 우리의 삶에 의미를 밝혀주는 특별한 비전에 이르기까지 다양한 믿음들을 확인하고 탐구하며 평가도 하고 비교하도록 역할을 한다고 설명하고 있다. 또한 이 요소들은 특정한 믿음이 가진 힘과 상대적인 영향을 끼치며, 개별적 요소는 자극에 따라 크기가 달라질 수 있는데, 용적이 커질수록 그 믿음이 더욱 현실이 되고 진리가 된다고 강조한다.[120]

우리가 위에서 살펴본 바와 같이 뇌 과학자 뉴버그가 이해하는 믿음은 뇌의 구조적인 역할들이 가져오는 인체 행동학적 관점에서의 믿음이라고 할 것이다. 그런 만큼 필자는 이처럼 인간의 뇌가 외부로부터 오는 다양한 현상에 반응함으로써 인식하는 믿음에다가

---

117) Ibid., o. 21.
118) Andrew Newberg and Mark Robert Waldman, *Born to Believe*, p. 21.
119) Ibid., p. 22.
120) Ibid., p. 22.

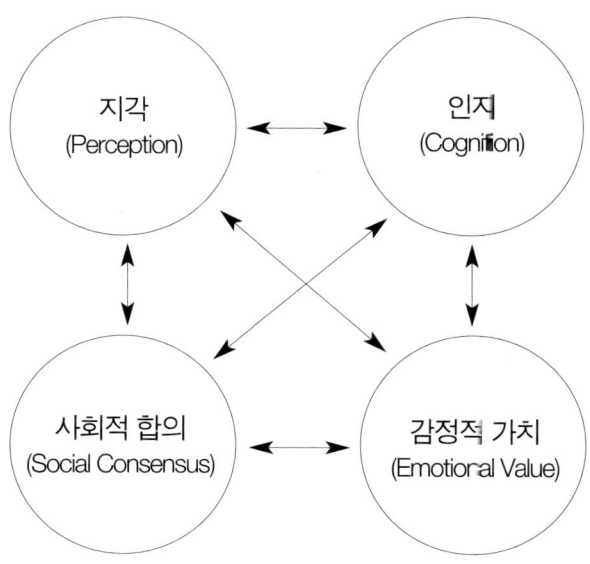

위 그림은 〈Born to Believe〉 책 22페이지에서 인용함

성경에 근거한 기독교 신앙[신학]으로부터 오는 보다 차원 높은 믿음과의 관계 속에서 신경[뇌] 과학을 이해함으로써 진정한 의미의 신경신학 체계를 확립하고자 한다. 그래서 기독교의 관점에서 믿음이란 무엇인가를 선행적으로 살펴본 것이다.

2. 신경신학과 말씀의 세포생물학

1) 영성과 말씀

신경[뇌] 치유에 중요하게 작용하는 영성은 말씀과 밀접한 관계에 있다. 즉 하나님으로부터 인간에게 주어진 영성은 '믿음의 영성'인데, 이 영성은 말씀과 기도와 묵상을 통하여 믿음을 강화한다.

성경은 위대한 영성가들의 이야기로 가득 차 있다. 이들은 하나같이 하나님의 말씀을 의심 없이 믿고 말씀대로 철저히 순종한 사람들이다. 히브리 기자는 이 성경에 기록된 영성가들을 믿음과 결부하여 소개하고 있다. 믿음은 어디서 오는가? 우리는 믿음이 하나님으로부터 온다는 사실을 말씀을 통해 확인했다. 하나님의 말씀을 믿고 순종하는 것이 믿음이다.

믿음이 무엇인가? 하나님을 믿는 것이다. 하나님의 무엇을 믿는다는 말인가? 하나님의 말씀을 믿는다는 것이다. 우리가 하나님을 어떻게 아는가? 우리가 하나님을 보았는가? 인류 역사상 하나님을 본 사람이 없다. 하나님은 영이시기 때문이다(요 4:24). 하나님은 만유와 시간 위에 홀로 영원히 초월(超越, transcendence)해 계시는 하나님이시다. 동시에 우리를 찾아 만유와 시간 속에 들어오셔서 역사에-우리의 삶에-내재(內在, immanence)하시는 하나님이시다. 이런 하나님을 우리가 어떻게 알며 어떻게 믿는가? 하나님의 내재하심, 당신을 나타내보이시는 계시(啓示)를 통하여 알고 믿는다. 하나님 계시의 절정이자 완성이 하나님의 말씀이며 예수 그리스도이시다. "**옛적에 선지자들을 통하여 여러 부분과 여러 모양으로 우리 조상에게 말씀하신 하나님이 이 모든 날 마지막에는 아들을 통하여 우리에게 말씀하셨다**"(히 1:1~2) 그러므로 우리는 하나님의 말씀을 통하여 하나님을 만나며 하나님을 믿는다.

그러므로 믿음과 말씀은 뗄 수 없는 관계이다. 하나님이 우리에게 믿음을 주신다는 것은 말씀을 주신다는 것과 불가분리의 관계인 것이다.

앞에서 히브리서 11장에 수많은 신앙의 표상들, 믿음의 선진들이 기록되어 있다고 했는데, 이들이 믿음의 영웅들인 것은 하나같이 하나님의 말씀을 믿고 말씀대로 산 사람들이다. 그러므로 믿음의 영성가들은 곧 말씀의 영성가들이다. "**믿음으로 모든 세계가 하나님의 말씀으로 지어진 줄을 우리가 안다**"(히 11:3)고 증언한다. 아벨은 죽었으나 믿음으로써 지금도 말한다고 증언한다.(11:4) 에녹은 믿음으로 죽음을 보지 않고 이 세상에서 천국으로 옮김을 받았다.(11:5) 노아는 아직 보이지 않는 일에 경고하심을 받고 순종하여 방주를 예비함으로 구원을 받았다.(11:6) 아브라함은 하나님의 부르심을 받고 갈 바를 알지 못하였으나 순종하여 약속을 유업으로 받았다.(11:8~10) 사라는 나이가 많아 잉태할 수 없는 몸으로 약속을 후손을 얻었다.(11:11~12) 이삭이, 야곱이, 요셉이, 모세가, 라합이, 기드온, 바락, 삼손, 입다, 다윗, 사무엘이 믿음으로 하나님을 기쁘게 한 영웅들이며 말씀으로 승리한 영성가들이다.

성경에는 하나님의 말씀을 듣고 믿지 못하여 실패한 사례와 말씀을 믿고 문제를 해결한 사례가 교차하고 있다. 앞에서도 살펴보았듯이 하나님의 말씀을 믿음으로 순종하지 않고 의심하고 불신함으로 불순종하여 실패한 대표적인 인물이 첫 사람 아담이다. 반면에 하나님의 말씀에 순종하여 이스라엘의 위대한 지도자가 된 인물이 모세이고 사무엘이다. 여호와 하나님께서 미디안 광야에서 40년간 양을 치는 고독한 생활을 하고 있던 모세를 성산 호렙으로 이끄시어 **"네가 선 곳은 거룩한 땅이니 네 발에서 신을 벗으라"**라고 명령하셨다(출 3:5). 모세는 하나님의 말씀에 순종하여 신을 벗었다. 네 백성이 고통당하고 있는 애굽으로 가라 하실 때 처음에는 망설였으나 끝내 말씀에 순종하여 430년 만에 이스라엘 백성을 출애굽시키는 대역사에 쓰임 받게 되었다. 모세가 하나님의 말씀에 순종함으로 이스라엘의 지도자가 되었을 뿐만 아니라 지난날 애굽에서 사람을 죽인 살인자로서의 죄의식과 불안을 해결하는 놀라운 치유의 은혜를 받게 된 것이다. 성전을 떠나지 않으며 성전의 등불을 지키고 있던 어린 사무엘이 여호와 하나님께서 부르시는 음성을 듣고 **"여호와여 말씀하시옵소서 종이 듣겠나이다"**(삼상3:10) 고백함으로써 이스라엘의 초대 선지자로 큰 사역을 감당하게 된 것이다.

반면에 이스라엘의 초대 왕 사울은 하나님의 말씀에 불순종함으로 비참한 최후를 맞이하게 된다. 하나님의 말씀에 따라 사무엘을 통하여 왕으로 세움을 받은 사울이었지만(삼상 9:27), 왕이 된 후에는 교만하여 하나님의 말씀을 청종하지 않고 제사장이 드려야 할 제사를 왕의 신분으로 드리다가 하나님의 진노를 사게 되고(삼상 3:8~14), 아말렉을 철저히 진멸하지 않고 도리어 전리품을 취하는 등(삼상 15:15~18), 온갖 실정 끝에 길보아 전투에서 스스로 자결하는 비참한 최후를 맞게 되었다.(삼상 31:4~5)

2) 말씀에서 오는 영성

신약 성경의 서두는 우리를 위하여 이 땅에 말씀으로 오신 예수님께서 공생애 사역을 시작하심에 있어서 말씀으로 승리하시는 이야기로 전개된다. 예수님은 천국 복음을 전하시기에 앞서 광야에서 40일간 금식하며 기도로 무장하시는데, 이때 마귀가 예수님을 찾아와 공생애의 출발을 방해한다. 마귀가 굶주린 예수님에게 돌을 취하여 떡이 되게 하라고 유혹을 하자 예수님은 신명기 8장 3절 말씀으로 마귀의 유혹을 물리치셨다. **"사람이 떡으로만 살 것이 아니요 하나님의 입에서 나오는 모든 말씀으로 살 것이라!"**(마 4:4) 마귀가 당신이 하나님의 아들이라면 이 성전 꼭대기에서 뛰어내리라고 다시 도전하자 예수님은 이번에도 하나님의 말씀으로 물리치신다. **"주 너의 하나님을 시험하지 말라!"**(신 6:16) 마귀가 예수님에게 나에게 절하면 이 천하만국의 영광을 당신에게 주겠다고 또 다시 유혹하자 예수님은 이번에도 하나님의 말씀으로 마귀를 물리치신다. **"사단아 물러가라 기록되었으되 주 너의 하나님을 경배하고 다만 그를 섬기라!"**(신 6:13) 이처럼 우리를 구원하러 이 낮고 비천한 땅을 찾아 말씀이 육신을 입고 오신 예수님은 말씀으로 마귀를 이기시고, 천국 복음[말씀]을 선포하셨다. 말씀으로 천지를 창조하신 하나님이 말씀으로 죄인을 구원하신 것이다.

예수님이 육신을 입고 이 땅에 오실 때 동정녀 마리아의 몸을 의탁하셨다. 천사장 가브리엘이 마리아에게 나타나서 성령으로 잉태될 것을 전하자 마리아가 뭐라고 응답했는가? **"주의 여종이오니 말씀대로 내게 이루어지이다"**(눅 1:38) 이처럼 말씀에 순종함으로 미천한 여인의 몸을 통해 인류의 구원자 예수 그리스도가 오신 것이다.

인간에게 최대 최고의 질병이 무엇인가? 그것은 죄라는 치명적인 병이다. 이 병은 오직 예수 그리스도만이 치유하실 수 있다. 우리의 죄짐을 지고 십자가에서 죽으심으로 믿는 자에게 베푸시는 구원의 은혜가 바로 인간 최대의 질병인 죄를 도말하신 것이다. 아담의 범죄로 온 인류는 그 누구도 예외 없이 영혼이 파괴되고 죄의 질병에 걸린 것이다. 한 사람이 하나님의 말씀에 순종하지 아니함으로 모든 사람이 죽게 될 것이다. 그러나 말씀이신 한 사람의 순종함으로 많은 사람이 죄 사함을 받고 의인(義認)이 되어 살 길을 얻게 되었다(롬 5:19).

우리는 예수님 당시 가버나움에 사는 백부장의 믿음을 자주 이야기한다. 그런데 그 백부장의 믿음의 핵심은 무엇인가? 말씀이다. 사랑하는 종이 병들어 죽게 된 백부장이 예수님이 가버나움에 오신다는 소식을 듣고 유대인 장로 몇 사람을 예수님께 보내어 자기 집의 종을 살려달라고 부탁한다. 이 딱한 소식을 들은 예수님은 장로들과 함께 백부장의 집을 찾아가려고 하셨다. 그런데 백부장은 이 누추한 죄인이 예수님의 방문을 감당하지 못하겠으니 다만 **"말씀만 하시면 내 하인이 낫겠습니다."**(눅 7:7) 하고 고백한다. 이 전갈을 받은 예수님은 내가 이스라엘 중에서 이만한 믿음을 만나보지 못했다고 칭찬하시며 백부장의 간구대로 말씀하심으로 즉시 하인이 병에서 해방되었다.(눅 7:9~10) 이 외에도 예수님은 많은 병자를 고치시면서 "믿음이 너를 구원하였다"는 치유의 선포를 자주 하셨다. 예수님의 겉옷 가를 만지는 열두 해를 혈루증으로 앓는 여인을 보시고 딸아 네 믿음이 너를 구원했다고 하셨다(마 9:20~22, 막 5:21~32). 다윗의 자손 예수여, 우리를 불쌍히 여기소서 하고 간절히 부르짖는 두 사람의 소경을 보시고 "너희 믿음 대로 되라"고 하심으로 눈을 뜨게 하셨다(마 9:27~30). 여리고에 살던 소경 거지 바디메오에게 **"예수님께서 말씀하시기를 네게 무엇을 하여주기를 원하느냐 소경이 이르되 선생님이여 보기를 원하나이다 예수께서 이르시되 가라 네 믿음이 너를 구원하였느니라"**(막 10:51~52) 하심으로 바디메오가 즉시로 보게 되었다. 그렇다. 주님은 죄인의 믿음을 보시고 구원하신다. 주님은 병자의 믿음을 보시고 질병을 고쳐주신다. 그런데 그 '믿음'이란 무엇인가? 무엇을 믿는다는 말인가? 하나님을 믿는 것이다. 그런데 우리가 그저 하나님을 믿는다고 하면 이 말은 대단히 막연하고 추상적인 표현이다. 하나님의 무엇을 믿는다고 해야 한다. 우리가 하나님의 무엇을 믿는다고 해야 하는가? 바로 '하나님의 말씀'이다.

3) 보이시는 하나님, 보이지 않는 하나님

본래 하나님을 본 사람이 없고 지금도 없으며 앞으로도 영원히 없다. 그런데 이처럼 보이지 않고 볼 수 없는 하나님이 우리에게 자신을 보여주셨다고 한다. 이것을 앞에서도 말씀드린 바와 같이 '하나님의 초월성'과 '하나님의 내재성'이다. 즉 보이지 아니하시는 하나님, 보이는(보여주시는) 하나님이다. 종교 개혁자 마르틴 루터는 이것을 '숨어계시는 하나님(Deus Absconditus)', '드러내신[계시하신] 하나님(Deus Revelatus)'이라고도 표현했다. 이처럼 볼 수도 없고 시공을 초월해계시는 하나님께서 거룩한 당신을 우리에게 보여주셨다고 한다. 이것을 신학에서는 '하나님의 계시(啓示, Revelation)'라고 한다. 즉 하나님의 보여주심, 또는 하나님의 나타나심이다. 이 하나님 계시의 절정이자 완성이 바로 말씀이 육신을 입고 우리를 찾아오신 예수 그리스도이시다.

하나님은 여러 가지 사건을 통하여 자신을 우리 인간에게 나타내신다. 햇빛과 비, 바람과 눈, 낮과 밤의 현상 등 일반적인 자연현상을 통해서도 자신을 나타내신다. 이것을 일반적인 계시라고 한다. 그래서 성경은 햇빛과 비를 선인과 악인에게 구별 없이 골고루 주신다고 증언한다. **"이는 하나님이 그 해를 악인과 선인에게 비추시며 비를 의로운 자와 불의한 자에게 내려주심이라"**(마 5:45) 하심과 같다. 그러므로 인간은 하나님이 없다고 감히 핑계하지 못한다. **"이는 하나님을 알만한 것을 그들 속에 보임이라 하나님께서 이를 그들에게 보이셨**

느니라 창세로부터 그의 보이지 아니하는 것들 곧 그의 영원하신 능력과 신성이 그의 만드신 만물에 분명히 보여 알려졌나니 그러므로 그들이 핑계하지 못할지니라"(롬 1:19~20) 하셨다.

그런데 하나님은 일반적인 현상 외에 특별한 현상을 통해 자신을 나타내신다. 그것이 신구약 성경에 기록된 주의 종들을 통하여 자신의 뜻을 전하고 선포하는 나타내심이다. 이것을 특별한 계시라고 한다. 일반계시도 궁극적인 목적이 전능하신 하나님의 계시를 통하여 만물의 주권자가 하나님이시며 인간의 유일한 믿음의 대상임을 알게 하시고 죄인을 구원하시기 위함이다. 그러나 시대마다 선지자나 주의 종들을 통하여 말씀을 증언하게 하심은 직접적으로 인간이 하나님을 믿게 하심이며 죄인을 구원하고자 하심이다. 이런 점에서 기록된 하나님의 말씀인 성경은 계시 중에서도 특별한 계시이다. 그런데 하나님의 특별한 계시는 여기서 끝나지 않는다. 그 말씀이 육신을 입고 우리를 찾아오신 예수 그리스도를 특별계시 중에서도 특별계시요 계시의 완성이라고 하는 것이다. **"옛적에 선지자들을 통하여 여러 부분과 여러 모양으로 우리 조상들에게 말씀하신 하나님께서 이 모든 날 마지막에는 아들을 통하여 우리에게 말씀하셨으니"**(히 1:1~2상) 하심이 이를 증언하는 것이다.

이처럼 신경신학에서 말씀의 중요성에 대해 <신경목회학>에서는 다음과 같이 진술한 바 있다.[121] 위에서 성경이 증언하는 바와 같이 하나님의 말씀은 치유의 능력이 있다.

---

121) 손매남, 신경목회학(서울: 에셀나무, 2021), pp. 164-172.

4) 하나님 말씀의 세포생물학[122]

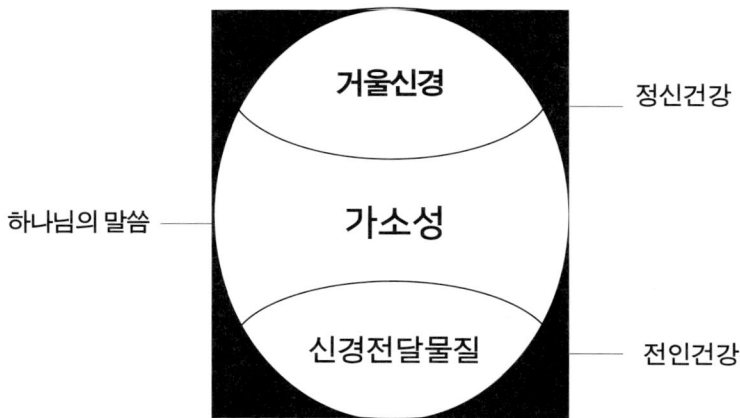

"하나님의 말씀은 살았고 운동력이 있어 좌우에 날선 어떤 검보다도 예리하여 혼과 영과 및 관절과 골수를 찔러 쪼개기까지 하며 또 마음의 생각과 뜻을 감찰하나니" (히 4:12)

(1) 생물학적으로 세포의 기능을 하는 하나님의 말씀

본문에 **"하나님의 말씀은 살았고 운동력이 있다"**(히 4:12)고 말씀하고 있다. 또한 빌립보서 2:16에서는 **"생명의 말씀"**으로 표현하고 있으며 요한복음 1:14에서는 **"말씀이 육신이 되어"**라고 말씀하고 있다.

이처럼 성경은 하나님의 말씀을 생물학적 세포의 기능으로 표현하고 있다. 세포는 생명체의 기본단위이다. 우리 몸은 세포로 구성되어 있다. 세포는 재생, 처리, 청소, 면역 등의 기능을 한다. 그래서 세포가 건강하면 몸도 건강하며 우리 몸을 최적의 기능으로 인도하고, 세포에 이상이 생기면 몸의 기능도 이상이 생겨 병이 되는 것이다.

신경세포(뉴런)가 하는 일은 정보를 수집, 전달하고 처리하는 기능을 한다. 신경세포는 눈, 코, 귀, 피부 등으로부터 감각정보를 끊임없이 수집하여 다른 신경세포에 전달하고 처

---
122) 손매남 Ibid PP 164~172

리한다. 이때 세포에서 세포로 정보전달하는 심부름꾼이 신경전달물질과 호르몬이다.

　신경회로의 구성과 신호를 전달하는 시냅스의 형성에 중요한 물질이 단백질이며 최근에 와서는 글리코영양소가 중요하다고 밝혀지고 있다. 여기에 이상이 생기면 신경학적 정신장애를 일으키게 된다. 우리 몸의 기본이 세포인 만큼 세포가 건강하면 우리 몸이 건강하다. 또한 신경세포가 건강하면 뇌가 건강하고 정신이 건강한 삶을 누릴 수 있다.

　세포는 주로 인지질로 구성된 세포막에 둘러싸여 있고, 이를 통해 주변과 격리되어 있으며 세포막이 있는 단백질에 당이 붙어서 당단백질을 이루고 있다. 여기에는 8가지의 당으로 구성된 당사슬(Glycan)이 서로 교신(의사소통)을 함으로 건강을 유지한다는 것이 과학적 사실로 밝혀진 것이다. 당단백질과 당사슬은 자연치유력과 면역기능, 항상성 유지에 관여하여 세포 건강 그리고 뇌 정신건강에 필수적이다.

　우리들이 잘 알고 있는 필수영양소는 단백질(아미노산), 지방, 비타민, 미네랄 등이다. 그리고 탄수화물은 과거에 에너지원으로 알려져 왔는데 8가지의 당은 탄수화물이지만 단당류로서 우리 몸에 필요한 필수영양소로 크게 기능하고 있다. 세포는 매일매일 1,500억~5,000억 개가 생겨나기 때문에 8가지 필수당은 매일 필요하다. 한편, 세포는 재생하는 기능을 가지고 있다. 새로운 신경세포는 성인에게서도 재생될 수 있다. 특히 해마와 뇌실 부위에서 새로운 뇌세포가 만들어진다. 우리 몸의 세포가 새로운 세포로 대체되는 기간은 각기 다르다. 예를 들면 백혈구 세포는 6~7주 주기로 바뀌고, 적혈구 세포는 약 4개월마다 새 적혈구 세포로 교체되며, DNA와 대부분의 장기 세포는 새로운 세포로 교체되는데 약 6개월이 걸리고, 뼈 중에서도 대퇴골 세포는 9개월에서 일 년이 걸리며, 뇌나 척수는 새 세포로 교체되는데 14개월이 걸린다.

　오늘도 새로운 신경세포는 태어난다. 성경 예레미야애가 3:22~23에서는 **"여호와의 자비와 긍휼이…. 아침마다 새로우니"**라고 하였다.
　하나님 말씀은 생물학적 세포의 기능을 통해 우리 몸을 건강하게 유지하고 있다는 것이다.

세포의 수명

세포형태(250가지)	수명	세포형태(250가지)	수명
과립구, 호산구, 호염구, 호중구	10시간~3일	대식, 상피세포	수개월~수년
위벽세포	2일	췌장세포	1년 이상
정자세포	2~3일	골세포	25~30년
장세포	3~4일	대퇴골 세포	9개월~1년
소장의 상피	1주미만	뇌와 척수세포	14개월
혈소판	10일	간세포	14일
피부 표피세포	2~4주	백혈구세포	6~7일
적혈구	120~130일 (약 4개월)	뼈세포	25~30년

- 건강한 세포로 복제 - 영향인자 : 영양소, 산소, 물
- 매일 세포탄생 1500억-5천억개 · 신생세포와 노화세포의 교체- 500만/초
- 매초당 100만번 새로 세포 연결(시냅스) 맺는다고 추정
- 뇌의 면역세포 : 미세교세포(뇌에 침범한 미생물감지, 감염, 손상, 질병 그리고 대식세포기능)

(2) 면역세포인 백혈구의 치유기능을 하는 하나님의 말씀

히브리서 4:12 말씀에 **"하나님의 말씀은 살았고 운동력이 있어 좌우에 날선 어떤 검보다도 예리하여 혼과 영과 및 관절과 골수를 찔러 쪼개기까지 하며"** 라고 하였다.

세포생물학적으로 하나님 말씀이 세포의 기능을 하고 있기 때문에 당연히 말씀은 면역세포인 백혈구의 치유기능도 하게 된다. 세포의 면역계를 구성하는 백혈구의 기능은 복합하고 상호연결이 다양하지만 백혈구가 소중한 면역계를 보호하는 자연치유기능을 하고 있다. 즉, 하나님 말씀은 혼과 영과 관절과 골수까지 치유하신다는 것이다. 자연치유 기능을 하는 면역세포의 백혈구는 여러 종류가 있다.

면역세포인 호중성 백혈구(Neutrophilis)가 치유 기능을 수행한다. 호중성 백혈구는 혈

액 속에 존재하는 가장 많은 면역세포이다. 작고 많은 수의 면역세포인 호중성 백혈구는 끊임없이 움직이며 박테리아나 죽은 조직이 발견되었을 때 이를 처리하기 위해 제일 먼저 나타나고 몸이 상처를 받으면 30초 안에 제일 먼저 달려온다. 그리고 그 과정에서 죽는다. 호중성 백혈구의 단점은 다소 단순하여 장기간 몰래 침공을 받으면 알아채지 못한다는 것이다. 호중성 백혈구는 식세포, 즉 이물체를 먹어버리는 세포이다. 죽을 때에는 주변에 있는 세포를 녹일 수 있는 효소를 방출하는데, 이 때 고름이 형성된다. 이러한 이유로 호중성 백혈구를 고름 세포라고도 부른다. 죽은 세포로 이루어진 고름은 그들의 노력의 결과인 셈이다.

면역세포인 대식세포(Macrophages)가 치유기능을 수행한다. 대식세포는 신체에 존재하는 가장 큰 백혈구로, 병원체를 분석하고 빨아들이는 역할을 한다. 대식세포가 면역 반응을 시작하면 신체의 방어, 치유, 성장 그리고 개선 과정을 조정하기 위한 메신저로 작동한다. 과거에는 대식세포가 병원체를 먹어 치우는 포식작용만 한다고 알려져 있었다. 하지만 이제는 대식세포가 중요한 조정자 역할까지 한다는 사실이 밝혀졌다. 수명이 짧은 호중성 백혈구와는 달리 대식세포는 끊임없이 활동하며 쉬지 않고 침입 물질을 찾아다니며 잡아먹는다. 예를 들어 폐에 있는 대식세포는 몇 달 또는 몇 년씩이나 결핵을 일으키는 박테리아에 달라붙어 박테리아를 파괴시키고 자유롭게 움직이지 못하도록 방지한다. 그래서 대식세포는 동네 감시 단체의 우두머리 같이 존재한다. 대식세포는 암세포, 박테리아, 기생충, 에이즈, 홍역, 유행성 감기, 일반 감기 등을 일으키는 바이러스를 찾아내고 파괴시키며 좀 더 빠르게, 좀 더 격렬하게, 좀 더 강력한 살상력을 가지고 암세포까지 파괴하여 병을 치유한다.

면역세포인 자연살상세포(Natural killer cells : NK세포)가 치유 기능을 수행한다. 자연살상세포는 암이나 질병감염, 병균이 침입할 때 최전방에서 방어하는데 필요한 공격세포이다. 자연살상세포는 대식세포와는 달리 병원균을 먹어치우지는 않는다. 대신 효소를 이용해 목표가 되는 세포의 세포질을 녹여 그 세포를 죽인다. 대식세포와 함께 자연살상세포는 조직들 사이를 이리저리 돌아다니면서 조직의 건강을 살핀다.

그러나 에이즈나 암, 만성피로증후군 등의 질병에 걸리면 자연살상세포가 제대로 작동하지 못한다. 살상력도 떨어지고 인식된 세포 사망률도 훨씬 더 높아지기 때문이다. 자연살상세포는 암이나 질병 감염, 병균이 침투할 때 최전방에서 방어하는데 필요한 공격 역할을 하는데, 지난 20년 동안에 조사한 결과 보통 사람들의 몸에서 그 숫자가 30%나 감소되었다. 그리고 해마다 3%씩 감소하고 있다. 이 공격세포 숫자가 감소함에 따라 많은 사람들이 급성이나 만성질환에 걸려 고생하고 있는 실정이다.

림프구인 T세포와 B세포가 치유 기능을 수행한다. 혈액에는 외부 침입자로부터 우리 인체를 방어하고 보호하는 백혈구 세포가 존재한다. 백혈구에는 면역체계에 중요한 요소인 두 가지 림프구 T세포와 B세포가 존재한다. T세포는 흉선에서 유래하는 백혈구로 면역에서 기억능력을 갖추고 B세포에 정보를 제공하여 항체의 생성을 돕는다. 세포의 면역에 주된 역할을 하는 B세포는 골수유래의 세포(Bone Marrow derived cell)로 골수의 앞 글자인 B자를 인용하여 B세포로 부른다.

면역팀의 사령관인 T세포는 20세가 되면 절반으로 줄어들고 60세가 되면 대부분 지방으로 변해버린다. T세포는 아군과 적군을 구별하지만 T세포의 능력이 약화되면 자신의 세포를 공격하는 일이 벌어진다. T세포는 질병을 초래하는 박테리아, 바이러스나 유해 물질을 직접 공격하는 공격 세포이며, 다른 면역체계를 조절하기도 하여 면역팀의 사령관이라고 부르기도 한다. T세포는 세포막에 있는 무수한 당사슬(촉수)에 의해 침입자의 정체를 정확하게 끝까지 지켜본다.

반면에 B세포는 침입자를 중화시키거나 다른 공격세포가 이들을 파괴할 수 있도록 특별한 추적 장치를 부착하기 때문에 정찰세포라고도 부른다. 정찰세포가 하는 일은 박테리아, 바이러스나 암세포와 같이 건강에 해로운 물질을 식별하는 것이다. 그런데 이 정찰세포는 상호 대화가 가능해야만 그 기능을 수행할 수 있으며, 이러한 일이 이루어지기 위해서는 세포의 당화(glyco-sylation)가 충분히 이루어져야 한다. 당화란 효소에 의해서 당이 단백질이나 지방에 부착되는 과정을 말한다.

만일 정찰세포의 당화가 완전치 못하여 불완전한 당단백질을 갖고 있으면 아군과 적군을 구분할 수 없게 되어, 공격대상이 아닌 건강한 세포에도 공격을 위한 추적 장치를 부착할 수 있다. 우리 인체에 존재하는 공격세포는 단순하게 명령을 따르게 되어 있어 추적 장치가 부착된 세포를 공격하기 위해 이동하고 자신의 면역시스템이 자기세포를 공격하여 발생하는 질환이 자가면역성질환이다.

최근 HIV환자를 대상으로 마이애미대학의 심리학과 정신병리학 교수인 게일아이언슨 박사는 하나님의 사랑과 자비하심을 믿는 환자는 T세포의 밀집도가 높아져 병균과 싸움을 보다 효율적으로 수행한다고 했다.

반면에 하나님의 사랑을 믿지 않는 환자는 대조군보다 체내 T세포의 손실속도가 3배나 빠르고 병에 대한 감염도 역시 3배나 더 빨라 스트레스 수치도 높게 나타났다. 하나님의 사랑을 믿는 사람은 이처럼 보다 더 강력한 면역체계가 발견되었다. 또 한편 하나님이 나를 사랑하신다고 고백한 사람은 이보다 훨씬 더 강력한 면역체계를 나타내었다.

세포 간의 신호 오류로 면역체계가 작동하지 못하면 질병이 발생하는데, 비타민과 미네랄은 우리 신체의 다양한 기능과 세포가 정상적인 기능을 하기 위한 필수영양소이다. 반면, 글리코 영양소와 당단백질은 세포 간 정보전달을 하기 위한 필수물질이다.

세포 간 정보전달이 되지 않을 경우 필수영양소를 공급받지 못하게 되어 기능할 수 없게 되며, 우리는 건강을 유지할 수 없게 되는 것이다. T세포의 당사슬을 튼튼하게 하면 120년의 수명연장이 가능해지는 것이다. 림프구인 T세포와 B세포는 결국 세포의 면역기능에 작용함으로써 우리 몸의 건강을 유지하게 한다.

면역세포인 사이토카인(cytokins)은 병에 걸렸을 때 신체가 병원균과 싸우게 되면서 우리가 몸이 아프다고 느끼게 되는 특정 단백질인데, 이는 항바이러스성 단백질이다. 또한 몸 안에 들어온 세균이나 해로운 물질을 면역계가 맞서 싸우도록 자극하는 단백질은 인터류킨(interleukin)이다, 대식세포에 의해 체내에서 생성되는 단백질은 종양괴사인자(tumor necrosis factor)이며, 림포카인(lymphokine)은 림프구가 항원에게 자극을 받아서 분비하는 물질이고 인터페론(interferon)은 바이러스에 감염된 동물의 세포에서 생산되는 항바이러스성 단백질이다, 이 모두가 사이토카인이다.

신체의 다양한 세포들에 의해 소량씩 만들어지는 사이토카인은 침입자를 찾아내도록 특정 세포들을 고도의 경각 상태로 만들기 위한 메시지를 전달한다. 예를 들어 간염이나 다발성경화증(Multiple sclerosis, 뇌와 척수 등 중추신경계를 다발성으로 침범하는 염증성 질환으로 일종의 자가면역성질환), 카포시 육종(kaposi's sarcoma), 성병, 사마귀 등의 치료에 사용되는 인터페론의 경우 T세포로 하여금 감염된 세포를 좀 더 쉽게 찾아내서 없앨 수 있도록 하나님의 말씀은 우리 몸이 더 많은 사이토카인을 생성하도록 돕는다. 예를 들어 대식세포에 더해지면 사이토카인 중에서도 종양괴사인자 생성이 늘어난다. TNF라는 약자로 불리는 종양괴사인자는 종양의 혈액 공급을 막아서 종양을 죽이는, 즉 괴사시키는 역할을 하는데서 그 긴 이름이 유래되었다. 인터류킨 사이토카인은 특정 세포는 증식시키고 나머지 세포들은 억제하는 특성 때문에 암 치료에 실험적으로 쓰이기도 한다.

하나님의 말씀은 면역세포의 백혈구 기능을 하기 때문에 인터류킨 생성에도 효과적이다. 하나님의 말씀은 대식세포, 호중성 백혈구, 자연살상세포, 흉체, 사이토카인 등 주요 면역계 구성물질의 기능에 도움을 주면서 면역계 기능을 향상시킨다. 제대로 기능을 수행하는 면역계는 나쁜 물질을 없애고 좋은 물질은 보호하여, 단기적으로나 장기적으로 신체가 건강한 상태를 유지할 수 있도록 한다.

하나님 말씀이 세포의 기능을 하므로 면역시스템을 활성화 시켜주고 육체적 질병은 물론 암세포까지 찾아내어 우리 몸을 정상적인 상태를 유지하도록 인도하는 것이다. 그래서 시편 107:20에서 **"저가 그 말씀을 보내어 저희를 위경에서 건지시는도다"**라고 말씀의 치유기능을 증거하고 있다.

그뿐만이 아니다. 뇌에도 면역세포가 있는데 그것은 미세 교세포(Micro glia cell)이다. 이 교세포는 뇌의 자연치유 기능을 한다. 뇌세포에는 신경세포와 교세포가 있고 뇌를 구성하는 세포의 85%를 차지하고 있는 것이 교세포(신경교세포)이다. 교세포는 신경세포를 지지하는 세포이며 림프계 대신 작은 미세 교세포가 뇌를 침입하는 유기체로부터 보호한다. 이 미세 교세포가 미생물을 감지하고 식세포 기능을 한다. 이는 뇌가 스스로 보호하고 치유하는 독특한 방법 가운데 하나이다. 또 미세 교세포는 뇌손상, 뇌질환, 감염 혹은 노화로 인하여 생긴 뇌의 찌꺼기를 제거함으로써 신경세포(뉴런)를 도와주고 뇌 건강을 유지시켜 준다.

이처럼 하나님의 말씀은 세포의 치유 기능을 하기 때문에 혼과 영과 및 관절과 골수를 찔러 쪼개기까지 하는 것이다.

결론적으로 백혈구의 치유기능을 통해 우리 육체의 건강을 도모하고 또 한편 미세 교세포를 통해 뇌의 정신기능과 치유에 영향을 주는 것이다.

(3) 마음과 생각의 지침서인 하나님의 말씀

성경 말씀에 "**하나님의 말씀은.... 또한 마음의 생각과 뜻을 감찰하나니**"(히 4:12)라고 하였다. 하나님의 말씀은 마음의 생각과 뜻을 감찰하기 때문에 말씀은 생각의 표준서이고 생각의 지침서(빌 4:8)이다. 그러므로 이 세상에서 가장 힘이 있는 것은 하나님 말씀이고 그 다음은 마음의 생각이다. 마음은 생각(단 2:3)하고, 사랑(삼상 15:1)은 행하는(시편 6:5) 자정의 기능을 가지고 있다. 뇌는 마음의 생각하는 대로 되어지기 때문에 (잠 23:7) "**대저 그 마음의 생각이 어떠하면 그 위인도 그러한즉**" 그래서 부정적 생각을 하면 뇌는 부정적으로 조형이 되고, 긍정적으로 생각하면 뇌는 긍정적으로 조형이 된다. 마음의 생각은 강력한 신경신호를 만들어내어 그 신호에 따라 뇌의 조형이 변화되는 것이다.

우리의 마음 상태는 신경전달물질의 종류에 따라 결정된다. 신경전달물질이 분비되는 양에 따라 뇌는 조형이 되어 이상행동이나 정신장애를 유발하게 된다. 예를 들어 도파민이 너무 많으면 뇌는 기능장애가 일어나 조현병을 일으키며, 세로토닌이 너무 부족하면 뇌는 과잉활성화 되어 우울증을 일으킨다. 긍정적인 생각과 행복한 감정은 HIV양성 환자의 실험에서 30만 배나 더 높은 면역 수치를 나타내고 있다. 생각은 DNA를 변형시키며 유해한 생각은 뇌를 갉아 먹는다. 뇌는 마음과 생각의 명령을 따른다. 그래서 마음과 생각을 하나님의 말씀에 따라 움직이는 것이 정신건강의 원리가 되는 것이다.

(4) 뇌의 가소성에 의해 영혼을 살려내는 하나님의 말씀

성경 말씀에 "**하나님의 말씀은 살았고 운동력이 있어... 혼과 영과 및 관절과 골수를 찔러 쪼개기까지 하며**"(히 4:12)라고 말씀하고 있다.

또 야고보서 1:21 (바른성경)에 "**그러므로 모든 더러움과 넘치는 악을 내어 버리고, 너희 영혼을 구원할 수 있는 마음에 심겨진 말씀을 온유함으로 받으라**"고 하였다.

잠언 4:20~22에 "**내 아들아 내 말에 주의하여 나의 이르는 것에 네 귀를 기울이라, 그것을 네 눈에서 떠나게 말며 네 마음속에 지키라, 그것을 얻는 자에게 생명이 되며 그 온 육체의 건강이 됨이니라**"라고 하였다. 또 시편 107:26에서는 "**말씀을 보내어 저희를 고치사**"라고 하였다. 치유기능을 하는 하나님 말씀을 믿고 살아가면 뇌는 가소성의 원리에 의해 그대로 받아들여 우리의 영혼을 살려내어 육체 건강뿐만 아니라 정신건강을 유지하게 한다. 그 뿐만 아니라 하나님의 말씀은 축복의 기능을 한다.

누가복음 11:28에 "말씀을 듣고 지키는 자는 복이 있느니라"고 하였으며, 마태복음 13:8에서는 "백배, 육십 배, 혹은 삼십 배의 열매"를 맺는다고 하였다. 이처럼 뇌를 긍정적으로 조형하는 일은 하나님의 말씀이다. 하나님의 말씀으로 우리의 마음의 생각까지 새롭게 조형되기도 한다. 말씀으로 뇌를 조형하면 정신건강은 물론 영적, 육체적, 정신적, 심리적 건강까지 이루게 된다고 말씀한다.

우리의 뇌가 부정적으로 조형이 되면 결국 이상행동이나 정신장애를 일으킨다. 전전두엽에 기능장애가 있으면 ADHD, 조현병, 파킨슨병이 나타난다. 측두엽에 기능장애가 있으면 알츠하이머병, 기억상실증과 특정한 이유가 없어도 불안이나 공포가 나타난다. 기저핵이 과잉활성화 되면 불안장애, 공황장애, PTSD가 나타난다. 심층변연계가 과잉활성화 되면 우울장애나 양극성장애가 나타나고, 전대상회가 과잉 활성화되면 강박장애, 불안장애, 중독장애 등이 나타난다.

하나님의 말씀

- 히브리서 4:12 "하나님의 말씀은 살았고 운동력이 있어 좌우에 날선 어떤 검보다도 예리하여 혼과 영과 및 관절과 골수를 찔러 쪼개기까지 하며 또 마음의 생각과 뜻을 감찰하나니"
- 빌립보서 2:16 "생명의 말씀"
- 요한복음 1:14 "말씀이 육신이 되어"

- 말씀의 세포 생물학적 기능
  - 백혈구의 면역세포 기능(치유기능)
    야고보서 1:2 "영혼을 구원하는 말씀"
    시편 107:20 "말씀을 보내사 위경에서 고치심"
  - 뇌의 면역세포 / 미세 교세포
    잠언 4:20~22 "말씀 - 생명 - 건강"

3. 신경신학과 기도의 정신생물학

1) 영성과 기도

기독교 영성에 있어서 가장 중요한 또 하나의 요소는 기도이다. 이 말은 신앙생활에 있어서 가장 중요한 요소가 영성이며, 영성의 핵심이 말씀과 기도라는 뜻도 된다. 영성 신학자 도널드 블러쉬도 그의 책 <기도의 신학(The Struggle of Prayer)에서 "기도는 영성의 핵심이기 때문에 영적 생활의 다른 분야들보다 우선순위를 가지고 있다"라고 했다.[123] 아울러 기독교 신학 중 '인간이란 무엇인가?'를 논하는 인간론(人間論)에서, 그리고 '하나님이란 누구인가?'를 논하는 신론(神論), 그리고 하나님과 인간 사이에 중보자로 오신 '예수 그리스도는 누구인가?'를 논하는 기독론(基督論)에서도 중요한 요소가 바로 말씀과 기도이다. 이처럼 영성에 있어서, 신앙에 있어서 기도는 말씀과 함께 두 개의 기둥, 우리의 영성과 신앙을 지탱하는 두 개의 기둥(柱)이자 바퀴(軸)이다. 그렇다면 신경신학에 있어서도 기도에 대한 바른 이해와 적용은 대단히 중요하다. 신경신학을 이해함에 있어서 언제나 잊지 말아야 하는 것은 신경신학이란 의과학-신경과학, 뇌과학과 신학의 만남과 그 만남을 통해서 의과학이 추구하는 인간의 건강을 더욱 효과적으로 수행하기 위한 다학제적, 융합적 학문의 영역이라는 사실이다. 신경신학의 한 축인 신학의 영역을 특징짓는 것이 영성인데, 영성의 중요한 요소가 말씀과 기도이다. 이 기도는 묵상과 불가분리의 관계에 있으므로 묵상은 별도로 생각하기로 한다.

그러면 기도(祈禱, prayer)란 무엇인가? 기독교 신앙에서 기도란 무엇인가? 하나님의 말씀을 믿는 신앙에 있어서 기도란 무엇인가? 우리가 알듯이 기도에는 여러 차원과 여러 경우가 있다. 나무나 바위를 대상으로 비는 샤머니즘 원시 신앙의 기도가 있는가 하면, 유불선이 추구하는 기도도 있다. 지구상의 여러 지역의 주요 종교는 저마다 추구하는 신앙의 대상이 있고, 그 대상을 향한 신앙과 기도가 있다. 그러나 필자가 여기서 진술하는 기도는 하나님의 말씀인 성경에 근거한 기도이다. 그 기도를 중심한 영성이요 그 영성을 중심 한 기독교 신학이다. 그 기독교 신학과 접목된 신경신학이다. 이를 전제로 기도란 무엇인지를 진지하게 생각해보자.

---

[123] 도널드 블러쉬, 오성춘·권승일 역 기도의 신학(서울: 한국장로교출판사, 1996), p. 9.

2) 기도는 하나님과의 영적 교제와 사귐

기독교 신앙에 있어서 기도란 무엇인지를 한마디로 정의하거나 설명하기란 용이하지 않다. 그만큼 기도는 깊고 오묘한 영성의 한 요소라는 의미다. 그러나 필자는 한 마디로 기도란 "하나님과의 영적 교제와 사귐이다"라고 정의한다. 도널드 블러쉬도 "살아계신 하나님과의 실제적인 교제는 기도 외에 없다"고 단언했다.[124] 이와 같은 맥락에서 쉴릴라 카시디는 기도는 하나님의 이름을 부르는 것이며, "기도는 마음과 정신이 하나님을 향하여 일어서는 것"이라고 했다.[125] 창조주 하나님과 피조물 중에서 유일하게 하나님의 형상(Image of God)으로 창조된 인간의 관계는 기도의 관계이기 때문이다. 성경을 통해 살펴보면 인간이 하나님께 나아갈 수 있는 유일한 통로가 있는데, 그것이 기도이다. 기도가 아니고는 피조물인 인간이 창조주 하나님께 나아갈 수 없다. 더욱이 인간이 범죄하여 타락한 후에는 구속자-구원자 하나님께 나아갈 수 있는 통로가 더우 기도밖에 없게 되었다. 그것은 죄로 하나님과 인간 사이에 막힌 담을 열어주신 중보자 예수 그리스도로 말미암아 가능하게 된 것이다. 우리가 성경을 상고할 때, 하나님의 종들이 하나님과 대화하는 것을 예사롭게 읽고 있지만, 이 하나님과 인간의 대화의 유일한 통로가 기도임을 알아야 한다.

이런 점에서 프리드리히 하일러는 기도를 예언적인 기도(Prophetic Prayer)와 신비적인 기도(Mystical Prayer)로 구분하여 설명하면서 우리가 경계해야 할 기도는 신비적인 기도이며 우리가 추구해야 할 기도는 예언적인 기도라고 강조하고 있다.[126] 여기서 말하는 예언적인 기도는 성경적인 기도(Biblical Prayer)요 복음주의적인 기도(Evangelical Prayer)이다. 그러니까 성경에 나오는 선지자들이나 사도들은 성령의 인도하심에 따라 하나님께 기도로 나아가며 기도로 하나님의 말씀을 청종한 성경의 사람 복음의 사람들이었다는 뜻이다. 그러나 성경 속에서도, 초대교회로부터 오늘에 이르기까지 삼가 하나님으로부터 듣는 기도보다는 자신의 욕망과 의지로 하나님과 합일하려고 하는 신비주의적 기도를 하는 부류가 있는데, 이러한 기도는 자기도취는 될지 몰라도 하나님이 하시는 말씀을 청종하지

---

124) Ibid., p. 18.
125) Shelila Cassidy, *Prayer for Polgrims, A Book about prayer for ordinary people*(London: Fount Paperbacks, 1980), p. 20.
126) Friedrich Heiler, *Prayer*, trans. and ed. Samuel McComb(New York: Oxford University Oress, 1958), p. 201.

않기 때문에 그 기도는 허공을 치는 것과 같으므로 경계해야 한다.

이런 점에서 우리는 도널드 블러쉬의 다음과 같은 충고를 귀담아 들을 필요가 있다.

3) 기도의 올라감, 성령의 내려오심

"나는 기도의 본질을 마음이 신비적으로 하나님에게 올라가는 것이 아니라 성령이 우리의 마음속으로 강림하는 것이라는 예언자들과 개혁주의자들의 견해에 동의한다(사 45:8; 64:1, 시 42:8, 144:5~7, 겔 2:1~2, 슥 12:10 참조). 기도는 신비적인 사닥다리로 하늘로 올라가는 것이 아니라 하나님께서 내미신 손을 붙잡는 것이다(사 64:7 참조). 개혁주의자들은 우리에게 우리 스스로가 우리 자신을 하나님의 존재 속으로 들어 올릴 수 없음을 상기시킨다. 우리는 하나님이 우리에게 오신 것, 즉 그의 아들 예수 그리스도를 대신하여 오시는 것을 기다려야 한다. 우리의 기원은 하나님의 주도권에 대한 반응이며, 우리의 칭의(稱義)와 성화(聖化)는 하나님의 택하심으로 인한 결과이다."127)

참으로 적절한 성서적 기도, 개혁주의자들의 복음적인 기도에 대한 설명이라고 할 것이다. 그러면서 그는 계속하여 "참된 기도는 신비적 황홀경이나, 의식적인 행사나, 철학적인 명상이 아니라, 살아계신 하나님 앞에 영혼을 쏟아 내는 것이며, 마음 깊은 곳으로부터 하나님을 향하여 울부짖는 것이다. 그와 같은 기도는 단지 유죄 판결을 받은 죄인이 하나님의 은혜로 인하여 자신을 드리며, 성령에 의하여 신앙의 고백으로 옮길 수 있다. 참된 기도는 성령과의 교통함이며 우리는 성령 안에서 우리의 창조와 죄뿐만 아니라 구세주 예수 그리스도의 대속의 죽음을 통하여 우리의 죄가 사함 받았다는 것을 아는 기쁨까지도 깨달아야 한다. 그와 같은 교통을 통하여 우리는 하나님 앞에 머리를 숙이고 그의 자비를 구할 수 있을 뿐만 아니라 받을 자격이 없는 죄인에게 주시는 하나님의 은혜에 대하여 감사의 기도를 드릴 수 있다."고 강조한다.128)

4) 기도는 하나님과의 대화

---

127) Donald G. Bloesch, Ibid., 번역서 〈기도의 신학〉, p.23.
128) Ibid., p. 25.

한편 탁월한 영성의 소유자 앤드류 머레이는 그의 <위대한 영성>에서 기도와 말씀은 불가분의 관계라고 단언하고 있다.129) '기도와 말씀은 불가분의 관계이다'라는 장에서 그는 개인적인 영성 생활에서 '기도'와 '말씀' 사이의 연관성은 다음과 같이 표현될 수 있다고 했다.

"나는 기도한다. 나는 하나님께 이야기한다. 나는 성경을 읽고 하나님은 나에게 말씀하신다."130) 머레이는 예컨대 모세의 영적인 사역을 통하여 이런 아름다운 모습을 찾아볼 수 있다고 한다. "**모세가 회막에 들어가서 여호와께 말하려 할 때 증거궤 위 속죄소 위의 두 그룹 사이에서 말씀하시는 목소리를 들었으니 여호와께서 모세에게 말씀하시니라**"(민 7:89) 모세가 자신과 백성을 위하여 기도하러 성막에 들어가 하나님의 지시하심을 기다리고 있을 때, 그는 그곳에 임재하신 하나님의 음성[말씀]을 듣게 될 것이다. 여기서 인간이 기도할 때 하나님의 말씀이 함께 역사하시는 광경을 보게 된다는 것이다.

우리는 모세의 사역을 통하여 이런 사례는 그가 기록한 5경(五經)에서 자주 만나게 된다. 그 대표적인 사례를 출애굽한 백성이 광야에서 하나님을 거역함으로 진노하시는 하나님 앞에서 목숨을 걸고 기도하는 장면에서 찾을 수 있다. 모세가 하나님의 부름을 받고 성산[시내산]에 올라 계명을 받을 때, 산 아래에서 기다리던 백성들이 모세가 더디 내려옴을 견디다 못해 제사장 아론을 충동질하여 금송아지를 만들어놓고 제사를 드리는 엄청난 죄를 범하게 된다.(출 32:1~6) 그 결과 진노하신 하나님은 모세에게 이 백성을 버리고 너를 통하여 큰 나라를 이루겠다고 말씀하신다. 이처럼 청천벽력 같은 하나님의 진노 앞에서 모세는 간절히 만류하여 하나님이 노를 푸시고 뜻을 돌이키신다. "**하나님께서 뜻을 돌이키사 말씀하신 화를 백성에게 내리지 아니하시니라**"(출 32:14)

여기서 어떤 성경학자들은 모세의 간청을 들으시고 하나님이 뜻을 돌이키신 것이지 이 사건을 모세의 기도로 이루어졌다고 보는 것은 지나친 유추(類推) 해석이라고 비판하기도 한다. 물론 성경은 이 과정을 모세가 간청하고 하나님께서 이 간청을 들으시는 것을 상호 대화 형식으로 기록하고 있다. 그러나 우리가 이러한 기도의 방법에 근거하여 형식주의에 치우쳐서 성경을 해석하는 것은 극히 위험한 인간의 논리다. 모세는 결코 사람끼리

---

129) Andrew Murray, 정혜숙 옮김, 위대한 영성(서울: 도서출판 브네엘, 2007), p. 26.
130) Ibid., p. 26.

대화를 하듯이 하나님과 대등한 위치에서 말씀을 주고받은 것이 아님을 알아야 한다. 하나님을 향한 모세의 대화 방법을 어디까지나 기도였음을 간과해서는 안 된다. 기도를 통하여 하나님께 진언하고 간구한 것이다. 기도를 통하여 하나님과 백성 사이를 중재하고 중보한 것이다. "**모세가 그의 하나님 여호와께 구하여 이르되**"(출 32:11)라고 분명히 기록하고 있는 것이다. 그런데 모세의 간구를 대화 형식으로 기록하고 있는 것이다. 이것은 우리의 하나님과의 관계에서도 분명한 사실이다. 우리는 어떻게 하나님께 나아가며 어떻게 하나님과 대화하는가? 하나님의 영광스러운 어전(御前)에 어떻게 나아갈 수 있는가? 기도다. 기도가 아니고는 하나님 앞에 나아갈 수 없다. 그것도 예수 그리스도로 말미암아 하나님 앞에 나아갈 수 있는 길이 열린 것이다. 예수님께서 하나님과 우리 사이에 가로막힌 죄의 담을 허무심으로 죄인인 우리가 무시로, 감히 하나님 앞에 기도로 나아갈 수 있게 된 것이다(엡 2:13~18). 지상의 왕이 사는 궁정에도 들어가려면 출입이 허락된 비표가 있어야 하듯이, 하나님의 궁정에 들어가기 위해서는 더욱 비표가 있어야 한다. 그 비표는 '기도(祈禱)라는 비표(祕標)'다.

하나님 앞에서 우리는 어떻게 하나님과 대화하는가? 지상의 친구와 대화하듯이, 지상의 아버지와 아들이 대화를 하듯이 말로써 주고받을 수 있는가? 아니다. 전혀 불가능하다. 하나님은 우리와 일상적인 말로써 당신과 대화하는 것을 허락하지 않으신다. 기도를 통하여 대화하시기를 원하신다. 그것도 독생자 예수 그리스도의 이름으로 기도하는 그 기도를 통하여 우리와 대화하신다. 우리가 하나님과 영적으로 커뮤니케이션을 하기 위해서 유일한 방법과 통로는 기도밖에 없다. 예수 이름으로 드리는 기도밖에 없다.

그러므로 성경에서 모세가 하나님의 말씀을 듣고 하나님께 말씀을 드린 여러 사건들을 우리는 모세가 기도를 통하여 하나님의 말씀을 듣고, 기도를 통하여 하나님께 말씀을 드린 것으로 이해함이 옳다. 비단 모세만이 아니다 성경에 기록된 수많은 신앙 인물들이 그러하였다. 이런 점에서 앤드류 머레이의 "기도와 말씀은 불가분의 관계"라는 주장은 지극히 타당한 깨달음이다. 그는 이렇게 말한다.[131]

5) 기도를 통한 영혼의 치유

---

131) Ibid., p. 27. 29.

"기도하고자 하는 심령은 하나님이 말씀하실 만한 준비된 바로 그 심령이다. 기도하고자 하는 심령은 하나님이 말씀하시는 것을 듣기 위해 기다리는 듣는 영이다. 하나님과의 대화 가운데 하나님의 현존과 그분이 취하시는 부분은 내 자신 만큼이나 진실해야 한다. 우리는 성경을 읽고 기도하는 것이 어떻게 하나님과의 진실한 교제가 될 수 있는지를 알아야 한다. 기도와 하나님의 말씀은 서로 불가분의 관계이다. 둘은 서로 의존하고 있다. 먼저 말씀은 하나님이 나를 위해 무엇을 행하실지 기도에 대한 내용을 가르쳐 준다. 또한 말씀은 하나님이 어떻게 나에게 다가오셨는지 기도의 통로를 보여주며, 내가 하나님의 음성을 들을 수 있다는 확신과 기도의 능력을 심어준다. 그리고 말씀은 하나님이 나를 위해 무엇을 행하실지 기도에 대한 응답을 알려준다. 그러면서 기도는 하나님께로부터 나오는 말씀을 받아들이기에 합당한 마음으로 나를 준비시키며 말씀에 대한 영적인 이해를 돕기 위해 성령이 가르치시도록 마음을 준비시켜 준다. 그리고 믿음의 말씀을 움직이는 힘의 있는 참여자가 되도록 마음을 준비시켜준다."

머레이의 영성훈련의 임상적 결과로서 이러한 설명은 신경신학의 핵심인 영성이 말씀과 기도의 협력과 상호작용에 의해 승화되어가는 것임을 우리에게 확신시켜준다. 요컨대, 영성훈련을 함에 있어서 우리가 말씀만을 중시하고 거기에 치우쳐 기도를 소홀히 해도 안 되며, 반대로 말씀은 소홀히 하면서 기도에만 치중해도 안 된다는 영적 원리를 깨닫게 된다. 말씀에 치우쳐 기도를 소홀히 하면 우리의 영적 분별력이 약화될 수 있으며, 반대로 기도에 치우쳐 말씀을 소홀히 하면 우리의 영적 분별력이 신비적인 경향을 보일 수가 있다. 말씀과 기도의 균형은 거듭 강조하기만 우리의 건강한 영성 유지와 강화에 더없이 중요한 두 기둥이다. 이는 마치 예루살렘 성전을 떠받치는 두 기둥, 야긴과 보아스와 같다고 할 것이다(왕상 7:21). 우리가 잘 알듯이, 야긴(יכין)은 예루살렘 좌편에 세워진 기둥으로, "그분이 세우시다'라는 뜻을 가지고 있다.[132] 이 단어는 하나님께서 택한 백성 '이스라엘'을 지칭하기도 한다. 여기서 이 기둥을 세우시는 '그분'은 누구인가? 재론의 여지없이 하나님이시다. 여호와 하나님이 임재하시는 성전을 하나님 외에 누가 세울 것인가? 성전의 주인이신 하나님 외에는 세울 자가 없음이다.

그리고 성전 우편에 세운 기둥 이름은 보아스(בעז)인데, '그분에게 힘이 있다'라는 뜻이

---

132) 김성영 편, '야긴', '히브리어-한글 사전, 제7권 참조, 완벽성경성구대전'(서울: 아가페출판사, 1982), p.108.

있다.133) 여기서도 '그분'은 누구인가? 재론의 여지없이 여호와 하나님이시다. 성전의 주인이신 하나님의 전능한 힘을 의미한다. 그러니까 예루살렘 성전은 솔로몬이 세운 것이 아니라 하나님이 세우신 것이라는 솔로몬을 비롯한 당시 이스라엘 백성의 신앙고백이 여기 나타나 있는 것이다. 솔로몬은 하나님의 성전을 세우는 성역에 쓰임 받은 영광스러운 도구일 뿐이다. 하나님, 그분이 세우셨다는 것이다. 성전을 세우신 하나님, 그분은 능력이 많으시다는 것이다. 전능하신 하나님이시라는 것이다.

위에서 신경신학의 핵심인 영성이 건강하기 위해서는 말씀과 기도가 협력하고 균형을 이루어야 함을 예루살렘 성전의 두 기둥 야긴과 보아스에 비유하여 설명하였다. 그런데 이 두 요소는 실상 뇌의학의 궁극적인 목적이 뇌 치유에 있는 만큼 온전한 뇌 치유를 위해서도 이 야긴과 보아스의 역할이 필요하다는 성경적 신학적 근거를 여기 제시하고자 한다. 이로써 신경신학은 그 성서적 토대를 보다 더 분명하게 될 것이다.

6) 영성의 두 기둥 말씀과 기도

위에서 영성이 제 기능을 발휘하기 위해서는 말씀과 기도라는 마차의 두 바퀴의 밸런스가 맞아야 한다는 점을 지적했다. 말씀이 기도의 문을 열고 기도가 말씀을 성취하기 때문이다. 마찬가지로 하나님이 임재하시는 성전이 온전히 거룩한 하나님의 전이 되기 위해서는 성소와 지성소가 있는 전면의 두 기둥 야긴과 보아스가 견고해야 한다. 전능하신 하나님이 세우신 성전이기 때문이다.

마찬가지로 우리 인간의 뇌[신경]이 건강하기 위해서는 하나님의 말씀이 역사해야 하며, 말씀의 가르침에 따라 올바른 기도가 뒷받침되어야 한다. 우리의 심령이 하나님의 성전이 되어 건강한 육신과 정신[뇌신경]을 유지하고, 병들고 상처 입은 육신과 정신을 치유하기 위해서는 야긴과 보아스가 유기적으로 역사해야 한다. 즉 전능하신 하나님이 우리의 건강을 세워주셔야 한다. 우리의 건강을 유지하고 회복시켜주셔야 한다.

이런 관점에서 폴 투르니에는 환자의 치료를 위해서는 의학적 처방[신경의학]과 신앙적 처방[신학]이 함께 필요하지만, 인간을 영원한 생명으로 볼 때 후자가 훨씬 중요하다고 하

---

133) Ibid., '보아스', '히브리어-한글 사전, 제7권 참조, p. 57.

면서 이 처방을 우리는 하나님의 말씀인 성경에서 찾아야 한다고 주장한다. 성경에서 길을 찾아야 한다는 것은 곧 말씀과 기도로 치유와 회복이 가능하다는 것이다.[134] 그러면서 "성경의 관점으로 보면 생명은 하나님과의 사귐이요, 죽음은 하나님과의 이별이다. 예수님은 '**내가 진실로 진실로 너희에게 이르노니 내 말을 듣고 또 나를 보내신 이를 믿는 자는 영생을 얻으리라**'(요 3:16) 하셨다. '**내가 곧 길이요 진리요 생명이니**'(요 14:6) 이 말씀의 영적인 의미와 함께 의학적인 의미에 관심을 갖고 싶다. 생명은 인간의 영적 생명이면서 동시에 육체적인 생명력과 정신적인 에너지이기 때문이다. 성경적인 관점에서 우리는 생명력이 하나님의 뜻으로부터 나온다는 것을 고려해야 한다. 물론 그것이 그 환자의 신앙을 가늠하는 척도라고 주장하는 것은 아니다. 신앙은 질병에 대한 보험도 아니며 생명력에 대한 보증도 아니다. 또 신앙이란 회복을 위하여 없어서 안 될 것도 아니다. 그렇지만 하나님의 뜻과 무관한 회복은 없다. 하나님과의 영적 사귐을 확립함으로써 분명한 육체적 생명력의 회복이 일어나는 것이다."라고 주장한다.[135]

한편 앤드류 뉴버그는 그의 <Born to Believe>에서 비단 종교적인 믿음이 아닌, 지각적(perceptual), 인지적(cognitive), 의식적(conscious)인 믿음도 신경의 부조화가 일어나는 뇌의 치유에 도움이 된다고 하면서[136] 종교적인 기도와 명상은 뇌 치유와 건강에 상당한 도움을 준다고 보았다.[137]

7) 영성 마차의 두 바퀴인 말씀과 기도

이렇게 볼 때, 우리가 영성을 바로 이해하고 올바른 영성 생활을 하고자 한다면 말씀과 기도가 함께 해야 하며, 이 두 요소가 영적인 균형을 이루어야 한다. 이는 마치 마차나 수레의 두 바퀴와 같다고 필자는 주장한다. 마차의 두 바퀴는 좌우에 서로 독립적으로 존재하면서도 상호 협력하고 균형을 이룬다. 만일 두 바퀴가 서로 협력하지 못하고 균형을 이루지 못하면 그 마차는 쓸모가 없다. 목적지를 향하여 갈 수 없을뿐더러 길을 이탈하거나 전복하여 마차에 타고 있는 승객을 다치게 한다. 그러기에 신경신학에서 중요한 역할을

---

134) 폴 투르니에, 폴 투르니에의 치유(서울: 도서출판 CUP, 2009), P. 22.
135) Ibid., p. 183.
136) Andrew Newberg, Mark Robert Waldman, *Born to Believe*(New York: Free Press, 2006) p. 30.
137) Ibid., p. 167-176.

하는 영성은 말씀과 기도라는 두 바퀴가 이끄는 마차와 같다고 할 것이다.

우리는 앞에서 하나님의 말씀을 거역한 이스라엘 백성이 하나님의 진노와 심판을 받은 사례를 살펴보았다. 이스라엘 백성들이 어찌하여 하나님의 말씀을 거역하였는가? 그것은 그들이 하나님께 기도로 나아가지 않았기 때문이다. 기도로 하나님과 대화하지 않은 결과이다. 반면에 이스라엘 민족의 지도자 모세는 기도의 사람이었다. 기도로 하나님과 대화를 하고 하나님의 말씀을 받은 영성의 사람이었다. 기도의 영성(Spirituality of Prayer)과 말씀의 영성(Spirituality of Words)을 겸비한 영성가였다. 앞에서 이미 강조했지만, 이 말씀과 기도는 하나님과 우리 사이의 은혜와 믿음을 전제로 한 것임을 잊지 말아야 한다. 하나님의 은혜의 절정이 예수 그리스도이시며, 우리 인간이 예수 그리스도를 통하여 주신 은혜에 참여하는 유일한 방법이 믿음임을 앞에서 강조했다. 그리고 이 믿음은 인간 안에서 나오는 허약한 신념이 아니라고 하나님이 주신 온전한 선물이라고 했다. 죄인을 구원하시기 위해 예수 그리스도로 말미암아 하나님의 은혜 인간의 믿음으로 만들어진 구원의 마차, 그 영성의 마차는 하나님의 말씀과 인간의 기도라는 두 바퀴로 달려간다는 사실을 거듭 강조하는 바이다. 그러고 보니 인간 구원의 영성에는 '하나님의 은혜+인간의 믿음', '하나님의 말씀+인간의 기도'라는 영적 도식이 성립되고 있음을 알 수 있다.

8) 하나님의 보좌를 움직이는 기도

성경 상 치유와 관련하여서도 말씀과 기도가 함께 하는 역사를 우리는 자주 만나게 된다. 편의상 구약 성경에서 이스라엘 백성이 만난 불뱀의 사건과 히스기야의 생명 연장 사건만 살펴보자.

430년 만에 이집트의 압제에서 해방된 이스라엘 백성들이 가나안을 향하여 행진하는 과정에서 무수한 역경과 고난을 당하게 되는데 그 중에서 신경신학적 관점에서 주목할 사건의 하나가 바로 에돔 땅에서 만난 역병 사건이다.(민 21:4~9) 이스라엘 백성들은 그들에게 길을 빌려주지 않을 뿐만 아니라 여정을 방해하는 에돔 족속과 아모리 족속으로 말미암아 먼 길을 우회해야 했다. 지칠 대로 지친 백성들은 마실 물도 먹을 음식도 없는 절망 속에서 지도자 모세를 원망하기 시작했다. **"어찌하여 우리를 애굽에서 인도하여 이 광야에서 죽게 하는가 이곳에는 먹을 것도 없고 마실 물도 없도다"**(민 2:5) 백성들의 원망하는 소리를 들으신 하나님께서 불뱀을 풀어 보내는 진노를 내리셨다. 수 많은 백성들이 불뱀에 물려 죽는 위기 속에서 모세는 하나님께 간절히 기도했다. 모세의 기도를 들으신 하나님께서 진노를 거두시고 그들에게 살길을 열어주셨으니 그것은 장대어 놋뱀을 달고 그것을 쳐다보는 자는 살도록 하신 것이었다. 그 결과, 하나님의 말씀을 믿고 놋뱀을 쳐다본 자들은 모두 생명을 건지게 되었다.(민 21:6~8)

이 사건에서 우리가 발견하는 것은 불뱀에 물려 죽게 된 백성들을 위하여 모세가 기도했다는 사실과, 기도를 받으시고 패역한 백성에게 살길을 열어주셨다는 사실이다. 그것은 장대에 매단 놋뱀을 쳐다보는 자는 살리라 하신 하나님의 말씀에 대한 믿음이다. 죽음[질병]에 처한 인간의 기도와 하나님의 말씀에 대한 믿음의 역사인 것이다. 이는 우리가 위에서 살펴본 기도의 영성과 말씀의 영성이 가져오는 치유의 역사와 그 궤도를 같이하고 있는 것이다.

여기서 우리는 피할 수 없는 하나의 난제(難題)를 만난다. 그것은 불뱀에 물려서 죽게 된 인간의 생리적 현상과, 이를 기도와 말씀으로 극복한다는 신앙적[영성적] 결과의 간극이다. 이는 앞에서 살펴 본 바와 같이 인간의 치유에는 의학적인 도구와 신앙적 도구가 필요하다는 폴 투르니에나 앤드류 뉴버그의 논지와 맥을 같이하는 것이다. 의학이라는 객관적 도구와 신앙이라는 주관적 도구의 만남, 이것은 어떤 점에서는 상호 충돌적이고 양립적이라 할 수 있다. 의학이라는 과학의 견해로 볼 때, 신앙이라는 신학의 견해가 인간 치유에 설 자리가 없어 보인다. 그런데 인간의 치유에는 의학이라는 자연과학(Natural Science)의 한계를 뛰어넘어 신앙이라는 초자연적 영성(Supernatural Spirituality), 또는 초자연적 신학(Supernatural Theology)이 개입하고 있음을 이 사건을 통해 확인할 수 있다. 이는 인간이 다른 피조물과 달리 하나님의 형상으로 지음을 받은 영성적인 존재임을 증명하는 것이다. 성경은 모든 피조물이 흙에서 나왔지만, 하나님은 흙으로 인간을 지으신 다음에 당신의 숨기운(God's Breath)을 불어넣어 주심으로 생령(生靈), 즉 살아있는 영적 존재(Living soul)가 되었다고 증언한다(창 2:6). 이런 인간이기에 인간의 치유, 신경과학, 뇌과학은 단순히 의학적인 방법론만으로는 문제의 해결에 한계가 있는 것이며 초자연적인 영성의 개입, 신앙의 역할이 요구되는 것이다. 여기서 우리는 과학[의학]과 신앙[신학]의 만남과 조화를 추구하는 신경신학의 필요성과 당위성을 보게 된다.

9) 뇌 치유와 히포크라테스 정신

이 성경적 사실을 진술하면서, 한 가지 중요한 역설적인 진리(Paradoxical Truth)를 발견하게 되었는데, 그것은 의과학의 출발이 성경에 근거한 영성에서 출발한 것이 아닐까 하는 개인적인 확신이다. 거듭 강조하거니와 인간의 생명 근원은 창조주 하나님에게 있다는 진리에서 출발하는 믿음이다. 그것을 증명하듯, 의학을 상징하는 심벌마크가 바로 모세가 광야에서 장대에 매단 놋뱀이 아닌가?[의학 상징 마크 제시]

의학의 아버지[鼻祖] 히포크라테스의 선서를 한번 살펴보자.[원문 제시]

ὄμνυμι Ἀπόλλωνα ἰητρὸν καὶ Ἀσκληπιὸν καὶ Ὑγείαν καὶ Πανάκειαν καὶ θεοὺς πάντας τε καὶ πάσας, ἵστορας ποιεύμενος, ἐπιτελέα ποιήσειν κατὰ δύναμιν καὶ κρίσιν ἐμὴν ὅρκον τόνδε καὶ συγγραφὴν τήνδε·

ἡγήσεσθαι μὲν τὸν διδάξαντά με τὴν τέχνην ταύτην ἴσα γενέτῃσιν ἐμοῖς, καὶ βίου κοινώσεσθαι, καὶ χρεῶν χρηΐζοντι μετάδοσιν ποιήσεσθαι, καὶ γένος τὸ ἐξ αὐτοῦ ἀδελφοῖς ἴσον ἐπικρινεῖν ἄρρεσι, καὶ διδάξειν τὴν τέχνην ταύτην, ἢν χρηΐζωσι μανθάνειν, ἄνευ μισθοῦ καὶ συγγραφῆς, παραγγελίης τε καὶ ἀκροήσιος καὶ τῆς λοίπης ἁπάσης μαθήσιος μετάδοσιν ποιήσεσθαι υἱοῖς τε ἐμοῖς καὶ τοῖς τοῦ ἐμὲ διδάξαντος, καὶ μαθητῇσι συγγεγραμμένοις τε καὶ ὡρκισμένοις νόμῳ ἰητρικῷ, ἄλλῳ δὲ οὐδενί.

διαιτήμασί τε χρήσομαι ἐπ᾽ ὠφελείῃ καμνόντων κατὰ δύναμιν καὶ κρίσιν ἐμήν, ἐπὶ δηλήσει δὲ καὶ ἀδικίῃ εἴρξειν.

οὐ δώσω δὲ οὐδὲ φάρμακον οὐδενὶ αἰτηθεὶς θανάσιμον, οὐδὲ ὑφηγήσομαι συμβουλίην τοιήνδε· ὁμοίως δὲ οὐδὲ γυναικὶ πεσσὸν φθόριον δώσω.

ἁγνῶς δὲ καὶ ὁσίως διατηρήσω βίον τὸν ἐμὸν καὶ τέχνην τὴν ἐμήν.

οὐ τεμέω δὲ οὐδὲ μὴν λιθιῶντας, ἐκχωρήσω δὲ ἐργάτῃσιν ἀνδράσι πρήξιος τῆσδε.

ἐς οἰκίας δὲ ὁκόσας ἂν ἐσίω, ἐσελεύσομαι ἐπ᾽ ὠφελείῃ καμνόντων, ἐκτὸς ἐὼν πάσης ἀδικίης ἑκουσίης καὶ φθορίης, τῆς τε ἄλλης καὶ ἀφροδισίων ἔργων ἐπί τε γυναικείων σωμάτων καὶ ἀνδρῴων, ἐλευθέρων τε καὶ δούλων.

ἃ δ᾽ ἂν ἐνθεραπείῃ ἴδω ἢ ἀκούσω, ἢ καὶ ἄνευ θεραπείης κατὰ βίον ἀνθρώπων, ἃ μὴ χρή ποτε ἐκλαλεῖσθαι ἔξω, σιγήσομαι, ἄρρητα ἡγεύμενος εἶναι τὰ τοιαῦτα.

ὅρκον μὲν οὖν μοι τόνδε ἐπιτελέα ποιέοντι, καὶ μὴ συγχέοντι, εἴη ἐπαύρασθαι καὶ βίου καὶ τέχνης δοξαζομένῳ παρὰ πᾶσιν ἀνθρώποις ἐς τὸν αἰεὶ χρόνον: παραβαίνοντι δὲ καὶ ἐπιορκέοντι, τἀναντία τούτων.

I swear by Apollo Healer, by Asclepius, by Hygieia, by Panacea, and by all the gods and goddesses, making them my witnesses, that I will carry out, according to my ability and judgment, this oath and this indenture.

To hold my teacher in this art equal to my own parents; to make him partner in my livelihood; when he is in need of money to share mine with him; to consider his family as my own brothers, and to teach them this art, if they want to learn it, without fee or indenture; to impart precept, oral instruction, and all other instruction to my own sons, the sons of my teacher, and to indentured pupils who have taken the Healer's oath, but to nobody else.

I will use those dietary regimens which will benefit my patients according to my greatest ability and judgment, and I will do no harm or injustice to them. Neither will I administer a poison to anybody when asked to do so, nor will I suggest such a course. Similarly I will not give to a woman a pessary to cause abortion. But I will keep pure and holy both my life and my art. I will not use the knife, not even, verily, on sufferers from stone, but I will give place to such as are craftsmen therein.

Into whatsoever houses I enter, I will enter to help the sick, and I will abstain from all intentional wrong-doing and harm, especially from abusing the bodies of man or woman, bond or free. And whatsoever I shall see or hear in the course of my profession, as well as outside my profession in my intercourse with men, if it be what should not be published abroad, I will never divulge, holding such things to be holy secrets.

Now if I carry out this oath, and break it not, may I gain for ever reputation among all men for my life and for my art; but if I break it and forswear myself, may the opposite befall me.

"First do no harm"

Main article: Primum non nocere

It is often said that the exact phrase "First do no harm" (Latin: Primum non nocere) is a part of the original Hippocratic oath. Although the phrase does not appear in the AD 245 version of the oath, similar intentions are vowed by, "I will abstain from all intentional wrong-doing and harm". The phrase primum non nocere is believed to date from the 17th century.

Another equivalent phrase is found in Epidemics, Book I, of the Hippocratic school: "Practice two things in your dealings with disease: either help or do not harm the patient". The exact phrase is believed to have originated with the 19th-century English surgeon Thomas Inman.

Context and interpretation

A 12th-century Greek manuscript of the oath

The oath is arguably the best known text of the Hippocratic Corpus, although most modern scholars do not attribute it to Hippocrates himself, estimating it to have been written in the fourth or fifth century BC. Alternatively, classical scholar Ludwig Edelstein proposed that the oath was written by the Pythagoreans, an idea that others questioned for lack of evidence for a school of Pythagorean medicine. While Pythagorean philosophy displays a correlation to the Oath's values, the proposal of a direct relationship has been mostly discredited in more recent studies.

Its general ethical principles are also found in other works of the Corpus: the Physician mentions the obligation to keep the 'holy things' of medicine within the medical community (i.e. not to divulge secrets); it also mentions the special position of the doctor with regard to his patients, especially women and girls. However, several aspects of the oath contradict patterns of practice established elsewhere in the Corpus. Most notable is its ban on the use of the knife, even for small procedures such as lithotomy, even though other works in the Corpus provide guidance on performing surgical procedures.

Providing poisonous drugs would certainly have been viewed as immoral by contemporary physicians if it resulted in murder. However, the absolute ban described in the oath also forbids euthanasia. Several accounts of ancient physicians willingly assisting suicides have survived. Multiple explanations for the prohibition of euthanasia in the oath have been proposed: it is possible that not all physicians swore the oath, or that the oath was seeking to prevent widely held concerns that physicians could be employed as political assassins.

The interpreted AD 275 fragment of the oath contains a prohibition of abortion that is in contradiction to original Hippocratic text On the Nature of the Child, which contains a description of an abortion, without any implication that it was morally wrong, and descriptions of abortifacient medications are numerous in the ancient medical literature. The oath's stance on abortion was unclear even in the ancient world where physicians debated whether the specification of pessaries was a ban on simply pessaries, or a blanket ban on all abortion methods. Scribonius Largus was adamant in AD 43 (the earliest surviving reference to the oath) that it precluded abortion. In the 1st or 2nd century AD work Gynaecology, Soranus of Ephesus wrote that one party of medical practitioners followed the Oath and banished all abortifacients, while the other party—to which he belonged—was willing to prescribe abortions, but only for the sake of the mother's health. William Henry Samuel Jones states that "abortion... though doctors are forbidden to cause it, was possibly not condemned in all cases". He believed that the oath prohibited abortions, though not under all circumstances.[18] John M. Riddle argues that because Hippocrates specified pessaries, he only meant pessaries and therefore it was acceptable for a Hippocratic doctor to perform abortions using oral drugs, violent means, a disruption of daily routine or eating habits, and more. Other scholars, most notably Ludwig Edelstein, believe that the author intended to prohibit any and all abortions.[18] Olivia De Brabandere writes that regardless of the author's original intention, the vague and polyvalent nature of the relevant line has allowed both professionals and non-professionals to interpret and use the oath in several ways.[18] While many Christian versions of the Hippocratic Oath, particularly from the Middle Ages, explicitly prohibited abortion, the prohibition is often omitted from many oaths taken in US medical schools today, though it remains controversial.

The oath stands out among comparable ancient texts on medical ethics and professionalism through its heavily religious tone, a factor which makes attributing its authorship to Hippocrates particularly difficult. Phrases such as 'but I will keep pure and holy both my life and my art' suggest a deep, almost monastic devotion to the art of medicine. He who keeps to the oath is promised 'reputation among all men for my life and for my art'. This contrasts heavily with Galenic writings on professional ethics, which employ a far more pragmatic approach, where good practice is defined as effective practice, without reference to deities.

The oath's importance among the medical community is nonetheless attested by its appearance on the tombstones of physicians, and by the fourth century AD it had come to stand for the medical profession.

The oath continued to be in use in the Byzantine Christian world with its references to pagan deities replaced by a Christian preamble, as in the 12th-century manuscript pictured in the shape of a cross.

10) 뇌의학의 십계명, 히포크라테스 선서

나는 의학의 신 그리고 건강과 모든 치유, 그리고 여신들의 이름에 걸고 나의 능력과 판단으로 다음을 맹세하노라.

나는 이 선서와 계약을 지킬 것이니, 나에게 이 의술을 가르쳐 준 자를 나의 부모님으로 생각하겠으며, 나의 모든 것을 그와 나누겠으며, 필요하다면 그의 일을 덜어주겠노라.
동등한 지위에 있을 그의 자손을 나의 형제처럼 여기겠으며 그들이 원한다면 조건이나 보수 없이 그들에게 이 기술을 가르치겠노라.
교훈이나 강의 다른 모든 교육 방법을 써서라도. 나는 이 지식을 나 자신의 아들들에게, 그리고 나의 은사들에게, 그리고 의학의 법에 따라 규약과 맹세로 맺어진 제자들에게 전하겠노라. 그러나 그 외의 누구에게도 이 지식을 전하지는 않겠노라.
나는 나의 능력과 판단에 따라 내가 환자의 이익이라 간주하는 섭생의 법칙을 지킬 것이며, 심신에 해를 주는 어떠한 것들도 멀리하겠노라.

나는 요청을 받는다 하더라도 극약을 그 누구에게도 주지 않을 것이며 복중 태아를 가진 임신부에게도 그러할 것이다.

나는 나의 최고의 능력과 판단에 따라 환자들에게 도움이 되는 식이요법을 사용할 것이다. 내가 어떠한 집에 들어가더라도 나는 병자의 이익을 위해 그들에게 갈 것이며 어떠한 해악이나 부정하고 부패한 행위를 멀리할 것이며, 남성 혹은 여성, 시민 혹은 노예의 유혹을 멀리할 것이다. 나의 전문적인 업무와 관련된 것이든 혹은 관련이 없는 것이든 나는 일생동안 결코 밖에서 말해서는 안되는 것을 보거나 들을 것이다.

나는 그와 같은 모든 것을 비밀로 지켜야 한다고 생각하기에, 결코 누설하지 않겠노라. 내가 이 맹세를 깨트리지 않고 지낸다면, 그 어떤 때라도 모든 이에게 존경을 받으며, 즐겁게 의술을 펼칠 것이요 인생을 즐길 수 있을 것이다. 하나 내가 이 맹세의 길을 벗어나거나 어긴다면, 그 반대가 나의 몫이 될 것이다.

(1) 제네바 선언

이제 의업에 종사하는 일원으로서 인정받는 이 순간, 나의 생애를 인류 봉사에 바칠 것을 엄숙히 서약하노라.

- 나의 은사에 대하여 존경과 감사를 드리겠노라.
- 나의 양심과 위엄으로서 의술을 베풀겠노라.
- 나의 환자의 건강과 생명을 첫째로 생각하겠노라.
- 나는 환자가 알려준 모든 내정의 비밀을 지키겠노라.
- 나의 위업의 고귀한 전통과 명예를 유지하겠노라.
- 나는 동업자를 형제처럼 생각하겠노라.
- 나는 인종, 종교, 국적, 정당 정파 또는 사회적 지위 여하를 초월하여 오직 환자에 대한 나의 의무를 지키겠노라.
- 나는 인간의 생명을 수태된 때로부터 지상의 것으로 존중히 여기겠노라.
- 비록 위협을 당할지라도 나의 지식을 인도에 어긋나게 쓰지 않겠노라.

이상의 서약을 나의 자유로운 의사로 나의 명예를 받들어 하노라.[138]

히포크라테스 선서는 고대 그리스의 의사였던 히포크라테스(Hippocrates)가 말한 의료의 윤리적 지침으로, BC 5세기에서 4세기 사이에 기록되었다고 알려져 있다. 히포크라테스는 인체의 생리나 병리를 '체액론'에 근거하여 사고했는데, 이는 인체는 불·물·공기·흙이라는 4원소로 되어 있고, 인간의 생활은 그에 상응하는 혈액·점액·황담즙(黃膽汁)·흑담즙(黑膽汁)의 네 가지에 의하여 이뤄진다는 것이다.

이후 오늘날의 상황에 맞도록 히포크라테스 선서를 수정한 '제네바 선언'이 일반적으로 낭독되고 있는데, 우리나라에서 의과 대학을 졸업할 때 쓰이는 선서문은 제네바 선언문이

---

138) 출처: [네이버 지식백과] 히포크라테스 선서 (시사상식사전, pmg 지식엔진연구소)

다. 제네바 선언은 1948년 스위스의 제네바에서 개최된 세계의학협회 총회에서 채택된 것으로, 1968년 최종적으로 완성되어 현재에 이르고 있다.[139]

위에서 살펴본 바와 같이, 의학의 심벌마크가 성경에 근거한 것이며, 뇌과학자를 비롯한 모든 의학자들의 사명을 담은 히포크라테스의 선서의 중심사상에도 하나님이 창조한 인간에 대한 생명윤리와 천부적인 인권사상이 담겨져 있음을 본다. 이렇게 볼 때, 인간은 최종적으로 과학[의학]을 신봉하는 존재가 아니라 신앙[신학]을 믿는 창조론적인 존재임을 알아야 한다.

11) 히스기야의 기도와 치유

구약 성경에서 영성과 치유의 관계를 극명하게 보여주는 사례 중 하나가 히스기야의 기도와 치유의 사건이다. 히스기야는 기원 전 7세기(BC716~687) 남유다 왕국 제13대 왕으로 이사야 선지자와 함께 백성을 각성시킨 영적 지도자였다. 오늘날 교회 역사가들은 히스기야를 역대의 선왕으로 평가하기 보다는 담대한 신앙심으로 당시 강대국 앗수르(Assyria)의 침략을 막아내고 하나님 앞에 부패한 이스라엘을 정화시킨 위대한 종교개혁자로 더 평가하고 있다. 또한 치명적인 질병으로 죽게 된 지경에서 낙심하지 않고 기도함으로 치유의 은혜를 누린 당세의 영성가였다. 히스기야의 영적 도전은 이른바 외우내환(外憂內患)으로 찾아왔다.

먼저 히스기야가 당한 외우(外憂)의 경우다. 하나님 앞에 패역한 선왕 아하스의 뒤를 이어 남유다 왕국의 13대 왕위에 오른 히스기야는 선대의 실정과 달리 왕국을 종교적으로나 정치적으로 안정시킴으로써 온 백성의 존경과 지지를 받았다. 그러나 재위 14년 무렵 강대국 앗수르의 침공을 받게 되어 국가적으로 큰 위기에 직면하게 된다. 군사적으로 절대적인 열세를 면치 못한 히스기야 왕은 제사장과 장로들과 은 백성에게 금식기도를 선포하고 자신은 성전에 올라가 앗수르 왕이 보낸 협박 편지를 하나님 앞에 펴놓고 간절히 기도하기 시작했다. 그 결과 히스기야의 간절한 기도를 들으신 하나님께서 침공한 앗수르 군대 18만 5천 명을 하룻밤에 진멸하심으로 유다 왕국에 승리와 평화를 허락하신다.(왕하

---

139) 출처: [네이버 지식백과] 히포크라테스 선서 (시사상식사전, pmg 지식엔진연구소)

19:14~35) 성경은 이 과정에서 하나님께서 이사야 선지자를 통하여 "**내가 한 영(靈)을 그들 속에 두고**"(왕하 19:7), "**네가 믿는 네 하나님이 예루살렘을 앗수르의 손에 넘기지 않겠다**"(19:10) 하셨다. 히스기야의 기도를 들으시고 "**여호와의 열심이 이 일을 이루리라**"(19:31) 하셨으며, 여호와께서 앗수르 왕에게 예루살렘 성을 향하여 화살 하나도 쏘지 못하리라 경고하시고, 그 밤에 주의 사자를 앗수르 군대의 진영으로 보내셔서 18만 5천 명의 모든 군사를 진멸시키셨다.(19:35)

우리는 위에서 살펴보았듯이 히스기야의 기도와 하나님의 응답 사이에 역사하는 영성을 발견하게 된다. 인간은 단지 기도할 뿐이었으나, 그 기도를 받으신 하나님은 영을 통하여 그 기도에 응답하시는 것이다. 주의 선지자라는 메신저를 통하여, 하나님이 보내신 영을 통하여, 하나님이 보내신 사자를 통하여 문제를 해결하신 영의 사건이라 할 것이다. 우리가 이 사건을 신경[뇌]의학과 결부하는 것은 결코 무리하거나 비약이 아니다. 막강한 군대로부터 침략을 당한 이스라엘처럼, 치명적인 질병으로부터 고통을 겪고 있는 신경[뇌]의 상황은 자연스럽게 유비적(喩比的)이다. 곤경에 처하여 금식하며 기도하는 왕과, 정신적 고통과 상처를 안고 기도하는 환자와 그 가족 또한 영적으로 동일한 상황이라고 할 것이다. 이것은 영성의 문제다. 영적인 싸움이다. 과학적인 사고와 논리로는 해석될 수 없는 차원의 사건이다. 그러나 영성신학의 차원에서는 능히 가능한 일이다. 히스기야처럼 응답하시는 하나님을 믿고 기도하면 히스기야를 위하여 보내신 영을 뇌치유를 갈망하는 우리에게도 동일하게 보내실 것이다. 다만 시대와 사건의 대상이 다를 뿐, 어제나 오늘이나 변함이 없으신 영존하시는 하나님의 역사는 동일한 것이다.

12) 생명을 치유하는 하나님의 주권

다음은 히스기야가 기도로 외우(外憂)를 극복한 후에 찾아온 내환(內患)의 경우다.
위에서 보듯이 하나님의 능력으로 외침을 막은 히스기야에게 바로 따라온 내적 도전은 '죽을 수밖에 없는 질병'이다. 성경은 이렇게 기록하고 있다. "**그때에 히스기야가 병들어 죽게 되매 아모스의 아들 선지자 이사야가 그에게 나아와서 그에게 이르되 여호와의 말씀이 너는 집을 정리하라 네가 죽고 살지 못하리라 하셨나이다**"(왕하 20:1)
말씀 그대로 히스기야는 죽게 되었다. 그것은 선지자 이사야의 자의적 판단으로 한 예언이 아니었다. 생명을 주관하시는 하나님의 뜻이었다. 이제는 집 안을 정리하라고 하시니 다 끝난 것이다. 이제 사람으로서 할 것은 아무것도 없다. 히스기야는 최후통첩이자 최종 선고를 받은 것이다. 이쯤 되면 누구나 포기하고 말 시간이다.

그런데 히스기야는 그렇지 않았다. 역시 그는 지체없이 성전에 올라 하나님 앞에 자신을 던진다. 지금은 죽을 수 없다는 탄원이다. 생명을 연장해달라는 도전의 기도를 하나님께 드린다. 어떤 면에서는 무모하고 불경하기까지 한 행동이다. 하나님의 뜻을 돌이킬 수 있는 인간은 없다. 그러나 히스기야는 전능하신 하나님을 믿는 단순한 믿음, 목숨을 건 무지(無知)한 기도를 하나님 앞에서 토한 것이다. "**여호와여 구하오니 내가 진실과 전심으로 주 앞에서 행하며 주께서 보시기에 선하게 행한 것을 기억하옵소서. 하고 히스기야가 심히 통곡하더라**"(20:3) 이번에도 하나님은 히스기야의 눈물의 기도에 응답하신다. 선지자 이사야를 왕에게 보내시며 "**너는 돌아가서 내 백성의 주권자 히스기야에게 이르기를 왕의 조상 다윗의 하나님 여호와의 말씀이 내가 네 기도를 들었고 네 눈물을 보았노라 내가 너를 낫게 하리니… 내가 네 날을 십오 년을 더할 것이며 내가 너와 이 성을 앗수르 왕의 손에서 구원하고 내가 나를 위하고 내 종 다윗을 위하므로 이 성을 보호하리라 하셨다 하라**"(20:5~6) 하나님이 져주신 것이다. 그렇다, 인간이 하나님을 이길 수 있는 유일한 길과 무기가 있다. 그것은 눈물의 기도요 처절한 회개의 기도. 목숨 걸고 간구한 출애굽의 지도자 모세가 그러하였고(출 32:7~14, 33:1~15), 얍복강 나루터에서 천사를 붙잡고 기도한 야곱이 그러하였다(창 32:24~31).

히스기야의 이 사건은 연약한 인간이 가진 가장 큰 무기가 기도임을 보여주는 모범적인 사례라 할 것이다. 기도의 영성이 가져오는 초자연적인 기적의 역사를 말함이다. 성경은 이처럼 신비한 하나님의 사건으로 가득하다. 그런데 이는 인간에게는 신비이고 기적이지만, 전능하신 하나님께는 신비도 아니고 기적도 아니고 '하나님의 일하심'이다. 우리는 이 사건을 역시 우리의 신경[뇌] 치유에 대비해볼 수 있다. 죽게 된 히스기야처럼 우리도 신경[뇌]의 각종 치명적인 병리현상으로 죽을 수 있다. 자연적으로는, 신경의학적으로는 지금 우리가 죽게 된 히스기야 같은 처지에 있다. 그러나 초자연적으로는, 신경신학적으로는 죽을 히스기야가 살아난 것처럼 우리도 치유와 회복을 누릴 수 있다. 신경신학, 그것은 과학[의학]과 신학[신앙]의 만남이며 조화와 협력이며 상승이기 때문이다. 그 과학과 신학의 중간에는 영성이 있기 때문이다. 전능하신 하나님의 말씀과 기도가 있기 때문이다. 기도의 각론에는 묵상이 있고 찬양과 감사가 있음이다. 앤드류 뉴버그가 "종교적 관점에서 우리는 어떤 궁극적인 진리나 신에게 우리를 연결시켜주는 무형의 정신이나 영혼을 가지고 있는 것으로 믿는다" 라고 실토한 것과 맥을 같이하는 것이다.[140]

13) 예수님이 가르쳐주신 말씀과 기도의 영성

믿음이 하나님의 선물이듯이 기도도 예수님이 가르쳐주신 선물이다. 영성의 두 기둥인 말씀과 기도가 하나님의 선물이라면 우리 인간이 가지고 있는 영성도 하나님의 선물, 하나님이 주신 것이고, 우리가 받은 것이다. 그러므로 우리의 영성의 근원은 하나님이시다. 하나님은 주신 분이고, 우리는 받은 피조물이다. **"우리가 세상의 영을 받지 아니하고 하나님으로부터 온 영을 받았으니 이는 우리로 하여금 하나님께서 우리에게 은혜로 주신 것들을 알게 하려 하심이라"**(고전 2:12) 성경이 가르쳐주심과 같다.

그러므로 우리는 건강한 영성, 하나님이 주신 영성이 역할을 하는 온전한 신경신학을 위해서는 예수님에게서 배워야 한다. 말씀을 주신 분이 예수님이시며, 기도를 주신 분도 예수님이기 때문이다. 구원이 하나님의 은혜의 선물이라면 이 선물을 받은 우리 인간은 그것을 믿음으로 받아들여야 한다. 그런데 믿음도 내 안에 있는 것이 아니라 하나님이 주신 것이다.

은혜의 근원, 은혜의 주체는 하나님이시며, 이 은혜를 받는 우리는 그것은 믿음으로 받아들여야 한다. 그러기에 믿음은 우리 인간의 몫이다. 그런데 중요한 것은 믿음은 내 안에 있는 것이 아니다. 죄인은 스스로 하나님을 믿을 수 없다. 내 자아(自我, ego)로 믿을 수 없고, 그런 믿음은 믿음이 아니다. 믿음은 내 자아가 무너질 때, 자아를 버릴 때 오는 것이다. 내 자아가 부서질 때, 성령님께서 주시는 것이다. 아니다. 성령님이 오심으로 내 자아가 부서지고 믿음이 주어지는 것이다. 그래서 많은 사람들이 "주여 저에게 믿음을 주시옵소서", "주여, 저의 믿음 없음을 불쌍히 여겨 주시옵소서" 하고 예수님께 간구했던 것이다.

그렇다. 나로서는 믿음을 가질 수 없으며, 그러기에 나에게는 믿음이 없다는 고백을 할 때, 믿음을 주시는 것이다. "내가 믿습니다"라는 고백의 선행적인 괄호 안에는 삼위일체

---

140) 앤드류 뉴버그, Ibid., p. 103.

하나님이 계셔야 한다. "(하나님께서 이 죄인을 위하여 독생자 여수님을 보내어주시고 그분을 만나도록 성령님이 인도하심으로) 내가 믿습니다."인 것이다. 이 선행적인 괄호 없는 "내가 믿습니다"는 인간의 죄성에서 나오는 '자아(ego)의 믿음', '죄의 정욕에서 오는 믿음'으로 성경이 가르치는 진정한 구원의 믿음이 아니다. 그것은 에고 안에서 나온 '자아 확신(self belief)'일 뿐이다. 성령께서 주신 '성령 믿음(Spiritual belief)'이 아니다.

그래서 성경은 "우리가 아직 죄인 되었을 때에 그리스도께서 우리를 위하여 죽으심으로 하나님께서 우리에 대한 자기의 사랑을 확증하셨느니라"(롬 5:8) 라고 선언하고 있다. 예수 그리스도의 십자가 고난은 우리가 아직 죄인 되었을 때이다. 선행적(先行的)인 대속사역이시다. 그러므로 우리는 십자가를 죄인의 지격으로 바라보는 것이다. 이 선행적인 역사는 만세 전이시다. "창세 전에 우리를 그리스도 안에서 택하셨다.(엡 1:4)" 함이다. 왜 그렇게 하셨는가? 죄인 된 우리는 감히 물을 수 없다. 그런데 성경은 답하신다. 하나님이 "그 기쁘신 뜻대로"(엡 1:5상) 하셨다는 것이다. 원문은 "하나님의 의지(뜻)의 기쁨에 따라서(κατά τήν εύδοκίαν τού θελήματος ούτού)"이다. 영어 성경에도 "according to the good pleasure of the will of Him"(KJV)으로 원문에 가깝게 되어 있다.

우리는 위에서, 우리의 영성은 하나님으로부터 받은 것으로서 그 전제는 믿음인데 영성과 믿음의 주축이 말씀과 기도라는 것을 살펴보았다. 아울러 우리의 영성도 믿음도 하나님이 주신 것이며 말씀과 기도 또한 하나님이 주신 것임을 확인했다.

14) 객관적 의학과 주관적 영성의 만남으로 이루어지는 치유

그런데 우리는 신경신학의 입장, 구체적으로 영성에 있어서 몇 가지 확인이 필요함을 느낀다. 위에서 살펴본 영성은 주관적이라는 점에서 그렇다. 우리는 앞에서 신경과학[뇌의학]은 보다 객관적인 반면, 신학[신앙]은 보다 주관적임을 살펴보았다. 필자가 앞에서 살펴본 바와 같이 폴 투르니에가 "의학적 진단은 객관적인 영역이며 영성적 진단은 주관적"이라고 지적한 바와 같으며[141] 엔드류 뉴버그도 우리가 이미 앞에서 살펴본 바와 같이 그

---

141) 폴 투르니에, 정동섭·정지훈 역, 〈폴 투르니에의 치유〉, p.22.

의 신경신학에서 뇌과학의 객관성과 종교의 주관성(Subjective Religiosity)을 지적하고 있다.142) 즉 신경신학은 의학[과학]이라는 객관적인 세계와 신학[신앙]이라는 주관적인 세계의 만남이며. 이 만남을 통하여 보다 더 효과적인 인간의 신경[뇌] 건강과 치유를 추구하는 융합적, 다학제적 영역의 개척이다. 이런 점에서 뉴버그는 종교[신앙]이 신경과학에 도움을 주며, 이런 신경신학은 종교의 영성을 이해하는 데 도움을 줄 것이라고 주장했다.143) 여기서 그는 "신경신학은 과학적 의미와 영적 의미를 결합해서 사람들이 삶의 의미와 목적, 그리고 지혜를 찾을 수 있는 새로운 경로를 만들어 줄 수도 있을 것이다."라고 과학과 신학[신앙]의 만남의 중요성을 강조하고 있다.

그런데 여기서 문제가 되는 것은 영성[신앙]의 주관성을 어떻게 신경신학에서 객관화할 수 있는가 하는 문제이다. 즉 영성[신앙]이 결여되어 있거나, 종교적인 영성[신앙]을 갖고 있지 않거나 믿지 않는 사람에게 어떻게 신경신학을 적용하느냐 하는 문제인 것이다. 이 피할 수 없는 문제를 극복하기 위해서 뉴버그는 '종교[신앙]과 관련 없는 영성'을 제기함으로써, 인간은 자신의 종교 유무와 관계없이 영성을 가지고 있는 존재이기 때문에 이를 개발하고 훈련함으로써 뇌 치유에 도움을 줄 수 있다는 논지를 펴고 있는 것이다. 그의 책 <Neurotheology> 이론적 논지뿐만 아니라, 임상적인 실험을 통해 그것을 입증하고 있있다. 필자가 앞에서 살펴 본 바와 같이, 그는 미국 갤럽과 퓨 리서치 센터(Pew Research Center)에서 조사한 결과를 근거로, 미국인 중에는 자신이 종교[신앙]적이면서 영성적이라고 생각하는 사람이 75%이고, 자신이 종교[신앙]적이지는 않지만 영성적이라고 생각하는 사람이 15%이며, 자신이 종교[신앙]적이지도 않고 영성적이지도 않다고 생각하는 사람이 5% 정도라고 했다. 앞에서 말한 대로 필자는 우리나라도 비슷한 양상일 것으로 생각하는데, 여기서 중요한 것은 종교[신앙]과 무관한 영성을 신경신학의 영역에 포함할 수 있느냐 하는 것이다. 아울러 뉴버그는 기독교 신앙을 포함한 범종교적인 입장에서 영성을 신경신학에 포함시키고 있는데, 이 점을 기독교 신경신학에서 어떻게 이해해야 하느냐 하는 문제인 것이다.

---

142) Andrew Newberg, Ibid., P. 80.
143) Ibid., p. 4.

15) 믿음의 기도 (Prayer of Faith)와 정신생물학[144]

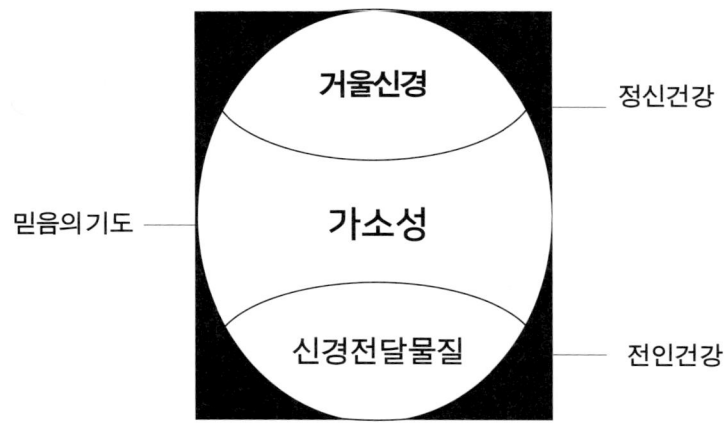

"무엇이든지 기도하고 구하는 것은 받은 줄로 믿으라 그리하면 그대로 되리라"
(막 11:24)

이스라엘 북부에는 10년 전 로켓탄 공격을 당한 마을이 있었다. 로켓탄이 이미 공중을 날고 있을 때는 집이나 집에 있는 아이들을 보호하기 위해 할 수 있는 일은 아무것도 없었다. 이런 상황은 사람들에게 엄청난 불안감을 일으켰다. 신앙이 없는 그 사람들은 불안해서 잠도 못 자고, 화를 내고, 공황상태를 보였다. 반면 신앙이 있는 사람들은 달랐다. 사이렌 소리를 듣고 로켓탄이 날아온다는 것을 알고 있었지만 그들은 방공호 안에 모여서 다 같이 찬송을 불렀다. 찬송은 그들의 마음을 진정시켜 주었다. 신앙이 없는 사람들과 달리 잠도 잘 잤고 화도 내지 않았다.

그리고 신앙이 없던 사람들에 비해 신앙이 있던 사람들이 더 많이 살아남았다. 불안한 사람들은 길거리로 나가거나, 어리석은 행동을 했고, 결국 죽음을 당하는 일이 더 많았다. 그에 반해 하나님을 믿고 기도한 사람들은 불안과 위험에 잘 대처했고, 그래서 더 많이 살아남았다. 인류의 역사를 돌이켜 보면 이런 사례들이 얼마든지 있다. 믿음이 인간의 마음에 뭔가 긍정적인 생각을 주며 희망적인 뇌의 스위치를 켜서 생존에 더 유리하게 작동한다는 것이다(KBS, 2015).

---

144) 손매남, 신경목회학(서울: 에셀나무, 2021), pp.17~179.

(1) 믿고 기도할 때 뇌 전체가 크게 활성화 된다.

6,000개 이상의 뇌를 SPECT 영상으로 촬영한 미국의 기독교 정신의학자인 에이멘 박사(Amen, D. G, 2012, 159)는 신의 존재를 느끼는 지점을 우측 측두엽이라고 주장하는 반면, 뇌와 영성 간의 관계를 20년간 연구한 미국의 신경의학자인 앤드루 뉴버그는 신과 만나는 장소가 측두엽이 아니라는 것을 밝혀냈다. 오랜 시간 동안 명상을 한 성직자의 뇌를 스캔했더니 활발하게 작동하였으며, 그중 가장 큰 차이를 보인 곳이 전두엽이었다.

전두엽은 정보의 중계소 역할을 하는 시상과 연결되면서, 어떤 대상을 집중하게 만든다. 이어서 두정엽의 활동도 증가하기 시작한다. 우리가 십자가와 같은 시각적 이미지를 보고 있다면, 측두엽 아래쪽에 있는 시각계도 함께 활성화 된다. 또 전두엽은 뇌의 감정을 담당하는 변연계와 연결되어 더없는 행복함과 고요함 등을 느끼게 해준다. 기도나 명상이 극에 도달하면, 이번에는 시상과 두정엽의 활동이 점차 줄어든다. 이때 우리는 시공간의 감각을 잃고 무아지경에 빠질 수도 있다.

명상이나 기도를 통해 행복감과 고요함이 점점 증가하다가 어느 순간, 신비한 영적 체험이 일어날 수도 있다. 이때 자극과 진정을 담당하는 자율신경계가 활성화되면서 엄청난 에너지와 극도의 행복감을 느끼게 된다(KBS, 2015). 이 모든 과정은 뇌의 한쪽이 아니라 양쪽에서 동시다발적으로 일어나는 매우 복잡하고 역동적인 과정이다. 즉, 종교나 영적 체험에 관여하는 곳은 뇌의 특정한 부위가 아니라 뇌 전체라는 것을 알 수 있다.

뇌 속에는 단 하나의 갓 스팟(신과 만나는 장소)이 있는 게 아니라 뇌의 수많은 부분이 모두 영적 체험의 일부이며, 그래서 신과 만나는 장소가 우리 뇌 전체를 말하는 것이라 생각한다. 21세기 최첨단 과학은 우리의 뇌 전체가 신과 만나는 장소라는 사실을 밝혀냈다. 물론 갓 스팟이 신이 있다는 증거는 아니다.

믿고 기도하면 뇌의 미상핵이 활성화된다. 미상핵은 우리가 사랑에 빠질 때나 쾌감을 느낄 때 활성화되는 곳이다. 2008년에 덴마크의 오르투스 대학 연구팀이 신실한 기독교 신자 20명을 대상으로 실험하였다. 실험 대상은 21-32세의 성인남녀로 정신건강에 전혀 이상이 없는 건강한 사람들이다. 이들이 눈을 감고 마음속의 하나님께 기도할 때, 뇌를 MRI로 촬영하였다. 그런데 하나님께 기도하는 동안 뇌의 미상핵이 가장 활발하게 반응하였다.

또 다른 실험에서는 산타클로스에게 기도하게 했더니, 이때는 이 부위가 활성화되지 않았다. 연구팀은, 하나님은 실제로 존재한다고 믿는 반면에 산타클로스는 가상의 인물이라고 생각하기 때문이라는 결론을 내렸다.

믿느냐 믿지 않느냐는 곧 인간 뇌의 활동 방식뿐만 아니라 뇌의 형태까지 바꾸는 강력한 힘인 것이다. 또 한편 하나님을 믿는 사람들은 전두엽이 일반인에 비해 훨씬 더 두껍다는 것이 밝혀졌다.

(2) 믿고 기도하면 뇌는 생각하는 대로 된다.

"너희가 기도할 때에 무엇이든지 믿고 구하는 것은 다 받으리라" (마 21:22) 정신의학에는 placebo effect(위약효과)가 있다. 가짜 약을 주어도 환자는 의사가 처방한 것을 그대로 믿으면 효과가 있다는 것이다. 반대로 nocebo effect(노세보 효과)가 있는데 이는 진짜 약을 주더라도 환자가 믿지 않으면 약효가 없다는 것이다.

다시 말하면, 믿음도 이와 흡사하다. 성경에 보면 마태복음 9:29에 **"가라사대 너희 믿음대로 되라"**고 하였고 히브리서 11:1에서는 **"믿음은 바라는 것들의 실상이요"**라고 증거하고 있다. 믿음이 긍정적이면 마음에 평안을 주고 불안이 없어진다.

야고보서 5:15의 말씀처럼 **"믿음의 기도는 병든 자를 구원하리니"**라고 한다.

믿음의 힘은 강력하다. 긍정적인 믿음은 사람을 살리기도 하고 부정적인 믿음은 사람을 죽이기도 한다. 긍정적인 믿음을 갖게 될 때, 뇌에서는 행복과 기쁨과 평화로운 호르몬과 신경전달물질을 분비하지만 부정적인 믿음일 때, 뇌는 비상 상태가 되어 생명과 건강에 문제를 일으키게 되고, 면역력이 떨어지는 병에 걸리거나 극단적일 때는 뇌가 쪼그라들어 죽음에 이르기도 한다.

"믿음의 기도는 병든 자를 구원하리니 주께서 그를 일으키시리라. 혹시 죄를 범하였을지라도 사하심을 받으리라" (야고보서 5:15)

신경전달물질이란 신경세포 간 의사소통을 하는 화학물질이다. 믿음과 직접적으로 연관되어 있는 물질로서 도파민과 세로토닌, 그리고 옥시토신 호르몬이 있다. 믿음은 이처럼 정신생물학적인 작용을 하고 있는 것이다. 인간의 뇌는 신경세포인 신경세포와 신경세포를 연결하는 시냅스로 되어 있는데, 신경세포는 약 1,000억 개, 시냅스는 1,000조 개 정도이다. 또한 신경전달물질은 100가지 종류가 넘는다.

믿음과 관련된 첫 번째 신경전달물질은 바로 도파민이다. 도파민은 사랑에 빠질 때 분비되는데, 이때 페르몬과 노르에피네프린 등이 분비되어 쾌락 중추를 자극하고, 이로 인해 심장이 빠르게 뛰면서 흥분을 느끼게 된다.

기도와 명상을 할 때 도파민이 분출된다는 것은 사랑에 빠질 때와 믿음에 몰두한 상태가 흡사하다는 것을 의미한다. 도파민은 공부하거나 일을 할 때 분비되면 기분 좋은 성취감을 맛보게 해준다. 도파민이 분비되면 백혈구가 증가하면서 면역기능이 강화되어 건강을 유지하는데, 도파민이 부족하면 면역기능이 떨어져 건강을 해치고, 염증과 심장병 등을 유발하며, 주의력 결핍으로 산만해지고, 조현병이나 우울증이 생기기도 한다.

믿음과 관련된 두 번째 신경전달물질은 세로토닌이다. 세로토닌 신경은 시상하부, 대뇌의 변연계를 중심으로 뇌 전체에 뻗어 있으며 신경말단에서 세로토닌을 방출하여 행복감을 느끼게 한다. 그래서 세로토닌은 행복한 신경전달물질로서 천연 항우울제라는 별명을 가지고 있다. 프로작과 같은 우울증 치료제는 세로토닌이 잘 흡수되도록 도와주는 약이다.

도파민이 분비될 때 연인들의 예를 보면 격정적인 사랑에 휩싸이지만, 세로토닌이 분비가 될 때 그들은 안정적이고 평화로운 느낌 속에서 사랑하는 것을 볼 수 있다. 세로토닌이 부족한 사람들은 매사에 걱정이 많아 불안감을 느끼고 공격적이며, 화를 참지 못하고 충동조절이 어려우며, 의욕을 상실하고 우울증에 빠지게 된다. 또한 음식에 집착하는 폭식증이나 불면증, 자살 충동에 빠지기도 한다.

마지막으로, 믿음과 관련된 신경전달물질은 옥시토신이다. 옥시토신은 여성들에게서 출산 과정에 통증을 완화시키고 자궁을 수축시키며 모유가 잘 나오도록 촉진시켜 주는 모성호르몬으로 알려져 있다. 옥시토신은 사랑의 묘약으로 불린다. 인간관계에 있어서 호감과 애정을 갖게 하는데 가장 대표적인 것이 모성이다. 옥시토신은 정서적인 유대감에 큰 영향을 미치고, 친근하고 다정하며 신뢰감 있는 관계형성에 관여하여 스트레스를 줄이고 불안감을 낮춰준다. 그러나 옥시토신 수치가 낮아지면 분리불안이나 거식증, 불감증을 일으킨다.

믿음은 도파민을 분비시켜 쾌감을 느끼게 하고 세로토닌을 분비시켜 행복을 느끼게 하며, 또 믿음은 옥시토신을 분비시켜 사랑을 갖도록 한다. 스트레스를 받고 살아가는 현대인들에게 믿음은 뇌 전체에 영향을 주므로 위로와 용기와 희망을 주는 정신생물학적인 기능을 담당하는 신경전달물질을 분비시켜 결국 치유와 정신건강의 지름길이 된다.

(3) 믿음의 기도는 평온하고 능력을 발휘한다.

본문의 말씀처럼 "이에 예수께서 저희 눈을 만지시며 가라사대 너희 믿음대로 되라 하신대 그 눈들이 밝아진지라…"고 하였다. 눈을 뜨는 기적을 체험한 것이다. 마태복음 21:22에 **"너희가 기도할 때에 무엇이든지 믿고 구하는 것은 다 받으리라"**고 하였다.
활동으로 발생한 전류를 뇌파라 말한다. 기도나 명상을 할 때 어떤 이는 깊은 희열을 느꼈다고 하는데 이는 도파민의 수치가 올라간 증거이고, 어떤 이는 안정과 평화스러움을 느꼈다고 하는데 이는 세로토닌의 화학적 변화가 활성화되었다는 증거이다. 그러면 과연 우리가 기도하거나 명상할 때 뇌의 어느 부위에서 뇌파 또는 화학적 변화가 나타나는지를 주목할 필요가 있다. 기도나 명상을 할 때 나오는 뇌파는 알파파로서 8~13헤르츠 정도인데, 머리가 제일 맑고 긴장이 완전히 풀리거나 이완된 상태일 때 발생되는 뇌파이다. 뇌파는 그 주파수와 진폭에 따라 분류를 한다.

첫째는 가장 느린 뇌파인 델타파로 0.2~4헤르츠로서 깊은 수면 중에 발생되는 뇌파이다.
둘째는 잠이 막 들기 전에 발생되는 느린 뇌파인데 4~8허르츠로서 졸음파로 알려진 세타파로써, 꾸벅 졸 때나 꿈꾸는 듯한 이완상태에서 발생되는 뇌파이다.
셋째는 긴장이 완전히 풀리고 이완된 상태에서 발생되는 안정파로 알려진 알파파로서 8~13헤르츠의 뇌파이다. 평온하고 안정된 때, 학습에 집중할 때, 쾌적한 상태에 있을 때 나타나는 뇌파이다.
넷째는 하루 활동할 때 나타나는 베타파로 13~30헤르츠이다. 스트레스파로서 긴장, 불안, 흥분상태, 공부나 일 등 정신적 작업을 할 때 발생되는 뇌파이다. 이 베타파는 우리가 이야기하고, 듣고, 만져보고, 바라보고, 냄새 맡고, 오감으로 사물을 알아차릴 때 빠르게 움직이는 뇌파이다. 하루 생활을 할 때 대부분의 사람들은 긴장과 불안의 베타파 상태를 유지한다. 델타파나 세타파는 잠이 들 때나 꿈을 꿀 때만 나타난다.

다섯째는 복잡한 인지적 활동을 할 때 나타나는 아주 빠른 고주파인 감마파로서 30헤르츠 이상을 유지하여 극도의 각성과 흥분 시에 발생하는 뇌파이다.

뇌파의 변화가 가장 큰 분위는 전두엽인데, 그 중에서도 이마 제일 앞쪽의 전전두엽이다. 전두엽은 인간의 뇌 부위 중에서도 가장 인간다운 기능을 하는 곳으로 지각하고 판단하고, 계획하는 뇌의 CEO 역할을 하는 곳이다.

그런데 알파파의 원천은 더 깊은 곳에 있다. 바로 뇌간 망상체 부활계이다. 여기에 자극이 가해지면 망상체의 활동이 활발해지고 활동신호가 발사되어 대뇌피질의 각 부분으로 전달된다. 그 자극에 의해 신피질이 활동한다. 반대로 부활계가 휴식하고 있을 때는 신피질의 자극이 발사되지 않고 두뇌 활동은 휴식으로 들어가게 된다. 깨어 있을 때와 잠들어 있을 때의 뇌파 차이는 여기에서 비롯된다고 보는 것이다.

알파파에도 3종류가 있다. 우리가 잠들기 전 멍해졌을 때의 주파수는 7~8헤르츠로 비교적 낮다. 이를 슬로우 알파파라 부른다. 어떤 재미있는 소설을 읽고 있어서 누가 불러도 들리지 않을 때 나오는 주파수는 12헤르츠 이상으로 아주 높은 진동을 보이는데 이를 패스트 알파파라고 한다.

주로 절체절명의 궁지에 빠져 심신이 모두 극도의 긴장에 이를 때 나타나는 뇌파이다. 그 중간의 9~11헤르츠 상태를 미드 알파파라 부른다. 이 미드 알파파 상태가 반짝 사고나 기억의 회상에 크게 위력을 발휘한다. 바둑이나 장기에 열중했을 때, 또 연주자가 어떻게 연주할까를 구상하고 있을 때도 미드 알파파가 나온다. 이 미드 알파파는 독창성이나 상상력과 관계가 있어서 믿을 수 없을 만큼의 큰 능력을 발휘한다. 끊임없이 미드 알파파 상태를 유지하기는 곤란하며 가장 중요한 때 미드 알파파 상태를 만드는 것이 중요하다. 미드 알파파 상태가 되면 그 누구도 받을 수 없을 만큼의 뇌력을 발휘한다. 그래서 믿음의 기도는 능력을 발휘하기도 한다.

뇌가 이완된 상태에 있을 때 어떤 문제를 생각하면 순식간에 미드 알파파 상태가 되어 아이디어가 떠오른다. 스트레스 상태에서는 베타파가 움직이기 때문에 어떤 아이디어도 떠오르지 않는다. 우리가 막 잠을 자려고 휴식하며 멍청하게 있을 때는 슬로 알파파가 나오는데 흔히 이를 세타파라고도 부른다. 이 때 무엇인가 문제를 집중하면 미드 알파파 상태로 되어 반짝 무언가 떠오르기도 한다.

믿음의 기도는 알파파를 발휘한다. 알파파는 심신의 건강을 유지하고 노화를 방지한다.

뿐만 아니라 업무나 공부의 능력을 비약적으로 높여준다. 하나님께 드리는 기도는 이처럼 대단한 위력을 가진 가장 합리적이고 이성적인 행위인 것이다.

이처럼 믿음의 생물학적 증거를 통해 하나님에 대한 믿음은 뇌를 위로하고 행복하게 해 준다. 믿고 기도하는 것은 뇌 건강에 있어 뇌 활동의 방식뿐만 아니라 뇌의 형태까지 바꿀 수 있는 힘이다. 긍정적인 믿음으로 살면 뇌에서는 기쁨과 사랑의 화학물질이 나와 삶을 건강하게 만든다. 결국 믿고 기도하면 뇌의 기능에 변화를 주어 건강하고 행복해지는 능력이 나타난다. 그래서 기도는 능력이 되는 것이다.

성경은 이렇게 말씀한다. "**너희가 기도할 때에 무엇이든지 믿고 구하는 것은 다 받으리라**"(마 21:22). "**믿음의 기도는 병든 자를 구원하리니**"(약 5:15).

왜냐하면 기도는 하나님의 능력이면서 또 한편 뇌력(알파파)를 발생시키기 때문이다.

믿음의 기도

· 마가복음 11:24 "**무엇이든지 기도하고 구하는 것은 받은 줄로 믿으라 그리하면 그대로 되리라**"

· 신경전달물질의 분비
· 도파민 ↑
· 세로토닌 ↑
· 옥시토신 ↑

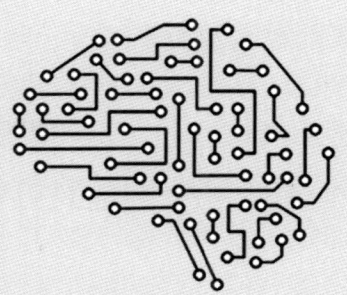

제10장

신경신학과 영성의 뇌과학(Ⅱ)

제10장

신경신학과 영성의 뇌 과학(Ⅱ)

1. 신경신학과 생각의 뇌 과학

1) 영성과 묵상

묵상(Meditation) 또한 기독교 영성의 중요한 요소다. 성경을 통해 보면 묵상은 독립적이면서도 언제나 기도와 함께 한다. 기도는 항상 묵상을 수반한다. 기도는 내 자신의 필요와 요구를 위하여 하나님께 일방적으로 요구하는 것이 아니다. 기도는 오히려 하나님의 뜻을 구하는 것이며, 하나님으로 부터 듣는 것이다. 우리가 하나님의 뜻을 구하고 알기 위해서는 기도해야 한다. 그런데 기도는 묵상을 통해 하나님의 뜻을 깨달을 수 있다. 묵상 없는 기도는 경박하다. 일반적으로 하나님께 구하기만 하고, 기도 끝에 묵상을 하지 않으면 하나님의 뜻을 분별할 수 없다. 기도 없는 묵상은 위험하고, 반대로 묵상 없는 기도는 깊이가 없다. 우리 기독교에서는 묵상을 선호하며, 명상(瞑想)이라는 용어를 기피하는 경향이 있다. 그 이유는 바로 앞에서 지적한 바, 명상은 기도와 관련이 없는, 인간의 사색과 망상, 그리고 신비적인 요소를 가지고 있다고 보기 때문이다. 또한 불교나 힌두교 등 타 종교가 추구하는 명상과 유사한 것으로 경계하는 입장이다.

성경은 묵상을 기도의 한 유형으로 묘사하고 또한 말씀을 상고하는 신중한 자세로 묘사하고 있다. "나의 반석이시오 나의 구속자이신 여호와여 내 입에 말과 마음의 묵상이 주의 앞에

열납되기를 원하나이다"(시 19:14) 그래서 이러한 기도를 묵상기도(默想祈禱, silent prayer)라고 하며, 관상기도(觀相祈禱, contemplative prayer)도 묵상기도의 한 유형으로 보기도 한다. 그런데 우리가 유의할 것은 묵상기도나 관상기도가 공히 침묵 속에서 하는 기도라는 점에 공통점이 있으나, 묵상기도는 기도를 통해 주님을 깊이 묵상하고 주님으로부터 하시는 말씀(주시는 뜻)을 분별하기를 원하는 기도라면, 관상기도는 제목 그대로 심령에 주님을 그려보려고 하는 적극적인 자세로 하나님과 합일을 구하는 신비적인 기도라 것이다. 초대교회 시대의 임박한 종말론과 종교적 박해 속에서 신에게 귀일하려는 현실 도피적인 신앙이 가져온 기도로서 유의할 필요가 있다. 현재까지도 가톨릭교회의 전통 속에서 찾아볼 수 있는 기도의 유형이다.

또한 성경은 묵상을 말씀 상고에 있어서 없어서 안 될 깊은 사려로 설명하기도 한다. "**복 있는 사람은 오직 율법을 즐거워하여 그 율법을 주야로 묵상한다**"(시 1:2, 개역한글)고 함으로써 하나님의 말씀[율법]을 상고하는 신중한 자세를 묵상의 자세로 설명한다. 즉 깊은 묵상이 말씀을 은혜로 받아들이게 하고 깨닫게 한다는 것이다. "**나로 주의 법도의 길을 깨닫게 하소서 그리하시면 내가 주의 기사를 묵상하리이다**"(시77:12, 개역한글) "**주의 말씀을 묵상하려고 내 눈이 야경이 깊기 전에 깨었나이다**"(시119:148, 개역한글) 함과 같다.

그리고 묵상은 영성과 깊은 관련이 있는 것으로 성경은 말하고 있다. 말씀이 영성을 강화하고, 기도가 영성을 강화하는 것처럼, 묵상 또한 영성을 강화하는 주요한 요소다. "**주의 말씀을 묵상함으로 나의 명철함이 나의 모든 스승보다 승합니다.**"(시119:99, 개역한글) 즉 말씀의 묵상이 영적 지혜와 명철함을 더한다는 가르침이다. 긍정적인 생각을 품고 올바른 방향으로 묵상을 시작하면 DMN(초기화 신경망)과 TPN(작업신경망)은 매우 빠른 속도로 균형을 잡는다.

묵상은 놀라운 평안함을 주고 면역력을 증가시키며 심혈관 건강에도 도움을 준다.[145] 성경은 또한 이러한 묵상을 '마음의 생각'과 결부하여 우리를 가르치고 있다.

---

145) Leaf. C. 2013, switch on your Brain P84

2) 마음의 생각(Thinking of Mind)과 생화학적 이해[146]

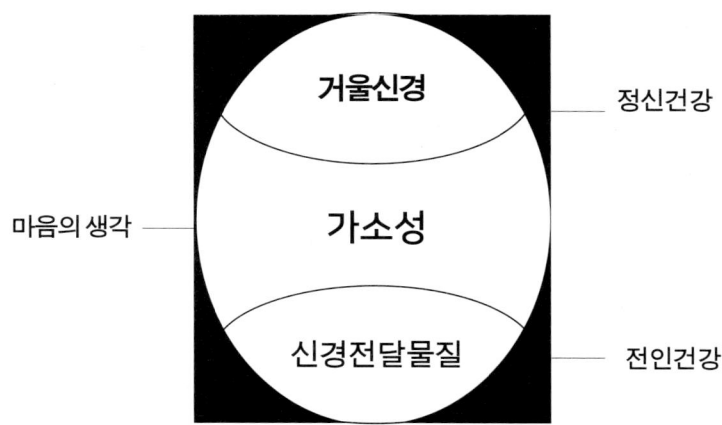

"대저 그 마음의 생각이 어떠하면 그 위인도 그러한즉"(잠 23:7)

우리의 느낌과 행동을 결정하는 것은 외부에서 일어나는 사건이 아니라 그 사건에 대한 자신의 생각이 행동을 결정한다는 사실이다. 뇌는 긍정적으로 생각할 때는 삶의 힘을 부여해주고 부정적으로 생각할 때는 분노와 불안과 우울 속에 빠뜨린다. 뇌의 심층변연계가 과잉 활성화되면 부정적인 생각이 우세하며 우울증이 나타나 사건을 부정적인 방식으로 해석한다. 그러면 자신이나 타인의 세계를 바라보는 시각이 비판적으로 된다. 모든 것은 생각하는 대로 이뤄진다. 긍정적으로 생각하면 긍정적인 일이 되지만 부정적으로 생각하면 부정적인 일이 된다는 말이다. 오늘날 과학자들의 연구에 의하면 정신질환이나 질병, 행동장애 등 75~98%가 생각(사고)에 있으며 2%~25% 정도만이 환경이나 유전에 의해 결정된다는 것이다. 이처럼 부정적인 생각(사고)은 많은 질병의 원인으로 작용되고 있으며 왜곡된 사고 및 비합리적 사고는 우울, 불안, 중독, 분노 등의 정신장애를 일으키는 것이다.

뇌의 기어변속기처럼 작동하는 곳이 전대상회이다. 전대상회는 인지적 융통성의 기능을 담당한다. 신경전달물질인 세로토닌이 부족하면 전대상회가 과잉 활성화되는데 이때 자동적으로 부정적인 생각이나 행동을 하게 된다. 과도한 전대상회의 활동과 연관된 문제

---
146) 손매남. 2012. 신경목회학 PP180~184

들은 여러 가지의 정신장애와 연관되어 있다.

또한 기억과 감정 상태를 조절해주는 심층변연계가 있는데 이곳이 과잉 활성화되면 부정적 생각에 초점을 두어 사건을 생각하게 된다. 전대상회는 한 생각에서 다른 생각으로 이동하는 역할을 하는데 이곳이 과잉 활성화되면 부정적인 생각으로 자동화 된다. 그래서 뇌의 전대상회의 기능이 과잉활성에 따른 장애로는 강박장애, 중독, 섭식장애, 월경 전 증후군, 만성통증, 반항장애, 외상 후 스트레스 등이 있다.

또한 신경전달물질인 세로토닌, 도파민, 노르에피네프린이 부족하면 뇌의 심층변연계가 과잉 활동적이 되어 부정적 사고와 부정적 감정이 고조된다. 이에 따라 우울증, 조울증, 월경 전 증후군, 산후우울증이 발병케 된다. 이처럼 부정적 사고를 하게 되면 전대상회나 심층변연계에 영향을 끼쳐 여러 가지 정신장애를 일으키게 되는 것이다.
생각은 대뇌피질의 기능이다. 대뇌피질은 사람과 다른 동물의 차이를 결정짓는 주역이기도 한다. 어떤 것을 생각하고 선택하여 결정하고 행동으로 옮기는 데는 7~10초 사이에 뇌는 활동하기 시작한다.

대뇌피질은 네 부분으로 나누어져 있다. 머리 앞쪽 이마 부위를 전두엽, 정수리를 두정엽, 머리의 측면은 측두엽, 뒤통수 쪽을 후두엽이라고 한다. 전두엽은 책임감, 야망, 창조성 등 인간 고유의 고차원적인 심리를 창출해낸다. 측두엽은 청각을 통해 언어를 이해하고, 형태와 그림을 인식한 후 모든 정보를 축적한다. 전두엽과 측두엽을 합쳐서 '연합영역'이라고 부르는데, 연합영역 중에서도 앞쪽에 위치한 전두연합영역은 인간의 이성이 탄생하는 부위이고 자아중추가 있는 부위이다. 후두엽은 눈으로 받아들인 시각정보를 분석하고 통합한다. 그리고 두정엽은 사물에 닿았을 때 감각과 통증을 느끼거나 근육의 수축을 조절한다. 후두엽과 두정엽을 감각영역이라고 부른다.

생각은 DNA 구조를 변화시킨다. 우리 몸은 세포로 구성되어 있으며 세포의 핵 속에 DNA가 있다. 실제로 '생각'에 의해 DNA가 변형된다는 사실이 과학연구를 통해서 밝혀졌다. 우리가 미래에 대해 부정적인 생각을 품는다면, 그 유해한 생각이 우리의 뇌에 변화를 일으킨다. 그러므로 묵상할 때 긍정적인 마음 생각으로 시작해야 하는 것이다.

3) 부정적 생각을 이기는 믿음의 기도와 묵상

그러면 우리의 뇌는 부정적인 방향으로 접속되고, 이후 부정적인 사고가 진행되어, 이로 인해 우리의 몸과 마음은 스트레스 상태에 빠져, 결국 스트레스는 우리 몸에 내재 된 신체 본연의 치유 능력에 악영향을 끼친다.

최근 연구 결과에 의하면 분노, 공포, 좌절 등의 부정적인 정서도 DNA의 변화에 직접적인 영향을 미치는 것으로 밝혀졌다. 즉, 우리의 생각과 감정에 의해 DNA 구조가 변화된다는 것이다. DNA의 변화는 곧 단백질의 변형으로 연결되는데, 최근 학자들은 보통 사람의 98%가 단백질의 고장으로 질병이 발생하고 2% 정도는 선천성 유전질환으로 발생한다고 주장하고 있다.[147]

생각은 유전자의 활성을 좌우한다. 유전자가 들어 있는 본처가 DNA로 세포핵 속에 들어 있다. DNA에는 유전자들이 약 25,000개 있고 이들 유전자로 인해 단백질이 만들어져서 사람이라는 구조를 만든다. 현재 많은 연구자들은 DNA 속의 유전자 90% 정도가 체내와 체외 환경에서 발생하는 신경신호에 의해 활성화된 것이라고 추정하고 있다. 실제로 유전자가 망가져서 생기는 암은 전체 암의 20% 정도이고 나머지 80%는 유전자는 멀쩡한데 유전자 발현을 조절하는데 문제가 생겨서 발병하는 것으로 보고 있다. 세포의 기능을 결정하는 것은 DNA 개체가 아니라 DNA로부터 생성된 유전자 산물이다. 이 유전자 산물이 단백질과 RNA이다. 유전자들이 여러 개 있으면 거기에 RNA가 만들어지는 단백질이 생성된다. 이 단백질이 세포의 기능을 결정한다.

생각은 단백질을 만들어낸다. 어떤 종류의 단백질이 얼마나 만들어지느냐에 또한 세포의 성질이 결정된다. 그런데 유해한 생각을 품게 되면 건전한 생각을 품을 때 형성되는 단백질과 모습도 다르고 기능도 다르다.

특히 당단백질의 세포막에 글리코 영양소인 8당(8가지 필수 탄수화물)이 있어 세포 간의 교신과 세포면역에 중요한 역할을 한다. 또한 글리코 영양소는 항체기능과 항암세포의 성장 및 전이를 억제하고 대사관계와 호르몬 조절기능을 하여, 상처와 스트레스로부터 보호하고 줄기세포 활성화와 중추신경계에 관여하면서 건강을 유지시킨다(손매남 2016. 167).

---

147) 손매남. 2016. 당생물학적 뇌치유상담 서울:한국상담개발원 P167

생각은 강력한 신경신호를 만들어낸다. 신경신호는 세포막을 통과하여 세포핵에 도달한다. 유해한 사고는 신경신호의 형성을 막고 유전자 발현 과정에 문제를 일으켜 바람직한 단백질의 모습으로 형성되지 못하도록 단백질을 변형시킨다. 유전자 발현 과정이 올바르지 않으면 DNA가 변형된다. 우리 안에 크랩 유전자로 불리는 일종의 스위치 유전자가 있는데, 생각(사고)을 통해 우리는 크랩 유전자의 스위치를 올리기로 선택하는 것이다. 그러니까 생각은 신경신호가 된다.

부정적인 생각은 DNA변형을 일으킨다. 우리가 부정적인 결정을 내릴 때에도 DNA는 변형된다. 우리가 누군가를 용서하지 않겠다는 유해한 생각, 원한, 짜증, 혹은 현재 잘 살고 있지 못하다는 느낌들을 마음에 품을 때, 유전자 발현과정이 올바르지 않아 결과적으로 체내 DNA는 변형된다. 또한 DNA 변형은 유전 정보 발현과정에도 영향을 준다. 이러한 변화는 결국 뇌 구조를 부정적인 방향으로 변형시킨다.

그런데 여기 놀라운 사실이 있다. 부정적인 감정이나 DNA 코드가 비활성 되어 참혹한 상태에 놓여 있을 때, 사랑이나 기쁨, 존중이나 감사 등의 긍정적 감정으로 이것을 만회할 수 있다는 것이다. 긍정적인 생각과 행복한 감정을 품은 HIV(에이즈바이러스) 양성 환자들의 경우, 그렇지 않은 환자보다 30만 배나 더 높은 면역 수치를 보인 연구 결과도 있다. 이 연구에서 전하는 중요한 메시지는 **"우리가 하나님의 형상대로"** (창세기 1:26) 즉 본연의 설계대로 사랑을 주고받는다면 면역세포가 늘어나 우리의 삶은 더 나아지며 심지어 체내 DNA 구조까지 향상시킬 수 있다는 것이다.

만일 우리가 부정적인 생각을 품고 부정적인 선택을 한다면 생각의 질은 현저히 떨어질 것이다. 바꿔 말하면, 뇌 조형의 질이 낮아진다는 뜻으로 병리적인 관계뿐 아니라 정신적 문제, 육체적인 질병에도 영향을 끼치는 것이다.

뇌는 나의 생각과 감정을 지배할 수 있는 능력이 없다. 뇌는 나의 생각을 그대로 따를 수밖에 없다. 좋은 생각, 긍정적인 생각을 하면 뇌는 그렇게 되고 우리 몸의 세포도 건강해진다(육체적 건강). 나의 생각이 DNA의 구조를 변형하고 나의 생각이 단백질의 고장을 일으키고 나의 생각이 유전정보의 발현과정에 영향을 준다. 부정적인 생각이 우리 몸의 근본인 세포건강에 악영향을 끼친다. 즉, 나의 부정적 생각은 육체적 질병과 정신적 질병을 일으키는 것이다.

생각은 뇌의 스위치를 켜는 일이다. 하루 5~16분 정도라도 묵상하고 기도하거나 부정적인 정서를 제어하고 집중하면 뇌의 전두엽이 개선되어 건강하게 살아갈 수 있다. 그러므로 좋은 생각, 이로운 생각을 하는 것이 전인건강, 정신건강의 비결이 된다. 성경에는 우리가 행복하고 건강하게 살기 위한 생각의 지침서가 이렇게 기록되어 있다(Leaf C. 2013. 75)

"마지막으로 형제들아, 무엇이든지 참되고, 무엇이든지 경건하고, 무엇이든지 의롭고 무엇이든지 거룩하고 무엇이든지 사랑할만하고, 무엇이든지 칭찬할만하고, 무슨 덕이나 무슨 칭찬이 있거든 이것들을 생각 하여라"(바른성경)(빌립보서 4:8)

생각(사고)의 뇌 과학

```
세포(Cell)              하나님 말씀        가소성
    │                                      │
    │                                      ├── 프리온 단백질
핵(Nucleus)                                 │    (Synapse) /
    │                                      │    신경발생관여
    │                           병의 75~98%
DNA                             사고방식에
    │       DNA철단이 짧아지고   ┌─────────┐
    │       DNA코트가 비활성화   │유해한 생각│
    │                           │ (사고)   │
RNA                             └─────────┘
    │                                │     ├── 부정적 사고
    │                          환경, 유전   │   (우울증, 불안,
    │                          2-25%       │    인격장애,
유전자                                      │    중독, 갈등)
    │                                CBT
    │                              (인지행동치료)
단백질(Protein)
    │
    │                         정신장애, 성장장애,
단백질구조/      당단백질/      뇌전증, 호르몬이상,
  치매           당사슬         저혈압, 사팔뜨기,
    │                          소뇌형성증후군
사람이라는 구조
                 긍정적 생각과 행복한 감정(사랑)
                 HIV양성환자 / 30만배 면역수치
```

뇌는 생각하는대로 되어진다.(잠언 23:7)

> **마음의 생각**
>
> 잠언 23:7 "대저 그 마음의 생각이 어떠하면 그 위인도 그러한즉 그가 네게 먹고 마시라 할지라도 그의 마음은 너와 함께 하지 아니함이니라"
>
> · 부정적 생각 : 질병의 75-98%
> · 생각 : 단백질 형성 / DNA변화 유전자 발현
> · 긍정적 생각 - DMN / TPN 균형

2. 신경신학과 사랑의 뇌과학

1) 영성과 사랑

사랑은 영성을 가장 고상한 경지로 오르게 한다. 그런데 오늘날 교회 안에서나 성도들 간에 이 사랑의 영성에 대해 깊은 관심이 없는 것 같다. 사랑을 하나의 감정으로 오해하는 경향이 많다. 그렇다. 사랑은 감정이다. 그런데 성경이 말씀하는 사랑, 예수 그리스도께서 보여주신 사랑은 최고의 신적 사랑의 감정이다. 슐라이에르마허가 종교는 신에 대한 절대 의존의 감정이라고 했는데, 그가 말한 감정은 우리 인간이 세상사에서 논하고 나누는 상대적이고 인간적인 감정이 아니다. 그것은 신적 절대성을 가진 감정, 사랑의 절대적 감정이다. 인간이 정서적으로 느끼는 감성이 아니다. 하나님에게 의존하는 절대 의존의 느낌, 신에 대한 절대 사랑의 의식(Consciousness of bsolute Love)이다. 이것은 경험 이전의 선험적인 사랑, 하나님이 만세 전에 그리스도 안에서 예정하신 절대 사랑, 아가페(Agape)인 것이다. 그러므로 예수 그리스도의 오심은 신의 사랑의 현현, 사랑의 나타나심이다. 사도 바울과 요한은 그것을 복음서와 서신서에서 적극적으로 기술하고 있다. 하나님의 사랑은 아직 우리가 죄인 되었을 때 십자가에서 확증하신 사랑이다. 하나님께서 그 아들을 보내심은 세상을 사랑하신 때문이다. 사랑이 필요해서가 아니라 당신의 선하신 뜻대로 그렇게 우리를 사상하는 것이다. 만일 하나님이 사랑이 필요해서, 사랑의 대상이 필요하거나 사

랑의 부재(不在)를 느껴서 그렇게 하셨다면 하나님을 사랑의 결핍자가 되고 만다. 하나님은 무엇이 부족하신 분이 아니다. 하나님은 "무엇이 부족한 것처럼 사람의 손으로 섬김을 받으시는 것이 아니다"(행 17:25)

이 절대적 사랑의 영성은 최고의 영성, 예수 그리스도의 영성이다. 예수님은 그 최고의 영성을 가지셨기에 우리를 위하여 하늘 영광을 버리시고 이 낮고 어두운 세상에 우리를 찾아오셨다. 우리 죄를 대신 지시고 십자가 고난을 받으셨다. 하나님의 신적 사랑의 영성을 가지신 하나님이시기에 사망 권세를 이기시고 부활하셨다. 이 사랑의 영성이 우리를 구원하셨다. 치명적인 죄의 질병으로부터 우리를 치유하셨다.

주님은 믿는 자에게 당신의 사랑의 영성을 주셨다. 내가 너희를 사랑한 것 같이 서로 사랑하라는 말이다(요 13:34). 이 사랑으로 자신을 이기라고 말이다. 이 사랑의 영성으로 병든 육신을 치유하라고 말이다. 예수님의 그 사랑은 온전하신 사랑이다. 그 사랑을 믿기만 하면 이기지 못할 질병이 없다. 뇌치유의 가장 큰 묘약이 사랑이다. 예수님의 그 사랑이다.

2) 온전한 사랑 (Perfect Love)과 신경과학[148]

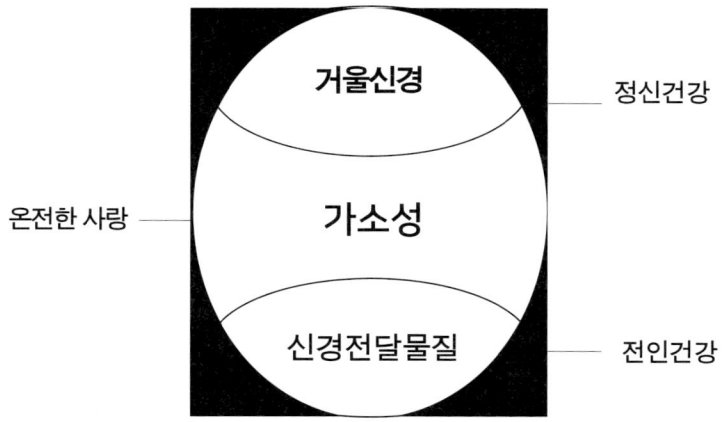

"사랑 안에 두려움이 없고 온전한 사랑이 두려움을 내어 쫓나니"

(요일 4:18)

---

148) 손매남. 2021 신경목회학 PP185-190

(1) 뇌를 새롭게 조형하는 사랑

뇌는 자극을 받아 가소성(유연성)의 기능으로 그대로 되는 것이다. 사랑의 자극을 받으면 뇌는 그대로 조형된다는 말이다.

사랑의 뇌는 사랑으로 나타나는 것이다. 사랑하면 감정센터인 변연계가 활성화된다. 사랑은 뇌의 여러 구조물에 영향을 미치게 된다. 뇌의 일반적 원리는 한 가지 기능을 위해 뇌의 여러 부위가 함께 관여하는 것이다. 사랑할 때 기본적인 반응은 변연계에서 두드러지게 나타난다. 사랑의 감정이 클수록 뇌의 보상시스템이 더욱 활성화된다. 보상시스템은 정서작용을 하는 변연계에 주로 위치하고 있다. 보상시스템의 첫째는 미상핵이라는 구조물이다. 미상핵은 운동조절에 관여하는 구조물인데 활성화되면 전대상회의 활동이 증가할 수밖에 없다. 반대로 공포센터인 편도체는 당연히 활동의 감소가 일어나게 되고 이성의 구조물인 전전두피질의 일부가 오히려 일부 감소되기도 한다.

사랑을 할 때 관여하는 두 번째 보상시스템은 복측피개영역(VTA)이다. 이곳에서 쾌감물질이 분비되어 미상핵 등 다른 영역으로 공급하게 된다.

사랑은 신경전달물질을 분비한다. 그래서 사랑을 하면 도파민이 분비된다. 뇌간중뇌의 흑질을 비롯하여 복측피개영역에서 도파민이라는 신경전달물질이 생성되는 것이다. 이 도파민은 뇌의 쾌락중추에서 기쁨과 행복을 불러일으키는 쾌감의 화학물질이다. 한눈에 가버린 눈먼 사랑은 바로 도파민이 분비되어 일어나는 현상이다. 막 사랑에 빠졌을 때는 뇌의 도파민이 분비되어 짜릿한 행복감에 도취되는 것이다. 마약이나 게임에 빠져 중독이 되는 것도 바로 쾌락중추에서 도파민이 가득하기 때문에 말할 수 없는 행복감을 느끼게 되는 것이다.

사랑을 할 때는 세로토닌이라는 신경전달물질이 분비된다. 이 세로토닌은 뇌간의 봉선핵에서 분비되어 행복감을 주는 화학물질이다. 세로토닌의 수치가 높아지면 기분이 좋아지고 행복해진다. 그러나 사랑하면서도 강박증처럼 온종일 애인만 집착하고 몰두하게 되는 것은 세로토닌의 부족 때문이다. 이 때 정상인에 비해 세로토닌의 분비가 40% 적게 나오는 것으로 보고 있다. 세로토닌이 분비가 안 되니까 전대상회가 과잉활성화 되어 불안한 사랑을 하는 것이다.

제10장

사랑을 할 때는 엔도르핀이 분비된다. 엔도르핀은 몸 안에서 분비되는 모르핀이다. 이는 양귀비에서 추출되는 것과 같은 가장 강력한 진통제이다. 사랑을 할 때 공원에 앉아 밤새 모기가 팔다리를 물어뜯는데도 아픈 줄 모르는 것은 바로 엔도르핀의 분비 때문이다. 엔도르핀은 PEA(페닐에틸아민)처럼 뇌의 신경전달물질이지만 PEA처럼 통증을 억제하여 마음을 안정시킨다. 그래서 연인들이 엔도르핀의 분비로 인해 평온하고 안정된 느낌을 갖게 되며 평화로운 분위기에서 식사하고 대화하고 잠을 자게 되는 것이다. 또한 엔도르핀은 어머니가 갓난아이를 안고 귀여워할 때 아이의 몸 안에서 흘러나온다. 따라서 아이들은 행복하고 평화로운 느낌을 갖게 되며 사랑의 기쁨을 배우게 된다. 최근에 와서 사랑에 깊이 빠지게 될 때 엔도르핀보다 4000배나 강한 다이돌핀이 나온다는 것이 밝혀졌다.

사랑을 할 때 옥시토신이 분비된다. 옥시토신은 시상하부에서 분비되는데, 이는 아이를 낳을 때 자궁을 수축시켜 태아의 분만을 용이하게 하고 아이가 어머니의 젖을 빨 때 분비되는 사랑의 호르몬이다. 옥시토신은 여자가 아이를 낳고 갓난아이를 포옹하고, 젖을 먹이고 남편과 성생활을 할 때 분비되어 쾌감을 높여주기도 한다. 옥시토신은 여성뿐만 아니라 남성에게도 나온다.

옥시토신은 성생활을 할 때도 중요한 역할을 하는데 근육을 부드럽게 하고, 신경을 예민하게 하여 상대를 꼭 껴안고 싶은 충동에 사로잡히게 된다. 성적홍분이 강할수록 옥시토신이 더 많이 분비되기 때문에 성생활에 쾌감을 더욱 증대된다. 어머니의 힘은 바로 옥시토신에 달려있다. 자식을 끝까지 사랑하는 어머니의 놀라운 힘은 옥시토신이라는 물질 때문이다. 이처럼 낭만적인 사랑에 빠질 때, 행복감을 느낄 때, 모두 뇌가 활동하는 것이다. 결국 사랑은 뇌로 하는 것이다.

(2) 신생신경세포(새로운 뉴런)을 증가시키는 사랑

사랑은 신생신경세포를 증가시키고 항산화물질을 증가시켜 건강을 유지하게 하는 것이다. 사랑을 주고받으면 면역세포가 30만 배 더 늘어나 우리의 삶은 더 나아지며 심지어 체내 DNA구조까지 향상시킬 수 있는 것이다. 사랑은 해마의 치상핵에서 새로운 신경세포를 만들어준다. 오래된 신경세포를 새로운 신경세포로 바꾸어 주면 뇌는 다시 원기(활력)를 회복하게 된다. 신생신경세포(새로운 뉴런)은 스트레스에 예민하여 부서지기 쉬운데 이 세포가 잘 자라나기 위해서는 1개월 정도 시간이 걸린다. 적어도 1개월 정도 이상은 최적의 사랑을 유지해야 한다.

(3) 뇌세포를 활성화시키는 사랑

세계적인 뇌 과학자인 일본의 안토니오 다마지오 박사는 행복할 때, 사랑을 느낄 때, 뇌의 전대상회 피질이 강하게 활동한다고 하였다. 그는 PET(양전자 반사 단층 촬영)를 이용해서 행복한 기분일 때, 전대상회 피질이 강하게 반응하고 슬픈 기분일 때, 후대상회 피질이 반응함을 발견하였다. 전대상회 피질에는 스핀들 신경세포(spindle neuron)이라는 대형신경세포가 있다. 이것이 행복감의 신경세포로 추측하고 있다. 사랑을 느낄 때 전대상회 활동이 증가한다. 애인사진을 봤을 때 활성화 된 부분은 해마, 전대상회피질, 전두엽 등이 있다. 아이의 사진을 봤을 때는 전대상회 피질과 전두엽이 활성화하였다. 즉 애인의 사진을 봤을 때는 해마가 큰 자극을 받으나 아이의 사진에는 해마가 그다지 자극을 받지 않는다.

(4) 뇌에 에너지를 주는 사랑

BDNF(뇌유래신경성장인자)는 해마 안에 있다. 해마 안에 BDNF가 많으며 CRH(Corticotropin-Releasing Hormone, 부신피질자극 호르몬 반출)의 분비가 억제된다. 결국 스트레스Stress를 억제해서 우울증이 치료된다. 우울한 상태를 억제하려면 스트레스 호르몬을 억제해야 된다. 그렇게 하면 뇌의 영양인자인 BDNF를 증가시키는 효과가 있다. BDNF를 증가시키려면 사랑, 운동, 성호르몬의 분비가 왕성해야 한다. 사랑을 하면 예뻐진다는 말도 바로 이러한 원리 때문이다.

(5) 두려움(불안)을 이기는 사랑

요한1서 4:18 **"사랑 안에 두려움이 없고 온전한 사랑이 두려움을 내어 쫓나니 두려움에는 형벌이 있음이라, 두려워하는 자는 사랑 안에서 온전히 이루지 못하였느니라"** 사랑은 치유제이고 상담자가 제일 먼저 가져야 할 근본 자질이다. 영국 유니버시티 칼리지 런던의 인지 신경과학의 연구팀에서는 사랑에 빠진 사람들이 애인사진을 볼 때 74.6점, 친구의 사진을 볼 때 3.2점이었다. 사랑의 감정은 내측도, 전측대상피질, 대상핵과 피각의 활동증가로 운동 조절을 한다. 반대로 우반구의 후측대상피질과 전전두피질의 활동은 감소한다.

스트레스를 받거나 화가 나면 사람들은 흔히 "아드레날린이 나온다."라고 말한다. 아드레날린(에피네프린)은 스트레스 호르몬의 하나로 부신수질에서 분비된다. 또 다른 스트레스 호르몬인 코르티솔도 부신피질에서 나온다. 부신수질은 교감신경과 연결되어 있다. 교감신경이 자극을 받으면 부신수질에서 아드레날린이 나와 혈액을 순환한다. 분노나 불안 같은 강한 스트레스에 대한 초기반응으로 나타난다. 한편, 노르아드레날린은 교감신경계의 신경전달물질로, 뇌간의 '청반핵'에 있는 노르아드레날린 신경에서 나온다.

부신수질에서 아드레날린이 분비되면 그와 동시에 뇌간의 청반에서 노르아드레날린이 나온다. 아드레날린이 분비되면 운동기관으로 공급되는 혈액이 늘어나 혈압이 오르고 호흡이 빠르고 거칠어진다. 또 뇌 기능이 활성화될 때 일어나는 반응으로 동공이 커진다. 쉽게 말해 흥분상태가 되는 것이다. 그래서 인간관계, 부부관계, 자녀관계를 망쳐버리는 것이다. 노르아드레날린은 뇌에서 내리는 명령인 셈인데, 직접 교감신경을 작동시켜 아드레날린과 마찬가지로 기능을 한다.

노르아드레날린이나 아드레날린은 모두 위험한 상황에서 제 몸을 지키려고 할 때 도망갈 것인가, 그냥 있을 것인가에 대한 반응을 일으키는 역할을 한다. 그래서 지금도 인간은 분노나 공포에 사로잡히면 얼굴이 빨개지고 심장이 쿵쿵거리며 화가 치밀어 오르고 심해지면 상대를 공격하게 된다.

아드레날린이 작용하는 시간은 길어야 1시간 정도이며, 대부분 5~10분을 넘지 않는다. 그러므로 조금만 더 인내하는 습관을 길러야 한다. 세로토닌 신경전달물질이 활성화되면 신속하게 평정심을 회복할 수 있으므로 혹여 노르아드레날린 신경이 작용하거나 혈중 아드레날린 농도가 증가해도 분노나 공포, 불안 등의 감정을 재빨리 억제할 수 있다. 또 운동을 하거나 긍정적인 생각을 하면 좋다.

화가 나면 자기 자신이 Stop(그만)하고 잠시 쉬고 생각하는 습관을 갖는 것도 좋다. 인간관계를 파괴하는 사람들은 공통적으로, 충동적 분노성향이 있다. 이는 약해진 세로토닌 신경이 노르아드레날린 신경을 제대로 억제하지 못해서 생긴 현상이다. 이러한 성향은 세로토닌 신경을 활성화함으로써 분노나 불안, 공포 같은 감정을 억제하여 평상심을 되찾을 수 있다. 사랑을 하면 세로토닌을 분비하기 때문에 이러한 부정적 정서를 억제하여 대인관계까지 원만하게 되는 것이다.

또한 만성 스트레스가 되면 부신피질에서 코르티솔 호르몬이 분비된다. 스트레스가 오랫동안 지속되면 뇌의 시상하부를 자극해서 CRH(피질자극 분비 호르몬)를 분비하고, 뇌하수체에서 ACTH(부신피질 자극호르몬- adrenocoticotropic hormone)를 분비하여 부신을 자극하고 만성스트레스 호르몬인 Cortisol을 분비한다.

이 스트레스 호르몬은 해마 안에서 신생신경세포를 파괴하고 해마 안의 수상돌기를 수축하여 기억장애(외현 기억을 엉망으로 만든다)를 일으키고 우울증도 일으킨다. 그런데 사랑은 시상하부에서의 피질자극 분비호르몬(CRH)을 억제하게 함으로써 결국에는 우울증을 예방할 수 있다. 사랑은 해마 안에서 뇌신경영양인자(BDNF)를 증가시켜 CRH의 분비를 억제하는 물질로 작용하게 함으로써 만성 스트레스의 기전을 막아주는 기능을 하는 것이다. 결국 사랑은 스트레스를 이기게 한다.

(6) 치유의 원동력이 되는 사랑

요한1서 4:18은 **"사랑 안에 두려움이 없고 온전한 사랑이 두려움을 내어쫓나니"**라고 하였다. 신경과학에서도 사랑의 가장 중요한 면은 불안이 없는 것이라고 말하고 있다. Neuroscience suggests that an important aspect of love is the absence of fear (Cogolino, 2010)

BDNF(뇌유래신경영양인자)는 시상하부에서 스트레스 호르몬을 억제해준다. 그래서 사랑은 해마에서 BDNF를 생성하기 때문에 스트레스를 방어해 준다. 스트레스로 인한 질병이 75% 이상인데, 자연스럽게 사랑은 질병을 예방해 준다. 뿐만 아니라 사랑은 정신병리의 근본인 불안을 없애주기 때문에 완전한 치유제의 기능을 하게 된다.

> ### 온전한 사랑
>
> · 요한1서 4:18
> "사랑 안에 두려움이 없고 온전한 사랑이 두려움(불안)을 내어 쫓나니"
>
> · 신경과학
> Neuroscience suggests that an
> important aspect of love is the absence of fear (Cogolino, L 2010)
>
> · 신경전달물질 분비
> · DA↑, SE↑, Oxcytocin↑
>
> · 면역세포↑, 신생세포↑, 해마의 BDNF↑

3. 신경신학과 감사의 뇌과학

1) 영성과 감사

영성의 또 하나의 중요한 덕목은 감사이다. 감사는 우리 영혼이 가장 긍정적으로 하나님께 나아가는 자세다. 성경은 감사함으로 하나님의 궁정에 들어가라고 명하신다. "**우리가 감사함으로 그 앞에 나아가며 시를 지어 즐거이 그를 노래하자**"(시 95:2) 긍정적인 믿음은 치유에 가장 효과적인 무기다. 그래서 시편 기자는 26행의 시 전편을 "**여호와께 감사하라 (Give thanks to the Lord)**"라는 두운(頭韻)으로 노래를 일관하고 있는 것이다.(시 136:1~26) 감사의 영성이 우리 뇌[신경]를 비롯한 육체의 건강에 미치는 효과는 재론의 여지가 없다.

2) 감사와 신경과학[149]

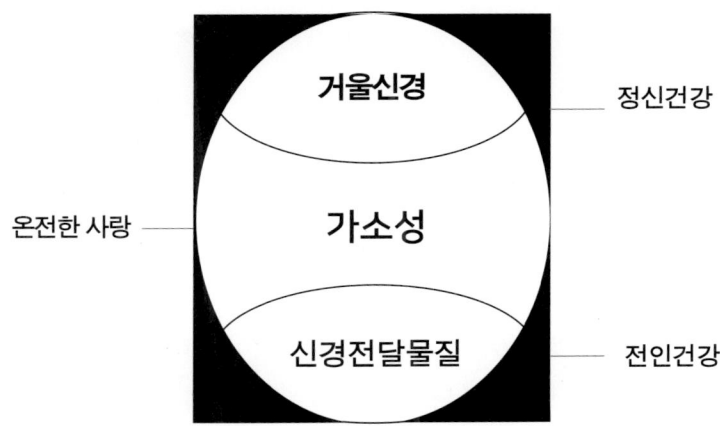

"사람이 감사로 말미암아 은혜가 더하여 넘쳐서 하나님께 영광을 돌리게 하려 함이라."
(고린도전서 4:15)

우리의 삶은 에너지이다. 이 에너지는 파동으로 전달된다. 우주 만물은 각기 고유한 파동이 있으며 사람마다 그 사람만의 고유한 파동이 있다. 내 마음 속에 떠도는 생각에도 파동이 있으며, 불쾌한 느낌에도 파동이 있다. 날마다 입으로 하는 말에도 파동이 있고, 듣는 음악에도 파동이 있다. 또한 감사도 에너지이기 때문에 파동으로 전달되며 이 파동은 대단한 힘을 가지고 있다.

우리의 생각이나 느낌, 그리고 음악이 물의 결정체에 어떤 영향을 미치는가를 고성능 현미경으로 촬영하여 그 얼음의 결정체를 연구한 보고가 있다. 물을 얼려 튜브에 넣은 다음 앞에 놓고 '사랑과 감사'라는 단어를 말하였다. 그런 다음에 동일한 조건하에서 아무 말도 하지 않은 물의 결정체와 비교해 보았다. 아무 말도 하지 않고 얼린 튜브는 흐리고 불투명한 모습을 보는 반면에 '사랑과 감사'라는 단어를 사용한 물의 튜브에서는 그 결정체가 규칙적이면서도 선명하고 정교한 아름다운 레이스 모양을 하였다. 또 다시 물을 실험하였는데, 이번 실험에서는 "너는 내게 깊은 상처를 주었어, 너를 죽여 버릴 거야."라고 말을 건넨 후 물의 반응을 관찰하였다. 그 물의 결정체는 뒤틀리고, 파괴되고, 분열된 상태였다. 물의

---

149) 손매남. 2021 신경목회학 PP191-193

결정체에 매우 부정적인 영향을 미친 것이다. 이처럼 몇 마디 말로도 물의 결정체에 영향을 미치는데, 하물며 강력한 힘을 가진 감사라는 용어는 우리의 삶에 아주 지대한 영향을 끼친다는 것이다.

신경과학자에 의하면 감사하는 마음을 가질 때 뇌의 혈류량이 크게 증가해 뇌의 활동이 활발해지고 모든 몸의 부위가 최적의 기능을 발휘한다고 한다.

그리고 뇌의 대상회 전부와 좌 뇌간의 신경절의 활동이 원활하고 집중력이 높아지며 한 생각에서 다른 생각으로 쉽게 전환하고 기억력도 증대된다. 뿐만 아니라 의욕이 넘치고 신체기관이 활발하게 상호 협력해 나간다는 것이다. 그러나 부정적인 생각을 하면 소뇌의 기능이 거의 정지되고 뇌의 혈류량이 전체적으로 감소되어 우측의 좌뇌피질의 활동이 일시적으로 감소된다는 사실을 발견하였다.

부정적 생각은 심리적으로 결국 분노, 적개심, 실망감, 근심, 불안감, 우울증과 같은 부정적 감정을 유발시켜 부정적이고 파괴적인 행동을 보이도록 유도한 것이다. 부정적 감정일 때는 뇌의 변연계의 편도체와 우측 전전두피질의 과잉활성화를 보이게 되고, 반대로 낙관적인 감정일 때는 좌측 전전두피질이 정상적으로 활성화된다. 부정적인 감정은 스트레스 호르몬인 코르티솔을 분비시켜 몸을 위축시키며 병을 만들어낸다.

감사는 우리 몸의 기본기관인 심장과 뇌에 그대로 영향을 미친다. 그래서 감사하는 마음을 가지면 심장 박동이 규칙적이고 주기적이며 균형 잡힌 파장을 내보낸다. 따라서 감사는 평온하고 일정한 심장 박동으로 심장 혈관의 건강에 도움을 준다. 또한 면역 기능을 향상시키고 신경계의 기능을 원활하게 만들며 호르몬의 균형을 불러일으킨다.

감사도 에너지이다. 그래서 이 에너지는 파동으로 전달된다. 그래서 감사를 심으면 공명의 힘에 의해 더 큰 감사를 만들어 낸다. 자신의 존재를 소중히 여기는 마음을 가질 때 자신에 대한 감사가 나오고, 다른 사람에 대해 존경하는 마음을 가질 때 타인에 대한 감사가 나오며, 환경이나 직장에 대한 감사를 가질 때 우리는 진정한 삶에 대한 감사를 누리게 된다. 그리스도인은 하나님께 늘 나 자신과 타인, 그리고 환경에 대해서 진심으로 감사하는 생활을 누릴 때, 그 감사는 결국 넘치는 축복을 받게 되며 하나님께 영광을 돌리게 된다. 성경은 이렇게 말한다. "*은혜가 많은 사람의 감사함으로 말미암아 더하여 넘쳐서 하나님의 영광을 돌리게 하려 함이라.*"(고후 4:15)

"만일 내가 감사함으로 참여하면, 어찌하여 내가 감사하다 하는 것에 비방을 받으리요." (고전 10:30)

"그래서 먹든지 마시든지 무엇을 하든지 하나님의 영광을 위하여 하라."(고전 10:31)[150]

---

150) 손매남, 신경목회학(서울: 에셀나무, 2021), pp. 172-175.

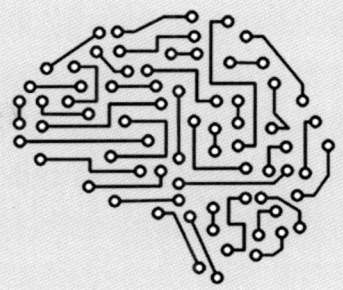

제11장

신경신학과 영적체험

제11장

신경과학과 영적체험

1. 영적 체험과 신의 자리[151]

현재 세계적으로 4000여개의 종교가 있으며 세계인구의 약 80%가 종교를 가지고 있다. 21세기에도 신을 믿는 믿음은 건재하다. 종교가 존재하는 다양성은 모두 각각 영적체험을 경험한 신비로운 특징을 지녔기 때문이다. 신의 음성을 듣거나 신을 만나는 신비로운 영적경험은 수많은 종교를 발생시키는 원인이 된 것이다. 종교는 영적체험을 주장하지만 과학은 영적체험을 증거하려고 노력하고 있다. 그것이 신경신학이다.

1970년대의 신경과 의사들은 뇌전증 환자에게서 보이는 현상을 영적체험으로 보는 것이다. 뇌전증은 신경장애의 일종으로 이유 없는 발작을 동반하는 것이 특징인데 환자들이 발작중에 천사를 보거나 신의 음성을 들었다고 보고되었기 때문이다. 이전에는 간질이라 부르던 병명이 사회적 편견 때문에 2014년 완전히 뇌전증으로 공식화 되었다.

불꽃 같은 영적 체험을 했던 파스칼이나 신의 계시를 듣고 개종한 사도바울, 소크라테스, 나폴레옹, 도스토엡스키 등의 영적체험도 사실은 뇌전증 발작이였다는게 의사들의 설

---

151) 제12장 기독일보 2024. 11. 02.

명이다. 이 말은 영적 체험은 모두 비정상적으로 작동한 뇌가 일으킨 망상이라는 것으로 이해된다. 뇌전증 발작은 부정적인 체험을 하는 경우가 거의 대부분이지만 매우 드문 현상이다.

당시 신경과 의사들은 이전 종교적 체험(영적체험)을 일으키는 뇌의 부위는 해마와 편도체를 포함한 내측측두엽 부위라고 생각했다. 이들은 영적체험을 일으키는 측두엽에 아주 의미심장한 이름, 즉 God's Spot(신의 자리)라고 하였다. 간질이라고 한 뇌전증은 영어의 Epilepsy 인데, 이의 원뜻은 "악령에 의해 영혼이 사로잡히다"라는 그리스어에서 나온 말이다.

측두엽은 관자놀이 안쪽에 있는데 뇌의 측면을 따라 뻗어나가면서 깊숙한 곳은 변연계와 연결되어 있다. 변연계에는 시각, 청각, 후각, 기억등을 처리하는 저장창고 역할을 하는 곳이다. 변연계에서 나는 소리와 빛의 섬광을 신(God), 혹은 신의 음성, 천상의 멜로디 등을 실제 보고 들은 것으로 착각한다는 것이다.

지난 20년 간 주목할 만한 연구 성과를 거둔 신경과학자인 앤드류 뉴버그(Andrew Newberg) 박사는 미국 펜실베니아주 필라델피아에 있는 토마스 제퍼슨 의과대학 부속병원의 신경의학 교수이다. 그는 성직자들을 촬영장비가 설비된 방안에 들여보낸 후 기도나 명상을 한 후에 신을 만나거나 강력한 영적 체험에 이른 순간 신호를 보내면 그 순간 재빨리 촬영 버튼을 누르는 실험을 한 것인데 일반인과 비교해 보면 영적체험을 일으키는 신의 자리가 어디인지를 찾아낼 수 있었던 것이다. 신의 자리는 측두엽이 아니라 신을 만나고 영적 체험을 하는 곳은 뇌의 특정부위가 아니라 뇌 전체라는 것이다. 즉 뇌에는 특별한 신의 자리가 없고 뇌 전체라는 것이다.

그는 명상을 하지 않는 뇌와 오랜 시간 명상을 한 뇌를 비교 스캔한 결과 전체적으로 성직자들의 뇌가 활발하게 작동하는데 그 중에서도 가장 큰 차이를 보이는 곳이 전두엽이다. 또한 성직자들의 뇌 스캔사진을 들여다보면 특정부위보다 뇌 전체가 골고루 활동하고 있다는 것을 발견하였다. 명상이나 기도를 할 때 뇌 속에서 맨 처음 일어나는 일은 전두엽 활동이 크게 증가하는 것이다. 전두엽은 정보의 중개소 역할을 하는 시상과 연결되면서 어떤 대상에 집중하게 만든다. 이어서 뒤쪽에 있는 두정엽의 활동도 증가하기 시작한다.

사람들이 십자가나 불상과 같은 시각적 이미지를 보고 있다면 측두엽 아래쪽에 있는 시각계도 함께 활성화 된다. 또 전두엽은 뇌의 감정을 담당하는 변연계와 연결되어 더 없는 행복함과 고요함 등을 느끼게 해 준다. 기도나 명상이 극에 도달하면 이번에는 시상과 두정엽의 활동이 줄어든다. 이때 시공간의 감각을 잃고 무아지경에 빠질 수 있다. 명상이나 기도를 통해 행복감과 고요함이 점점 증가하다가 어느 순간 신비한 영적 체험이 일어날 수 있다. 이에 자극과 긴장을 담당하는 자율신경계가 활성화 되면서 엄청난 에너지와 극도의 행복함을 느끼게 된다. 이 모든 과정은 뇌의 한쪽이 아니라 양쪽에서 동시 다발적으로 일어나는 매우 복잡하고 역동적인 과정이다.

정리하자면 앤드류 뉴버그 박사는 신경학적으로 종교와 영적체험에 관여하는 곳은 뇌의 특정부위가 아니라 뇌 전체이며 이는 결국 유일한 신의 자리는 없다는 의미이다. 이것은 21세기 최첨단 과학이 밝혀낸 증거이기도 하다.

2. 영적 체험과 믿음체계[152]

영성은 종교성과 마찬가지로 매우 다양한 요소들이 관련되어 있다. 영성은 감정적 요소, 인지적 요소, 경험적 요소 그리고 행동적 요소를 포함하고 있다. 영성은 매우 강한 감정적 반응과 연관되어 있는데 긍정적인 감정인, 기쁨, 사랑 그리고 연민과 같은 것에 관련되어 있다. 그래서 어떤 분들은 영적 체험을 하는 것처럼 느낀다고 말하고, 또 어떤 사람들은 영적 체험을 했을 때 훨씬 행복하며 심지어는 황홀감에 가까웠다고 말한다.

영적 체험에서 느끼는 강력한 기쁨은 편도체의 활성화와 자율신경계를 조절하는 시상하부가 동반되어 활성화 되는 것과 연관이 되어 있기 때문이다. 자율신경계는 뇌와 신체를 연결하기 때문에 영적 체험을 하는 사람은 기쁜 감정뿐만 아니라 신체전신을 통해(심박수와 호흡증가와 같은) 감정을 체험한다.

영성과 관련이 있는 강력한 체험과 특히 연관이 있을 수 있는 뇌의 또 다른 영역은 뇌섬

---

152) 기독일보 2024. 11. 11

엽(Insula)이다. 뇌섬엽 피질은 변연계와 피질사이에 위치에 있으며 감정인식에 관여하는 것으로 보인다. 따라서 변연계는 우리가 감정을 느끼는데 도움이 되는 것으로 보이는 반면 뇌섬엽 피질은 그러한 감정을 해석하는데 도움이 되는 것으로 보인다. 몇몇 연구에서 뇌섬엽 피질의 활성화는 명상이나 기도와 같은 영적 수행과 관련이 있다는 것을 보여주고 있다.

신경전달물질의 관점에서 보면 매우 긍정적인 영적 체험은 뇌의 보상체계의 일환으로 도파민 방출을 유도할 수 있다. 보상체계는 변연계와 기저핵으로 구성되어 있다. 기저핵은 특히 도파민 방출과 관련이 매우 긍정적인 감정반응에 수반되는 뇌 중추영역을 나타낸다. 또한 도파민과 함께 세로토닌은 특히, 개인의 감정상태에서 장기간 변화로 이어질 때 이러한 고도의 긍정적인 감정 반응에 수반된다. 강렬한 영적 체험을 하는 사람들은 종종 감정상태가 세상에 대해 더욱 긍정적이고 사랑스럽고 동정적인 시각으로 이어지는 전영역적인 변화가 있음을 보고한다. 체험하는 동안 도파민은 단기적으로 증가되고 세로토닌은 체험 후 장기적으로 증가될 수 있다.

더욱 부정적으로 변한 감정은 두려움, 슬픔 그리고 경외심을 포함한다. 경외심은 긍정적인 감정일 수 있지만 어떤 사람이 체험에 완전히 압도된다고 느낀다면 그 체험이 너무나 충격적이기 때문에 그것은 두려움으로 이어질 수 있다.

신 앞에서 두려움이나 전율을 느낀다는 개념은 많은 경전에 기록되어 있는 것이다. 그러나 과학 문헌과 경전에서 영적 체험을 설명할 때 체험을 전적으로 부정적인 감정으로 표현하는 것은 거의 없다. 깊은 증오나 분노와 연관되어 있는 체험은 극소수일 뿐이다.

영적 체험의 감각적 요소들은 다양한 감각기관들과 관련이 있거나 적어도 감각기관을 통제하는 뇌 영역과 연관이 있을 수 있다. 영적 체험에 대한 많은 설명들은 감각기관들이 고도로 지각한다는 것을 말해준다. 예를 들면 어떤 사람은 이제까지 들어본 음악 중 가장 아름다운 음악을 꼽을 수 있다. 그 사람은 이전에 목격한 어떤 빛보다도 더 아름다운 강력한 빛을 보거나 인식했기 때문이다. 그 사람은 또한 몸 안에서 어떤 일이 일어난다고 느낄 수도 있다. 예를 들면, 팔과 다리에서 복부와 심장에 이르기까지 신체의 모든 부분에서 감정적 기쁨이 느껴질 수도 있다. 뇌의 감각영역의 활성화가 영적 체험과 연관이 있는지 여부를 탐구한 연구는 극히 드물다. 한 설문조사에서 사람들은 죽은 친척, 예수, 또는 신을 보거나 아름다운 음악을 듣거나 신의 목소리를 듣는 등 여러 가지 시각적 체험들을 보고했다.

영적 체험을 하는 동안 뇌의 인지중추는 일반적으로 활동이 감소된다. 사람들은 종종 영적 체험을 말로 표현할 수 없거나 언어를 초월하는 방식으로 설명한다. 영적 체험은 이런 방식으로 추상적인 추론, 언어 또는 다른 개념처리의 정상적인 인지프로세스를 초월한다. 이것은 변연계나 기저핵과 같은 뇌의 기저영역 혹은 중추적인 영역이 커지는 동시에 고등피질영역의 일부가 꺼진다는 것을 시사하는 것으로 보이기 때문에 흥미로운 시나리오이다. 이와 같은 뇌 활동 변화는 왜 영적 체험이 정상적인 이성적 사고를 초월하는 것처럼 보이는지 설명하는 데 도움이 되고 체험을 한 사람이 영적 체험에 대한 어떤 새로운 종류의 합리적인 설명을 찾는 데 도움이 된다.

영적 체험이 끝난 후, 체험을 한 사람의 뇌 인지프로세스는 다시 켜져서 방금 일어난 일을 이해하려고 노력한다. 체험을 한 사람은 방금 일어난 체험을 자신의 지배적인 믿음체계에 통합하려고 할 수도 있다. 매우 종교적인 사람이 자신이 하나님 앞에 있는 것으로 인식하는 체험을 할 때와 같이 가끔 체험을 자신의 믿음체계에 통합하는 것은 쉽게 이어질 수 있다. 체험을 한 사람은 자신의 믿음을 더욱 공고히 하고 자신의 종교전통과 관련된 교리를 지지하는 방식으로 영적 체험을 자신의 종교적인 믿음과 관련이 있는 것으로 해석할 수 있을 것이다. 반면에 체험은 그 사람의 지배적인 믿음 체계에 대한 언급이 없는 것일 수도 있다. 어떤 사람이 이전에 하나님을 예수그리스도의 형상으로 생각했지만 강렬한 영적 체험이 신을 백색광으로 보았다면 체험을 한 사람은 그 차이를 받아들이려고 노력하는 데 상당한 어려움을 겪을 것이다.

영적 체험이 어떤 사람의 믿음체계에 통합될 수 있는지 여부는 긍정적으로 인지 프로세스에 달려 있다. 어떤 사람은 언어와 이성적 사고를 사용해서 영적체험을 이해하는 방법을 찾으려고 노력한다. 영적 체험이 지배적인 믿음체계를 통합할 수 없다면 체험을 한 사람은 새로운 믿음체계를 확립하기 위해 이성적 사고와 추상적 사고 프로세스를 사용한다. 영적 체험에서 자주 나타나는 결과는 체험을 한사람이 더욱 영적으로 되고 덜 종교적으로 된다는 것이다.

3. 영적 체험과 신경신학[153]

"무익하나마 내가 부득불 자랑하노니 주의 환상과 계시를 말하리라"(고후 12:1)

인간은 누구나 영적·신비적 체험을 할 수 있다. 특히 종교를 가지고 있는 사람은 각자 종교적 체험을 통해 자신의 종교적 믿음이나 종교적 신념을 더욱 강화 시킨다. 신을 믿는 기독교 전통의 종교적 체험을 경험한 역사적 두 인물이 있는데 기독교에서는 사도바울, 그리고 천주교에서는 성 프란체스코를 들 수 있다. 이 두 사람의 종교적 체험은 영적·신비적 체험을 통해 삶의 변화와 심리영성의 변형을 가져왔다. 영적·신비적 체험 이후에 자주 보이는 심리영성의 변형은 사고, 감정, 태도, 자아 세계에 대한 주요 신념, 행동 등의 변화를 수반한다.

사도바울은 본래 팔레스타인과 시리아에서 초기 기독교 교회를 무자비하게 박해한 장본인 이였다. 그는 심지어 돌을 던져 죄인을 죽이는 일에 적어도 한번 가담한 인물이다. 유대인이면서 로마시민 이였던 바울은 위대한 율법학자 가말리엘 밑에서 수학했다 (행22:3). 그러던 어느 날 다메섹으로 가는 길에서 하늘에서 휘황찬란한 한 줄기 빛이 그를 향해 쏟아져 내려왔다.

이로 인해 바울은 말에서 떨어지고 두 눈을 뜰 수 없게 되었다. 바로 그때 신의 목소리를 듣게 된 것이다(행 9:1-9). 이러한 환상으로 인한 영적·신비적 체험은 그의 삶을 완전히 바꿔 놓았고 그는 여생을 박해하던 기독교 공동체를 위해 헌신하였고 사울이였던 그가 사도바울로 살게 되었다. 종교적·영적·신비적 체험이 뇌 기능장애로 생긴다는 유명한 소설을 소개한다. 마크 잘즈만(Mark Zalzman)의 심금을 울리는 소설 "아름다운 선택"에서 주인공인 십자가의 성 요한 수녀는 몇 십년 전에 정서적으로 불우했던 어린 시절을 뒤로 하고 로스앤젤레스 근교에 위치한 카르멜 수녀원의 엄격한 규칙인 침묵과 금욕의 기도를 하였다. 그런데 수녀원에서의 삶은 질서 정연하고 평화로운 대신에 무

---

153) 기독일보 2024. 08 .10

미건조하고 만족스럽지 못한 날의 연속 이였다. 그러다가 성 요한 수녀는 이상한 환상을 체험하기 시작했고 이를 바탕으로 시를 쓰게 되었다. 마침내 그녀는 "지붕위의 참새"라는 시집을 펴내 큰 인기를 얻게 되었다. 그 책 덕분에 수녀원 재정에 큰 도움이 되었다. 그녀는 신의 사랑을 듬뿍 받는 영적 스타가 되었다.[154]

그런데 그 이상한 환상 때문에 그녀는 심한 두통에 시달렸다. 처음에는 신의 사랑으로 말미암은 고통이라 생각하고 기쁘게 받아드렸지만 갈수록 두통이 심해졌고 급기야는 발작까지 이어졌다. 어쩔 수 없이 신경과 의사를 찾아가 진료를 받게 되었는데 자신의 우측 귀 위에 생긴 종양 때문에 측두엽 뇌전증(간질)이라는 병을 앓고 있음을 알게 되었다. 그 의사가 말하기를 "측두엽 뇌전증은 행동과 사고의 변화를 일으킬 때도 있고 심지어는 환자가 발작하지 않을 때도 그럴 수 있으며 끝도 없이 글을 쓰고 싶어 하는 하이퍼그라피아 증세가 나타나고 감정이 지나치게 강력해지고 편협해지며 종교와 철학에 극단적으로 과도한 관심을 갖게 되기도 한다"는 것이다. 십자가의 성 요한 수녀는 종양수술을 하면 환상을 더 이상 체험할 수 없다는 것이 문제였다. 그렇다면 환상이라는 것은 뇌기능장애의 결과인 것인가? 성 요한 수녀는 자신의 삶이 유물론자가 볼 때는 일종의 정신병자처럼 보일 수 있음을 깨달았다. 그래서 그녀는 측두엽 뇌전증의 주원인인 종양을 수술하였다. 발작이 계속 일어나면 수녀원에 있는 다른 자매들이 걱정할까봐서이다. 종양을 제거하자 그녀의 환상은 사라졌고 그와 동시에 글을 쓸 수 없게 되었다.

그러면 이 소설의 주인공처럼 모든 뇌전증(간질)이 종교적·영적·신비적 체험을 불러일으키는 주요 원인이 될 수 있을까? 정말로 뇌 이상이 신 모듈이나 신 회로를 유발하는가 말이다.

종교적 체험이란 종교적 전통을 따르는 데에서 비롯한 경험을 뜻한다. 또한 영적이라는 단어는 사회적 맥락과 상관없이 개인의 경험에 붙은 술어이다.

영적인 것과 종교적인 것을 구분하기는 어렵다. 신비주의란 일반적으로 우주의 실제를 변형된 의식상태로 추구하는 것을 뜻한다. 즉 정상적인 의식상태에서는 이러한 우주적 실체를 인식할 수 없다. 이 세 가지는 따로 분리하기 쉬운 것이 아니라 서로 겹쳐있다.

---

[154] 뷰리가드 M. & 오리어리 D. p111

이 책에서처럼 글쓰기나 종교적 열정, 발작, 그 자체를 애지중지하는 환자는 실제로 거의 찾아보기 힘들다. 안타깝게도 현실세계에서 질병으로 인해 베스트셀러로 전환될 영적 통찰력은 동반하지 않는다.

역사의 위인들 다수가 측두엽 뇌전증(간질)을 앓았다고 말을 한다. 피타고라스, 아리스토텔레스, 알렉산더대왕, 한니발, 줄리어스 시저, 단테, 나폴레옹, 보나파르트, 조나단 스위프트, 헨델, 장자크 루소, 잔다르크, 베토벤, 도스토예프스키, 반고흐, 차이코프스키 등 헤아릴 수 없을 정도이다.[155]

위에서 열거된 역사의 위인들을 측두엽 뇌전증 학자인 휴즈가 상세히 연구했다. 병의 증후와 가족사를 살펴본 다음 줄리어스 시저와 나폴레옹, 도스토예프스키만이 뇌전증 환자였거나 혹은 그럴 가능성이 있었다는 결론을 내렸다.

또한 휴즈는 유명한 인물에 대한 현대의 잘못된 진단과 관련해 다양한 이유를 제시한다. 수학자 피타고라스(BC 582~500), 철학자 아리스토텔레스(BC 384~322), 장군 한니발(BC 247~183)이 발작성 장애로 고생한 증거는 없다고 말한다. 그리고 미켈란젤로(1475~1564)는 그림을 그릴 때 뇌전증이 아니라 열 때문에 실신했던 것이 분명하다고 말한다. 즉 발작이 아닌 의식 상실이 있었다는 것이다. 그리고 레오나르도 다빈치(1452~1519)는 사람들과의 만남에서 기분 상하는 일이 생기면 뇌전증이 아니라 공황발작처럼 보이는 행동을 일으켰다는 것이다. 의식상실이나 변형을 동반하지 않는 사회적 탈선행위로 보인 것이다.

알코올 또는 마약은 금단 발작이 있는데 유명한 작가와 예술가 중에서 알코올이나 마약 금단 발작을 일으켰던 사람들이 있다. 예컨대 루이스 캐럴은 마약금단발작을, 앨저넌 찰스 스윈번(1857~1909)과 빈센트 반고흐(1853~90), 트루먼 카포트(1924~84)는 알코올 금단 발작을 일으켰다. 이처럼 휴즈는 현대의 잘못된 진단과 관련한 다양한 이유를 제시하였다. 발작을 일으키는 원인은 뇌전증 이외에도 무수히 많다. 예컨대 갑작스런 저혈압, 저혈당, 과도한 감정적 스트레스, 마약이나 알코올 복용 중단 때문에 발작이 일어날 수 있다.

---

155) ibid p123

물론 이러한 발작은 무의식 상태를 초래할 가능성이 있지만 뇌 안어서 비롯되는 신경세포들의 비정상적인 흥분이 직접적인 원인은 아니다.

사실 종교적·영적·신비적 체험을 한 사람들은 뇌전증 환자가 아니며 극소수의 뇌전증 환자들만이 발작시에 종교적·영적·신비적 체험을 한다는 것이다. 뇌전증이 정말 종교적·영적·신비적 체험한다면 거의 모든 뇌전증 환자는 이를 경험해야 옳은데 실제로 그렇지 않다. 종교적·영적·신비적 체험은 어느 사회나 일어날 수 있으며 어린아이나 어른, 모두에게, 어느 시대, 어느 장소를 막론하고 일어날 수 있다. 예컨대 미국, 영국, 호주 등 각 각 국에서 실시한 연구 조사에 의하면, 직접 종교적·영적·신비적 체험을 해봤다고 말한 사람이 국민의 20~49%에 달한다고 한다.

종교적·영적·신비적 체험을 설명하기 위해 군이 희귀한 증후군이나 논란이 되는 증후에 의존할 아무런 이유가 없다. 기독교에서 바울이 뇌전증 환자였다는 주장을 구체화할 수 있었던 것은 고후 12:7~9절에서 바울이 언급한 신비로운 "육체의 가시" 와 그의 신비적 성향 때문이었다. 그 가시가 측두엽 뇌전증일 가능성이 있다는 것이다. 그렇지만 바울이 언급한 "가시"라는 단어가 뇌전증(간질)을 뜻할 가능성이 거의 없다. 왜냐하면 당시의 "가시"란 단어는 일반적으로 질병이아니라 고통의 근원을 뜻했기 때문이다. 따라서 그 가시를 놓고 동성애, 나쁜 시력, 말라리아, 서툰 언변 등 200가지가 넘는 해석이 제시 되었다. 그러나 바울이 뇌전증에 걸렸음을 입증할만한 명확한 증거는 하나도 없는 실정이다. 사도 바울은 "주의 환상과 계시"(고후 12:2) 체험으로 사도직의 역할을 잘 감당하였기 때문이다. 실제로 측두엽은 수많은 지각유형들 중 하나일 뿐이다. 모든 측두엽 뇌전증 환자가 종교적인 것은 아니다. 즉 측두엽은 신(God) 부위가 아니다.

종교적·영적·신비적 체험을 통해 삶의 변화와 심리영성이 변화가 일어난다.
그러나 뇌기능장애로 유발되는 영적·신비적 체험이 삶의 변화를 준다는 증거는 찾아 볼 수 없다. 인간의 뇌는 정신과정과 사건을 발생시키는 것이 아니라 전달하고 표현할 뿐이다. 신을 만나는 뇌의 부위가 70년대까지는 측두엽이라고 하였으나 최근에 와서는 앤드류 뉴버그 박사에 의해 대뇌피질 전체라고 말하고 있다. 신을 만나는 영적, 신비적 체험이 뇌에 갇힌다는 말은 아니다.

종교적·영적·신비적 체험은 뇌가 가능하지 않을 때(예 : 임사체험)도 일어날 수 있기 때문이다. 뇌기능이 완전히 멈춘 상태에서도 정신이나 의식은 계속 될 수 있다. 하나님(신)은 영(요 4:24)이기 때문에 시공간에 갇히지 않는다.

4) 영적 체험과 뇌 신경전달물질[156]

인간의 영성은 본능이며 유전자에 의해 발현된다. 영적 체험을 만드는 유전자는 이미 갖고 있으며 그것은 곧 우리가 영적 본능을 갖고 있다는 뜻이다. 다양한 모든 종교는 이 영적 본능의 발현인 셈이다. 대부분의 영적 체험은 개인이 영적으로 성숙한 삶을 살고 싶어서 부단한 노력의 결과일 수 있으며 스트레스나 고뇌, 고통이 영적 체험으로 이어질 수 있다.

인간은 삶의 목적이 필요하다. 다시 말하면 영성이나 신앙심을 단순히 스트레스나 좌절의 고통, 희열과 기쁨 등 여러 특정한 감정에 대한 반응이 아니라 목표가 될 수 있다. 특히 유전자는 특정한 뇌 신경전달물질의 작용과정을 조절하는 역할을 하며 또한 영적 체험의 한계점을 형성한다. 인간은 뇌 속 신경전달물질들 간의 상호작용의 지배를 받는 유기체이기 때문이다.

또 유전자는 영적 체험에 기여한다. 후성유전학에서는 유전자가 반드시 운명을 결정하는 것은 아니다. 단지 우리가 어떤 경향을 갖게 될지에 대해 여러 가지 가능성의 범위를 만들어낼 뿐이다. 유전자가 특정한 배열을 가졌다고 해서 또는 갖지 않았다고 해서 영적이거나 영적이지 않다고 결정되는 것은 절대 아니다. 그러므로 유전은 결정적 요소가 아니다.

다시 말해서 유전(유전자 생물학)이 어느 정도 역할을 하긴 하지만 환경(그 사람의 성장환경)도 마찬가지이다. 그래서 유전자의 역할은 영적 체험의 기준점 같은 걸 조성하는 것이라고 볼 수 있다. 우리가 유전적으로 영성에 끌리는 경향이 있으며 비교적 사소한 사건을 계기로 교회로 가서 설교를 들을 수도 있고 또 반대로 교회에 관심을 보이지 않는 경향성을 갖고 유전적으로 태어났다면 엄청난 환경의 노력이 있어야 교회에 갈 수 있을 것이

---

156) 기독일보 2024.11.30

다. 결국 유전자는 특별한 뇌 신경전달물질의 작용과정을 조절하는 역할을 한다.

세로토닌 5-HT2A 수용체도 영적 체험에 기여한다. 신경학적으로 영적 체험을 연구할 수 있는 유일한 방법은 신비적 체험을 유발시키는 것이다. 취리히 대학교의 신경과학자로서 감정의 화학작용을 평생 연구한 폴렌바이더는 약물로 된 화학물질로 유도해 낸 영적 체험을 실시간으로 관찰하며 신적 경험이 유발하는 생리적 현상들을 관찰하였다. 그는 세로토닌과 특정한 세로토닌 수용체가 신비로운 체험의 열쇠를 쥐고 있다는 것을 확인하였다. 세로토닌 5-HT2A 수용체는 스웨덴의 과학자들이 신유전자 또는 영성의 유전적 소인을 찾을 때 밝혀낸 것으로 세로토닌 수용체의 사촌 격이다.

신유전자를 논할 때 자주 거론되는 것이 있는데 바로 세로토닌 시스템이다. 세로토닌 시스템은 기분을 극적으로 변화시키는 것으로서 과학자들의 지대한 관심의 대상이 되어왔다. 예를 들어 엑스터시는 세로토닌을 대량 분비시켜 희열감을 느끼게 해 준다. 프로작, 팍실, 졸로프트 등 항 우울제는 보다 완만하게 작용해 기분을 차분하게 만드는 것으로 그 기능들이 같다. 그리고 환각제는 아빌라의 성 테레사 수녀가 한 것 같은 신비로운 체험을 하게 해 준다.

뇌에서 분비되는 세로토닌의 양을 직접 측정할 수 없기 때문에 간접적인 방법을 사용하였다. 영적 체험에서 세로토닌의 역할이 있는지, 있다면 어떤 역할을 하는 알아보기 위해서 세로토닌의 수용체 활동을 측정한 것이다. 그것이 바로 세로토닌 5-HT1A라는 수용체 유전자이다. 세로토닌 시스템은 영적체험의 생물학적 기반 역할을 할 수 있으며 유전자의 차이는 사람마다 영성의 차이가 나는 이유이기도 하다.

도파민 수용체 유전자인 DRD4도 영적 체험에 기여한다. 과학자들은 영적인 사람들에게 존재하는 유전자나 뇌 신경전달물질을 찾기 시작하면 곧 신경전달물질인 도파민에 초점을 맞추었다. 도파민은 뇌에서 분비되는 화학물질로 '좋은 기분'을 느끼게 해 준다. 보스턴 대학교의 신경과학자인 페트릭 맥나마라와 다른 연구자들은 도파민 조절에 관여하는 '영적 유전자'가 있다면 도파민은 뇌 부위들을 자극하고 영적체험, 초월적 경험, 신에 대한 느낌을 만들어낼 수 있다고 말한다.

대뇌변연계와 전전두엽과 같은 뇌의 특정 부위에도 도파민 수위를 조절하는 유전자가 있다. 이 부위는 온갖 복잡한 기능을 지원한다. 그리고 이러한 복잡한 기능들은 신앙심이나 초자연적인 것을 감지하고 의식에 관여하는 등 보다 기본적인 능력을 지원한다. 뇌의 대뇌변연계는 놀라움, 기쁨, 흥분, 초월적 느낌, 깊은 슬픔 등 신비주의자들이 쏟아내는 그런 감정들과 연관이 있다. 전전두엽보다 복잡한 사고, 반성, 주의 집중 등과 관련이 있다.

연구자들은 이 부위가 기도와 명상에 큰 역할을 한다고 말한다. 따라서 도파민의 활성화를 조절하는 유전자가 영적인 느낌과 종교적 행동에 영향을 미칠지도 모른다. 문제는 영성과 도파민 사이에 연관이 있다는 점이다.

캘리포니아주 두아트에 있는 호프 시립병원의 데이비드 커밍스와 유전학 연구팀은 특정한 도파민 수용체 유전자인 DRD4가 영성과 관련이 있을지도 모른다고 말한다. 도파민 수용체는 사람마다 다르다. 유전자의 차이가 신에 대한 믿음 여부에 영향을 준다. 도파민 수용체는 전두엽에 밀집되어 있는데 이 부위가 많은 고난도의 뇌 기능을 한다. 영성은 인간 뇌의 고차원적 기능의 백미이다. 도파민 수용체 유전자인 DRD4 유전자의 특정한 변형을 가지고 있는 사람들이 자아-초월 척도에서 높은 점수를 얻었다. 이 특정한 유전자를 영성유전자라고 말하기를 주저하지만 영성 차이의 상당 부분이 이 유전자 때문인 것으로 보인다. 어떤 사람들은 그렇지 않은 이유이기도 한 것으로 보인다.

로이바(1925)나 스필카(2003) 등은 "뇌 안에서 일어나는 전기적 또는 화학적 작용이 모든 신비로운 체험의 원천이다"라고 하였다. 딘 해머는 도파민과 세로토닌을 조절하는 VMAT2라는 신유전자를 인간은 누구나 갖고 있다고 주장하였다. 그러나 콜린스는 영성유전자는 없다고 말하고 신께 향하는 인성을 개발하는데 수많은 유전자들이 어느 정도 관여할 수 있지만 그 밖에도 너무 많은 요소들이 작용한다고 보고하였다.[157]

5. 영적 체험과 임사체험[158]

---

157) 딘해머 2011. 신의유전자(신용협 역) 서울:씨앗을 뿌리는 사람들
158) 기독일보 2024. 09. 23

모든 종교는 영혼과 사후세계의 존재를 믿는다. 임사체험은 육체와 분리된 영혼이 사후세계를 보고 온 것으로 종교나 과학은 영혼의 존재를 입증하려고 노력해 왔다. 임사체험자들이 공통적으로 유체이탈 즉 자신의 영혼이 육체에서 분리되었다고 증언한다.

기독교에서는 천국이 있고, 불교에서는 열반이 있고, 도교에서는 인생에서 가장 좋았던 날들을 다시 살게 되며 힌두교에서는 순서대로 올라가다가 열반에 든다는 것이다. 이처럼 모든 종교가 약속한 듯 사후세계는 죽음은 끝이 아니라 중간역이며 새로운 시작이라고 말한다. 1960년대 이후에 임사체험자들의 증언이 잇따라 학계에 브고되면서 관심이 집중되기 시작되었다.

1) 임사체험은 뇌가 만들어 내는 착각이다.

임사체험은 영혼이 천국에 간 것이 아니라 뇌가 만들어 낸 착각이라는 설이 있다. 미국 조지워싱턴대학 연구팀이 임종직전에 가까운 환자 11명의 뇌 활동을 측정하였는데, 죽기 직전 30초에서 3분 사이에 뇌에 산소가 줄어들면서 전기 에너지가 폭발하듯이 분출하는 현상을 나타낸 것이다.

임상적인 죽음이란 3가지의 기준이 충족될 때를 말한다. 즉 심장이 멈추고, 숨이 멎고, 뇌간이 기능을 하지 않는 때이다. 이런 현상은 신체 어느 곳이든지 혈액이 흐르지 않기 때문에 발생한다.

미국 뉴욕의 스토니브룩대학병원의 응급의학교수인 샘 파니아는 임상적으로 사망했다가 기계적으로 살아 돌아온 사람 중 1퍼센트 정도가 임사체험을 한다는 것이다. 예를 들면 심장박동이 정지된 경우가 1,000여건이라면 그 중 1명 정도가 다시 살아나고, 그 100명 중 1-2명이 임사체험을 한다는 것이다. 그는 응급실에 근무하면서 지난 20여 년간 간혹 죽었다가 살아난 환자 중 어떤 환자는 자신의 영혼이 공중으로 둥실 떠올라 응급처치를 하고 있는 의사를 쳐다 보았다던가 어떤 대화를 주고받았는지를 이야기 했다.

연구팀이 말하길 임사체험은 죽어가는 뇌에서 마지막으로 전기활동이 폭포처럼 한꺼

번에 일어나 발생하는 현상이면서 죽기직전 뇌는 전기충격을 받아 정신적으로 흥분을 하게 되는데 이 때문에 임사체험 환자를 만들어 낸다는 것이다.

1975년 레이먼드 무디가 임사체험에 관한 "삶 이후의 삶"을 출간했을 무렵에 많은 과학자들이 임사체험은 뇌가 만들어 낸 착각일 수 있다고 주장하였다.

또 뇌에 산소가 부족하다든가 이산화탄소 레벨의 변화, 약물 등 다양한 이론이 있었지만 40년이 지난 오늘날 그 이론들 중 어느 것도 옳다는 증거는 없다.

2) 임사체험은 뇌가 아니라 의식이 만들어낸다는 것이다.

뇌 과학의 권위자이자 신경외과 전문의인 하버드 대학 메디컬스쿨 교수인 이븐 알렉산더는 7일 동안 죽었다가 살아난 자신의 임사체험을 통해 뇌는 멈추었으나 의식은 살아있었다는 의식설을 주장하였다. 현대과학은 뇌가 의식을 만들지만 도대체 뇌세포가 어떻게 의식을 만들어내는지는 아직까지 밝혀내지 못했다.

데카르트의 이원론은 육체와 영혼이 분리되어 있다는 이론인데 그는 뇌 속에 있는 솔방울샘(송과체)에 영혼이 깃들어 있다는 것이다. 영혼이나 의식은 육체와 따로 존재하며, 뇌는 그 중개인이라는 것이다.

특히 최근 20년 동안 인간의 뇌와 의식에 관한 한 가지 혁명적이라 할 만큼 놀라운 성과를 거두었는데 의식을 다른 말로 바꾸면 정신, 생각, 마음, 영혼이다.

뇌가 의식을 만든다는 학설에 응급의학과 의사인 샘 파니아는 의문을 제시한 것이다. 뇌세포가 의식을 만드는 거라면 뇌가 멈춰있는 동안에는 의식이 존재하지 않아야 한다. 그러나 임상적 죽음의 기간을 넘어선 환자들 즉 뇌가 전혀 기능하지 않는 환자에게 의식이 남아 있었던 것으로 보이는 증거들이 나왔기 때문이다.

3) 임사체험, 영적체험이 준 가장 중요한 보상이다.

뇌가 죽어갈 때 나타나는 현상을 보면 사람의 심장이 멈추면 죽은 것처럼 보인다. 호흡이나 음식을 삼키는 것과 같은 가장 기본적인 기능을 조절하는 뇌간은 여전히 활동하지만 뇌에 산소가 부족해서 움직이거나 볼 수 없기 때문이다. 이러한 뇌는 정상적으로 기능하지 않기 때문에 신경학적 현상들은 폭포처럼 쏟아내는데 이로서 임사체험을 일일이 다 설명할 수 있다는 것이다.159)

전전두피질이 제 기능을 하지 못하면 차분하고 평온해지며 평화로움과 기쁨, 고통없는 상태를 느끼게 된다. 1차적인 운동피질이 제 기능을 하지 못하면 움직일 수 없게 된다. 중심후회(postcentral gyrus)가 제 기능을 하지 못하면 촉감이나 감각을 느끼지 못한다. 두정엽 피질이 제 기능을 하지 못하면 자신의 신체와 세상의 경계를 구분하지 못하게 되고 따라서 우주와의 일체감을 느끼게 된다. 근방추와 함께 각회(angular gyrus)가 제 기능을 하지 못하면 자기 몸이 움직이거나 날고 있다는 착각을 하게 된다. 때문에 사람의 숨이 끊어진 것처럼 보이는데 어떤 차원에서는 여전히 의식이 남아 있을 수도 있다는 점이다. 대부분의 과학자들은 뇌와 의식은 동전의 양면 같다고 말한다. 그런데 뇌의 기능이 멈춘 후에도 의식은 살아 있다는 것이다.

뇌가 불구가 되거나 죽어도 의식은 활동한다. 즉 정신이 육체로 부터 분리될 수도 있고 의식이 뇌를 벗어나 자유롭게 활동한다는 의미이다(ibid,251).
의식은 전적으로 뇌에 의존할 수 있고 뇌가 그 기능을 멈추면 인간의 정체성은 살아진다. 죽음 근처까지 갔다가 살아 돌아온 임사체험자들은 의식이 뇌와는 독립적으로 존재한다고 믿는다. 따라서 우리가 보고 듣고 만질 수 있는 물질세계 넘어 또 다른 차원이 존재한다고 믿는 주장은 앞으로 끊임없이 연구가 필요하다.

임사체험을 일으키는 가장 흔한 원인은 실신이다. 임사체험의 원인을 이해하며 뇌에서 그 체험이 어떻게 나타나는지를 살펴볼 수 있게 될 것이다.160) 실신경험과 임사체험은 신경학적으로 유사하다. 이는 죽어가는 변연계가 두 경험을 유발하기 때문이다. 임사체험 중에 일어나는 일의 대부분은 혈류부족이라는 위기에 대한 반응 때문에 발생한다. 그러나 놀랍게도 임사체험의 모든 요소가 뇌에 의해 만들어지는 것은 아니다.

---

159) Hagerty B. 2013. 신의 흔적을 찾아서(홍지수) 서울, 김영사 PP 251, 281
160) Nelson K, 2010. 뇌의 가장 깊숙한 곳(전대호역) 서울:해나무 P155

신경학자들은 뇌로의 혈류가 차단되면 기억이 어떻게 손상되는지 탐구했는데 뇌로 들어가는 혈류가 차단되는 것은 임사체험을 유발하는 흔한 원인의 하나이다. 기억은 심장정지 환자에게는 가장 먼저 손상되고 가장 나중에 회복되는 뇌 기능이다. 기억손상은 일시적이거나 영구적일 수 있고 경미하거나 심각할 수 있다(ibid,147).

임사체험의 두 번째 원인은 심장장애이다. 혈류가 멈추면 처음에 뇌는 대수롭지 않은 실신 때문인지 아니면 심각한 심장정지 때문인지 판별하지 못한다. 두 경우에 처음 10여 초 동안 눈과 뇌가 거치는 과정은 동일하다. 뇌의 입장에서 보면 실신과 심장정지의 주된 차이는 뇌로 들어오는 혈류에 어느 정도 차질이 생기느냐이다. 실신과 심장정지가 일어났을 때 혈류가 오랫동안 거의 완전히 차단될 가능성이 더 높다. 혈류가 일어나 빨리 어느 정도로 회복되느냐에 따라 뇌가 손상되는 정도가 결정된다. 결과는 아무 손상 없음부터 뇌사까지 다양할 수 있다.

뇌는 임사체험 중에 죽지 않는다. 임사체험은 죽었다가 되살아나는 것과 전혀 다르다. 이것은 과학 문헌에서 상식이지만 어떤 저자들은 의식을 유지한 채로 물리적 죽음을 맞는 일이 가능하다고 주장한다. 임사체험 중에 뇌는 어느 기준으로 보나 물리적으로 죽은 상태와 거리가 멀다. 임사체험 중의 뇌는 살아있고 의식이 있다(ibid 165-166). 뇌와 의식은 독립적이다.

혼수상태에 빠졌던 사람이 깨어나 자신이 혼수상태일 때 주위에서 일어난 사건과 소리들을 기억해내는 걸 본적이 있을 것이다. 하지만 터널, 빛의 존재, 삶에 대한 회고 등과 같은 공통적인 경험은 어떻게 설명할 것인가?

임사체험 중 터널과 빛의 존재를 경험하는 것이 일반적 현상인데 호주의 마취과 의사인 제랄드 윌리는 간단히 설명한다. 즉, 뇌가 산소부족으로 스트레스를 받게 되면 아드레날린이 분비되어 이로 인해 동공이 확장된다. 동공이 확장되면 동공이 정상상태일 때 받아들이는 빛의 양보다 100배 이상으로 빛을 받아들인다는 것이다. 그러니까 충격을 받거나 질병, 두려움, 약물, 산소결핍 등으로 동공이 확장되면 빛이 가득찬 느낌을 갖게 된다는 것이다(Hagerty B. 2013, 282).

또한 터널도 간단히 설명하는데 혈액 공급 때문에 일어나는 현상이라는 것이다. 혈액은 대부분 각막의 중심부로 보이는데 여기서 사물에 초점을 맞추는 부분이기 때문이다. 그런데 심장마비처럼 산소공급이 줄어드는 상태가 되면 가장 먼저 기능이 마비되는 부분은 중심에서 가장 먼 부분이다. 그러니까 주변의 시야가 점점 좁아져서 빛이 중앙에 한점으로 남게 되고 이때 동공이 확장되어 있으면 빛이 터널 안으로 빨려 들어가는 것처럼 보이게 된다는 것이다. 빛과 터널같은 일반적인 현상들의 설명은 설득력있게 보인다(ibid, 283).

임사체험 중에 친척이나 예수와 같은 종교적 인물을 만났다고 이야기한다. 이러한 기억들이 실제로 천국에서 죽은 친척들을 만난 게 아니라 과거의 사건에서 재구성된 것이라 해도 뇌간만 활동하거나 의식의 일부만 살아있는 사람은 그런 복잡한 생각을 형성할 수 없다. 더군다나 산소결핍이 원인이라는 주장은 자동차 사고처럼 사망하는 순간의 산소공급 수준이 정상인 경우들은 설명할 수가 없다. 그렇다고 해도 이 주장들은 임사체험을 증명하는데 역부족이다. 임사체험에 대한 연구의 아버지로 여겨지는 버지니아 대학교의 정신의학과 교수인 브루스 그레이슨은 뇌가 손상되면 임사체험에 대한 어떤 것도 기억할 수 없다고 한다(ibid, 285).

임사체험은 신경신학의 소중한 연구대상이 된다. 임사체험의 가장 중요한 측면은 죽음을 체험하는 사람이다. 죽는 방식에 상관없이 비슷한 패턴을 따르는 경향이 있다는 것이다.
엘라자베스 퀴블러-로스(Elisabeth kubler-Ross), 레이먼드 무디(Raymond Moody), 케네스 링(Kenneth Ring)과 같은 임사체험을 연구하는 학자들은 처음으로 임사체험과 관련된 핵심 요소들을 정의하였다.
열거해 보면 형언 불가능의 감각, 자기 자신의 사망 소식 듣기, 평화롭고 조용한 느낌, 소음, 어두운 터널, 유체이탈의 체험, 타자와 만남, 빛의 존재, 생애회상, 경계, 뒤 돌아 보는 것 등등.. 임사체험을 하는 동안 이 모든 것이 발생하는 것은 아니다. 그럼에도 불구하고 임사체험 안에서 일관되게 진행되는 것처럼 보인다.

임사체험은 모든 영적체험을 가장 중요한 보상으로 만든다. 도스토엡스키는 안와전전두피질을 포함한 영적 통로를 통과하여 초월을 경험했고 그 경험은 그의 삶을 바꿔놓았다. 그래서 임사체험은 영적체험이 준 가장 최고의 보상이라고 할 수 있다(Nelson K, 224).

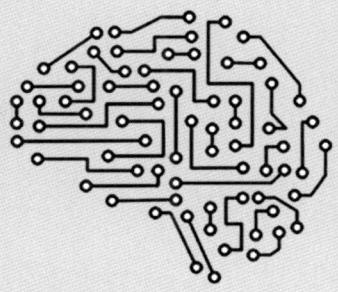

제12장

신경신학과 종교적 활동

제12장

신경신학과 종교적 활동

1. 신경신학과 종교적모임

"오순절 날이 이미 이르매 저희가 다 같이 한곳에 모였더니 홀연히 하늘로부터 급하고 강한 바람 같은 소리가 있어 저희 앉은 온 집에 가득하여…"(행 2:1~2)

교회에서의 종교 활동은 종교적 모임을 통해 행하여진다. 종교적 모임은 예배모임, 기도모임, 구역모임, 각종 선교회모임, 청년회, 학생회, 주일학교 등 다양한 활동으로 이루어져 있다. 종교적 모임은 기본적으로 서로 낯익은 구성원들로 이루어진 사회적 활동이다. 모두가 하나님의 자녀라고 하는 공통분모로 되어 있다. 종교적 의식이나 교류가 이 모임을 통해 행해지는데 종교적 모임이 신경신학적 관점에서 뇌 기능에 미치는 영향을 살펴 볼 필요가 있다.

종교적 모임은 인간관계를 중심으로 한 사회적 활동이다.

신경과학의 발달로 인해 1970년대를 지나면서 뇌가 상호관계하는 뇌로 인정받기 시작하면서 사회적 뇌라는 용어가 자연스럽게 나오게 되었다. 뇌는 사회적 연접(synapse)를 통해 다른 사람의 뇌와 연결되어 있는 사회적 뇌로써 발달되어 간다. 시각을 통해 사회적 연접을 이루고, 얼굴표정을 통해 사회적 정보를 나누게 되는 것이다. 인간은 사회적 관계를 통해 살아가도록 되어 있다. 교회의 종교적 모임은 하나님 자녀들 간의 인간관계를 통한 사회적 활동이다. 종교적 모임에 참석한 사람들의 표정은 거의 긍정적으로 나타난다.

반대로 주변을 보면 표정이 어둡거나 안절부절 하거나 감정이 불안정해서 선뜻 다가서기 어려운 사람들도 보게 된다. 종교모임에 참석한 사람들은 대인관계가 원만하고 정서가 안정되어 있어 세로토닌 신경이 활성화 되어있다.

그와 반대로 분노를 조절하지 못하는 사람들은 노르아드레날린 신경이 활성화되어 그 신경이 왕성히 분비되어 있고 그 결과 화를 억누르지 못하고 충동적인 행동을 하게 된다. 그러나 세로토닌 신경은 노르아드레날린 신경을 억제하는 기능을 한다. 따라서 세로토닌 신경이 활성화되면 화가 치밀어 오르는 상황에서도 재빨리 평상심을 회복할 수 있다.

세로토닌 신경이 약하면 감정이나 충동성향을 제대로 조절하지 못한다(충동조절장애). 예를 들면 비좁은 지하철 안에서 다른 사람과 몸이 부딪치면 불쾌한 기분이 들기 마련이지만 대부분 참고 넘어가는데 세로토닌 신경이 약해지면 사소한 불쾌감조차 다스리지 못해 번번이 화를 내거나 공격적인 행동을 하게 된다. 타인과의 인간관계 과정에서 세로토닌 신경이 약화될 때 곧바로 상대에게 불같이 화를 내는 것은 일종의 충동적 분노인데, 이는 약해진 세로토닌 신경이 아드레날린 신경을 제대로 억제하지 못하고 조절하지 못해 일어나는 현상이다.

충동적인 분노는 타인에게 공격적인 행동으로 나타나는 경우, 70% 이상이 측두엽 기능 이상으로 표출되지만 그것이 만약 자신에게로 폭발하게 되면 자살이라는 극단적인 선택을 하는 경우가 나타나는데 이럴 때는 좌측 측두엽의 62%의 기능장애로 발생할 수 있다. 그래서 인간관계를 하는데 있어 융통성 없는 사고를 조심해야 한다. 뇌의 전전두피질에서 세로토닌이 고갈되면 고집을 부린다든가 방어적 태도를 보이고 융통성 없는 사고라든가 부정적 감정을 유발한다.[161]

종교적 모임은 긍정적 신호를 주고받아 세로토닌에 영향을 준다.
종교활동에 참여하는 동안 신도들 간에는 세속적인 위계구조가 사라진다. 모두가 하나

---

161) Clarke H.F et al, 2004

님의 자녀요, 천국백성이며 천하보다 귀한 존재라는 긍정적 신호를 주고받는다. 긍정적 신호는 세로토닌 수치에 영향을 준다. 종교활동이나 종교모임에 참여하는 동안 샹그릴라(Shangri-La, 지상낙원)에 있는 셈이다. 집단종교의식(예, 부활절, 부흥회 등)에 참여하는 신도들의 뇌는 조용하면서도 강력한 화학물질들을 일으켜 실제 삶에 영향을 미친다. 종교활동을 하는 동안 신도들은 비 신도들의 위협에 공동으로 저항한다. 교회는 구역조직이나 각종 조직이나 모임을 구성하여 사회적 네트워크를 활성화 시킨다. 종교적 모임은 공감이나 사랑의 좋은 감정으로 확대해 나가며 이웃을 내 몸처럼 사랑하라는 말씀을 통해 사회적인 긍정적 신호를 이끌어간다.

우리 뇌에는 편도체가 있어 감정을 담당한다. 편도는 긍정적 혹은 부정적 사회적 정보를 처리하는데 핵심적인 역할을 한다. 사람의 편도체는 그 사람의 성격유형에 따라 타인의 행복한 표정에 다르게 반응한다. 긍정적 사회적 신호를 받았을 때 외향적인 사람들의 편도는 내향적인 사람들의 편도보다 훨씬 더 크게 활성화 된다[162]

기도나 명상은 긍정적 신호를 전달한다. 기도를 하는 동안에는 감정, 행동을 통제하는 전두엽과 사고, 연상, 인식기능을 하는 두정엽이 활성화된다. 기도는 매우 조용히 이루어지지만 뇌는 매우 활발하게 움직인다. 기도를 많이 하면 할수록 뇌가 활성화되어 감정조절과 사고, 인식기능, 기억력이 향상 된다. [163]

따라서 기도는 신을 만나는 행위 이전에 사람들이 자신의 뇌와 마음을 달래고 적극적으로 변화시키는 긍정적 신호가 되는 것이다. 명상 중에는 세로토닌이 일시적으로 증가하지만 곧 사라진다. 일반적으로 최소한 1주일간 반복해서 긍정적인 사회적 신호를 받게 되면 세로토닌 기본수치가 올라간다.

전통적인 명상을 하는 중에 자가공명 영상을 통해 분석해 본 결과 등가쪽피질(dorsolateral cortex, 배외측피질) 전전두피질, 해마, 측두엽과 같은 여러 뇌기능이 활성화 된다는 사실이 발견되었다. [164]

---

162) Tiger & McGuire 2012, 224
163) ibid p207
164) ibid p236

이러한 발견을 통해 알 수 있는 것은 주위 집중과 자율신경시스템의 통제와 관련된 뇌 조직이 활성화 된다. 이 영역은 근심과 스트레스를 받을 때 활성화 되는 부분이기도 한다. 그리고 자신과 외부사물을 구별하고 인식기능을 하는 두정엽의 활동이 감소한다. 이는 "나"의 존재를 잠시 잊고 타자와의 유대를 강화하려는 인간의 본능적인 생물학적 욕구로 풀이된다. 더욱이 영적명상은 세속적인 명상보다 고통의 역(자극을 받았을 때 고통을 느끼기 시작하는 것)을 높인다. 그것은 고통에 매우 좋은 치료약인 것이다.[165]

종교적 모임은 사회적 지위감이 수평관계를 이룬다.

사람이 사회적인 지위감을 15분 만에 회복한다는 것은 매우 어렵다. 왜냐하면 어떤 사람들은 지위감이 집에서는 높고, 직장에서는 낮으며, 동우회에서는 중간정도일 수도 있는데 모든 사람들은 장기간 반복해서 긍정적 신호를 받게 되는 것을 원하기 때문이다. 분명한 사실은 세상적인 일에서 멀어졌을 때 사람들은 좋은 기분을 느낀다는 것이다. 긍정적인 신호를 많이 받던 회사라 해도 그곳에서 멀어졌을 때 사람들은 좋은 기분을 느낀다는 것이다. 우울한 기분이 들 때 신앙인들은 일주일에 네다섯 번씩 종교적 모임(예배, 기도회, 봉사)에 참여하면 세속의 일상에서 멀어지는 데서 좋은 기분을 느끼게 되는데 이 모든 것은 세로토닌이라는 뇌의 화학물질 때문이다. 세로토닌뿐만 아니라 노르아드레날린과 도파민도 마찬가지이다.

노르아드레날린은 긍정적인 사회적 만남을 갖는 동안에 증가하고, 도파민은 쾌감과 그것이 가져다 줄 긍정적인 결과를 기대할 때 활성화 된다.[166] 이처럼 종교적 만남은 사회적인 교제 속에서 즐거움을 증폭시킨다.

교회 안에서 종교적 모임은 사회적 지위감이 평등하다. 사회적 지위가 명료한 회사에서는 사장이 있고, 경비원, 직원이 존재할 수 있다. 그러나 교회 안에서의 모임은 사장과 경비원의 사회적 위계질서가 사라지고 평등하게 종교적 모임에 참여할 수 있다. 함께 주차관리를 할 수 있고 함께 성가대에서 찬양을 할 수도 있고, 기도모임에서 함께 머리를 숙이

---

165) Walch K, et al, 2008
166) Roesch M.R & Olsone, C.R, 2008

고 기도를 할 수 있다. 물론 다음날 회사에 가면 이 둘은 자신의 힘과 특권이 서로 다르다는 것을 알게 된다. 그러나 종교적인 모임에는 사회적 지위가 평등해 진다. 이것은 우주의 가장 위대한 힘(즉, 신)이 인정한 평등이다.

지위가 높을수록 세로토닌의 수치가 높다. 이러한 세로토닌의 발견 과정은 참으로 흥미롭다. 지위가 높은 개체의 뇌에 특히 높은 수치의 세로토닌이 존재한다는 사실이 밝혀졌다.[167] 버빗원숭이의 뇌척수액 샘플을 추출하여 5-HIAA에 대한 화학분석을 통한 한 연구에서 우두머리 수컷과 부하 수컷에서 추출한 뇌척수액의 5-HIAA양은 거의 2대1로 나타났다. 이것은 우두머리 수컷 뇌의 세로토닌 시스템이 부하 수컷 뇌의 세로토닌 시스템보다 두 배나 활성화 되어 있다는 것이다.[168] 같은 연구를 여섯 번이나 반복했는데 2대1의 수치는 변화 없이 똑같았다고 보고되고 있다. 그리고 우두머리 수컷을 혼자 떼어 놓으면 다시 세로토닌 수치는 떨어졌다. 교회에서의 종교모임은 그 중심에 하나님이 있고 모두가 주안에서 하나이기 때문에 사회적 지위가 동일하고 세로토닌 수치도 동일하다고 할 수 있다.

사회적 지위가 낮은 사람은 우울감을 느끼고 스트레스가 가득한 하루를 마치고 저녁에 기진맥진하여 집에 오는데 긍정적 신호보다 부정적 신호를 더 많이 받았기 때문이다. 반대로 타인으로부터 긍정적 신호를 많이 받을수록 기분이 더 좋고 자존감이 더 크게 느껴진다. 이는 앞서 언급한 것처럼 주로 뇌의 화학적 변화 세로토닌 때문이다. 은퇴 후 처음 1년 동안 사망하는 은퇴자가 그 다음 해에 사망하는 은퇴자보다 두 배 많은 이유도 바로 급격한 세로토닌 결핍 때문이라 할 수 있다.[169] 종교적 모임에서 긍정적 신호를 받기 때문에 행복감을 느끼는 것은 세로토닌 덕분이다. 종교적인 모임은 사회적 긍정적 지위감을 상승시켜준다. 그러나 긍정적 지위감이 급감하면 세로토닌 저하가 일어난다. 이처럼 종교적 모임은 타인의 긍정적 신호와 긍정적 지위감을 통해 뇌 화학물질에 영향을 주어 뇌기능을 활성화시킨다. 또한 성경에 나타난 교회의 종교적모임은 성령을 체험하는 사회적 활동이라고 할 수 있다.(행 2:1~2)

---

167) Chance,M.R.A.ed,1998: McGuire & Trolel 1987
168) Tiger & McGuire 2012, 212-213
169) ibid p218

2. 신경신학과 종교적 믿음

"주 예수를 믿으라. 그리하면 너와 네 집이 구원을 얻으리라."(행 16:31)
"하나님이 세상을 이처럼 사랑하사 독생자를 주셨으니 이는 그를 믿는 자마다 멸망하지 않고 영생을 얻게 하려 하심이라"(요 3:16)

이 세상에는 수많은 종교가 있으며, 그리고 세계 인구의 80%가 종교를 가지고 살아가고 있는 것으로 보인다. 이처럼 많은 종교가 존재하고 있다는 것은 여러 이유가 있지만 그 중에 자기 신비체험의 결과로 인한 것이 대부분이다. 모든 종교마다 믿음을 요구하고 있다. 그러나 기독교의 믿음은 삼위일체 하나님을 믿으며 독생자 예수 그리스도를 믿으며 구원에 이르는 길이 오직 예수 밖에 없으며 이를 믿는 자마다 구원을 얻는 종교이다. 그래서 일반적으로 말하는 수많은 종교와는 그 성격이 전혀 다르다. 기독교에서의 종교적 믿음을 신경신학적 입장에서 다루려고 한다.

1) 종교적 믿음은 뇌를 움직이는 강력한 힘이다.

믿느냐 믿지 않느냐는 곧 인간 뇌의 활동방식 뿐만 아니라 뇌의 형태까지도 바꾸는 대단한 힘이다. 종교적 믿음은 앞에서 설명했듯이 신경전달물질 분비에 크게 관여한다. 하나님을 믿는 사람들은 전두엽이 일반인에 비해 더 두꺼우며 신경전달물질인 도파민, 세로토닌, 옥시토신이 분비된다. 도파민이 기도나 명상할 때에도 분비되지만 믿음에도 직접 관여하여 쾌감을 느끼게 하고 세로토닌도 분비됨으로 행복감을 느끼게 한다. 또 한편 옥시토신도 분비시켜 사랑의 감정을 갖도록 한다.

2) 종교적 믿음은 강력한 신체 면역기능을 한다.

하나님의 사랑과 자비하심을 믿는 HIV 환자를 대상으로 한 실험에서 마이애미 대학의 아이런슨(Ironson, 2006) 박사는 4년 동안 환자의 체내 감염량 변화를 확인하는 방법으로 실험을 진행하였다. 채취한 혈액 안에 에이즈 바이러스의 양이 얼마만큼 증가하는지, 감소하는지를 측정하였다. 이 실험을 통해 아이런슨 박사는 하나님의 사랑을 믿지 않는 환자의 경우 대조군보다 체내 T세포의 손실속도가 3배나 더 빠르다는 사실을 발견하였다. 또한 감염량 역시 3배나 더 빨리 진행되었고 스트레스 수치도 높게 나타났다. T세포는 면역사령관으로 우리 몸의 병원균과의 싸움을 보다 효율적으로 수행하는 면역세포이다.

아이런슨 박사는 이 실험을 통해 자신의 연구를 다음과 같이 요약하였다. "만약 당신이 하나님의 사랑을 믿는다면 그 믿음은 놀라운 우리 몸의 보호벽이 되어 줄 것입니다" 또 "하나님은 선하다"라는 항목에 "그렇다"라고 대답한 사람의 경우에도 신체면역력이 증가했습니다. 그리고 "하나님이 나를 사랑하신다"라고 고백한 항목에 "매우 그렇다" 라고 대답한 사람은 훨씬 더 강력한 면역체계를 나타냈습니다" 라고 했다(Church D, 2008).
성경은 **"믿음의 기도는 병든 자를 구원하리니"**(약 3:15)라고 증언하고 있다.

3) 종교적 믿음은 후성유전학의 복을 받는다.

종교적 믿음은 인간의 마음에 뭔가 긍정적이고 희망적인 스위치를 켜며, 이것이 생존에 더 유리하게 작동한다. 그때 뇌에서는 호르몬과 신경전달물질이 분비되기 때문에 치유와 정신건강에 강력한 힘이 된다. 이처럼 긍정적인 믿음은 사람을 살리고 부정적인 믿음은 사람을 죽이기도 한다. 긍정적인 믿음은 우리 뇌에 행복과 기쁨과 평화 등 기분 좋은 화학물질을 내 보내고 부정적인 믿음은 뇌가 비상사태에 돌입하여 건강과 생명 등의 문제에 장기적인 영향을 주어 결국 면역력이 떨어지고 병에 걸리거나 극단적인 경우에는 뇌가 쪼그라들어 죽음에 이른다. 하나님에 대한 믿음은 대단한 위력을 가진 가장 합리적이고 이성적인 행위이다. 기독교의 종교적 믿음은 개인의 구원(행 16:31, 요 3:16) 뿐만 아니라 후성유전의 축복을 받는다.(출 20:5~6)

"…나를 사랑하고 내 계명을 지키는 자에게는 천대까지 은혜를 베푸느니라"(신 5:10)

3. 종교적 율법주의[170]

"누구든지 온 율법을 지키다가 그 하나에 거치면 모두 범한 자가 되나니"(약 2:10)
교회 공동체에 의한 종교적 율법주의는 하나님이 받아들여지기 위해 율법적이 되어야 한다는 신념에 갇혀 있다. 교회에서 보인 종교적 율법주의를 최순직(1986)은 크게 세 가지

---

170) 장로교저널 2022. NO1. PP 22~23

로 분류하고 있다.

성경에 기초한 성경적 율법주의가 있다. 기독교인의 생활규범과 기준을 성경에 기초하고 성경을 유일한 규준으로 삼고 있지만 실제 생활에서는 율법주의적인 입장을 취하고 있다. 이러한 범주에 속한 사람들을 성경적 율법주의자라고 부른다.

성경은 하나님의 명령인 까닭에 성경대로 살지 않으면 약속을 어기는 것이요, 명령에 위반되기 때문에 저주받고, 형벌 받을 수 밖에 없다고 가르친다. 이것은 구원받은 성도들을 율법 아래 가두어두는 행위이다. 그러므로 그 성도들의 신앙생활이 율법에 매이게 된다. 모든 일에 자발적이지 못하고 감사와 기쁨 또한 우러나오지 않는다. 성경말씀이 오히려 멍에가 되어 중압감을 느끼게 되고, 죄책감에 사로잡혀 늘 자괴감과 실망감에 시달리게 된다. 뿐만 아니라 이렇게 믿어서는 어떻게 구원받을 수 있겠는가 하고 스스로 자문하게도 한다.

성경적인 율법주의는 교회에서 드리는 헌금신앙도 율법적으로 생각하여 이를 어길 때 하나님의 명령에 위배되고 도적질 하는 것이니, 그 결과는 저주요, 형벌뿐이라고 정죄해 버린다. 그러므로 이 성경적 율법주위는 형벌론적 입장인 것이다. 성경에서 말한 참된 형벌이란 율법과의 관계에서 저주나 형벌이 아니고 어디까지나 율법 위에 있는 하나님의 자녀에 대한 영적 훈련(히 12:5~13)이라고 함이 타당하다.

하나님의 징계는 시련을 통하여 우리의 믿음을 분명하게 하고 또 세상의 낙심 속에서 강하게 만들어 결국 승리하도록 하신다. 어느 의미에서 징계는 저주나 형벌이 될 수 없다. 그래서 마틴 루터는 시련이라는 단어를 독일어로 번역을 할 때 "전략적 시련"이라고 하였다고 한다.

우리 인간은 계명을 완전히 지킬 수 없는 불완전한 존재이지만 양심의 가책을 가지고 있다. 그런다고 해서 모두 율법 아래 두어 형벌론적 입장에서 다룬다면 어떻게 되겠는가? 교회나 가정에서 율법적인 가르침에만 중점을 두고 어떠한 실수도 용납하지 못하고 비판적 분위기가 계속된다면 누구나 쉽게 죄책감에 빠져 정신적인 문제를 야기 시킬 수 있다. 이때의 죄책감은 죄를 회개하는 것이거나 율법을 범한 죄를 통회하는데서 온 것이 아니라 형벌의 두려움, 분리의 두려움, 자신의 가치가 평가 절하되었다는 비난 등을 두려워하는

데서 기인된 것이다.

 율법은 죄에 대해 책망을 하지만 저주가 되어서는 안 된다. 율법은 하나님의 뜻을 가르치며 죄의 고백을 위하여 필요한 것뿐이다. 그러므로 구원받은 사람들은 율법을 새로운 신앙생활의 기준으로 삼고 더욱 율법(계명)을 통하여 하나님이 온전하시고 기뻐하시는 뜻을 이루도록 힘써야 할 뿐이다. 한편 하나님을 잘 믿기 위해 인간적 입장에서 결의하는 결의주의적(決意主義的) 율법주의(律法主義)가 있는데 이 말은 성경에 나와 있지 않는 용어이다. 성도의 생활에 관련된 여러 가지 문제, 예를 들면 주일성수 문제, 헌금 문제, 금연, 금주 문제, TV시청 문제 등 하나님을 잘 믿기 위해 인간적 입장에서 결의하는 결의주의적 율법주의 태도를 지향하는 것이다.

 유대인들은 안식일을 잘 지키기 위해 여러 조항을 만들어 그들이 제정한 규칙을 성경본문의 원리로 충족되지 않는 보다 많은 금지조항을 만들었는데 1,500가지 이상의 세칙이 있다. 결의주의자들은 이렇게 성경에도 없는 것들을 더 잘 믿기 위하여 결의하고 그것을 율법으로 대치시키고, 그것을 가지고 신앙유무를 판단하는 기준으로 삼게 되었다. 그래서 예수님은 마가복음 2:27에 나타난 말씀처럼 결의주의자들을 향한 경고의 말씀을 하였다. **"안식일은 사람을 위하여 있는 것이요, 사람이 안식일을 위하여 있는 것이 아니니 이러므로 인자는 안식일의 주인이니라"**. 청교도의 선교권에 있는 우리나라의 성도들이 지켜야할 여러 가지 조항을 살펴보거나 특히 해방 전후에 보수주의 교단의 주일성수 조항을 살펴보면 다음과 같다.

 "주일에는 머리를 깎거나 감거나 말라! 책을 읽지 마라! 신문을 읽지 마라! 라디오를 듣지 마라! 말을 조심하라! 운동을 하지 말라! 주일에 옷고름이 떨어져도 바느질하면 일하는 것이니 핀으로 꿸 것이다" 그 외에도 금주초(술,담배)의 경우 총회가 결의하여 금주를 시작하였다고 한다. 우리나라 초대교회나 현재의 교회가 금주초(禁酒草)를 부르짖고 있는 것은 술, 담배에서 생활에서 오는 폐단을 두고 한 말이다. 기독교인의 생활에서 술로 또는 폐단과 방종을 방치하기 위해 **"술 취하지 말라"**(엡 5:15~20)고 항상 우리에게 설파하고 있는 것이다. 어쨌든 우리나라의 금주초론은 잘 믿기 위한 결의주의라고 할 수 있으며 교단이 정한 타율주의적 요소인 것이다.

헌금문제도 현재 드리고 있는 헌금 이외에 별미축복헌금, 예비처헌금, 매월정기헌금 등 다양한 헌금 등을 규정하는 것도 결의주의적 산물인 것이다. 이처럼 결의주의적 율법주의에 근거하여 신앙의 유무를 따지고 보수, 정통신앙 운운하고 성결을 운운하여 그것을 기독교인의 생활규준으로 삼는 일이 있다면 그것은 잘못된 일인 것이다.

또 타율주의적(他律主義的) 율법주의(律法主義)가 있다. 타율주의는 자율에 반하여 자기의 의사에 관계없이 남이 지어준 법에 의하여 지배되어지는 행동양상이다. 즉 다른 규율에 의하여 행동이 결정되어지는 입장이다. 그 대표적인 예가 천주교의 경우이다. 그들은 모두가 타율적이다. 그 권위의 소재는 성경보다는 로마교회의 교권에 두고 그리스도의 대리자인 교황의 명령에서 생겨나는 일체가 타율에 의하여 기독교인의 행동이 지배되고 결정되어지는 것이다.

그러나 타율주의적 율법주의가 가끔 개신교에서도 발견된다. 가령 보수정통을 주장하는 오늘날의 한국교회 보수교단에서도 실제적인 면에서 성경의 권위에 복종하는 것보다 특정한 교단의 교권에 지배되는 경향이 있는 경우이다. 종교개혁자들은 그 권위의 소재를 교권에 두지 않고 성령이 역사하는 구체적인 장소로서의 성경에다 두고 이 말씀이 쓰여짐을 믿으며 이것을 바르게 보존하여 가는데 교회의 권위를 세웠던 것이다.

율법주의는 기독교인의 생활방식이 아니라 위장된 형태의 반역인 것이다.
율법주의는 율법의 문자에 지나치게 몰두하여 율법정신을 간과하기 때문에 영적 속박으로 이르게 된다. 야고보서 2:10에서 **"누구든지 온 율법을 지키다가 그 하나에 거치면 모두 범한 자가 되나니"** 라고 하였는데 과연 누가 이를 완전히 지켜낼 수 있겠는가? 우리의 죄를 예수님이 십자가로 대속하여 율법의 요구인 저주와 형벌에서 해방하여 주었고 정죄에서 벗어나게 하였다.

그러므로 율법주의는 잘못과 죄책감을 심어주어 정신병리의 모판이 될 수 있다. 임상적으로 율법주의 교회에서 강박성장애가 제일 많이 발생하는데 이는 하나님의 사랑과 은혜를 체험적으로 알게 하지 않고 두려움과 죄책감으로 살게 하기 때문인 것이다. 성경적인 정신건강의 원리는 하나님의 사랑과 은혜가 강조되는 교회가 세워져 가는 것이다.

4. 신경신학과 종교적 극단주의

종교는 사람들의 삶의 의미와 목적을 만드는 믿음 체계를 제공한다. 이 믿음체계는 전부는 아니더라도 삶의 많은 측면에 분명히 도움이 되는 포괄적인 의미를 지니며 믿음은 감정, 인지, 행동을 통제하는 힘이 있다.[171]

우리 믿음은 뇌가 매우 기본적인 수준에서 세상을 인식하는 방식으로 형성하고 전반적으로 우리의 정신에 강력한 영향을 미칠 수 있다. 종교적 믿음이 부정적 결과를 초래할 수 있는데 그 대표적인 것이 종교적 극단주의 믿음이며 종교를 부정적인 행동에 초점을 맞추는 경우에도 여기에 해당된다. 그러면 종교적 극단주의 믿음체계가 뇌기능에 어떻게 영향을 미치는가를 아는 일은 신경신학의 중요한 관심사이다.

가끔 근본주의(fundamentalism, 종교적 교리의 절대적 진리성에 충실하려는 입장) 라고도 불리는 극단주의 종교적 행동은 많은 종교전통에서 다소 흔한 편이다. 그러나 근본주의는 보다 구체적으로 모더니즘(modernism, 교회의 권위와 봉건성에 반항하고, 과학이나 합리성을 중시하고 널리 근대화를 지향하는 것)에 강하고 반대되는 것을 지칭하여 심지어 모더니즘에 공격적인 것을 나타낸다.[172] 근본주의의 보다 구체적인 특징은 빈틈없는 완벽한 믿음, 성서무오설(聖書無誤說, 성서의 내용은 과학적으로도 절대 오류가 없다고 믿는 것)에 대한 믿음, 그리고 애국심을 포함한다. 그러나 보다 광범위하게 보면, 근본주의는 사람 또는 사람들의 집단이 경전을 해석하고 구현하는 방법과 더 관련이 있을 수도 있다.[173]

종교적 극단주의는 특히 더 폭력적인 입장을 초래할 수 있다. 종교적 극단주의는 목사, 수도사, 그리고 랍비(유대교 지도자)를 비롯한 특정 전통종교에 자신의 삶을 바치는 사람들에게 심리적으로 긍정적일 수 있다. 그러나 극단주의적 믿음은 또한 매우 부정적인 관점으로 이어질 수 있다. 우리는 어느 정도 근본주의자들이다. 신경신학적 관점에서 본다면 극단주의자의 입장에 반응할 수 있는 뇌 영역이 있다. 합일감(unity)이나 유대감(Con-

---

171) De Vries H. 2002
172) Marsden G. 1980
173) Hood R.W, Hl11 pc & williamson W.R 2005

nectedness)은 극단주의자의 행동에 중요한 구성요소이다.[174] 특정집단 내에 존재한다는 것은 컬트(광신적 종교집단)에서 가장 분명한데, 이 집단에서 사람 또는 사람들의 집단은 서로 너무 가까워져서 그들은 타인을 집단에서 완전히 배제한다. 상호작용이 계속되면서 그들의 믿음체계는 점점 더 기이하고 극단적으로 변할 수 있다.

앤드류 뉴버그는 합일감이나 유대감을 담당하는 뇌의 부위는 두정엽에서 발생하는 것으로 여겨진다고 주장하면서 사람들이 특정한 이념이나 집단과 일체감, 유대감을 경험 할 때 두정엽은 세상과 관계에서 자아에 대한 인식과 타인과의 관계에서 자아에 대한 인식을 바꿀 정도로 영향을 받는다고 하였다. 또한 집단 내에서 유대감이 강하게 성장하면 집단에 반대하는 의견을 가진 집단외 사람들을 더욱 부정적인 방법으로 보게 된다. 흥미로운 것은 뇌의 사회적 영역도 두정엽에 있다는 것이다. 두정엽 하부에 위치한 설전부(precaneus)는 뇌의 중요한 사회적 영역 중 하나인 것으로 여겨진다.

두정엽과 관련된 의례(rituals)와 특정한 종교적 믿음의 효과는 특정한 신화적 이야기를 지지하는 특정사회집단 내에서 강력한 일체감(oneness)을 이끌어낸다. 이 사회적 일체감의 강도는 율동적 의례와 연관이 있을 가능성이 높다.

이와 같이 강력한 의례(rituals)는 뇌와 신체기능에 지대한 영향을 미쳐서 일체감이 점점 증대될 수 있다. 특정한 믿음체계는 의식(practice)과 교리를 통해 그 의식에 참여하는 사람들에게 극단적인 체험을 유도할 수 있다.

그 결과는 강력한 감정적인 반응, 사회적 반응, 그리고 유대감을 가진 강력한영적 체험이다. 그러나 전반적인 체험은 믿음체계와 연관이 있다. 이러한 체험이 참가자들에게 심오한 현실감을 주입시키기 때문에 특정 믿음체계에서 옹호되는 사상은 참가자들에게 현실이 된다.

믿음체계가 더욱 현실적이면서 합일 될수록, 그 믿음 체계의 사상은 사람들에게 점점 더 현실이 되고 대안사상(믿음이 아닌 다른 대안에 의지하는 사상)은 점점 더 비현실적이거나 사악한 것이 된다. 믿음체계가 다른 사람들의 사상은 비현실적이거나 사악한 것이 되

---

174) Newberg A. 2018, 135

기 때문에 컬트(cult, 광신적 종교집단) 추종자들은 믿음체계가 다른 사람들이 큰 악을 저지르고 있으며 따라서 윤리, 철학 그리고 신학을 통합한 복잡한 결정에 따라 박멸할 필요가 있다고 믿으면서 매우 쉽게 경멸하고 증오할 수도 있다.[175]

이러한 이유로 격렬하고 급진적인 사상은 매우 적대적이고 폭력적인 사상이 될 수 있다. 이러한 사상이 테러리즘과 근본주의에 수반되는 과정의 중요한 부분이며, 이는 외견상 파괴적인 사상이 된다. 즉 뇌의 관점에서 보면 어떤 유형이든 강력한 믿음은 뇌의 인지중추에서는 물론 감정중추에서도 활동을 이끌어 낸다.

대안믿음(정통믿음이 아닌 대안에 의지하는 것)에 직면 했을 때, 사람의 뇌는 지배적인 믿음체계와 대안믿음 체계 중 어느 것이 옳은지 판단해야 한다 이것이 바로 뇌를 불안하게 만드는 상황이다. 대안믿음체계가 옳다면 그것은 뇌 그 자체가 실제로 세상을 제대로 이해하지 못하는 취약한 상태에 있다는 것을 의미한다. 이것은 우리가 세상을 효과적으로 항해 할 수 있도록 뇌가 도움을 줄 수 있게 설계된 것과는 완전히 반대되는 것이다.

우리가 세상을 보는 관점이 올바르지 않다면, 편도체와 같은 뇌의 감정과 불안영역은 우리가 더 효과적으로 세상을 살아갈 수 있게 더 정확한 정보를 찾도록 강요하기 위해 고도로 활성화 된다. 그래서 대안믿음체계는 잘못되었으며 우리가 줄곧 믿어왔던 것이 여전히 옳다고 가정하는 것이 훨씬 더 적절하다.[176] 그렇게 믿고 가정하는 것이 우리의 뇌를 안정시키고 우리를 훨씬 더 편안하게 만든다. 이런 식으로 우리의 뇌는 마치 세상에 대한 적절한 시각과 인식을 가지고 있으며 우리가 적절하게 세상을 항해시키고 있는 것처럼 느낀다.

뇌에서 대안 같은 체계와 관련된 부정적인 감정이 생기는 것은 물론 이 부정적인 감정은 대안믿음을 적극적으로 거부하는 것으로 이어진다. 이것은 단지 종교적인 차원에서 일어나는 것이 아니라 많은 차원(Level)에서 일어난다.

종교 및 영적 전통에 대한 믿음이 강력하게 거부된다는 것을 추론해보면 그 결과는 개

---

[175] De Vries H. 2002
[176] Newberg A. 2018

인이 개인에게 뿐만 아니라 집단이 집단에게 매우 적대적으로 행동하는 것이다. 이것이 바로 매우 강력하고 사람들을 하나로 모을 수 있는 일체감(oneness)은 오직 그 일체감에 의해 모인 사람들과 그리고 그들의 믿음과 관련이 있는 이유이다. 항상 궁금해 하는 질문은 "사람들이 정확히 무엇과 하나가 된다고 느끼는가? 하는 것이다. 그 사람이 한정적인 믿음 집합이나 한정적인 사람집단과 하나가 된다고 느낀다면 대안 믿음을 가진 사람들에 대한 극단적인 반감과 증오가 있을 수 있다.

또한 편도체 반응이 강하다면 그 사람은 대안믿음 체계를 맹신하는 것은 잘못일 뿐 아니라 사악하다는 결론을 내릴 수도 있을 것이다. 이것은 결국 그 사람이 단절만이 유일한 선택이라는 결론에 도달하게 되면서 큰 분노와 적개심을 갖게 된다.

일체감이 집단을 넘어서 모든 인류 또는 심지어 온 우주를 망라하는 것으로 확장된다면 그 사람은 매우 큰 일체감을 가지고 믿음체계가 다른 사람들에 대한 동정심을 가지게 될 것이다. 즉 이것은 일체감 정도와 관련된 뇌기능 맥락에서 일어나며 "이것은 두정엽에서 활동이 점진적으로 변화하는 것과 관련이 있을 수 있다.

이것은 궁극적으로 뇌의 감정중추에서 활동을 증가시켜서 긍정적인 감정을 불러일으키고 부교감신경계의 활동을 증가시켜서 만족감과 평온한 느낌을 초래한다. 따라서 그 사람이 한정적, 폐쇄적, 배타적 집단과만 연결되었다고 느끼는지 아니면 모든 인류와 연결되었다고 느끼는지 그 여부가 그 사람이 테러리스트의 길을 가는가 아니면 박애주의자의 길을 향해 나아가는가를 결정하게 되는 것이다. 신경신학은 이것을 상세히 밝혀내고 보다 구체적인 성장과 성숙의 길을 제시하기 위해 심도 있는 연구를 계속해 나가야 한다.

5. 신경신학과 명상운동

영어의 Meditation을 기독교와 카톨릭에서는 '묵상(默想)'으로 흔히 표현하고 있는 반면에 일반인들이나 불교 등에서는 명상(瞑想)으로 표현하고 있다.

과거의 동양전통의 명상은 최근에 신경과학자들의 연구에 의해 종교와 상관없이 누구나 사용할 수 있도록 개발되어 심리치료나 정신건강에 사용되고 있으며 명상을 운동으로 확대 되어 뇌건강의 기본운동으로 이용되고 있는 실정이다. 또한 카톨릭에서 사용되고 있는 묵상이나 관상기도, 향심기도 등은 일부 기독교회에서도 자연스럽게 사용되고 있다.

관상기도는 깊은 기도이기 때문에 가톨릭교회에서는 멘토가 옆에 있는 게 특징이다.

신경학적 관점에서 뇌를 건강하게 유지할 수 있는 방법 중 1위는 운동, 사회적 상호작용, 그리고 낙관주의이고, 2위는 명상이다. 벤슨의 이완 운동(relaxation exercise), 점진적 근육 이완법(progressive muscle relaxation), 그리고 심상 유도(guided imagery)는 모두 동일하게 건강에 유익한 이점을 제공하는 것으로 보이며, 매우 광범위하게 연구되어 왔지만, 명상 기법들 중에서 어느 것이 가장 좋은지에 대한 논쟁이 있다.

성경에는 대략 20개의 묵상이 언급되어 있지만 대부분의 사람들은 기독교에 관상기도(contemplation prayer), 명상 수행의 역사가 풍부한 것으로 인식하지 못하고 있다. 창세기는 "이삭이 밭에 나가 묵상을 했다"고 했으며, 여호수아서는 '주야로 묵상을 하라'고 추종자들에게 법으로 명한다. 그와 같은 강렬한 묵상은 성경의 예언자들과 성인들이 묘사하는 많은 영성 출현의 촉매제였을 수도 있다.

공식적인 기독교 묵상은 초기 수도원에 의해 발전되었다. 12세기에 카르타고 수도사 귀고(Guigo) 2세는 수행을 렉티오(lectio, 천천히 성경 구절을 읽음), 메디타티오(meditatio, 본문의 의미를 더 깊이 숙고함), 오라티오(oratio, 자발적으로 기도함), 그리고 콘템플라티오(contemplatio, 신의 사랑에 말없이 초점을 맞춤)라는 4가지로 단계로 나누었다.

오순절 신자들이 방언기도 할 때, 두정엽의 활동이 증가된다. 수녀나 불교도가 명상을 할 때 두정엽 활동이 감소된다. 그러나 고급 명상가들은 명상을 하지 않을 때에도 두정엽 활동이 매우 높다는 것이 발견되었다. 명상을 하지 않을 때에도 두정엽 활동이 매우 높다는 것은 명상을 오래 수행할수록 세상과 자신의 자아감과의 관계를 강화시킴은 물론, 삶의 영적 차원을 강화시킨다는 것을 시사한다. 또한, 의식적으로 두정엽 활동을 강화시키면 지적 활동이 전두엽을 강화시키는 것과 동일한 방식으로 뇌의 이 부분을 강화시킨다는 것을 시사한다. 실제로, 두정엽 활동이 증가되는 것은 의식(consciousness), 경각심, 그리고 타인의 느낌과 사고에 공감하는 능력을 증가시키는 것과 관련이 있다.[177]

---

177) Ibid, 49

명상의 많은 형태들은 전대상회피질을 자극하고 관상기도 수행도 역시 전 대상회에서 활동을 자극한다. 따라서, 사람들이 타인의 느낌에 더 민감해지는 데 도움이 된다. 실제로, 신의 사랑을 포함해서 사랑의 어떤 형태에 대해 명상을 하는 것은 타인에 대해 온정을 느낄 수 있게 만드는 동일한 신경 회로를 강화시키는 것으로 보인다.[178]

1) 명상과 심리치료

현대의 명상은 심리치료의 한 도구로 활용되고 있다. 명상과 심리치료는 오랜시간 동안 인간내면을 탐구하고 치유하기 위해 발전하여 온 인간의 고통을 관리하고 행복을 추구하는 공통점을 지니고 있다.

명상은 앞에서 설명했듯이 동양의 전통에서 발전하여 자아를 초월하고 깨달음을 얻는 것을 목표로 하여 불교나 힌두교 등 다양한 종교에서 명상을 수행의 핵심적인 요소로 자리를 잡았다. 명상을 통해 개인의 생각, 감정, 신체감각 등을 관찰하고 판단 없이 받아드리며, 마음의 평화와 고요함을 경험하게 된다. 그러나 현대인의 명상은 신경과학자를 의해 종교성을 벗어나 누구나 사용가능하도록 개발되었다.

반면에 심리치료는 서양의 정신과학적 관점에서 출발하여 개인의 심리적 문제를 해결하고 정신건강을 회복하는 것을 목표로 한다.
프로이드의 정신분석을 시작으로 인지행동치료, 대인관계 치료 등 다양한 심리치료기법을 개발하게 되었다. 심리치료는 과학적인 연구를 바탕으로 개인의 문제행동이나 부적응적인 생각을 변화시켜 삶의 질을 향상시키는데 도움을 준다.

최근 연구에 따르면 명상은 우울증, 불안, 스트레스 등 다양한 심리적 문제를 완화 하는 데 효과적이며 ADHD, 간질환, HIV, 암등의 사람에게 도움이 되고 있다. 또한 명상은 뇌의 구조와 기능을 변화시켜 집중력, 감정조절능력 등을 향상시키는 것으로 알려져 있다. 이러한 이유로 많은 심리치료전문가들이 명상을 치료도구로 활용하고 있다.

---

178) Ibid, 53

명상과 심리치료는 서로 다른 길을 걸어 왔지만 인간의 행복을 위한 공통의 목표를 가지고 있다. 명상은 정신적 성장과 심리치료의 과학적 접근방식을 서로 보완하여 더욱 효과적인 치유를 가능케 한다. 스트레스와 정신적인 고통을 해결하기 위해 마음챙김에 기반한 스트레스 감소(MBSR) 기법과 인지치료(MBCT)가 폭넓게 활용되고 있다.

2) 명상과 신경신학

정신이 건강한 사람들이 명상을 하는 동안 뇌의 미상핵이 가장 활발하게 반응하며 명상이 극에 도달하면 시상과 두정엽이 활동이 점차 줄어든다. 이 때 시공간의 감각을 잃고 무아지경에 빠질 수도 있다. 명상이나 기도를 통해 전대상회를 자극하여 행복함과 고요함이 점점 증가하다가 어느 순간 신비한 영적체험이 일어날 수도 있다. 이때 자극과 진정을 담당하는 자율신경계가 활성화 되면서 엄청난 에너지와 극도의 행복감을 느끼게 된다. 이 모든 과정은 뇌의 한쪽이 아니라 양쪽에서 동시다발적으로 일어나는 매우 복잡하고 역동적인 과정이다.

또 명상이나 기도는 뇌 속의 신경전달물질을 분비하게 만든다. 기도나 명상을 할 때 어떤 이는 깊은 희열을 느꼈다고 하는데 이는 도파민의 수치가 올라간 증거요. 또 어떤 이는 안정과 평화스러움을 느꼈다고 하는데 이는 세로토닌의 화학적 변화가 활성화되고 있다는 증거다. 결국 명상이나 기도는 뇌의 기능에 변화를 주어 건강하고 행복하게 살게 하고 능력을 나타나게 한다. 그래서 명상이나 기도는 능력이 되는 것이다.

명상과 영적수행은 전대상회를 자극하는 전두엽을 강화시키며 이를 통해 의식적으로 더 큰 목표와 평온함을 이루어 삶의 목표를 추구할 수 있다. 전대상회 회로가 강화되면 불안, 우울 그리고 분노를 억제할 수 있다.[179]

명상운동은 최근에 호흡운동, 이완운동과 함께 뇌 기능건강에 기본운동 등으로 활용하고 있다.

---

179) Insurance,2025,3,vol327

3) 명상과 신비체험

사람마다 건강 활동에 참여하는 의지가 다르기 때문에 명상수행을 10분간 할 수도 있고 어떤 사람은 40분간 할 수도 있다. 의사들은 하루 20~40분 동안 유산소 운동을 하라고 권하지만 그렇게 하지 않을 수도 있을 것이다. 사람마다 자신이 직관적으로 옳다고 느끼는 대로 행하는 것이 좋다. 12분 동안 명상수행을 통해서 인지력이 향상되는 경우가 있다. 명상수행은 연습할수록 좋고, 다양하게 할수록 더 좋다.

특히 깨달음을 얻고자 하거나 신과 합일화(合一化)를 느끼고 싶다면 매일 최소한 30분 이상 명상을 할 것이다. 그러나 신과 합일 또는 신비주의적 체험을 한다는 보장은 없으며, 이것은 명상세계에서 잘 알려진 사실이다.

높은 수준의 명상가들은 집중수행을 통해 신과 합일화(Unity)과 연결감을 달성할 수 있으며, 이것은 뇌에서 약간 특이한 활동을 유발 할 수 있다. 두정엽에서 활동이 감소되면 자아감이 변하게 되고, 이 현상은 자주 유발시키면 뇌의 실재(reality) 처리회로인 시상의 구조를 영구적으로 변화시킬 수 있다.

이러한 상황에서 명상가들은 우주를 완전히 다른 사건으로 볼 수 있다.

특정대상에 의식적으로 의도를 집중하도록 지시하면, 뇌는 깊은 명상(관상)의 대상(참고, 관상 또는 관상기도의 의미인데, 신을 향한 향심기도의 의미도 있으며, 보다 깊은 명상의 기도를 의미함)에 속하지 않는 감각 및 신경정보를 차단하며, 관련이 없다고 판단한 모든 것을 차단한다. 결과적으로 명상(관상)의 대상에 대한 지각(awareness)을 강렬하게 하고 대상이 아닌 다른 것에 대한 지각을 상실된다.

명상의 대상이 신(神)이라면, 명상가는 신과 합일되는 체험을 하거나, 신이 모든 실재(reality)에 만연해 있다는 감각을 체험한다. 명상의 대상이 사라지면 가끔 가장 강력한 신비주의적 체험에서 일어나는 것처럼, 수행자는 우주에 완전히 차별화 되지 않는 전체 즉 절대적인 만물의 합일화를 체험할 수 있다.

이런 신비체험과 같은 명상을 어떤 이들은 비기독교적이라고 단정하는데 우리는 명상의 영역을 이해할 필요가 있다. 그래서 관상기도 할 때는 멘토가 필요하다.

6. 신경신학과 종교적 의례

의례(rituals)는 기독교를 비롯하여, 모든 종교가 공통적으로 갖고 있다. 예배의례, 기도의례, 명상의례, 무도회(찬양율동) 의례 등 다양하다. 의례를 종교적 의례, 또는 영적의례라고도 부른다.

1) 의례는 전통과 문화에 따라 차이가 있다.

기독교와 유대교에서 노래를 부르는 의례와 불교와 힌두교에서 노래를 부르는 의례 사이에는 상당히 유사점이 있다. 그러한 모든 의례는 노래 부르기, 몸 흔들기, 그리고 집단으로 회합하는 것을 포함한다. 종교는 다양한 성스러운 예배와 즉식을 갖춘 의례에 집단의례를 잘 사용한다. 집단의례나 개인의례 중 어느 것이 뇌에 더 큰 영향을 미치는지를 탐구하는 것은 흥미로운 일이다. 일반적으로 기도나 명상 같은 개인적인 의례가 집단의례보다 더 특별하지는 않더라도 그만큼 강력할 수 있다.

2) 의례는 먼저 자율신경계에 영향을 미친다.

자율신경계는 교감신경계와 부교감신경의 두 개의 부분으로 구분되어진다.
교감신경계는 우리를 각성시키는 각성계(calming system) 역할을 한다. 율동이 빠르거나 느린 의례는 자율신경계의 어느 한 지류에 영향을 미칠 수 있다.
그레고리 성가(Gregorian chant)에서처럼 매우 느린 율동이나 몸을 전후좌우로 천천히 움직이는 율동은 부교감신경에서 진정계의 활동을 증가시킨다. 부교감신경계를 움직이는 의례의 효과는 전신을 통해 느껴진다. 심박수와 호흡이 느려지고 에너지의 사용량이 감소되며 몸은 평온하게 진정된 상태로 들어간다. 반대로 빠른 목소리나 통성기도, 그리고 광란의 수피(이스람교의 신비주의자) 댄스를 포함되는 매우 빠른 의례는 교감신경계를 움직인다. 교감신경계가 작동을 개시하면 심박수와 호흡이 빨라지고 전반적인 각성감이 높아지면서 전신에 그 효과를 느낀다. 자율신경계의 두 지류는 일반적으로 반대로 작동한다. 교감신경계가 활성화되면, 부교감신경계는 억제되는 경향이 있으며, 부교감신경계가 활성화되면, 교감신경계는 억제되는 경향이 있다.[18] 의례가 진행될 때 부교감신경계가 활성화되면, 이론적으로 전신에 상당한 평온(진정)이나 심지어 행복감을 유발할 것이다. 매우 빠른 의례는 교감신경계를 움직여서 각성과 경각심을 고조시키는 반면 평온함을 억제시킬 것이다. 일상적인 수준에서 스포츠 행사와 같은 특정행사에서 빠른 의례가 사용된다. 밖으로 나가서 격렬한 축구경기를 할 준비가 되었다면 그 사람은 교감신경계가 최대한 고조되기를 원한다. 응원단이 빠르게 북을 치는 것이나 팬들이 큰소리를 외치는 의례는 선수가 경기를 할 준비가 되도록 선수의 교감신경계를 자극한다.

반면에 잠자리에 들려고 준비를 한다면 부드럽게 진정시키는 음악, 희미한 조명 그리고 기분이 좋아지는 향기는 부교감신경계의 활성화를 조절해서 몸의 긴장을 풀어서 잠을 들 수 있는데 도움이 된다. 자율신경계의 두 지류는 정상적인 상황에서는 서로 억제 하지만 한쪽의 격렬한 작동이 다른 한쪽의 억제를 벗어나거나 특이하게 활성화 되는 것으로 이어질 때가 있다는 증거가 있다.[181] 교감신경계를 움직여서 강력한 행복감과 진정감을 유발하는 명상의식을 오랫동안 수행하는 동안 어느 시점에 부교감신경계가 억제를 벗어나서 깊은 각성이나 황홀감을 체험할 수 있을 것으로 기대할 수도 있다.[182]

3) 의례는 시상하부와 시상 그리고 변연계를 활성화시킬 뿐만 아니라 피질과 연결되어 고등 뇌 중추에서 변화를 일으킨다.

따라서 의례는 더 큰 신비주의적 체험 구조의 일부로 정교해지는 다양한 생각, 기억 그리고 기타 시상과 연관 될 수 있다. 의례는 뇌의 다른 영역을 움직여서 다양한 추상적 또는 신비주의적 요소와 관련된 체험을 자극할 수 있다. 변연계서 변화와 신경정보를 조절하는 능력은 우리가 일체감이나 합일성을 느끼고 자아감을 상실하는데 관여하는 두정엽의 활동을 변화시킬 가능성이 있다. 이것은 의례에 참가한 사람들의 공동체 의식을 더욱 조장할 것이다. 이 합일성 감각은 신비주의적 체험 스토리 또는 심지어 신이나 우주에도 적용될 수 있을 것이다. 종교적 의례에서 사람들은 종종 몸과 마음이 일체가 되는 방식으

---

180) Peng CK, et al. 1999
181) Idid
182) Newberg A. 2018, 188

로 신과 연결되어 있다는 느낌을 표현한다. 또한 신비주의적 체험 요소와 이야기는 우리의 감정중추를 움직일 수 있으며 긍정적으로 자율신경계를 움직일 수 있다. 즉 고등피질 중추, 변연계, 시상, 시상하부 그리고 자율신경계는 의례와 신비주의적 체험(myths)의 파워 그리고 긍정적으로는 종교적 체험의 파워가 중요하다.

교감신경계를 활성화시키는 광적인 의례는 강력한 반응과 관련이 있는 편도체와 같은 변연계를 활성화시킬 가능성이 클 것이다. 교감신경계를 진정시키는 의례도 부교감신경계를 활성화 시킨다. 이러한 방식으로 율동적인 의례는 부교감신경계를 움직여서 진정작용에 관여되는 시상하부와 변연계를 움직여서 긍정적 감정을 유발한다. 요점은 상향식 프로세서를 통해 마음은 물론 신체에서 감정을 느낄 수 있다는 것이다. 또한 상향식 의례 프로세서는 명상과 같은 의식의 하향식 프로세스와 짝을 이루며 여기에서 변연계는 고등피질 영역에 영향을 받는데 이는 나중에 시상하부와 자율신경에서 활동을 변화시킨다. 신경계는 명상과 같은 하향식 프로세스는 고등피질(higher Cortex) 영역이 시상하부에 미치는 영향을 통해 자율신경계에도 영향을 미친다. 그러나 의례의 경우 자율신경계는 시상하부를 움직이는데 이는 나중에 고등뇌구조(higher brain structure)에 영향을 미치게 되는 것이다.[183] 의례는 세상과 중요한 유대 관계를 맺는데 중요하게 작용하지만 반면에 나쁜 목적으로 이용될 수 있다. 예를 들면 나치 신앙체계를 사람들에게 주입시키려는 목적으로 한밤중에 책을 불사르고 생일, 결혼, 장례식에 의례를 행사하는 등 매우 크게 영향을 미치는 방법으로 사용이 이루어졌다.

4) 의례는 뇌의 거울신경(mirror neuron)에 관여한다는 중요한 발견이다.

주로 전두엽과 두정엽에 있는 것으로 보이는 거울신경은 사회적 기능을 지원하며, 다른 사람이 무엇을 하고 있는지 뇌에 반영된다.[184] 누군가 다른 사람이 손을 드는 것을 본다면, 뇌에 있는 거울신경은 그것을 보는 사람이 손을 들도록 촉발시킬 것이다. 이러한 특정 프로세스를 실제로 수행지 여부는 다양한 요인들에 좌우된다. 일반적으로 우리는 실제 행

---

183) Ibid
184) Gallese V. et al, 2004

동을 억제한다. 그러나 하품을 하고 웃는 것과 같은 특정행동은 전염성이 있다. 누군가가 당신을 보고 웃고 있을 때 웃지 않는 것은 어렵다. 집단의례가 특정 개인에 영향을 미칠 때 거울신경이 지배적인 역할을 한다는 주장이 있다.[185] 다른 사람들이 흔들리고, 노래하고 기도하는 것을 관찰하는 것은 관찰자 자신의 뇌에서 비슷한 종류의 반응을 이끌어 내며 다양한 사람들의 뇌가 서로 동기화 되거나 관명할 수 있다는 증거가 있다.[186] 이러한 방식으로 특정의례의 율동이 개인에게 전달될 수 있다. 불행히도 대규모 모집단에서 개인 간 공명감을 구체적으로 확인한 연구는 아직 없다. 그러나 두 사람의 뇌가 서로 공명할 수 있다는 것을 이미 알려진 있다.[187]

5) 의례는 우리에게 강력한 영향을 미친다.

파스칼 보이어(Pascal Boyer)는 의례가 긴박감(sense of urgency), 사회적 효과(social effectiveness), 초자연 이용(use og the supernatural) 등 세가지 요소들을 포함하고 있기 때문에 우리에게 중요하고 강력한 힘을 미친다고 설명한다.[188] 이러한 긴박감은 마음을 사로잡는 의례의 힘을 말한다. 마음을 사로잡는 의례의 힘이란 무언가 중요한 것이며 의례에 내재되어 있음을 의미하여 본능적으로 자율신경계의 변연계에 영향을 미치는 것과 관련이 있을 가능성이 있다. 사회적 효과는 의례가 사람들을 함께 모으는 능력이 있다. 사람들을 함께 모으는 능력은 결혼식의 형태일 수도 있고, 어쩌면 친교행위(conmunion)와 같은 대규모 집단의례일 수도 있고, 의례프로세스의 일환으로 사람들과 함께 맺는 바르 미츠바(bar mitzvah-유대교에서의 13세가 된 소년의 성년식) 일 수도 있다.[189] 이 효과는 의례가 두정엽의 사회적 영역에 영향을 미치는 것과 연관되어 있다. 초자연 이용에 참여하는 것은 자신보다 위대한 어떤 것, 특히 마음(mind)이나 주체자(agency)가 있는 어떤 것의 존재감과 관련이 있을 가능성이 있다. 이것은 어쩌면 두정엽과 전두엽에서 어떤 변화와 관련이 있을 수도 있다. 의례가 진행되는 동안 참여자들은 집단이나 신에게 자신을 맡

---

185) Franks DD. et al, 2012
186) Skippers MB. 2009
187) stephens Gl. et al,2010
188) Boyer P. 2000
189) Reddish p. et al 2003

길 가능성이 매우 높은데 이것을 탈 중심화과정이라고 한다.

굴복(surrender)의 감각도 의례에서 일어나며 주체감(sense of agent)과 자유의지(volition = free will)를 감소시키는 경향이 있다.[190]
의례는 또한 일종의 도구 또는 기술이다. 그래서 의례의 목적을 달성하기 위해 기술을 적절히 사용하는 것이 중요하다. 뇌와 의례의 연결은 신경신학에 중요한 의미가 있다. 우리는 이제 신경신학을 사용하여 의례에 관여하는 뇌와 자율신경계의 특정구조물을 관찰하였다. 자율신경계, 변연계 그리고 두정엽은 모두 의례에 관련되어 있다. 의례의 다양한 요소들은 이러한 뇌 영역을 활성화시키고 긍정적인 의례를 신비주의적(영적) 이야기 또는 개념에 연결시킨다. 의례는 뇌의 거울신경에도 관여됨이 드러났다.

7. 신경신학과 영적수행

종교 및 영적수행(Spiritual Practice)은 매우 다양하다.
그 대표적인 것이 기도와 명상(묵상)이다. 기도에는 향심기도, 관상기도 등이 있으며 명상에는 마음챙김명상, 자애명상, 초월명상, 만트라명상 등이 있다.
신경신학은 일반적으로 뇌와 종교 간의 관계를 연구하기 때문에 영적수행은 신경신학의 중심에 서 있다. 최근에는 영상기법이 발전되어 있기 때문에 명상이나 기도와 같은 영적수행을 연구하는데 매우 유익하고 편리하게 되었다.

1) 종교 및 영적수행은 중요한 뇌 활동의 증가를 초래한다.

명상수련의 깊이와 연관된 뇌 변화는 전두엽, 뇌섬엽 그리고 측두엽에서 일어난다.[191] 특히 전두엽과 측두엽 간의 기능적 연결이 증가되는 것은 주의력 중심수행과 연관이 있으며, 뇌의 사회적 영역과 전두엽간의 기능적 연결이 증가되는 것은 타자에 대한/사랑하는 생각을 수반하는 자애(Loving- kindness)수행과 관련이 있다.[192] 집중력을 수반하는 수

---
190) McNamara P. 2009
191) Wang DJJ et al, 2011
192) Kemmer PB. 2015

행은 전두엽을 활성화시켜서 시작할 수도 있는 반면 춤을 수반하는 수행은 뇌의 운동영역을 활성화시켜서 시작 할 수도 있다. 수행의 다양한 측면, 통합되는 다양한 요소들, 그리고 최종체험 또는 목표에 따라 뇌의 다양한 부분이 다양한 방식으로 수반되는 것을 볼 수 있을 것이다.[193] 전전두엽과 변연계사이에 위치하고 있는 전대상회는 명상에 의해 강화되는데 관상기도나 깊은 명상(묵상)은 두정엽의 활동을 감소시키고 신과 합일화를 이룬다. 성령을 체험하면 두정엽의 활동은 증가한다. 명상이 뇌를 바꾼다.

2) 모든 영적수행들은 어떤 식으로든 자율신경계에 영향을 준다.[194]

어떤 수행들은 부교감신경계를 활성화시켜서 평온함과 행복감을 주는 반면 어떤 수행들은 교감신경계를 활성화시켜서 강력한 각성이나 극도의 황홀감을 불러 일으킨다. 신체 움직임이나 음악을 사용하는 의례수행을 통해 자율신경계는 상향식 접근방식으로 영향을 더 많이 받을 수도 있을 것이다, 결국 자율신경계에서 변화는 시상하부, 변연계, 그리고 피질에 영향을 미칠 수 있다. 향심기도와 같은 수행은 부교감신경계를 통해 혈압과 심박수를 감소시키고 뇌의 다른 부분은 균형을 다시 맞추기 위해 깨어나게 한다. 많은 수행들과 마찬가지로 향심기도(centering prayer: 주님 앞에서 이미지나 언어를 사용하지 않고, 마음으로 주님을 지향하는 기도)는 처음에는 특정객체(이 경우 기도나 성경에 있는 구절)에 주의를 집중하는 것으로 시작한다. 기도에 집중하면 전두엽의 활동이 증가하고 전대상회는 주의력의 집중과 기분을 조절하는데 관여한다.

향심기도는 기독교 전통에서 기원한 관상기도(Contemplative prayer; 사물의 내면을 바라볼 수 있는 장소인 성소에서 사물의 근원인 하나님을 발견하는 것이라는 뜻)이며 14세기 본문 The cloud of ignorance(무지의 구름)에서 처음으로 묘사되었다. 수행의 궁극적인 목표는 개인을 하나님 앞에 이르게 하는 것이다.[195] 향심기도를 수행하는 프란치스코(Francesco) 수녀집단이 있는데 이들이 수행한 특정기도문이나 성경의 구절에 주의를 집중하는 것으로 구성된다. 수행은 만트라(mantra; 기도할 때, 명상할 때 외는 주문) 명상

---

193) Nash JD, Newberg A. 2003
194) Newberg A. 2018
195) Keating T, 1994

처럼 기도문을 반복하는 것이 아니라 기도에 집중해서 기도의 의미를 묵상한다. 일반적으로 수행자는 특정기도가 신과 연결되어 있다고 느끼는데 도움이 된다는 것을 발견한다. 수행자는 일반적으로 눈을 감고 편안하게 앉아서 기도에 대한 자신의 의식(awareness-각성상태)를 유지한다. 명상이 일어나는 생각, 인식, 느낌, 이미지, 그리고 기억에 초점을 맞춘다. 수행은 20분에서 몇 시간 동안 지속될 수 있다. 수행이 지속됨에 따라 영적상태는 수행자가 신과 밀접하게 연결되어 있다고 느끼는 지점까지 깊어진다. 프란치스코 수녀들은 "나는 하나님 앞에 나 자신의 모든 것을 열었습니다"라고 영적상태를 설명한다. 프란치스코 수녀들의 경우, 향심기도를 수행하는 동안 하나님과 연결 되어 있다는 것을 즉시 느꼈으며 수행하는 동안 두정엽에서 활동이 떨어지는 것이 관찰되었다.[196)

3) 종교 및 영적수행이 수반되는 뇌는, 한 부분이 아니라 뇌의 여러 부분이 통합된 체계로 관여한다.

기도를 수행하는 동안 전전두피질은 시상을 활성화시킨다. 향심기도에 집중하면 우반부 전두엽에서 활동이 증가되고 전대상회가 주의력에 집중하고 기분을 조절하는데 관여하고 있다. 시상의 중요한 역할은 두정엽과 같은 뇌의 특정영역으로 가는 감각정보를 조절하는 것이다.[197) 사실 시상은 전전두엽, 피질에 의해 흥분이 될 때 GABA를 방출 할 수 있는데 이 GABA는 두정엽과 들어가는 신경활동을 차단하거나 억제한다.[198) 두정엽으로 들어가는 활동이 감소하는 것은 자아감 감소와 세상간의 경계가 모호해지는 것과 연관되어 있는 것이 분명하다. 그와 같은 체험은 유대감 또는 일체감(oneness)으로 설명될 수 있을 것이다. 체험에 수반되는 신비주의 또는 의례요소들에 따라서 일체감은 사람들의 집단, 신 또는 우주의 모든 것과 하나가 되는 것일 수 있을 것이다.

4) 종교 및 영적수행은 강력한 감정적 체험을 초래한다.

따라서 강력한 체험을 하는 동안 편도체가 활성화되는 것은 당연한 것이다.

---

196) Newberg A. 2018
197) Bucci DJ, et al. 1999
198) Destexhe A. et al. 1998

편도체가 활성화되면 전대상회의 활동은 멈추게 되고 공감과 직관력은 떨어지고 타인이 어떻게 느끼는지 정확하게 평가할 수 있는 능력을 상실하게 된다.

영적수행에서 중요한 역할을 하는 전대상피질은 학습, 기억, 집중력주의, 감정조절, 운동조절, 심박수, 오류감지, 보상예측, 갈등모니터링, 도덕적평가, 전략적계획 그리고 공감에 관여한다. 향심기도와 같은 종교 및 영적체험은 강력한 감정과 연관되어 있기 때문에 변연계가 관여하고 있으며 그 중 편도체가 긍정적인 것과 부정적인 많은 강렬한 감정에 관여한다.[199] 사람들이 공포와 행복감을 경험할 때 편도체의 활동이 증가한다. 그래서 호랑이가 우리 앞을 가로질러 간다거나 사랑하는 사람이 우리를 부른다면 편도체는 우리에게 주의를 기울여야 할 중요한 것이 있다는 것을 알려준다. 방언(뜻을 알 수 없는 기도의 말)과 같은 강력한 영적체험을 하는 동안 편도체가 활성화 된다. 그러면 마음챙김명상과 같은 이완이나 평온함을 느끼게 하는 수행에 대한 연구들은 편도체에서 활동이 감소된다는 것을 보여주는 경향이 있다.[200] 변연계의 또 다른 중요한 구조는 해마인데, 이것은 일반적으로 편도체와 시상하부뿐만 아니라 피질의 다른 뇌 영역에서 활동을 조절하는 역할을 한다.[201] 해마는 아마도 글루타게이트(Glutagate)를 사용하며 뇌 영역을 자극하고 GABA를 사용하여 뇌 영역을 억제할 것이다. 해마는 두정엽으로 들어가는 감각정보를 차단하고 도파민 체계를 통해 전두엽 피질의 집중 기능을 향상시키는데 가능성이 높다.[202]

해마는 편도체에 크게 영향을 미치며 편도체와 함께 사람이 할 수 있는 복잡한 감정과 사고의 모든 것을 만들어 낼 수 있다. 사실 편도체와 해마는 서로 상호작용 하는 것으로 보이며, 두 영역 모두 종교 및 영적수행에 영향을 받는 것으로 밝혀졌다.[203] 시상하부는 해마 및 편도체와 광범위하게 서로 연결되어 있다. 편도체는 부교감신경계를 활성화시키도록 시상하부를 자극 할 수 있는데 이것은 향심기도를 하는 동안 먼저 마음속으로 이완을 느끼고 나서 더욱 심오한 무활동을 느끼게 되는 것과 연관이 있을 가능성이 높다.[204] 다

---

199) Saver JL, Rabin J, 1997
200) Gotink, et al
201) Redding FK. 1967
202) Newman et al. 1999
203) Lagar SW, et al. 2000
204) Davis M. 1992
205) Jevning R.et al. 1992

양한 명상수련에서 관찰된 바와 같이 부교감신경계의 활성화도 심박수와 호흡을 감소시킬 수 있을 것이다.[205] 일부 기독교 수행에서 신과 연결할 때 자아감을 유지하는 것이 중요하다. 전두엽, 시상, 그리고 두정엽에서 이러한 변화가 일어나는 동안 전두엽은 기저핵을 통해 도파민 체계와 교통을 한다는 점을 유의해야 한다. 도파긴은 보상체계의 일부이고 일반적으로 우리가 행복이나 심지어 극단적인 기쁨(예, 코카인을 사용하는 것처럼)을 느끼게 만들기 때문에 향심기도를 수행 할 때 긍정적인 감정이 유발되는 것은 뇌에서 도파민이 방출되는 것과 관련이 있다.

5) 종교 및 영적수행은 신경전달 물질인 도파민, 노르에피네피린, GABA, 글루타메이트 그리고 세로토닌 등에 변화를 준다.

명상수련을 하는 동안 도파민 수치가 증가된다. 세로토닌은 시상하부내에서 조절되고 등쪽슬기(dersal raphe)라 불리는 작은 뇌간부위에 의해 생성된다.[206] 세로토닌은 강한 감정적 반응과 강력한 시각적 체험을 초래 할수 있다. 증가된 세로토닌은 도파민 체계와 함께 작용하여 종교 및 영적수행을 하는 동안 발생하는 것으로 빈번하게 설명되는 희열감을 강화 될 수 있다.[207] 세로토닌은 멜라토닌 생성과도 연관이 있는데 이것은 명상수행을 하는 동안 급격하게 증가되는 것으로 밝혀졌다.[208] 멜라토닌은 무활동 또는 행복감에 기여할 수도 있다. 세로토닌은 송과체(pineal aland)에 영향을 기친다. 향심기도와 같은 영적수행은 부교감신경계를 통해 혈압과 심박수를 감소시킬 때 뇌의 다른 부분들은 이러한 매개 변수들은 균형을 다시 맞추기 위해 각성되는 것이다.[209]

청반(Locus Ceruleus) 이라 불리는 구조가 노르에피네플린(norepinephrine)이라는 스트레스호르몬을 더 많이 생성하는데,[210] 이는 교감신경계에서 나오는 자극의 일부이다. 향심기도를 수행하는 동안 전두엽은 글루타메이트(glutamate)라는 주요 흥분성신경전달 물질을 통해 뇌의 다른 영역에서 활동을 증가시킬 수 있다. 그때, 시상하부가 자극을 만나

---

205) Jevning R.et al. 1992
206) Aghajanian G. 1987
207) Vollenweider FX, et al. 1999
208) Tooley GA. 2000
209) Van Bockstade EI, etal 1995
210) Footes. 1987

서 엔돌핀을 방출하는데, 이것은 명상과 기도를 수행하는 동안 활성화 된다. 어떤 사람들은 도파민 체계가 종교 및 영적수행에 중요한 역할을 한다고 주장한다. 이에 대한 이론적 근거는 도파민이 뇌의 보상체계와 연관이 있으며 종교 및 영적수행이 고도의 긍정적인 감정효과와 연관이 있기 때문이다.211) 영적수행은 뇌의 신경전달물질을 변화 시키므로서 평화, 행복, 그리고 안정감을 주면서 불안, 우울증, 그리고 스트레스를 줄여준다.

6) 종교 및 영적수행의 연구에 뇌 영상기술이 크게 유용한 도구로 작용하고 있다. 그러나 각 뇌영상기법은 다양한 장점과 단점을 지니고 있기 때문에 검토할 가치가 있다.

뇌 기능을 평가하는데 탁월한 기능을 하는 기술은 EEG(뇌파검사)이다. EEG는 뇌 영상기술은 아니지만 휴대가 비교적 용의하고 자연적인 환경에서 의식 수용을 관찰 할 수 있다. 인지신경과학 분야에서 크게 이용된 영상도구가 fMRI 기구이다. 지난 20년 동안 이 분야에 폭발적으로 사용하였다. fMRI는 공간 해상도가 매우 우수하다. 그러나 MRI로 탐지할 수 있는 것은 혈류뿐이다. 종교 및 영적의식을 수행하는 중 신경전달물질 활동의 변화를 살펴보는 데는 한계가 있다.

종교 및 영적수행의 연구에는 PET와 SPECT 기법이 사용되는데 가장 큰 장점은 전체 범위의 신경전달물질 활동 수준을 평가할 수 있다. 명상이나 기도, 방언 그리고 무아지경에 이르기까지 다양한 종교 및 영적수행을 하는데 는 SPECT로 진행한다. 종교 및 영적수행(Spiritual Practice))은 영적목적으로 수행되는 것이지 의학적 개입이 그 목적이 아니다. 그러나 영적수행은 건강상의 유익을 제공한다. 어떤 연구에 의하면 무신론자에게 하나님을 묵상하도록 요청했는데 수녀들이 향심 기도를 수행할 때 활성화되는 만큼의 뇌 활성화는 되지 않았다. 어쩌면 이런 반응은 믿음의 부족에서 기인되었는지 모른다. 이 연구의 결론은 사람들이 더 많이 믿거나 더 많이 수행에 참여할수록 효과가 더 강해진다는 것이다. 단지 몸짓만 수행을 하고 있다면 수행에 따른 강력한 건강관련 효과와 영적효과를 얻을 가능성이 없을 것이다.212) 어떤 수행이 가장 강력한 영적체험을 야기할 수 있는지는 신경

---

211) Newberg A. 2018
212) Newberg A. et al. 2005

신학의 또 하나의 과제이다. 또한 건강과 웰빙은 종교 및 영적수행과 밀접한 연관성이 있어서 신경신학에 필수적인 역할을 계속해 나가야 한다.

| 에필로그 |

　필자는 긴 여정 끝에 이제 붓을 놓게 되었다. 본서를 마무리하면서, 필자가 이 책을 통하여 독자들에게 전하고자 한 바를 정리함으로써 독자들에게 마지막 도움 말씀을 드리고자 한다.

　하루가 다르게 급변하는 오늘날, 제반 학문이 서로의 영역을 개방하고 협력하면서 이른바 융합이론을 통하여 시대가 필요로 하는 새로운 영역을 개척하고 있다. 그러다보니 종래의 사고를 뒤엎으며 지금까지 상상하지 못했던 새로운 학문이 시시각각 출현하고 있다.
　어떤 점에서 현대인에게 가장 가까이 있는 학문의 하나인 뇌 치유를 위한 신경과학도 제반 학문 분야와 융합을 거듭하고 있는데, 지금까지 제대로 정립되지 못한 분야가 '뇌 치유와 신앙', 바로 신경과학과 신학의 만남이었다. 오래 전부터 인간의 질병을 치료함에 있어서 신앙의 중요성이 인정되어 의학의 한계를 영성의 힘으로 극복하자는 전인치유가 의료계에 도입된 지 오래 되었음에도 말이다.

　이에 필자는 뇌 치유와 상담을 필생의 사명으로 알고 지금까지 이 분야를 외길 삼아 수많은 제자를 양육하며 수십 권의 책을 저술하면서 반세기를 달려왔다. 그러면서도 언제나 미루어둔 숙제가 있었으니 바로 뇌 치유 과학과 신학을 접목한 신경신학의 정립이었다. 이 작업을 위해 신학을 공부하고 하나님께서 죄로 말미암아 못 쓰게 된 인간을 고치시기 위해 예수 그리스도를 보내시고 그 분을 통하여 망가진 죄인의 영육을 구원하시는 사건을 성경에서 보면서 교회를 개척하여 강단에서 증언도 하고 상담개발원을 만들어 후진들에게 교육을 하기도 했다. 수 년 전에는 <뇌치유 상담 목회학>을 쓰기도 하면서 본격적인 <신경신학> 구상에 몰두했다. 그러던 중, 서구에서 이 분야의 권위자 중 한분인 앤드류 뉴버그 박사가 <Neurotheology>를 발표했는데, 이것이 붓을 들게 한 직접적인 자극제가 되었다. 이 책은 두 가지 면에서 나를 자극했다. 먼저, 뉴버그는 역시 신경과학의 대가답게 전인미답의 분야를 개척해주셔서 용기를 얻었다는 점이다. 다음으로는, 이 책이 제목은 <신경신학>인데 그 내용을 들여다보면 기독교를 비롯한 지상의 주요 종교를 망라한 일종의 <신경종교학> 성격을 띠고 있다는 점이다. 그렇다면 본격적인 기독교신학에 바탕을 두고 성경에 근거한 본격적인 <신경신학>을 써야 한다는 당위성을 확신하게 된 것이다.

그래서 필자는 오래 준비해온 기독교 <신경신학>에 붓을 들게 된 것이다. 무엇보다 신학의 관점을 어디에 둘 것인가를 깊이 사색하며 성경에 몰두하던 중, 복음주의신학의 관점에서 성경과 뇌 치유 과학을 접목하기로 했다. 그 이유는 극히 간단하다. 예수 그리스도께서 오셔서 선포하신 말씀이 복음이기 때문이다. 이렇게 하여 집필한 본서는 목차에서 보듯이 대체로 다음과 같이 뇌과학과 성경을 복음주의적인 관점에서 접목하고자 했다.

먼저 제1장에서는 신경신학 정립을 위한 성경적 이해를 구하고자 했다. 달리 표현하면 성경은 뇌 치유(신경과학)에 대해 무슨 가르침을 주고 있는지, 그 근거를 구하고자 한 것이다. 그래서 필자는 치유를 필요로 하는 인간의 뇌를 예수 그리스도의 구원론의 관점에서 규명하였다. 즉 예수 그리스도의 구속에는 죄로 말미암아 망가진 뇌의 구원도 포함되어 있다는 관점이다. '인간의 온전한 구원과 신경신학'을 논한 것이 바로 이러한 관점에서였다. 이는 어디까지나 성경이 신경신학의 원천이고 모판이라는 전제에서 접근한 것이다. 왜냐하면 기독교신학은 하나님의 말씀인 성경에 근거하는 것이고, 그 중심이 예수 그리스도의 구원에 있기 때문이다. 종교학적 입장에서 타 종교의 신학도 가능한데, 타 종교는 그 종교의 가르침(경전)을 중심으로 그들의 신학을 정립할 것이다. 물론 우리 기독교는 성경 진리를 절대적인 신앙의 기준으로 하므로 다른 종교와 상대적으로 비교하는 차원의 종교가 아님은 재론의 여지가 없다.

제2장에서 신학이란 무엇인가를 복음주의 신학의 관점에서 원론적으로 살펴보았으며, 더불어 오늘날 신학의 제반 양상을 제시했다. 왜냐하면 서두에서도 언급했듯이 오늘날 학문은 신학을 비롯하여 필요에 따라 다양하게 세분화되고 있으므로 인간의 정신적 영적 치유의 영역인 뇌 치유가 과학과 신학이라는 학제간의 만남과 협력을 통하여 새로운 학문을 개척하며, 이를 통해 보다 효과적인 뇌 치유를 가능하게 할 것이기 때문이다.

제3장은 신경과학과 신경신학의 만남과 협력을 시도한 본서의 본론과 같은 이론의 장으로서, 이 분야를 개척한 앤드류 뉴버그의 저서와. 특히 그의 다양한 임상실험 자료의 도움을 받으면서 본서의 융합적 이론의 가능성을 진술했다. 이런 점에서 필자는 뉴버그 박사의 노고에 상당한 신세를 졌음을 여기에 밝힌다. 다른 학문 분야도 그렇지만, 우리나라의 연구 환경이, 특히 뇌 과학 분야에서 임상실험을 비롯하여 다양한 실제적 데이터를 얻는 데 상당한 한계가 있음은 주지의 사실이다. 특히 뉴버그 박사의 임상실험(기도와 명상 등 훈련 포함)이 비록 범종교적이기는 하나 우리에게 객관적인 데이터가 되고 하나의 가능성을 주는 자료라고 생각한다.

다음으로 제4장 신경신학을 위한 뇌 구조와 기능은 뇌과학 전문 영역에 대한 진술로서, 이 분야를 연구한 학도들에게는 중요한 지식과 유익을 줄 것인데, 목회자들과 일반 신자들, 그리고 신학을 공부하는 학생들에게는 이해에 한계를 느낄 것이다. 그렇지만 이 분야에 대한 관심은 근원적으로 인간을 창조하신 하나님의 창조섭리에 있으므로 이 책을 계기로 뇌 과학 공부에도 힘쓰기를 권하는 바이다.

제5장은 신경신학의 근거가 되는, 성경 상의 뇌 관련 중요 용어와 성경본문을 리서치한 것으로서 그 자체만으로도 일독할 가치와 흥미가 있을 것이다. 제6장은 이와 병행하여 뇌 병리학에서의 전문용어와 관련 질환에 대한 리서치를 하고 있다.

그리고 제7장은 신경신학과 성서적인 치유를 논하였으며 제8장에서는 신경신학과 뇌과학의 치유원리를 다루었는데 신경발생과 뇌의 가소성, 거울신경과 신경전달물질 그리고 항상성기능과 뇌유래신경성장인자 ,미교세포를 논하였다. 신경전달물질로서는 도파민, 세로토닌, 노르에피네피린, 가바를 다루었다. 제9장의 신경신학과 영성의 뇌과학(Ⅰ)

에서는 신경신학과 기독교 영성을 비롯하여 말씀의 세포생물학, 기도의 정신생물학을 다룬 다음에 제10장의 신경신학과 뇌과학(Ⅱ)에서는 생각의 뇌 과학, 사랑의 뇌 과학, 감사의 뇌 과학을 다루었다. 제11장에서는 신경신학과 영적체험을 진술하였는데 여기에서 신의 자리, 믿음 체계를 비롯하여 영적체험과 신경신학, 뇌신경전달물질, 임사체험을 다루었다. 제12장에서는 신경신학과 종교적활동을 다루었는데 여기어서는 종교적 믿음, 율법주의, 종교적 극단주의, 명상과학, 종교적 의례, 영적 수행등을 다루었다.

끝으로 에필로그와 부록에서는 3편의 신경과학을 기본으로한 뇌치유상담 설교를 소개하였다.

모쪼록 필자가 처음으로 정립한 졸작 <신경신학>을 계기로, 앞으로 이 분야에 대한 연구가 활발하게 이루어져 보다 훌륭한 <신경신학>이 나오게 되기를 소망한다.

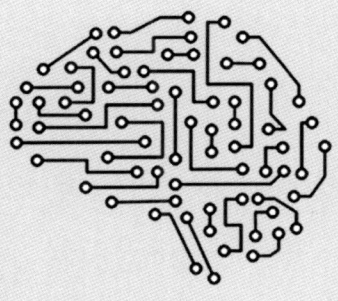

부록

신경신학에 근거한 뇌치유 상담 설교

성경에 근거한 뇌치유 상담 설교 3편을 소개한다.
이 설교는 신경과학과 신경신학의 밀접한 관계를
이해하는 데 도움이 될 것이다.

제1편

주님의 평안유전자를 발현케 하라
(요한복음 14장 27절)

"**평안**을 너희에게 끼치노니 곧 나의 **평안**을 너희에게 주노라. 내가 **너희**에게 **주는** 것은 세상이 주는 것 같지 아니하니라. 너희는 마음에 근심도 말고 두려워하지도 말라.(요 14:27)

이 말씀의 핵심어(key Word)인 평안(peace)은 헬라어로 είρηνη(에이레네)이며, 히브리어로는 שׁלום(샬롬)입니다.

우리 한글성경에는 '평화'(눅 2:14 , 19~42, 롬 10:15), '화평'(가 10:34, 눅 12:51 행 10:36), '평안'(마 10:13, 요 14:27), '평강'(눅 1:79, 요 20:19 롬 1:7), '안전'(눅 11:21) 등으로 번역되어 있습니다. 이 외에도 안녕, 축복(εύλογία, 율로기아: 롬 15:29, μακάριος, 마카리오스: 마 5:3), 건강(ίσχύω, 이스퀴오: 요 21:6, ύγιαίνω, 휘기아이노: 딛 1:9) 등과 밀접한 의미로 관계를 가지고 있습니다.

평안은 이 세상을 살아가는 데 최고의 축복입니다.

유전자는 평안에도 기여합니다. 기존의 유전학에서는 유전자가 운명을 결정짓는다고 합니다. 그러나 신과학이라고 일컬어지는 후성유전학의 등장은 경험(환경)이 유전자를 지배할 수 있다는 것입니다. 후성유전학은 DNA 염기서열 자체에 영향을 미치지 않고 유전적 발현의 변화가 다음세대로 이어지게 유도하는 과정을 가리킵니다.

첫째, 평안유전자는 하나님께서 주신 것입니다.

평안에는 주님이 주시는 평안과 세상에 주는 평안이 있습니다.

본문에 "나의 평안을 너희에게 주노라. 내가 너희에게 주는 것은 세상이 주는 것 같지 아니하니…"라고 하였습니다.

주님의 평안은 하나님을 믿는 자에게 주어지는 평안입니다. 이 평안은 아브라함의 하나님, 이삭의 하나님, 야곱의 하나님을 믿는 자에게 주어지는 후성유전의 평안입니다(출3:6). 그래서 이 평안은 하나님의 평안유전자, 곧 주님의 평안유전자입니다.

1. 이 평안유전자는 해마에서 발현됩니다. 해마는 변연계에 속한 뇌의 중앙구조물인데 정서를 조절하고 기억내용을 저장하는 곳입니다. 해마는 우리가 친한 사람의 이름을 기억한다든가 주민등록증, 군번, 전화번호, 수학공식 등 기억하는 모든 것은 해마에서 기능하는 것입니다.

2. 해마는 사랑하거나 운동을 할 때 BDNF(뇌유래영양인자)를 생산하여 시상하부의 CRH(부신피질자극H, 분비H,)의 분비를 억제시킴으로 결국 스트레스 호르몬을 억제시키고 평안을 유지하며 우울증등도 예방할 수 있습니다.

3. 사랑을 충분히 받은 양육환경에서 자란 해마의 유전자에는 아세틸후성유전표지(Acetyl Epigenetic Markes)가 증가합니다. 아세틸표지가 많으면 많을수록 해마에 평안유전자가 더 많이 발현되고 이로써 스트레스 완화 작용도 활발해집니다. 아세틸 표지는 유전자 발현의 스위치를 올리고 반면에 메틸 표지는 유전자 발현의 스위치를 내리는 기능을 합니다. 그러나 평안유전자는 평안을 유지하는 데 경향성을 지녔다는 말이지, 평안을 결정짓는 요소는 아닙니다.

둘째, 평안 유전자는 부정적 정서에 의해 방해를 받게 됩니다.

본문 27절 "나의 평안을 너희에게 주노라…

….너희는 마음에 근심도 말고 두려워하지도 말라."라고 하였습니다.

우리 마음에 근심, 걱정, 두려움, 불안 등 부정적 감정을 갖게 되면 해마의 유전자에 메틸유전자 표지 (Metyl Epigenetic Markers)여 평안을 유지하는데 어려움을 갖게 됩니다.

1. **"근심이 사람의 마음에 있으면"**
해마의 유전자에 메틸표지유전자가 증가하여 평안을 유지하기 어렵게 되어 **"그것으로 번뇌(우울)케"** 됩니다. 그러나 **"선한 말"**은 아세틸표지유전자가 증가하여 평안을 유지하게 되어 **"그것을 즐겁게 하느니라"**라고 말하고 있습니다.

2. **"마음의 즐거움"**이 있으면 해마에 아세틸표지유전자가 증가하여 **"양약"**이 된다고 증거하고 있으며 **"심령의 근심"**이 있으면 해마에 메틸표지유전자가 증가하여 **"뼈를 마르게"** 한다는 것입니다.(잠 17:22)

또한 **"마음의 즐거움"**을 갖게 되면 해마의 유전자에 아세틸표지가 증가하여 **"얼굴을 빛나게"** 하지만 **"마음의 근심"**은 해마의 유전자에 메틸표지가 증가하여 **"심령을 상하게"**하는 것입니다.(잠15:13)

3. **"온전한 사랑"**을 하게 되면 해마의 유전자에 아세틸 표지가 증가하여 **"두려움을 내어 쫓아"** 평안을 유지하게 된다고 성경은 증거하고 있습니다.(요 1서 4:18)

부정적 정서는 유전자 발현(후성유전표지)를 방해합니다. 부정적 정서는 메틸표지를 증가케 하여 해마의 유전자에 영향을 끼쳐 평안을 누릴 수 없습니다. 그러나 사랑은 아세틸표지가 해마에서 증가하여 평안유전자가 더 많이 발현 되고 가침내 평안을 유지할 수 있습니다.

4. 유전자 안에 후성유전 특질이 내재되어 있습니다.
어떤 사람은 알코올을 섭취할 경향성을 지니고 있습니다.
어떤 사람은 흡연할 경향성을 지니고 있습니다.
어떤 사람은 잘못된 음식을 더 많이 섭취 할 경향성을 지니고 있습니다.
어떤 사람은 부정적 태도(생각)로 일관하는 경향성을 지닐 수 있습니다.
어떤 사람은 스트레스를 더 받을 수 있는 경향성을 지니고 있습니다.
어떤 사람은 비만 유전자가 있어 비만의 경향성이 있습니다.
(예화) 안젤리나 졸리/ 유방암유전자

스트레스를 통해 유전자의 스위치가 작동하지 않아 수명이 단축하게 되어 삶의 질이 떨어지며 삶 가운데 평안(내면의 조화)과 행복이 사라질 수 있습니다. 하지만 이러한 경향은 언제든 바뀔 수 있습니다.

우리의 잘못된 선택은 장차 우리의 후손이 겪게 될 부정적인 경향으로 전환됩니다. 평안유전자는 평안할 수 있는 경향성을 지닌 것입니다.

이 평안이 해마에서 발현되는 것입니다. 유전자가 단백질을 만드는 것을 발현(Expression)이라고 합니다. 유전자 발현에 문제가 생기면 각종 병이나 기형, 사망까지 할 수 있습니다.

마음속에 분노, 공포, 좌절의 감정이 차오르면 DNA의 첨단이 짧아지고 다양한 DNA 코드가 비활성화 되고 유전 정보 발현의 감소로 이어집니다. 이로 인해 우리 몸에서는 양질의 단백질이 활성화 되지 않습니다. 근심하거나 걱정하게 되면 뇌의 시상하부는 평상시보다 더 많은 화학물질을 분비하고 대응합니다.

이때 뇌하수체 역시 과도하게 많은 화학물질을 내뿜게 됩니다. 쉽게 말해서 뇌 신경화학물질의 대 혼돈이 발생하는 것입니다. 그 결과 우리 뇌에는 명쾌한 생각 대신 무질서하고 흐리멍텅한 생각만을 떠올리게 됩니다. 시상하부는 뇌의 다른 부분을 경각시켜 세로토닌과 글루타메이트 같은 화학물질을 분비하도록 유도하는 곳입니다.

불안, 근심 그리고 두려움 등 부정적 감정에 연관된 유해 된 감정을 사로잡지 못하면 끝내는 부정적 생각으로 가득 차게 되고, 무질서의 마음은 나쁜 신경신호를 생성하여 DNA까지 그 영향을 미치게 됩니다. 그래서 부정적 감정을 사로잡아야 합니다.

유전자는 발현에 영향을 미치는 환경에는 위험한 노출에서부터 좋은 교육까지, 지속적인 많은 스트레스에서 따뜻하고 애정이 넘치는 환경까지, 굶주림에서 포식까지를 모두 포함합니다. 그뿐 아니라 환경은 음식, 질병, 상담, 생각이나 선택 등 우리 삶(일상생활) 전체입니다.

우리가 하는 뇌 치유 상담이 존재하는 것도 뇌의 신경가소성과 거울신경, 신경발생 및 후성유전학의 발견 때문입니다.

"As he Thinks in his heart, so is he." (대저 그 마음의 생각이 어떠하면 그 위인도 그러한 즉)(잠언 23:7) 마음의 생각이 그 사람의 인격을 현상한다는 것입니다. 마음의 생각을 컨트롤하는 뇌의 중요성을 알 수 있습니다. 그러므로 평안유전자가 끝까지 건강하게 발현되도록 신경신호(환경)을 바로잡아주어야 합니다.

셋째, 평안유전자, 환경에 의해 좌우됩니다.

우리가 평안유전자를 지녔다고 해서 평강의 축복이 저절로 오는 것은 아닙니다. 후성유전학의 등장으로 환경이 유전자를 조절하고 지배한다는 것입니다. 환경이 유전자를 지배하면 다음세대의 뇌와 몸, 정신건강과 영적 건강에도 영향을 미치게 됩니다.(신 30:19~20)

* 예화 (믿음의 가정)
 요나단 에드워즈와 사라의 가정(믿음의 여자와 결혼)
 12자녀에서 1,000여명 자녀 탄생 (매일 예배, 매일 기도)
 부통령 1명, 주지사 3명, 상하의원 5명, 국무장관, 시장, 변호사 100명,
 대학총장 13명, 교수 65명, 의사 66명, 판사 30명, 성직자 100명,
 고급차관 80명, 군장교 75명, 대학졸업자 295명, 저명한 저술가 60명

* (술집 경영) 맥스 쥬크스 가정(마크스 슐츠)
 후손1026명 중에서 300명 어른이 되기 전 사망
 100명 정도, 13년 정도씩 교도소에서 보냈고,
 190명 정도 창녀, 100명 알콜 중독, 정부지원금 120만 불 정도 소비후성유전학에 따르면 DNA 염기서열이 변하지 않아도 특정형질이 나타나거나 발현되지 않을 수 있습니다. 또한 특정한 세대에 출현한 형질이 2~3세대 정도 대를 이어 유전될 수 있습니다.

* 환경은 후성유전신호가 되어 유전자 발현에 영향을 끼칩니다.
 발현(Expression)은 유전자가 단백질을 만드는 것을 말합니다. 유전자가 망가져서 만들어지는 암은 전체 암의 20% 정도이지만 80%의 유전자는 멀쩡한데 유전자 발현을 조절

하는 데 문제가 생겨 암이 발병되는 것입니다.

평안 유전자의 발현을 위한 신경신호가 되는 중요한 환경이 있습니다. 이 환경(경험)은 우리의 뇌를 변화시킵니다. 이는 신경발생과 신경가소성의 원동력이 되기 때문입니다.

첫 번째, 환경(신경신호)은 Meditation(묵상, 명상)입니다.

묵상(Meditation, 명상)이나 관상기도는 DMN(초기화 신경망)을 활성화 합니다. 집중하는 동안에 DMN이 활성화 되면 묵상은 전두엽의 기능의 변화를 가져오고 전대상회를 자극합니다. 따라서 타인의 느낌에 더 민감해지며 공감하는데 도움을 줍니다. 타인에 대한 공감과 온정 그리고 신의 사랑을 느끼는 신경회로를 강화시키기도 합니다.

평안유전자의 발현을 위한 좋은 방법은 기도하거나 생각에 사로잡힐 때, 성경을 암송하고 읊조릴 때, 우리는 깊은 묵상의 단계에 몰입하게 됩니다. 묵상할 때 긍정적 생각을 품고 올바른 방향으로 시작하면 DMN과 TPN은 매우 빠른 속도로 균형을 잡게 됩니다. 하루에 5~16분 정도 묵상을 하며 부정적인 생각을 사로잡아 제거하는 데 집중하면 뇌의 전두엽 부분이 개선됩니다. 고도의 집중 통해 생각과 묵상을 할 경우 행복한 삶을 살 수 있게 됩니다.

정기적으로 묵상을 하게 되면
- DMN(초기 신경망)이 활성화 되고
- 지식과 지혜를 더 하게 되고
- 면역력을 증가시키며
- 심혈관 건강에 도움을 주고
- 놀라운 평안을 허락하십니다.

두 번째, 환경(신경신호)은 생각의 선택입니다.

* 생각은 유전자를 활성화 합니다.
생각은 단백질을 만들고 DNA를 변형시키기도 합니다. 생각은 강력한 신경신호를 만들어 냅니다. 현대과학은 생각이 향후 4대까지 영향을 미친다고 증거하고 있습니다. 인간의 생각 네트워크가 정자와 남자의 DNA를 통해 향후 4대까지 이어진다는 놀라운 현대과학의 발견입니다.

성경에는 이미 후성유전학이 기록 되어 있습니다.
"나 여호와 너희의 하나님은 질투하는 하나님인즉 나를 미워하는 자의 죄를 갚되 아비로부터 아들에게로 삼, 사대까지 이르게 하거니와 나를 사랑하고 나의 계명을 지키는 자에게는 천대까지 은혜를 베푸느니라"(출 20:5~6)

* 생각의 선택으로 이어지는 과정은 우주에서 하나님 다음으로 강력한 힘을 발휘한다는 것입니다. 생각의 선택은 하나님이 우리에게 선물한 엄청난 능력입니다. 부정적 생각은 DNA를 변형시키고 부정적인 결론을 내릴 때도 DNA는 변형됩니다. "우리가 누구를 용서하지 않겠다."는 유해한 생각, 원한, 짜증 혹은 부정적 생각은 결과적으로 체내 DNA까지 그 영향을 미치게 됩니다. 부정적인 생각을 품고 부정적인 생각을 선택하면 뇌 조형의 질을 낮게 되고 병리적인 영향까지 야기 시킵니다.

* 우리가 유해한 생각을 선택할 때 DMN(초기신경망)과 TPN(작업신경망)의 균형이 깨져버립니다. 유해한 생각, 부정적인 생각은 DMN의 활동성을 과도하게 높이는 반면에 TPN의 활동은 억제됩니다. 그 결과 우울한 생각이 깊어지고 브정성이 나타나며 문제해결 능력은 현저히 감소됩니다. 이때 우리의 기분은 우울하고 몽롱하고 부정적이고 혼란스러워지게 됩니다.

* 생각은 강력한 신경신호를 만들어 냅니다. 생각은 신경신호 곧 후성유전의 원동력으로 작용됩니다. 그래서 유해한 생각과 스트레스는 다음 세대에 악영향을 미칩니다.(예 성적학대--자폐증 60%.)

조상들의 잘못된 선택으로 우리에게 어떤 경향성이 내재한다 해도 그것을 인식하고 제거해 버리기로 선택해야 합니다. 이것은 나의 책임입니다.

우리의 선택(후성유전신호)으로 유전자 발현(후성유전표지) 방식에 변화를 주어야 합니다. 선조로부터 이어지는 부정적 유전자의 발현을 차단하기를 선택하고 부정적인 삶을 극복해야 합니다. 유해한 생각의 선택은 해마의 유전자를 활성화시켜 스트레스를 조절하지 못하게 합니다. 부정적인 생각은 뇌의 구조까지 변형 시킵니다.

(예화) "나의 우울증으로 인해 내 딸이 우울증을 앓게 될 꺼야" 이렇게 생각하는 순간 신경신호가 작동하여 해당 유전자를 활성화 시킵니다.
우리는 모든 생각을 사로잡아 그리스도에게 복종시켜야 합니다. 결코 이 일은 멈추면 안 됩니다.(고후 10:5)

* 연구결과 정신질환과 행동장애 중 75~98%가 사고방식에서 기인된다는 사실이 밝혀졌습니다. 통계에 의하면 정신적, 신체적 질병 중2~25% 정도만이 환경이나 유전에 의한 질병이라는 것입니다. 또 다른 연구에 의하면 98%가 생활 속의 선택, 즉 생각에 깊이 연관되어 있으며 2%만이 유전자 관련 질병이라고 합니다.

하나님께서는 우리 뇌의 전두엽을 하나님의 "생각지침"으로 따르도록 디자인해 두셨습니다. 우리의 생각과 선택이 우리의 몸, 정신건강, 그리고 영적 상태에 영향을 끼칩니다. 선택은 우리의 영혼뿐만 아니라 관계를 맺고 있는 다른 사람의 삶까지 영향을 행사합니다.(신 30:19, 시 34:11~16, 잠 3:7~8)
그뿐 아니라 선택은 수세대를 거쳐 영향력을 미칩니다.
그러나 **"벌을 면제하지는 아니하고 아버지의 악행을 자손삼사 대까지 보응하리라"**(출 34:7, 출 20:1~6, 민 14:8, 신 5:9 참조)

세 번째, 환경(신경신호)은 사랑입니다.

"사랑 안에 두려움이 없고 온전한 사랑이 두려움을 내어 쫓나니"(요한 4:18).
온전한 사랑은 정신병리의 근본인 불안을 치유하는 원동력입니다.
충분한 사랑을 받는 환경에서 자라면 해마의 유전자에 아세틸후성유전표지가 증가합니다. 아세틸 표지가 많으면 많을수록 해마의 평안유전자가 더 많이 발현된다는 사실이 과학적으로 입증되었습니다.

또한 사랑은 해마에서 BDNF(뇌신경유래성장인자)를 생산하여 시상하부에서의 스트레스 호르몬을 억제시킬 뿐만 아니라 도파민, 세로토닌, 옥시토신을 분비시키고 면역세포와 신생신경세포에 관여하여 건강하게 유지케 합니다. 그리고 편도체는 기쁨이나 행복 같은 긍정적인 사랑의 감정에만 반응하도록 설계되어 있습니다.

그러므로 우리 마음이 부정적인 생각으로 가득 할 때 뇌편도체는 제 역할을 다하지 못합니다. 사랑받는 환경에서 자랄 때 평안유전자는 발현합니다. 우리는 사랑에 반응하도록 지은 받은 존재입니다. 반면에 두려움은 학습된 감정입니다. 사랑하면 후성유전의 축복으로 이어집니다.

네 번째, 환경(신경신호)은 성경의 암송입니다.

암송은 테필린(Tefillin)입니다. 이 말은 유대교의 전통에서 나온 말인데, 기도할 때 남성들은 전통적으로 탈릿(기도 숄)과 테필린(성구함)을 두릅니다. 기도할 때 두르는 성구함을 תפילין(테플린)이라고 하며 우리 한글성경에는 신약에 경문(經文, 마23:5)이라고 번역되어 있습니다. 헬라어로는 φυλακτήριον(휠락테리온)이며, 영어로 성구함을 뜻하는 phylactery의 어원입니다. 유대인들은 테필린으로 아침 일어날 때부터 저녁 잘 때까지 삶의 중심에 하나님 말씀이 항상 있게 했습니다. 유대인들의 삶은 테플린으로 시작해서 테플린으로 끝난다고 해도 과언이 아닙니다. 말씀으로 마음을 지켜 사단이 마음대로 들어오지 못하게 한 것입니다.

테플린
"너는 마음을 다하고 뜻을 다하고 힘을 다하여 네 하나님 여호와를 사랑하라."(신 6:5~9)

1. 말씀은 능력이며 생각의 지침서입니다.
"하나님의 말씀이 살았고 운동력이 있어 좌우에 날선 어떤 검보다 예리하여 혼과 영과 곧 관절과 골수를 찔러 쪼개기까지 하여 또 마음의 생각과 뜻을 감찰하나니"(히 4:12)
2. 말씀은 뛰어난 민족이 되게 합니다.
"네가 네 하나님 여호와의 말씀(쉐마)을 삼가 듣고 내가 오늘날 네게 명하는 모든 명령을 지겨(쉐마르) 행하면(타사) 네 하나님 여호와께서 **너를 세계 모든 민족을 위해 뛰어나게 하실 것이라**"(신 28:1)

사랑하는 여러분!

유전자는 "경향성"을 주는 것이지 운명을 결정짓는 것은 아닙니다. 평안유전자를 지녔다고 해서 평안을 결정짓는 것은 아닙니다. 그래서 평안유전자가 잘 발현되도록 환경 신경신호를 만들어 긍정적인 생각을 선택하여 살아가야 합니다.

여러분!

"…**나의 평안을 너희에게 주노라**…"(요 14:27)

주님께서 주신 이 평안은 주님의 속성이요 후성유전의 축복으로 이어지는 행복한 삶을 위한 최고의 축복입니다. 이 세상에는 갈등과 반목, 시기와 질투, 고난과 불행, 염려와 근심, 불안 등 수 많은 환경 속에서 살고 있습니다. 이러한 환경이 결국 신경신호가 되어 우리를 불행의 늪으로 빠지게 만듭니다. 그래서 주의 평안을 이루기 위해 주께서 평안유전자를 주시고 후성유전 신경신호(환경)을 잘 선택하면 평안을 수세대를 거쳐 발현 할 수 있습니다.

주의 평안유전자 발현을 위해 가장 훌륭한 신경신호(환경)는 바로 묵상입니다.

묵상을 하루 5~16분간만 하더라도 뇌의 전두엽에 변화를 주어 뇌 전체까지 영향을 미치게 됩니다.
- 우리가 기도할 때
- 우리가 긍정적 생각에 사로잡힐 때
- 우리가 성경 말씀을 암송하고 읊조릴 때 깊은 묵상의 단계에 들어가게 됩니다.

주님의 평안유전자 발현을 위해 가장 훌륭한 신경신호(환경)는 바로 묵상입니다.
묵상을 하루 5~16분간만 하더라도 뇌의 전두엽에 변화를 주어 뇌 전체까지 영향을 미치게 됩니다. 우리가 기도할 때, 우리가 긍정적 생각에 사로잡힐 때, 우리가 성경 말씀을 암송하고 읊조릴 때 깊은 묵상의 단계에 들어가게 됩니다.

주님의 평안유전자 발현을 위한 또 하나의 신경신호(환경)은 사랑입니다.
* 사랑은 신경전달물질을 분비합니다. 도파민, 세로토닌, 엔도르핀, 옥시토신 등을 분비하여 행복감을 느끼게 합니다.
* 사랑은 해마의 BDNF(신경유래성장인자)를 발현하여 시상하부에서 분비되는 스트레스 호르몬을 막아줌으로써 평안하고 건강한 삶을 살 수 있습니다.
* 또한 사랑을 충분히 받게 되면 해마의 유전자에 아세틸 후성유전표지가 증가하여 해마에 평안유전자가 더 많이 발현되어 스트레스를 완화시키고 평안을 계대적으로 유지할 수가 있습니다.
* 더군다나 "**하나님의 사랑**(요 4:8)**입니다. 우리가 서로 사랑하면 하나님이 우리 안에 거하시고 그의 사랑이 우리 안에 온전히 이루느니라**"고 하셨습니다.
또 "**온전한 사랑이 두려움을 내쫓는다**"(요서 4:18) 라고 하셨습니다.

우리 뇌는 유연하고 경험에 따라 변합니다.
우리 뇌는 생각(마음)과 선택에 반응하도록 설계되어 있습니다.
우리 뇌는 사랑에 반응하도록 설계되어 있습니다.
사랑은 정신병리의 근본인 불안을 없애주어 완전한 치유제의 기능을 합니다.

사랑하는 성도 여러분!
평안유전자가 해마에 잘 발현되도록 묵상과 사랑으로 신경신호를 켜시기 바랍니다. 그러면 후성유전표지가 증가하여 평안유전자가 재를 이어 유지됩니다. 하나님이 주시는 평안이 자손만대 이어지시기를 축원합니다.

- 창조하는교회 2025년 3월 23일 주일설교 -

제2편

사회적 뇌를 키우자
(에베소서 4장 16절)

"온몸이 각 마디를 통하여 도움을 입음으로 연락하고 상합하여 각 지체의 분량대로 역사하여 그 몸을 자라게 하여 사랑 안에서 스스로 세우느니라."(엡 4:16)

최근에 신경과학에서는 뇌를 사회적 뇌(Social Brain)라고 부르고 있습니다. 왜냐하면 뇌세포는 서로 상호의존적이고 서로 연결되어 있고 다른 사람과도 상호관계 하는 유기적 기관으로 밝혀졌기 때문입니다.

우리 몸은 태어나면서부터 이처럼 사회적 관계를 맺으며 세포가 연접되어 있어서 사회적 연접을 하게 되고 다른 사람의 뇌와 연결하여 사회적 기능을 수행합니다. 그래서 신경과학에서는 우리의 뇌를 사회적 뇌라고 말하는 것입니다.

뇌세포는 혼자 존재할 수 없습니다. 혼자 있으면 스스로 죽게 됩니다. 이것을 가리켜 세포 자연사(細胞 自然死)라 부릅니다. 이처럼 세포는 서로 연결되어서 유기적으로 그 기능을 하게 되어 있습니다. 우리 몸의 세포는 죽기도 하지만 나이가 먹어도 재생하여 우리의 뇌는 새롭게 건축될 수 있습니다.

오늘 읽어드린 본문에서 몸은 교회로 비유되곤 하지만 뇌 과학적 측면에서 신경 생물학적으로 이해하여 오늘 이 시간에 "사회적 뇌를 키우자"라는 말씀으로 은혜 받기를 원합니다.

첫째, 우리의 뇌는 신경회로망(Network)으로 연결되어 우리의 사고와 행동을 결정합니다.

성경본문에 "온 몸에 각 마디를 통하여 도움을 입음으로 연락하고 상합(相合) 하여"라고 하였습니다.

우리 몸은 60조~100조개의 세포로 구성되어 있으며 세포(cell)의 종류만 해도 면역세포, 근육세포, 내피세포 그리고 뇌세포(신경세포, neuron) 등 200여개가 넘습니다.

뇌의 신경세포(뉴런)은 1,000억 개 정도가 있으며 이를 지지하는 신경아교세포는 무려 1조 개나 됩니다. 이 신경세포는 아주 복잡하게 서로 연결되어 신경회로망을 이루는데 이런 연결을 통칭하여 신경회로망이라고 부르며 여기에는 인간의 사고, 기억, 학습뿐만 아니라 잠, 식욕, 성욕 등 행동을 결정하게 됩니다.

그래서 성경본문은 "온 몸이 각 마디(ἁφή, 하페; 연결, 관절)를 통하여 도움을 입음으로 연락(συναρμολογέω, 쉬나르몰로게오; 함께 결합하다, 짜맞추다)하고 상합(συμβιβάζω, 쉼비바조; 하나로 연합하다)하여" 라고 하였습니다. 개역개정 한글성경에는 개역성경 상의 '연락'을 '결합'으로, '상합'을 '연합'으로 번역을 조정했습니다.

여기서 "마디"는 축삭돌기(axon)로 이해되며, "연락"은 종말단추요 "상합"하는 것은 Synapse(시냅스)로 이해될 수 있습니다.

* 사회적 뇌의 신경회로망을 이루는 중요한 곳은 신경세포간의 연결부인 시냅스입니다.

시냅스는 신경세포와 신경세포가 연접한 뇌세포 사이의 통신채널이며 뇌가 하는 대부분의 일을 수행하는 곳입니다. 축삭돌기 끝에는 종말단추가 있는데 이 종말단추는 다른 신경세포와 시냅스로 연결되어 있습니다.

시냅스는 정신활동의 기본입니다.
인간의 정신활동의 기본이 되는 단위는 두 신경세포사이에 결합부인 시냅스에서 일어나는 신경전달입니다. 신경전달물질은 시냅스의 소낭(소포)에서 분비되어 작은 틈을 건너 신호를 다음 신경세포에 전달해 줍니다.

시냅스에서 일어나는 신경전달이 계속되려면 회로가 만들어져야 하는데 이 회로를 신경회로라고 합니다. 여러 신경회로가 모이면 정신작용이 일어나게 됩니다. 시냅스가 모여 신경회로가 되고 신경회로가 모여 뇌기능이 됩니다. 그러나 만약에 신경회로에 이상이 생기면 뇌기능에도 이상이 생기게 되는 것입니다. 그래서 대부분의 뇌 질환은 시냅스에서 문제가 생겨서 발생되는 것입니다.

신경전달물질은 주로 뇌간에서 초단위로 분출되는데 아세틸콜린, 도파민, 세로토닌, 노르에피네프린 등이며 글루탐산과 GABA는 대뇌신피질에서 천분의 1초 단위로 나오게 되어 우리의 기분과 정신 기능을 주도하게 됩니다.

시냅스 이상은 단백질의 기능이상이요 뇌 질환의 원인이 됩니다. 하나의 시냅스에는 약 1,000~2,000종의 단백질이 존재합니다. 뇌의 시냅스 단백질의 기능에 문제가 생기면 각종 뇌질환을 일으키게 됩니다. 뇌기능이 올바르게 작동하려면 신경회로의 활성화가 원활하게 일어나야 됩니다. 그러려면 시냅스가 제대로 기능해야 됩니다.

사회적 뇌의 기능에 절대적 역할을 하는 두 가지의 신경세포가 있습니다.

* 사회적 뇌의 신경회로망을 이루는 핵심세포는 거울신경세포(Mirror neuron) 입니다.

거울신경세포는 공감신경이라고 부르는데 아이가 태어난 지 일주일이 되면 이 거울신경이 기능을 수행하기 시작하여 유아기 때는 아주 활발한 활동을 하게 됩니다. 거울신경세포는 대뇌피질에 위치하는데 전두엽의 운동피질 아래쪽과 두정엽의 아래쪽 그리고 측두엽의 앞쪽에 자리 잡고 있습니다. 이 거울신경 세포는 다른 사람들의 행동뿐만 아니라 감정에 기능하고 행위의 관찰 및 모방과 공명행동에도 기능합니다.

뇌의 사회적 연결은 이 거울신경세포를 통해 이루어지고 언어학습, 다른 사람의 얼굴표정, 몸짓 그리고 자세가 관찰자의 신경회로망을 활성화시켜 공감의 기초를 이루는 것입니다. 공명행동은 거울신경에서 유발하여 사회적 뇌의 기능을 수행하게 됩니다.

성경(롬 12:15) "즐거워하는 자들로 함께 즐거워하고 우는 자들로 함께 울라"
　　(고후 2:3) "나의 기쁨이 너희 무리의 기쁨인줄 확신함이로다"
　　(고후 7:13) "디도의 기쁨으로 우리가 더욱 기뻐함은"

· 아빠가 설교하는 것을 보면서 아들이 따라서 공명행동을 합니다.
· 다른 사람이 어딘가를 올려다보면 나도 무심코 그곳을 올려다봅니다.
· 배구경기를 보면서 따라서 행동합니다.

공명행동은 보고 듣고 따라하는 행동입니다. 그래서 공명은 모방학습과 절차기억을 자동적으로 유도하여 학습을 촉진합니다. 이처럼 거울신경세도는 사회적 뇌의 핵심기능을 하는 세포입니다.

* 사회적 뇌의 신경망을 이루는 또 하나의 신경세포는 방추세포(spindle neuron)입니다.

방추세포는 콘스탄틴 폰 에코노모가 1881년에 처음 발견한 방추(실타레) 형태의 이 커다란 세포는 뇌섬엽과 대상피질에서 발견되었습니다. 대부분의 신경세포와 달리 가지가 적고 원 뿌리나 별모양으로 보이는 특징이 있습니다. 또한 방추세포는 얇고 길쭉하여 크기가 일반적인 신경세포보다 4배 정도 더 큽니다. 방추세포는 뇌의 우반구에 다량 존재하면서 정서적, 사회적 정보를 신속하고 효율적으로 연계하는 기능을 갖고 있습니다.(브레인 바이블, P265)

방추세포의 기다란 축삭은 전대상회와 전측 뇌섬엽을 서로 연결시키고 이 영역은 실행

주의력을 활성화 시키는 신경 네트워크에 일부분을 차지합니다. 이 신경 네트워크 덕분에 다른 사람의 정서적 분위기를 알아차리는 사회적 기능의 능력을 갖게 됩니다.

풍성한 환경에서 양육된 사람은 방추세포가 튼튼하게 발달하고 의지에 따라 감정을 통제하는 능력이 뛰어납니다. 그러나 학대받고 무시당하는 환경에서 양육된 사람은 방추세포가 제대로 발달하지 못합니다.

방추세포 덕분에 사회적 상황을 세심하게 고려하고 직각적인 결정을 내리는데 도움을 줍니다. 복잡한 상황에 처한 환경에서 방추세포 덕분에 문제해결을 위한 결정을 유연하면서도 신속하게 내리게 됩니다.

둘째, 사회적 뇌는 구조물에 따라 그 기능이 서로 다릅니다.

성경 본문에 "**각 지체의 분량대로 역사하여 그 몸을 자라게 하며**"라고 하였습니다. 각 "지체"는 뇌의 구조물에 해당되며 "분량"은 그 기능을 말하고 있습니다.

사회적 뇌의 구조물에는 크게 피질과 피질하구조물로 나누고 있습니다. 사회적 뇌는 뇌의 여러 부위가 관여하고 있습니다.

대뇌피질 : 안와전전두피질, 뇌섬엽, 대상피질,
피질하구조물 : 편도
신경세포 : 다 미주신경, 거울신경, 방추세포, 그리고 얼굴표정 모륭

피질구조물에는 전두엽, 측두엽, 두정엽, 후두엽이 있으며 최근에 와서는 뇌섬엽과 대상피질(대상회)를 포함시키고 있습니다. 피질하구조물에는 해마, 편도, 시상하부, 기저핵이 있습니다. 사회적 뇌의 우두머리는 대뇌피질에 속하는 안와내측 전전두피질(OmPfc)입니다.

이성의 뇌인 전두엽 중 안와내측 전전두피질은 변연계의 꼭대기 있으며 다양한 감각과 신체적 정보 및 정보가 모이는 지점으로써 사회적 뇌의 가장 중요한 핵심구조물입니다.

안와내측 전전두피질은 외부나 내부에서 받은 정보를 결합시킬 수 있는 완벽한 자리이며, 거울신경계의 기능을 제어라는 역할을 합니다. 그래서 한마디로 말하면 행동조절과

정서조절에 중요한 역할을 합니다. 안와내측 전전두피질은 얼굴표정과 몸짓 그리고 시선 접촉과 같은 복잡한 사회적 정보를 가지고 있으며 우리의 감정과 연관시켜 애착도식을 형성합니다. 또한 사회적 뇌의 피질구조물에는 대상피질과 뇌섬엽 피질이 있습니다.

대상피질은 전두엽 중앙의 심층부에 있는 뇌의 기어변속기와 같은 역할을 하는 부위로써 운동, 촉각, 내장, 자율신경계 및 감정적 정보에 대한 원초적인 연합영역입니다. 이는 생후 2개월부터 뇌 활동에 참여하게 됩니다. 대상회의 기능은 모성행동과 놀이, 그리고 양육할 때 발생하고 엄마와 아이 사이에 의사소통과 연관된 소리를 낼 때 나타납니다. 잠을 자다가 아이의 우는 소리를 들을 때 대상회의 기능으로 엄마는 모성행동을 하게 됩니다.

전대상피질은 방추세포에 있어 다양한 정보의 흐름을 연결하고 자기 조절을 해줍니다. 이는 대상회가 인지와 정서를 접속하는 역할을 해주기 때문입니다. 어린 시절의 방임이나 스트레스를 받으면 전대상피질의 방추세포의 발달과 조직화에 부정적 영향을 주어 심각한 정서장애를 유발하게 됩니다.

또한 뇌섬엽피질은 전두엽과 측두엽을 나누는 틈 안쪽에 있는 부위입니다. 그래서 때로 뇌섬엽은 변연통합피질이라고 불리는데, 이는 모든 변연계와 연결되어 있고, 전두엽, 두정엽 및 측두엽과 연결되어져 있습니다. 뇌섬엽은 임신 7개월에 나타나기 시작하여 출생 후 1년이 지나면 전두엽과 측두엽 사이에 완전히 묻히게 됩니다.
뇌섬엽은 전대상회와 협력하여 우리 신체 내부에서 어떤 일이 일어나는 가를 알게 해주며, 이것을 우리의 감정적 경험에 반영시켜 감정 및 행동과 연결시킵니다.

뇌섬엽은 뇌와 대뇌피질 중에서 거울 신경세포가 매우 많은 부위 중의 하나입니다. 몸과 마음의 내적 상태를 서로 연결하는 역할을 담당하며 우리가 직감을 발휘할 수 있도록 해주는 중요한 통합영역이기도 합니다. 또 편도와 연계하여 다른 사람의 기분과 나 자신의 기분을 연결시킵니다. 그래서 상대방이 특정한 얼굴 표정으로 감정을 드러내면 우리는 그 표정을 보고 어떤 감정인지 느낄 수 있습니다. 거울신경 때문에 우리는 상대방의 기분 상태를 알 수 있습니다.

최근에 와서는 뇌섬엽은 맛이나 냄새뿐만 아니라 혐오감에서 사랑에 이르기까지 전체적인 감정을 중재하는 데 관여하는 것으로 알려져 있습니다.

뇌섬엽은 정서를 조율하고 공감하는 능력의 핵심입니다. 자신과 타인을 구별할 수 있는 능력의 핵심입니다. 뇌섬엽은 전대상피질의 고통스러워하는 타인을 볼 때 발화합니다. 이 두 구조물은 공감능력과 상관관계에 있습니다.

* 피질하구조물 중 사회적 뇌의 핵심부위는 편도입니다.

편도는 정서센터로 희노애락 등 모든 정서가 이곳에서 유발됩니다.

안와내측전전두피질(OmPfc)과 협력하여 작용하고 있는 피질하편도가 있는데 이는 사회적 뇌의 또 다른 핵심적 구성요소입니다.

편도는 임신 8개월부터 고도로 성숙되어 출생 전의 환경과 자극에 대한 두려움 반응에 영향을 미칠 수 있습니다. 또한 공포의 센터로 중심적인 역할을 하여 기억과 감정조절, 유대관계 및 애착의 전 과정에 필수적인 기능을 합니다.

편도는 안전과 위험의 신호를 감지하여 자율신경계를 통해 도피-투쟁반응을 중재합니다. 편도는 대인관계의 경험을 통해 배운 것에 대한 평가를 관장합니다. 그래서 반사적으로 과거의 경험을 기초로 다른 사람을 평가합니다. 그래서 어린 시절의 학습이 현재의 경험에 영향을 미치게 됩니다.

또한 편도는 우리의 감정적 고통과 신체적 고통에 대한 의식적인 경험에도 관여하고 있는 것으로 보여 집니다. 안와내측전전두피질과 편도를 연결하는 신경망은 경험에 의해 형성되기 때문에 무엇이 안전한지 위험한 지에 대한 우리의 학습과 애착도식이 편도에 저장됩니다.

*사회적 뇌의 피질화 구조물에는 또 해마가 중요한 기능을 합니다.

태어날 때 편도는 이미 완전히 발달되어 있지만 해마는 대조적으로 나중에 발달하며 초기 성인기까지 계속 발달합니다.

소아기 기억상실이 있는데 어린 시절을 기억하지 못하는 현상을 해마의 이러한 느린 발달과정 때문입니다.

우리가 스트레스를 받게 되면 사회적 뇌의 한부분인 시상하부(Hypothalamus)를 거쳐 뇌하수체(Pituitary), 부신피질(Adrenal), 즉 HPA축으로 연결되어 병(우울증)을 일으키게 됩니다.

셋째, 사랑으로 사회적 뇌를 키워야 합니다.

성경본문에도 ".. 그 몸을 자라게 하며 사랑 안에서 스스로 세우느리라"라고 하였습니다.

사랑은 뇌 안에서 프로그래밍 됩니다. 사회적 지지가 두터울수록 점점 더 뇌의 신경망이 발달합니다.

태어나서 모성적 관심과 양육이 사회적 뇌를 형성하는 데 결정적 영향을 주고 생후 2년 동안 아기의 우뇌 사이의 조율에 의해 사회적 뇌가 발달됩니다. 그래서 어린 시절에 받은 사랑은 사회적 뇌를 건축하는 초석이 되어 일평생을 좌우 됩니다.

사회적 뇌의 우뇌에 편향된 회로는 태어날 때부터 작동되며 생후 2년 동안 민감한 시기가 되는 것입니다. 어린 시절의 공포나 학대를 경험하면 뇌 회로망에 나쁜 영향을 미쳐 부정적인 사회적 뇌를 형성하게 됩니다.

모성적 관심과 행동이 적은(차단되면) 아이는 더 두려워하고 더 부정적이 되며 우측에 치우친 전두엽활성이 일어나게 됩니다. 또 모성의 접촉이 차단되면 세로토닌 수용체가 감소됩니다.

또 어린 시절의 모성박탈(분리)는 사회적 뇌에 크게 부정적 영향을 미칩니다. 엄마와 오랫동안 떨어져 사는 경우나 엄마의 우울증, 엄마의 잦은 병으로 병원에 입원하는 등 모성 분리를 경험하게 되면 아이의 신경성장과 뇌의 가소성에 영향을 미치게 되어 신경세포와 신경교세포가 많이 사망하고 배측 해마에서는 신경교세포의 밀도가 감소하게 됩니다.

또 모성박탈이나 스트레스를 많이 주는 모성행동은 부정적 상황을 만들어 자식에게 스트레스를 증가시키는 사회적 뇌를 프로그래밍하게 됩니다. 이것이 나중에 정신병리가 발생할 가능성이 크다는 것 입니다.

그리고 모성분리는 HPA(시상하부-뇌하수체-부신) 활성도에 영향을 주어 청색반점이 있는 GABA 수용체가 감소하여 불안, 두려움 및 스트레스에 대한 반응이 증가해 중독의 취약성이 증가하게 되고 탐색활동이 감소되며 새로운 것에 대한 회피가 증가하게 됩니다.
그뿐 아니라 모성분리는 유전자 발현이 감소하고 약한 스트레스에 반응하여 더 많은 코르티솔을 분비하고 놀램 반응이 증가하게 됩니다.
그래서 자살한 사람의 뇌에서는 BDNF(뇌유래신경영향인자)의 수준이 떨어져 있으며 어린 시절 학대받은 환경에서 자란아이들은 우울증이나 자살에 민감하도록 만들게 되는 것입니다.

모성관심은 아이에게 후성적 요소를 촉발시킵니다. 아이를 돌보는 양육역시 양육자의 유전자를 발현시켜 변화를 줍니다. 어린 시절의 양육은 사회적 뇌와 감정적 뇌의 회로를 형성하는 영향을 미치게 됩니다.
엄마가 아이에 대한 관심과 돌봄 그리고 양육의 경험은 사회적 뇌구조물과 성숙에 영향을 미치게 됩니다. 그래서 자녀양육은 엄마의 축복이요 자녀의 축복입니다.

* 사랑은 사회적 뇌를 살리는 영혼의 하드웨어입니다.

사랑은 불안을 이깁니다.
요한1서 4장 18절에 "**사랑 안에 두려움이 없고 온전한 사랑이 두려움을 내어쫓나니…**" 라고 하였습니다.
두려움(불안 anxiety)은 정신병리의 근본이 됩니다. 그 말은 사랑은 정신 병리를 이기는 원동력이 된다는 말입니다. 신경과학에서는 사랑의 가장 중요한 면은 불안이 없는 것이라고 증거하고 있습니다.

*사랑은 스트레스를 이기는 비결입니다.
사랑을 하게 되면 해마에서 BDNF가 분비가 되어 스트레스 호르몬을 분비하는 시상하부에 영향을 미치게 되어 스트레스에서 자유함을 누리게 됩니다.

*사랑은 삶에 가장 필요한 원동력입니다.
고린도전서 13장 3절에 "**사랑이 없으면 아무것도 아니요**",
4절에 "**사랑이 없으면 내게 아무 유익이 없느니라**"라고 하였습니다.
믿음, 소망도 필요하지만 우리 삶에 가장 중요한 원동력은 사랑이라고 성경은 강조하고 있습니다.

사랑의 본질은 수용입니다.
로마서 15장 7절에 " **이러므로 그리스도께서 우리를 받아 하나님께 영광을 돌리심과 같이 너희도 서로 받으라**"라고 하였습니다.

수용하면 스트레스가 사라집니다.
수용하면 갈등이 사라집니다.
수용하면 거부가 사라집니다.
수용하면 분열이 사라집니다.
수용하면 분노, 공포, 불안, 우울이 사라집니다.
수용하면 참 평안이 찾아옵니다.
수용하면 행복이 찾아옵니다.

결국 **사랑**을 통해 내 몸이 살아나고, 내 몸의 세포가 살아나고 사회적 뇌는 건강하게 성장하며 자라게 됩니다.
뇌는 완전히 형성된 구조물이 아닙니다. 일생동안 새로운 신경세포는 발생하기 때문에 사랑으로 사회적 뇌의 신경망을 활성화 시켜야 합니다.
사회적 뇌를 건축하는 일은 곧 나 자신을 건축하는 일입니다. 왜냐하면 뇌의 시냅스가 바로 자신(Self)이기 때문입니다.(잠 14:10)

사랑하는 여러분!
2022년 새해가 밝았습니다.
뇌세포는 죽기도 하지만 또 재생하기도 합니다.
그래서 어제의 내 모습과 오늘의 내 모습이 다를 수 있습니다.

"그 몸을 자라게 하며 사랑 안에서 스스로 세우느니라."

사랑으로 사회적 뇌를 건축하라는 말씀입니다. 왜냐하면 사랑은 면역세포를 30만배 더 증가 시킵니다.
사랑은 뇌세포를 활성화 시킵니다.
사랑은 에너지를 만듭니다.
사랑은 세로토닌을 분비하여 행복을 선사합니다.
사랑은 스트레스를 억제합니다.
사랑은 새로운 뉴런을 증가시킵니다. /신경가소성
사랑은 두려움(불안)을 이깁니다.(요1서 4:18)
그래서 사랑은 정신건강의 원동력입니다.
사랑이 없으면 인생은 아무것도 아닙니다.(고전 13:2)
사랑은 뇌에 프로그래밍 되어 사랑의 사회적 뇌가 기능하게 합니다.

여러분!

나 자신을 세우는 유일한 길은 바로 사랑입니다.

"그 몸을 자라게 하며 사랑 안에서 스스로 세우느니라."
사랑이 우리 뇌 안에서 프로그래밍 되어 스스로 사랑의 사회적 뇌를 키우시기 바랍니다.
그러면 사랑의 사회적 뇌는 신체 건강의 비결이요, 정신건강의 원천입니다.
사랑의 사회적 뇌는 행복한 삶의 지름길이요, 포용(수용)과 용서의 원동력입니다. 사랑의 사회적 뇌는 스스로 치유하는 강력한 힘입니다.
금년은 사랑으로 사회적 뇌를 키워서 건강과 행복과 치유의 기쁨을 누리시기를 축원합니다.

- 창조하는교회 2022년 1월 2일 주일설교 -

제3편

말씀으로 우리의 뇌를 지키자
(잠언 4장 20~23절)

"내 아들아 내말에 주의하여 나의 이르는 것에 네 귀를 기울이라(20절). 그것을 네 눈앞에서 떠나지 말며 네 마음(레브) 속에 지키라(21절). 그것은 얻는 자에게 생명이 되며 그 온 육체의 건강이 됨이니라(22절). 무릇 지킬만한 것보다 더욱 네 마음(레브)을 지키라. 생명의 근원이 이에서 남이니라"(23절).

먼저, 본문에서 뇌과학과 연관된 주요 용어에 대한 원어의 의미를 소개합니다.

'주의하다'(קשב, 카샤브) : '귀를 기울이다', '경청하다', '주의를 기울이다', '주목하다' 등의 의미가 있습니다.

'귀를 기울이다'(נטה אזן, 나타 오젠) : נטה(나타)는 (함축적으로) '구부리다', '기울다', (밖으로) '뻗치다' 등의 뜻이 있고, אזן(오젠)은 '귀', '청종', '청취' 등의 뜻이 있습니다.

'지키다'(שמר, 샤마르) : '지키다', '준수하다', '보존하다', '주의하다', '감시하다' 등의 뜻이 있습니다.

'마음'(לב, 레브) : '마음', '정신', '의지', (상징적으로) 정서, 의지, 지성까지를 포함하는 광범위한 의미로 사용됨, '내면의 인간', '자기', '뇌 시냅스(oneself)'와 밀접합니다. 신약에서 '마음'은 헬리어로 καρδία(카르디아)입니다.

"마음(לב, 레브, heart)의 고통을 자기(נפש, 네페쉬, oneself)가 알고"(잠 14:10)

'자기'(נפש, 네페쉬) : (본래의 의미로서) '호흡하는 생물', '생명', '정신', '자기 자신', '영혼' 등의 뜻이 있습니다. 우의 말씀에서 '자기'는 '자신의 영'으로 "마음의 고통을 자신의 영이 안다" 라는 뜻입니다. 즉 신경과학적으로 이해하자면 뇌 시냅스가 안다고 할 수 있습니다.

마음(레브)을 지키라(샤마르)고 하는 것은 곧 뇌를 보존하라는 뜻입니다. (참고로, 성경에 '마음'이 1080회 사용되고 있는데 구약에 600회, 신약에 480회 정도 사용되고 있습니다.

첫째, 말씀은 이성의 대뇌를 작동시킵니다.

뇌에서 가장 넓은 부위가 대뇌입니다. 대뇌는 생각하고 판단하고 감정을 조절하고 사고하고 말을 하는 고차적입니다. 지혜로운 기능의 대부분을 조절하는 부위로, 부드럽고 연약하며 아주 큽니다.

대뇌피질이 전체 뇌의 80% 정도를 차지하고 있습니다. 대뇌피질은 이성적이며 대뇌는 좌·우 뇌로 구분되는 뇌량(腦梁, callous body, corpus callosum)이라는 얇은 조직으로 연결되어 좌뇌와 우뇌의 정보를 교류합니다. 한편 좌뇌는 우반신을 조절하고 우뇌는 좌반신을 조절합니다. 즉 거의 두 개의 뇌처럼 작용해서 한쪽 뇌가 손상되더라도 다른 쪽 뇌는 여전히 정상으로 작용 할 수 있습니다.

좌·우 뇌에는 각각 4개의 엽이 있는데 한쪽 뇌에 4개의 엽이 있기 때문에 양쪽을 합치면 총 8개의 엽이 있는 것과 마찬가지입니다. 말씀은 이성의 대뇌인 4개의 엽을 작동시키는 것입니다. 최근에 와서는 뇌섬엽과 대상회를 포함시키고 있습니다.

대뇌피질은 생명을 유지하는 데 점진적으로 관련이 없지만, 인간으로서의 능력과 품위를 지닐 수 있도록 서로 도와줍니다. 인간이 다른 동물과 구별이 되는 것은 이성적으로 사고하고 판단하며 문제를 해결할 수 있는 능력을 갖추고 있기 때문입니다.

대뇌피질의 기능은 위치별로 서로 다릅니다. 전두엽, 측두엽, 후두엽이 바로 대뇌피질의 위치별 명칭입니다. 최근에 와서는 뇌섬엽과 대상피질도 포함시키고 있습니다. 오늘 읽어드린 본문에서는 이성의 대뇌피질을 말하고 있습니다.

(1) 말씀에 주의 집중하는 뇌가 있는데 그 부위가 바로 전두엽 또는 이마엽이라고 합니다. 본문 4장 20절에 "**내 아들아 내 말에 주의(attention)하여**"라고 말하고 있습니다.

전두엽은 기억과 추리 및 말을 담당합니다. 전두엽은 계획하고 집중하며, 사고를 논리적으로 하며, 충동을 조절하고 사회적 적응을 하도록 기능합니다.
전두엽은 인간을 인간답게 할 뿐만 아니라 서로 독특하게 해 줍니다. 전두엽이라는 언어센터가 있어서 읽고 쓰며, 말하는 능력을 담당합니다.

전두엽은 지능이 존재하는 곳으로 이 덕분에 우리는 일상생활 속에서 사고를 하고 추리하여 판단을 할 수 있습니다. 전두엽은 컵을 향해 손을 내밀거나 공을 던지는 것과 같이 생각한데로 운동을 조절하기도 합니다. 우리의 기억은 전두엽에 존재하며, 기억은 각 개인의 인간됨, 즉 인성에 기여하기도 합니다.

(2) 말씀을 들을 때 작동하는 듣는 뇌가 있습니다.

본문 20절 하반절에 "**…내가 말하는 것에 네 귀를 기울이라**"고 하였습니다.
청각을 담당하는 듣는 뇌는 측두엽이라고 합니다. 또는 관자엽이라고도 부릅니다. 귀에 전해온 청각자극을 판독하는 기능을 합니다. 측두엽은 우리의 언어 수용에 영향을 줍니다. 대부분의 경우 여성은 오른쪽, 남성은 왼쪽이 더 큽니다. 이는 여성이 직관적으로 말을 하고 남성은 정확히 말하고 설명해주는 이유입니다. 귀 바로 밑에 있는 측두엽은 듣는 뇌이기도 하지만 미각과 후각을 담당하는 기능을 합니다.

후각로가 코의 측두엽을 직접 연결해 줍니다. 어떤 냄새를 맡거나 맛을 볼 때 그 정보를 측두엽에서 처리합니다. 측두엽은 소리뿐만 아니라 맛에 대한 기억을 저장하기도 합니다.
말씀을 통한 청각의 뇌인 측두엽 발달은 곧 미각과 후각 및 소리의 기능까지 발달 할 수 있습니다. 왼쪽 측두엽은 언어, 우측 측두엽은 브로카 영역과 베르니케 영역이라는 언어의 핵심중추가 있습니다. 측두엽은 해마와 편도를 둘러싸고 있으며 기억에도 관여하여 단기기억을 장기기억으로 저장시키는데 관여합니다. 측두엽은 새 경험을 분류하고 저장하는 기능을 합니다.

(3) 말씀을 눈으로 보는 뇌가 있습니다.

본문 21절에 **"그것을 네 눈에서 떠나지 말며 네 마음속에서 지키라"**라고 하였습니다.
눈으로 보는 뇌는 시각과 시각정보를 처리하는 후두엽이며 뇌의 뒤쪽 부분에 있다고 해서 뒤통수 엽이라고 부릅니다. 눈으로 사물을 보거나 성경을 볼 때 시각정보는 눈에서 오는데 사실 눈은 외부기관이라고 할 수 있습니다. 우리의 눈은 얼굴에 있는 작은 구슬처럼 생각할지 모르겠지만 사실 눈은 뇌가 연장된 곳이고 그 덕분에 뇌는 안전한 머리뼈에서 나온 망원경처럼 세상을 봅니다.
눈은 빛이 있을 때에만 정보를 받을 수 있으며, 결국 우리의 눈에 입력된 정보를 뇌로 보게 되는 것입니다. 이처럼 우리가 성경도 눈으로 보는게 아니라 실제는 뇌로 보는 것입니다.

과학자들은 시각기억이 측두엽에 저장된다고 믿고 있습니다. 어떤 것이 어떤 모습인지를 기억해야 할 때 사고를 담당하는 전두엽은 후두엽으로 부터 시각이미지를 인출합니다. 이어서 전두엽이 측두엽으로 부터 어떤 소리를 인출하고 이후에 그런 정보를 모아 완전한 기억을 이루게 됩니다. 이런 식으로 우리는 누군가의 목소리와 얼굴을 동시에 기억해 낼 수 있습니다.

(4) 촉각을 포함한 감각처리 하는 뇌가 있습니다. 그 부위를 두정엽이라 하고 또는 마루엽이라고 합니다.

두정엽은 뇌의 맨 꼭대기에 위치하여 전두엽 뒤에 있습니다. 감각기관 특히 촉각에서는 많은 정보가 두정엽에 도착하여 감각기능과 동작기능이 협응됩니다. 우리가 햄버거를 보고 만지고 냄새를 맡고 맛보면 두정엽이 그 정보를 결합해서 하나의 완전한 패키지로 만듭니다. 두정엽은 어떤 것의 무게, 모양, 체질이 어떤지를 판단하는데 도움이 됩니다. 두정엽은 몸과 다른 물체의 상대적인 위치인식, 즉 공간인식을 하는데 필요합니다. 또 두정엽은 거리를 판단하여 어떤 물체와의 충돌을 막는데 도움이 되는 것입니다.

둘째, 말씀은 감각중추의 뇌를 작동시킵니다.

본문 20절에 "네 귀를 기울이라" 21절에 "네 눈에서 떠나지 말며"

감각정보는 10밀리초(100분의1초) 속도로 뇌에 빠르게 전달됩니다. 하나님의 말씀은 눈으로, 귀로 들어온 감각정보를 뇌에서 처리합니다. 우리는 감각기관을 통해 맛보고 냄새 맡고 우리의 주변 환경을 느낍니다. 정보를 받아들이는 역할은 감각기관이 맡고 감각기관의 신호를 통해 우리는 여러 가지 감정과 신체적 반응을 일으킵니다. 우리가 매일 감각세포를 통해 지각하는 정보가운데 약 70%가 눈에 의존하는데 이에 비해 다른 감각기관인 귀에서 전해온 정보를 처리하는 데는 대뇌피질의 2%만 사용될 뿐입니다.

망막시신경을 통해 들어온 정보는 후두엽(뒤통수엽)의 일차시각피질에서 일차적으로 처리된 다음 다시 두 개의 흐름으로 나뉘게 됩니다. 하나는 배측경로인 두정엽(마루엽)으로 이어지는 "어디에(where)경로"이고 다른 하나는 복측경로인 측두엽(관자엽)으로 이어지는 "무엇(what)경로"입니다.
어디에(where)경로는 사물의 공간, 위치와 방향을 파악하고 또 무엇(what) 경로에서는 대상이 무엇인지를 확인 합니다.

공간적 시각은 우리가 걸어 다닐 때 어디에 부딪치거나 빠지지 않게 해주고 우리에게 날아오는 물체를 피하거나 잡을 수도 있게 해 줍니다. 바로 "어디에" 경로의 신경계(두정엽)가 담당하는 부위입니다. 반면에 "무엇"경로의 신경계(측두엽)에서는 "지금 보고 있는 것이 고양이 인가? 개인가? 이 얼굴이 친구인가? 적인가? 이것이 아름다운가? 추한가?" 등과 같은 정보를 판단합니다.

원숭이의 실험에서 무엇 경로의 신경계인 측두엽(관자엽)을 제거하면 사물에 대한 분별력이 없어집니다. 어떤 대상의 의미나 중요성을 파악하지 못합니다.

그래서 불이 붙은 담배나 면도날을 주면 입에 넣고 씹으려 했고 닭이나 고양이, 심지어 사람위에 올라타려고 했습니다. 분별력이 없어서 한 행동입니다.

성경을 자주 보면 측두엽이 발달되어 분별력이 좋아집니다.

농구선수들이 같은 자리에 서서 계속 공을 던지면 눈을 감고도 골대에 공을 넣게 됩니다. 이렇게 위치와 방향을 무의식적으로 알아차리는 능력은 시각신경의 위문덕과 어디에 경로 신경계인 두정엽(마루엽)이 작동했기 때문입니다.

가만히 서 있는데 빨간 공이 갑자기 자기를 향해 날아오면 그것이 무엇인지도 모르면서 일단은 피하게 됩니다. 이때 작동하는 영역이 위문덕 경로를 통한 자동반사입니다. 여기에는 두정엽(마루엽)의 '어디에' 경로도 같이 작동한 것입니다. 이 반사행동은 날아오는 것이 무엇인지도 모르는 상태의 반응이기 때문에 무의식적인 행동입니다. 이렇게 일단 그 물체를 피한 다음에 의식단계인 '무엇' 경로인 측두엽(관자엽)으로 이동하여 색과 형태를 지각하고, 움직이는 방향도 의식적으로 지각하는 것입니다.

운동선수들은 두정엽이 잘 발달되어 있습니다. 다른 사람보다 공간정보의 위치정보 때 움직임(이동)정보를 파악하고 그 정보를 토대로 몸의 균형, 운동기 등을 잘 발달하는 것입니다. 한 연구의 결과에 의하면 명상할 때 두정엽의 기능이 떨어지고 동시에 뇌 활동이 낮아지며 외부의 정보가 차단되어 자신의 존재감이 사라져 무아지경의 경지에 이른다는 것입니다.

두정엽의 기능에 손상을 입으면 특히 "어디에" 경로가 손상되며 물건이나 사람이 어디에 있는지 전혀 인식하지 못하게 됩니다. 이러한 질병을 시각적 무시증이라고 합니다.

측두엽이 손상을 입으면 기억장애를 보일 수 있으며, 브로카영역이나 베르니케 영역 중 한 가지라도 손상을 입으면 언어를 제대로 사용할 수 없게 됩니다.

측두엽의 이상이 생기면 눈이 전혀 다치지 않았어도 눈앞에 보이는 사물을 인식할 수 없습니다. 말씀을 보고, 읽고 듣는 일들은 결국 이성의 대뇌피질이 활성화 된다는 것입니다.

셋째, 말씀은 생명중추의 뇌간을 작동시킵니다.

본문 23절에 "**무릇 지킬만한 것보다 더욱 네 마음(레브)을 지키라(샤마르) 생명의 근원이 이에서 남이니라**"라고 하였습니다.

뇌간은 소뇌 바로 대뇌 맨 아래에 매달려 있습니다. 뇌와 몸을 오가는 모든 메시지는 뇌간을 통과하기 때문에 뇌 학자들은 뇌간을 가리켜 교통밀집구역이라고 말합니다. 뇌간은 호흡, 혈액순환, 발한 등 생명을 유지하기 위한 필요한 가장 기초적인 기능을 조절합니다. 뇌의 다른 부위는 없어도 살지만 뇌간이 없으면 죽습니다. 사망진단은 뇌간이 정지될 때 진단됩니다. 이는 뇌간이 생명의 중추이기 때문입니다. 뇌간은 24시간 기능하며 덕분에 우리는 생명을 유지할 수 있습니다.

뇌간은 연수, 뇌교, 중뇌로 구성되어 있으며 시상하부나 시상도 포함시키기도 합니다. 연수는 호흡이나 혈액순환의 중추가 밀집되어 있고 연수 바로 위에 뇌교가 있는데 뇌교는 수면 단계인 REM 수면으로 유도합니다. 뇌교의 바로 뒤쪽에 위치한 중뇌는 자세와 걸음걸이를 조절합니다.

중뇌에는 눈과 귀에서 온 정보를 시상에 보내는 신경이 있습니다. 중뇌는 몸에서 가장 중요한 움직임인 머리와 눈의 움직임을 조절하기도 합니다. 이런 까닭에 중뇌에는 다른 어떤 중추신경계 보다 더 많은 운동신경이 있습니다. 중뇌가 하는 가장 멋진 일은 우리가 잠이 들면 뇌는 몸을 비롯한 대부분의 세계와 차단하는 것입니다. 어떤 자극이 천둥소리처럼 크거나 빛처럼 유별나게 밝거나 팔을 움켜잡는 것처럼 세게 잡는 것이 아니라면 중뇌는 수면 중에 외부자극이 뇌에 들어오지 못하도록 차단합니다.

뇌간에는 망상체라는 신경세포집단이 있습니다. 망상체는 눈, 코, 귀, 입, 손가락끝, 피부와 같이 온몸에서 매 순간 들어오는 수백만 개의 감각정보를 확인하여 중요한 내용만 받아들입니다. 수만 명의 팬들이 소리 지르면서 손을 흔들어도 망상체가 있어서 노래나 연주에 집중할 수 있습니다. 운동선수들이 시합 중에 약간의 상처를 입더라도 망상체 덕분에 운동을 계속 할 수 있습니다.

또는 망상체는 각성과 의식의 수준으로 인도합니다.

뇌간에서는 신경전달물질을 방출하기도 합니다. 청반에서는 노르아드레날린, 봉선핵에서는 세로토닌, 흑질과 복측피개 영역에서는 도파민, 기저전뇌와 뇌간에서는 콜린을 방출하여 뇌 전체에 흐르게 함으로서 우리의 기분을 조절합니다.

뇌간은 생명유지의 기본기능을 유지하는데 하나님의 말씀은 생명중추의 뇌간을 작동시킵니다.

넷째, 말씀은 육체의 건강을 유지케 합니다.

22절에 "그것은 얻는 자에게 생명이 되며 그 온 육체의 건강이 됨이니라"

우리 몸은 세포로 구성되어 있습니다. 세포 속에는 핵이 있고 핵 안에는 DNA가 있는데 이 유전자에 의해 단백질이 만들어져서 사람이라는 구조를 만드는 것입니다. 우리 몸은 60조~100조개 이르는 세포로 되어 있으며 세포의 종류만 해도 면역세포, 근육세포, 내피세포, 뇌 신경세포 등 200여 가지가 넘습니다.

세포의 면역기능이 작동하지 않으면 수많은 질병을 일으키게 됩니다.

하나님의 말씀은 세포생물학적으로 세포의 기능을 하고 있기 때문에 당연히 말씀은 면역세포인 백혈구의 치유적인 기능을 하게 됩니다. 그리고 면역세포인 대식세포의 기능도 합니다. 또한 면역세포인 자연살상세포(NK세포)가 치유 기능을 하며 면역팀의 사령관인 T세포와 B세포가 또 치유기능을 수행합니다.

하나님의 말씀은 세포의 기능을 하므로 면역시스템을 활성화하고 육체적 질병은 물론 암세포까지 찾아내어 우리 몸을 정상적인 상태로 유지하도록 인도하는 것입니다.

사랑하는 여러분!

망상에 사로잡힌 현실을 보면서 우리는 하나님의 말씀으로 우리 자신을 지키는 일은 그 무엇보다도 대단히 중요합니다.

미국의 부호 록펠러는 중병에 걸렸을 때 어느 날 "주는 것이 받는 것보다 복되다"(행 20:35) 라는 말씀을 보고 새로운 변화가 일어나 그 다음부터 주는 삶으로 살아가게 되어 더 많은 부유한 삶을 살게 되었습니다.

"**하나님의 말씀은 살았고, 운동력이 있으며 온 몸과 영과 관절을 찔러 쪼개기 까지 합니다.**"(히 4:12) 그래서 말씀은 생명의 말씀(빌 2:16)입니다. 말씀은 면역세포가 기능을 하게 하여 치유를 일으켜서 우리 몸을 건강하게 합니다.(잠 4:20~22).

하나님의 말씀에 주의를 집중하면 전두엽이 활성화하여 사고하고 추리하는 기능뿐만 아니라 읽고, 쓰고 말하는 능력을 발휘합니다. 하나님의 말씀을 들을 때는 청각을 자극하여 측두엽이 활성화 될 뿐만 아니라 미각과 후각까지 작용하게 됩니다.

하나님의 말씀을 눈으로 볼 때는 시각중추를 자극하는 후두엽을 작동하게 합니다. 하나님의 말씀을 보고들을 때 감각정보와 중심부인 두정엽이 활성화됩니다. 그러므로 하나님의 말씀은 우리의 대뇌피질을 작동시키는 능력이 됩니다.

여러분!

하나님의 말씀은 생명의 뇌간 뿐 만아니라 우리 몸의 건강을 유지케 하는 원동력이 됩니다. 하나님의 말씀으로 살아갈 때 우리의 뇌는 거울신경과 가소성기능을 함으로 우리의 생명과 건강까지 영향을 미치게 됩니다.

인지 왜곡이나 편향, 그리고 망상이 난무하는 혼돈 속에서 현실을 극복하고 살아가는 길은 오직 하나님의 말씀뿐입니다. 왜냐하면 하나님의 말씀이 영원한 진리이기 때문입니다. 하나님 말씀으로 우리의 뇌를 지키는 일은 곧 자신을 지키는 길입니다. 새해에도 하나님의 말씀으로 우리의 뇌 건강을 지키며 승리하시기를 축원합니다.

-창조하는교회 2025년 1월 5일 신년주일설교-

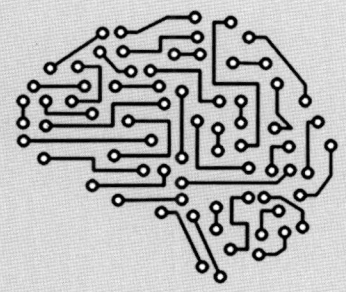

참고문헌

손매남. (2011). **뇌치유상담학**, 서울 : 한국상담개발원.

———. (2016). **당생물학적 뇌치유상담**, 서울 : 한국상담개발원.

———. (2017). **뇌, 정신건강을 말하다**, 경기도 : 북앤로드.

———. (2017). **뇌치유를 말하다**, 229, 서울 : 북앤로드.

———. (2018). **뇌에 수면 시계가 있다**, 서울 : 앤트북.

———. (2019). **최신 뇌치유상담학**, 서울 : 앤트북.

———. (2022). **신경 목회학**, 서울 : 에셀나무. 172~175

권호덕. (2005). **성경의 기도학**, 서울: 상광문화사.

김남준. (2019). **거기 계시며 응답하시는 하나님**, 서울: 생명의말씀사.

김성영. (1982). **완벽성경성구대전**, 전7권, 서울 : 아가페출판사.

———. (2007). **조직신학 성구사전**, 서울 : 크리스찬서적.

기독일보 2024. 11. 02

——— 2024. 08. 10

——— 2024. 11. 11

——— 2024. 11. 30.

——— 2024. 09. 23

석정호. (2007). **마음의 병, 뇌의 병, 뇌 영상과 정신의 이해**, 서울 : 중앙문화사.
송형준 · 커넥톰. (2014) **뇌의 지도**, 경기도 : 김영사.

심관섭. (2001). **상한 마음을 치유하시는 예수님**, 서울: 솔로몬.

박원명 · 민경준. (2018) **우울증**, 서울 : 시그마프레스.

윤남옥. (2003). **내적 치유 일기**, 서울: 도서출판 진흥.

이 은. (2007) **인격과 중독, 뇌 영상과 정신의 이해**(김재진), 서울 : 중앙문화사.

임영수. (1987) **죄책감과 은총**,「빛과 소금」11월호 57.

정동기 · 박양호. (2017) **암세포를 정상세포로**, 인천 : 거리.

정지혜 "**실망하는 뇌, 사랑하는 뇌**" 제14회 경암 Bio Youth Camp | 2018.07.25(www.ksmcb.or.kr)

주서택 · 김선화. (2009). **마음 속에 숨은 속사람의 치유**, 서울: 순출판사.

최순직. (1986). **크리스챤의 생활규범**, 기독교문서선교외.

한덕수. (2003). **치유가 일어나는 26가지 이유**, 서울: 쿰란출판사.

KBS 파노라마 <신의 뇌> 제작진 뇌, 신을 훔치다. 2015

Allen, J. G. (2010) **트라우마의 치유** (권정혜 외 공역), 223, 서울 : 학지사.

Andrews, B. (2015) **빌 앤드루스의 텔로미어의 과학** (김수지 역), 서울 : 동아시아.

APA. (2015) DSM-5 **정신장애 쉽게 이해하기** (박용천, 오대영 역), 서울 : 학지사.

Arden, J, B, (2018). **뇌 기반 심리치료** (김광웅, 차미숙, 최현진 역), 서울 : 시네마프레스.

Beauregard, Mario, and Denyse O'Leary 2010. **Spiritual Brain**(신은 뇌 속에 갇히지 않는다) p111, p123, p127

Bill Andrew, W. H (2015). **빌 앤드루스의 텔로미어의 과학** (김수지 역) 서울, 동아시아.

Blackmore, S. J. (2009), **뇌 1.4kg의 배움터** (손영숙 역), 서울 : 해나무.

Carper, J. (2010). **기적의 뇌** (이순주 역), 93, 서울 : 북플러스.

Cozolino, L. (2010), **정신치료의 신경과학** (강철민, 이영호 공역), 서울 : 학지사.―

―. (2013), **뇌 기반 상담심리학의 이론과 실제**, 서울 : 학지사.

Dean Hamer. (2011). **The God Gene. 신의 유전자** (신용협 역), 씨앗을 뿌리는 사람

Enroth, R.M. (1997). **영적 확대** (김기찬 역), 서울 : 생명의 말씀사.

Hagerty Barhara. (2013). **Fingerprints of God. 신의 흔적을 찾아서** (홍지수 역), 132, 감영사

Ignarro, Louis, (2011), **심혈관질환, 이젠 NO** (정헌택 역), 서울 : 푸른 솔.

LeDoux, J. (2008) **시냅스와 자아** (강봉균 역), 서울 : 동녘사이언스.

Newguist, H. (2014). **위대한 뇌** (김유미 역), 서울 : 해나무, 90.

Murray, R. K. (2013), **하퍼의 생화학** (윤경식, 김초식 역), 서울 : 범문 에듀케이션.

Perlmutter, David. (2013), **Grain Brain** (이문역 김석화역), 서울 : 지식너머.

Sahelian, R, (2004) **스마트브레인** (박형배 편), 서울 : 노보컨설팅.

Scientific American. (2016), **노화의 비밀** (김지선 역), 서울 : 한림출판사.

Thierry, S, (2009) **우유의 역습** (김성희역), 알마출판사.

F. F. 보스워스, (2004). **치유자 그리스도** (오태용 역), 서울 : 베다니출판사.

폴 투르니에. (2007). **폴 투르니에의 치유** (정동섭·정지훈 역), 서울 : CUP.

리처드 포스터·게일 비비. (2009). **영성을 살다** (김명희·양혜원 역), 서울 : IVP.

라일 도샷. (2006). **C. S. 루이스의 영성** (오현미 역), 서울 : 도서출판 진흥

매튜 B. 슈워츠 외. (2007). **성경 속의 치유와 상담** (권명수·진정은 역), 서울 : 스그마프레스.

썬 훼닌·래리 훼닌. (2001). **기도를 통한 내적 치유** (전순덕 역), 서울 : 베다니출판사.

앤드류 머레이. (2014). **위대한 영성** (정혜숙 역), 서울 : 도서출판 브니엘.

D. M. 로이드 존스. (2001). **영적 침체와 치유** (이용태 역), 서울 : 기독교문서선교회.

토마스 하트. (2000). **현대인의 영성탐구** (최대형 역), 서울 : 도서출판 은성.

진 에드워즈. (2004). **깊은 영성 체험하기** (황을호 역), 서울 : 생명의말씀사.

잔느 귀용. (2019). **예수 그리스도를 체험하기** (김재권 편), 서울 : 생명의말씀사.

C. 피터 왜그너. (1997). **능력으로 기도하라** (홍용표 역), 도서출판 서로사랑.

헨리 나우웬. (2008). **영성수업** (윤종석 역), 서울 : 두란노, 2008.

허드슨 테일러외. (2002). **허드슨 테일러와 기도의 거장들** (양진식 역), 서울:죠이선교회 출판부.

Andrew B. Newberg & Mark Robert Waldman, **How God Changes Your Brain: Breakthrough Findings from a Leading Neuroscientist.** New york : Ballautine book Trade paperdacks, 2009.

Andrew Newberg, *Neorotheology*, New York: Columbia University, 2021.

Andrew Newberg & Mark Robert Waldman, Born to Believe, New York: Free Press, 2007.

Abdou, A. M. et al., (2006) "Relaxation and Immunity Enhancement Effects of Gamma-aminobutyric Acid (GABA) Administration in Humans,"BioFactors 26, no. 3.

Adolphs, R. (2003) Is the human amygdala specialized for processing social information *Annals of the New York Academy of Sciences,*

Aghajanian G, Sprouse J, Rasmussen K. 1987. In Maltzer H. (ed.). *Psychopharmacology: The Third Generation of Progress.* New York: Raven, 141~149.

Aghajanian GK, Marek GJ. 1999. "Serotonin and hallucinogens." *Neuropsychopharmacology* 21, 16S-23S

Alexandra K. Gold and Louisa G. Sylvia, "The Role of Sleep in Bipolar Disorder," *Nature and Science of Sleep8* (June 29, 2016)

Amen, D.G (2003). *Healing Anxiety and Depression*, New York : Berkley Books.

_____.(2011). Healing ADD, New York : Berkley Books.

_____.(2012) *Use your Brain Change your age*, New York : HamonyBooks,

_____.(2013) *Healing* ADD. Newyork : Barkley

_____.(2013) *Unleash the Power of the Female Brain*, New York:

_____.(2017) *Memory Rescue*, Carol Stream, IL: Tyndale

_____.(2020) *The End of mental illness*, iu : Tyndale monen tum House pub.

Amen, D. G. and Amen. (2016) Tana, *The Brain Warrior's Way*, New York: New American Library

Amen, D. G. et al., (2017) "Discriminative Properties of Hippocampal Hypoperfusion in Marijuana Users Compared to Healthy Controls: Implications for Marijuana Administration in Alzheimer's Dementia," *Journal of Alzheimer's Disease* 56, no. 1

American Psychiatric Association. (2013), *Diagnostic and Statistical Manual of Mental Disorder*, 5th ed., washington DC. : American Psychiatric Association publising.

Amstutz, U. et al., (2014) "Recommendations for HLA-B*15:02 and HLA-A*31:01 Genetic Testing to Reduce the Risk of Carbamazepine-Induced Hypersensitivity Reactions," *Epilepsia April 55*, no.4.

Andrew Reynolds et al., (2019) "Carbohydrate Quality and Human Health: A Series of Systematic Reviews and Meta-analyses," *Lancet393*, no. 10170

Anjom-Shoae, Javad et al., (2018) "The Association between Dietary Intake of Magnesium and Psychiatric Disorders among Iranian Adults: A Cross-Sectional Study," *British Journal of Nutrition September 120*, no. 6.

Antvorskov, Julie C. et al., (2018) "Association between Maternal Gluten Intake and Type 1 Diabetes in Offspring: National Prospective Cohort Study in Denmark," *BMJ September 19*, 362 : k3547.

APA. (2013) *Diagnostic and statistical manual of mental disorders* fifth Edition, washingtan. DC : American Psychiatric Association

APA. (2015) *Understanding mental disorders: your Guide to DSM-5*, first edition, American Psychiatric Publishing

Ardayfio, Paul and Kim, Kwang-Soo, (2006) "Anxiogenic-Like Effect of Chronic Corticosterone in the Light-Dark Emergence Task in Mice," *Behavioral Neuroscience 120*, no. 2.

Arden, J, B. & Linford Lloyd, (2009), B*rain-Based therapy with children and adolescents* John Wiley & Sons, Hoboken, New Jersey

Artemis P. Simopoulos, (2013) "Dietary Omega-3 Fatty Acid Deficiency and High Fructose Intake in the Development of Metabolic Syndrome, Brain Metabolic Abnormalities, and Non-alcoholic Fatty Liver Disease," *Nutrients5*, no. 8

Arzy S, Idel M. 2015. *Kabbalah: A Neurocognitive Approach to Mystical Experiences*. New Haven, CT: Yale University Press.

B. C. Tefft, (2016) "Acute Sleep Deprivation and Risk of Motor Vehicle Crash Involvement," AAA Foundation for Traffic Safety

B. S. Sanodiya et al., (2009) "Ganoderma lucidum: A Potent Pharmacological Macrofungus," *Current Pharmaceutical Biotechnology* 10, no. 8

Backeljauw, Barynia et al., (2015) "Cognition and Brain Structure following Early Childhood Surgery with Anesthesia," *Pediatrics July 136*, no. 1.

Barnes, Lisa L. et al., (2015) "Cytomegalovirus Infection and Risk of Alzheimer Disease in Older Black and White Individuals," *Journal of Infectious Diseases January 15*, 211, no. 2.

Bean, Linda A., Ianov, Lara, and Foster, Thomas C., (2014) "Estrogen Receptors, the Hippocampus, and Memory," *Neuroscientist October 20*, no. 5.

Belenky, Gregory et al., (1994) "The Effects of Sleep Deprivation on Performance during Continuous Combat Operations," in *Food Components to Enhance Performance: An Evaluation of Potential Performance-Enhancing Food Components for Operational Rations*, Institute of Medicine (US) Committee on Military Nutrition Research, ed. Bernadette M. Marriott. Washington, DC: National Academies Press

Benes, F. M.(1989). Myelination of cortical-hippocampal relays during late adolescence. *Schizophrenia Bulletin,* 15.

Benros, Michael E. et al., (2013) "Autoimmune Diseases and Severe Infections as Risk Factors for Mood Disorders: A Nationwide Study," *JAMA Psychiatry August 70*, no. 8.

Berk, Lee S. et al., (2001) "Modulation of Neuroimmune Parameters during the Eustress of Humor-Associated Mirthful Laughter," *Alternative Therapies in Health and Medicine March 7*, no. 2.

Bittner, Edward A., (2011) Yun Yue, and Zhongcong Xie, "Brief Review: Anesthetic Neurotoxicity in the Elderly, Cognitive Dysfunction and Alzheimer's Disease," *Canadian Journal of Anesthesia February 58*, no. 2.

Blanc, Frederic et al., (2014) "Lyme Neuroborreliosis and Dementia," *Journal of Alzheimer's Disease 41*, no. 4.

Bong J, et al., (2003). The Serotonin and Spiritual Experier "*American Journal of Psychiatry 160*" (2003) : 1965~69

Bornstein, M. H. (1989). Sensitive periods in development: Structural characteristice and causal interpretations. *Psychological Bulletin,*

Boyer P. 2001. Religion Explained, New York: Basic Books.

Bouchard, Maryse F. et al., (2009) "Blood Lead Levels and Major Depressive Disorder, Panic Disorder, and Generalized Anxiety Disorder in US Young Adults," *Archives of General Psychiatry December 66*, no. 12.

Bremner, J. D., Scott, T. M., Deleney, R. C., Southwick, S. M., Mason, J. W., Johnson, D. R., et al. (1993). Deficits of short-term memory in posttraumatic stress disorder, *American Journal of Psychiatry*.

Brennan, K. A., & Shaver, P. R. (1995). Dimensions of adult attachment, affect regulation, and romantic relationship functioning. *Personality and Social Psychology Bulletin*.

Brennan, P. A., Paragas, R., Walker, E. F., Green, P., Newport, D. J., & Stowe, Z. (2008). Maternal depression and infant cortisol: Influences of timing, comorbidity and treatment, *Journal of Child Psychology and Psychiater*

Bretveld, Reini W. et al., (2006) "Pesticide Exposure: The Hormonal Function of the Female Reproductive System Disrupted?" *Reproductive Biology and Endocrinology May 31*
Brietzke, Elisa et al., (2018) "Ketogenic Diet as a Metabolic Therapy for Mood Disorders: Evidence and Developments," *Neuroscience and Biobehavioral Reviews November 94*.

Brinbaum, S., Gobeske, K. T., Auerbach, J. Taylor, J. R., & Arnsten, A. F. T. (1999). A role for norepinephrine in stress-induced cognitive deficits: a-1-adrenoceptor mediation in the prefrontal cortex. *Biological Psychiatry*,
Browerman E. R., (2009). The Edge Elfeet. Sterling pub. co.
Brown, E. Sherwood et al., (2014) "A Randomized, Double-Blind, Placebo-Controlled Trial of Pregnenolone for Bipolar Depression," *Neuropsychopharmacology* November 39, no. 12.

Brown, James S. Jr., (2016) "Introduction: An Update on Psychiatric Effects of Toxic Exposures," *Psychiatric Times October 1*, 33, no. 9.

Brownley, Kimberly A. (2013) et al., "A Double-Blind, Randomized Pilot Trial of Chromium Picolinate for Binge Eating Disorder: Results of the Binge Eating and Chromium (BEACh) Study," *Journal of Psychosomatic Research July 75*, no. 1.

Brundin, L. et al., (2017) "Role of Inflammation in Suicide: From Mechanisms to Treatment," *Neuropsychopharmacology January 42*, no. 1.

Bucci DJ, Conley M, Gallagher M.1999."Thalamic and basal forebrain cholinergic connections of the rat posterior parietal cortex." *Neuroreport* 10, 941~945.

Butler, R. W., Braff, D. L., Rauch, J. L., Jenkins, M. A., Sprock, J., & Geyer, M. A. (1990). Pshsiological evidence of exaggerated startle response in a subgroup of Vietnam veterans with combat-related PTSD. American Journal of *Psychiatry*,

Buzsaki, G. (2006). Rhythms of the Brain, New York: Oxford University Press.

Byrd, H. C. M., Curtin, C., and Anderson, S. E., (2013) "Attention-Deficit/Hyperactivity Disorder and Obesity in US Males and Females, Age 8-15 Years: National Health and Nutrition Examination Survey 2001-2004," *Pediatric Obesity December 8*, no. 6.

Cai, W. et al., (2014) "Oral Glycotoxins Are a Modifiable Cause of Dementia and the Metabolic Syndrome in Mice and Humans," *Proceedings of the National Academy of Sciences of the United States of America April 1, 111*, no. 13.

Carlson, M. C. et al., (2015) "Impact of the Baltimore Experience Corps Trial on Cortical and Hippocampal Volumes," *Alzheimer's and Dementia November 11*, no. 11.

Carlson, N. R. (2007), *Physiology of behavior*, Drentico-Hall,

Carpenter, Kenneth M. et al., (2000) "Relationships between Obesity and DSM-IV Major Depressive Disorder, Suicide Ideation, and Suicide Attempts: Results from a General Population Study," *American Journal of Public Health 90*, no. 2.

Carter, C. J., (2013) "Toxoplasmosis and Polygenic Disease Susceptibility Genes: Extensive Toxoplasma gondii Host/Pathogen Interactome Enrichment in Nine Psychiatric or NeurologicalDisorders," *Journal of Pathogens*: 965046.

Caspersen, Carl J. and Fulton, Janet E., (2008) "Epidemiology of Walking and Type 2 Diabetes," *Medicine and Science in Sports and Exercise July 40*, suppl. 7 : S519-S528.

Cavuşoğlu, Kütiğin et al., (2011) "Protective Effect of Ginkgo Biloba L. Leaf Extract against Glyphosate Toxicity in Swiss Albino Mice," *Journal of Medicinal Food October 14*, no. 10 : 1263-72.

Chance,M.R.A.ed,1998: McGuire & TroIel 1987

Chance M.R.A, ed. Social Fabrics of the Mind(Have; uk; Eribaum; 1998)

Cheng, S. T., (2016) "Cognitive Reserve and the Prevention of Dementia: The Role of Physical and Cognitive Activities," *Current Psychiatry Reports September 18*, no. 9 : 85, doi:10.1007/s11920-016-0721-2.
Chetty, S. et al., (2014) "Stress and Glucocorticoids Promote Oligodendrogenesis in the Adult Hippocampus,"

Molecular Psychiatry December 19, no. 12 : 1275-83.

Chiang, Chun-Ju et al., (2007) "Midlife Risk Factors for Subtypes of Dementia: A Nested Case-Control Study in Taiwan," *American Journal of Geriatric Psychiatry September 15* no. 9 : 762-71.

Chou, Yuan-Hwa et al., (2013) "Effects of Video Game Playing on Cerebral Blood Flow in Young Adults: A SPECT Study," *Psychiatry Research April 30, 212*, no. 1 : 65-72.

Clapp, Megan et al., (2017) "Gut Microbiota's Effect on Mental Health: The Gut-Brain Axis," *Clinical Practice September 15, w7*, no. 4 : 987.

Clarke H.F et al, 2004

Clarke H.F et al "Cognitive Inflexibility after Prefrontal Serotonin Depletion", *Science 304*(2004), 878-80

Cohen, J. A., Perel, J. M., DeBellis, M. D., Friedman, M. J., & Putnam, F. W. (2002). Treating traumatized children: Clinical implications of the psychobiology of posttraumatic stress disorder. *Trauma, Violence, and Abuse*, 3, 91-108.

Cohen, R. A., Grieve, S., Hoth, K. F., Paul, R. H., Sweet, L., Tate, D., et al. (2006). Early life stress and morphometry of the adult anterior cingulate cortex and caudate nuclei. *Biological Psychiatry*, 59(10)

Cohen, S., Doyle. W. J., Turner, R., Alper, C. M., & Skoner, D. P.(2003). Sociability and susceptibility to the commonn cold. *Psychological Science 14(5)*, 389-395.

Connor, Jennie, (2017) "Alcohol Consumption as a Cause of Cancer," *Addiction February 112*, no. 2 : 222-28.

Cornell University, (2015) "Weighing Yourself Daily Can Tip the Scale in Your Favor," *Science Daily June 17*

Cortese, Samuele et al., (2006) "Sleep and Alertness in Children with Attention-Deficit/Hyperactivity Disorder: A Systematic Review of the Literature," *Sleep 29*, no. 4 : 504-11.
Cozolino, L. (2010) *The Neuroscience of Psychotherapy Healing the Social Brain 2nd Edition*, New York : London - Norton & Company

Cozolino, L. (2014), *The Neuroscience of Human Relationship 2ndedition*, New York, N.Y

Cozolino, L. 2014. The Neuroscience of *The human relationship*. 281, Newyork-Norton

Craig, A. D. (2010). The sentient self. *Brain Structure & Function*,214(5-6)

Curl, Cynthia L., Fenske, Richard A., and Elgethun, Kai, (2003) "Organophosphorus Pesticide Exposure of Urban and Suburban Preschool Children with Organic and Conventional Diets," *Environmental Health Perspectives March 111*, no. 3 : 377-82.

"CVD and Mental Health Disorders (2015) : Link Established, More Research Needed," *Cardiology Today* November

Daehan Neuropsychiatry society, (1997). *Neuropsychiatry*, Seoul : Hanamedicalsa, 78

Damasio A. 1999. *The Feeling of What Happens: Body and Emotion in the Making of Consciousness*. New York: Harcourt Brace.

Davis M. 1992. "The role of the amygdala in fear and anxiety." *Annual Review of Neuroscience* 15, 353-375.

Deandrea, Silvia et al., (2008) "Alcohol and Breast Cancer Risk Defined by Estrogen and Progesterone Receptor Status: A Case-Control Study," *Cancer Epidemiology, Biomarkers and Prevention August 17*, no. 8 : 2025-28.

DellaValle, Curt T. et al., (2014) "Dietary Nitrate and Nitrite Intake and Risk of Colorectal Cancer in the Shanghai Women's Health Study," *International Journal of Cancer June 15, 134*, no. 12 : 2917-26.

De Vries H. (2002). *Religion and Violence: Philosophical Perspectives from Kant to Derrida*. Baltimore, MD: Johns Hopkins University Press.
Destexhe A, Contreras D, Steriade M, 1998. "Mechanisms underlying the syn-

Diammond & Hopson, (1999), *magic tree of the mind*. PlumeBook

Diamond, M, & Hopson, J. (1999). *Magic Trees of the Mind*, PlumeBooks.

Ding, Jingzhong et al., (2004) "Alcohol Intake and Cerebral Abnormalities on Magnetic Resonance Imaging in a Community-Based Population of Middle-Aged Adults: The Atherosclerosis Risk in Communities (ARIC) Study," *Stroke January 35*, no. 1 : 16-21.

Djousseet, Luc al., (2011) "Plasma Omega-3 Fatty Acids and Incident Diabetes in Older Adults," *American Journal of Clinical Nutrition August 94*, no. 2 : 527-33.

Doidge, N. (2007). *The Brain That Changes Itself*, New York : Penguin Books.

Doidge, N. (2015). *The Brains Way of Healing*, New York : Penguin Books, 265-270.

Efimova, N. et al., (2015) "Changes in Cerebral Blood Flow and Cognitive Function in Patients Undergoing Coronary Bypass Surgery with Cardiopulmonary Bypass," *Kardiologiia June 55*, no. 6 : 40-46.

Elkins. L. (2002), Miracle Sugars, Midpoint Trade Books Inc

Ellias, L. J, & Saucier, D. M. (2006). *Neuropsychology: Clinical and Experimental Foundations*, Pearson Education, Inc, 30-31, 34

F. Pasquier et al., (2006) "Diabetes Mellitus and Dementia," *Diabetes and Metabolism 32*, no. 5, part 1
Feldman, R. S, Meyer, J. S, & Quenzer, L. F. (1997). *Principles of neuropsychopharmacology*, Sunderland, M.A : Sinauer , 39

Felger, J. C. et al., (2016) "Inflammation Is Associated with Decreased Functional Connectivity within Corticostriatal Reward Circuitry in Depression," Molecular Psychiatry October 21, no. 10 : 1358-65.

Field, T. M., Healy, B., Goldstein, S., & Guthertz, M. (1990). Behavior-state matching and synchrony in mother0infant interactions of nondepressed versus depressed dyads. *Developmental Psychology,* 26

Field, T., & Diego, M. (2008b). Maternal depression effects on infant frontal EEG asymmetery. *International Journal of Neuroscience,* 118
Field, T., Diego, M., & Hernandez-Reif, M. (2006). Prenatal depression effects on the fetus and newborn: A review. *Infant Behavior and Development,* 29

Flanagan, Robert J. and Meridith, T. J., (1991) "Use of N-acetylcysteine in Clinical Toxicology," *American Journal of Medicine September 30, 91*, no. 3, suppl. 3 : S131-39.

Fleming, A. S., & Korsmit, M. (1996). Plasticity in the maternal circuit: Effects of maternal experience on Fos-lir in hypothalamic, limbic, and cortical structures in the postpartum rat. *Behavioral Neuroscience,* 110

Fond, G., (2014) "Inflammation in Psychiatric Disorders," *European Psychiatry November 29*, no. 8 : 551-52.

Forti, Marta Di et al., (2019) "The Contribution of Cannabis Use to
Variation in the Incidence of Psychotic Disorder across Europe (EU-CEI): A Multicentre Case-Control Study," *Lancet Psychiatry May 6*, no. 5 : 427-36.
Fotuhi, M. 2013. *Boost your brain.* HarperOne 27, 174

Fowler, Sharon P. G., (2016) "Low-Calorie Sweetener Use and Energy Balance: Results from Experimental Studies in Animals, and Large-Scale Prospective Studies in Humans," *Physiology and Behavior October 1,* 164, part B : 517-23.

Fox KC, Dixon ML, Nijeboer S, Girn M, Floman JL, Lifshitz M, et al. 2016. "Functional neuroanatomy of meditation: A review and meta-analysis of 78 functional neuroimaging investigations." *Neuroscience and Biobehavioral Reviews* 65, 208-218.

Franks DD, Davis J. 2012. "Critique and Refinement of the Neurosocilogy of Mirror Neurons." In Kalkhoff W, Thye SR, Lawler EJ, (eds.). *Biosociology and Neurosociology*. Bingley, UK: Emerald Group, 77-118.

Gallese V, Keysers C, Rizzolatti G. 2004. "A unifying view of social cognition."Trends in Cognitive Sciences 8, 396-403; Goldman A. 2008."Mirroring, Mindreading and Simulation." In Pineda JA. (ed.). *Mirror Neuron System: The Role of Mirroring Processrs in Social Cognition.* New York; Humana, 311-330

Gandal, Michael J. et al., (2018) "Shared Molecular Neuropathology across Major Psychiatric Disorders Parallels Polygenic Overlap," *Science February 9, 359*, no. 6376 : 693-97, doi: 10.1126/science.aad6469.

Garber, Jeffrey, et al., (2012) "Clinical Practice Guidelines for Hypothyroidism in Adults: Cosponsored by the American Association of Clinical Endocrinologists and the American Thyroid Association," *Endocrine Practice November 18,* no. 6 : 988-1028.

Garrett. (2013). Brain & Behavior: An Introduction to Biological Psychology. SAGE Publications, Inc. 187.

Gasnier, **Céine** et al., (2009) "Glyphosate-Based Herbicides Are Toxic and Endocrine Disruptors in Human Cell Lines," *Toxicology August 21, 262,* no. 3 : 184-91.

George M. Slavich et al., (2010) "Neural Sensitivity to Social Rejection Is Associated with Inflammatory Responses to Social Stress," *Proceedings of the National Academy of Sciences of the United States of America*107, no. 33

Geracioti, Thomas D. Jr., (2006) "Identifying Hypothyroidism's Psychiatric Presentations," *Current Psychiatry November 5,* no. 11 : 98-117.

Geuze, E., Vermetten, E., & Bremner, J. D. (2005). MR-based in vivo hippocampal volumetrics: 2. Findings in neuropsychiatric disorders. *Molecular Psychiatry, 10,* 160-184.

Glad, Camilla A. M. et al., (2017) "Reduced DNA Methylation and Psychopathology following Endogenous Hypercortisolism—A Genome-Wide Study," *Scientific Reports7* : 44445.

Gobbi et al., (2017) "*Association of Cannabis Use in Adolescence,*" 426-34.
Griffin, R. Morgan, (2010) "*The Health Risks of Shift Work*," Web MD. March 25.

Gotink, Meijboom, Vernooij, Smits, Hunink."Eight-week mindfuiness-based stress reduction induces brain changes similar to traditional long-term meditation practice."

Habermann, Amanda, (2016) "Lead Poisoning's Harmful Impact on Physical and Mental Health," *Sovereign Health*. February 20.

Haggerty, John J. Jr., Evans, Dwight L., Prange, Arthur J. Jr., (1986) "Organic Brain Syndrome Associated with Marginal Hypothyroidism," *American Journal of Psychiatry June 143*, no. 6 : 785-86.

Hall, Alena, (2015) "What Happened after One Family Went Organic for Just Two Weeks," *HuffPost Life*. May 14.

Handing, Elizabeth P. et al., (2015) "Midlife Alcohol Consumption and Risk of Dementia over 43 Years of Follow-Up: A Population-Based Study from the Swedish Twin Registry," *Journals of Gerontology: Series A October 70*, no. 10 : 1248-54.

Hare, D. J. et al., (2015) "Is Early-Life Iron Exposure Critical in Neurodegeneration?" *Nature Reviews Neurology September 11*, no. 9 : 536-44.

Harley, Kim, (2016) "The Health Costs of Beauty: EDCs in Personal Care Products and the HERMOSA Study," *Collaborative on Health and the Environment*. March 22.

Harris, Steven A. and Harris, Elizabeth A., (2015) "Herpes Simplex Virus Type 1 and Other Pathogens Are Key Causative Factors in Sporadic Alzheimer's Disease," *Journal of Alzheimer's Disease 48*, no. 2 : 319-53.

Hazan, C., & Shaver, P. R. (1990). Love and work: An attachment0theoretical perspective. *Journal of Personality and Social Psychology*, 59

Hebert, L. E. et al., (2010) "Change in Risk of Alzheimer Disease Over Time," *Neurology August 31*, 75, no.9 : 786-91.

Heinrich and Grahm, "Hypothyroidism Presenting as Psychosis," 260-66.

Hertel, Johannes et al., (2017) "Evidence for Stress-Like Alterations in the HPA-Axis in Women Taking Oral Contraceptives," *Scientific Reports October 26*, 7, no. 1 : 14111.

Hilbrand, Sonja et al., (2017) "Caregiving within and beyond the Family Is Associated with Lower Mortality for the Caregiver: A Prospective Study," *Evolution and Human Behavior May 38*, no. 3 : 397-403.

H. F. Clarke et al., "Cognitive Inflexibility after Prefrontal Serotonin Depletion", *Science* 304 (2004): 878-80.

Hu, Frank B. et al., (1999) "Walking Compared with Vigorous Physical Activity and Risk of Type 2 Diabetes in Women: A Prospective Study," *JAMA 282*, no. 15 : 1433–39.

Hood RW, Hill PC, Williamson WP. (2005). *The Psychology of Religious Fundamentalism*. New York: Guilford.

Hyder, Q. (1991). The christians Handbook of Psychiatry. Old Tappen, N.J.: Fleming. H. Revell, 121-122.
Iturria-Medina, Yasser et al., (2016) "Early Role of Vascular Dysregulation on Late-Onset Alzheimer's Disease Based on Multifactorial Data-Driven Analysis," *Nature Communications June 21, 7*: 11934.
Jaana Suvisaari et al., (2017) "*Toxoplasma gondii* Infection and Common Mental Disorders in the Finnish General Population," *Journal of Affective Disorders 223*

Jaco, E.G. (1960). *The Social Epidemiology of Mental Disorders*. Russel Sage Foundation.

Jiang, C. et al., (2017) "The Gut Microbiota and Alzheimer's Disease," *Journal of Alzheimer's Disease 58*, no. 1 : 1–15, doi: 10.3233/JAD-161141.

Jevning R, Wallace RK, Beidebach M. 1992. "The physiology of meditation: A review. A wakeful hypometabolic integrated response." *Neuroscience and Biobehavioral Reviews* 16, 415-424.

Judith Miklossy, (2015) "Historic Evidence to Support a Causal Relationship between Spirochetal Infections and Alzheimer's Disease," *Frontiers in Aging Neuroscience 7*

Kato-Kataoka, A. et al., (2016) "Fermented Milk Containing Lactobacillus casei Strain Shirota Prevents the Onset of Physical Symptoms in Medical Students under Academic Examination Stress," *Beneficial Microbes 7*, no. 2 : 153–56.

KBS (2015). *Brain, steal God, Seoul* : Inmool and sasangsa.

Keating T. 1994. *Intimacy with God*. New York: Crossroad.

Kemmer PB, Guo Y, Wang Y, Pagnoni G. 2015. "Network-based characteriza-tion of brain functional connectivity in Zen practitioners." Frontiers in Psychology 6, 603. doi: 10.3389/fpsyg.2015.00603; Garrison KA, Scheinost D, Constable RT, BrewerJA.2014. "BOLD signal and functional connectivity associated with loving kindness meditation." *Brain and Behavior* 4(3), 337-347.

Kennard, M. A. (1955). The cingulate gyrus in relation to consciousness. *Journal Of Nervous and Mental Disease*, 121

Kessler, Ronald C. et al., (2005) "Prevalence, Severity, and Comorbidity of 12-Month DSM-IV Disorders in the National Comorbidity Survey Replication," *Archives of General Psychiatry June 62*, no. 6 : 617-27.

Keum S, Shin H et al. "Variability in empathy tunes social learning in mice", *Neuron,* 98(3), 588-601 (2018)

Khalili, Hamed, (2016) "Risk of Inflammatory Bowel Disease with Oral Contraceptives and Menopausal Hormone Therapy: Current Evidence and Future Directions," *Drug Safety March 39,* no.3 : 193-97.

Khan, Sarah and Khan, Rafeeq Alam, (2017) "Chronic Stress Leads to Anxiety and Depression," *Annals of Psychiatry and Mental Health January 5,* no. 1 : 1091.

Kim, Ki-Su et al., (2015) "Associations between Organochlorine Pesticides and Cognition in U.S. Elders: National Health and Nutrition Examination Survey 1999-002," *Environment International February 75*: 87-92.

Kinsley, C. H., Trainer, R., Stafisso-Sandoz, G., Quadros, P., Keyser Marcus, L., Hearon, C., et al. (2006). Motherhood and the hormones of pregnancy modify concentrations of hippocampal neuronal dendritic spines. *Hormones and Behaviour,* 49

Kirchhoff, Reinhold et al., (1994) "Increase in Choleresis by Means of Artichoke Extract," *Phytomedicine September 1,* no. 2 : 107-15.

Kjaer TW, Bertelsen C, Piccini P, Brooks D, Alving J, Lou HC. 2002. "Increased dopamine tone during meditation-induced change of consciousness." *Brain Research and Cognition* 13, 255-259.
SHAM 408. Krilah A Neurocognition Approach to Mystical Experiences

Koichiro Mori et al., (2009) "Improving Effects of the Mushroom Yamabushitake (Hericium erinaceus) on Mild Cognitive Impairment: A Double-Blind Placebo-Controlled Clinical Trial," *Phytotherapy Research23,* no. 3

Köler, Sebastian et al., "Depression, Vascular Factors, and Risk of Dementia in Primary Care: A Retrospective Cohort Study."

Köler-Forsberg, Ole et al., (2019) "A Nationwide Study in Denmark of the Association between Treated Infections and the Subsequent Risk of Treated Mental Disorders in Children and Adolescents," *JAMA Psychiatry March 76,* no. 3 : 271-79.

Koob, George F., (2008) "Neurobiology of Addiction: Toward the Development of New Therapies," *Annals of the New York Academy of Sciences 909*: 170-85.

Krikorian, Robert et al., (2010) "Improved Cognitive-Cerebral Function in Older Adults with Chromium

Supplementation," *Nutritional Neuroscience 13*, no. 3 : 116-22.

K. Weich R. et al., "An fMRI Study Measuring Analgesia Enhanced by Religion as a Belief System", *Pain*, September 5, 2008.

Labar, K. S., LeDoux, J. E., Spencer, D. D., & Phelps, E. A. (1995). Impaired fear conditining following unilateral temporal lobectomy in humans. Journal of *Neuroscience*, 15, 6846-6855.

Laura R. Saslow et al., (2017) "An Online Intervention Comparing a Very Low-Carbohydrate Ketogenic Diet and Lifestyle Recommendations versus a Plate Method Diet in Overweight Individuals with Type 2 Diabetes: A Randomized Controlled Trial," *Journal of Medical Internet Research* 19, no. 2

Lazar SW, Bush G, Gollub RL, Fricchione GL, Khalsa G, Benson H. 2000."Functional brain mapping of the relaxation response and meditaion." *Neuroreport11*(7), 1581-1585.

Leaf, C. (2013) *Switch on your brain*, New York : Baker Books

LeDoux, J. (1996). The Emotional Brain, Newyork : Simon & Schuster Paperbooks, 2.
LeDouxs, J. (1994) E*motion, memory, and the brain.*

Leuba J, H. (1925). *The Psychology of Religious Mysticism*, New York: Harcourt, Brace

Li, Kaigang et al., (2016) "Changes in Moderate-to-Vigorous Physical Activity among Older Adolescents," *Pediatrics October 138*, no. 4

Linnea Hergot Berglund et al., (2011) "Testosterone Levels and Psychological Health Status in Men from a General Population: The Tromsø Study," *Aging Male14*, no. 1

Logan, A. C. and Katzman, M., (2005) "Major Depressive Disorder: Probiotics May Be an Adjuvant Therapy," *Medical Hypotheses 64*, no. 3 : 533-38.

Lonstein, J. S., Simmons, D. A., Swann, J. M., & Stern, J. M. (1998). Forebrain expression of c-fos due to active maternal behaviour in lactating rats. *Neuroscience*, 82

Loyola University Health System, (2009) "Increased Stroke Risk from Birth Control Pills, Review Finds," *Science Daily. October 27.*

Lu, Ting et al., (2012) "Cinnamon Extract Improves Fasting Blood Glucose and Glycosylated Hemoglobin in Chinese Patients with Type 2 Diabetes," *Nutrition Research, June 32*, no. 6 : 408-12.

Nash JD, Newberg A. 2013. "Toward a unifying taxonomy and definition for meditation."Frontiers in Psychology 4, 806. doi:10.3389/fpsyg.2013.00806.

Newberg, A. (2018). Neurotheology. Columbia University Press: New York. 99-102.

Newbeng A& Walelman M,R 2009. 19

Newberg A. (2018). *Neurotheology*. Columbia University: New York, 135

Newberg AB, Iversen J. 2003. "The neural basis of the complex mental task of meditation: Neurotransmitter and neurochemical considerations." *Medical Hypothesis* 61(2), 282-291.

Marsden G. (1980). *Fundamentalism and American Culture: The shaping of Twentieth Century Evangelicalism*. 1870-1925. New York: Oxford University Press.

M. R. A. Chance, ed., *Social Fabrics of the Mind* (Hove, UK: Erlbaum, 1998)

M. T. McGuire M, T. and A. Troisi A. "Physiological Regulation-Deregulation and Psychiatric Disorder", *Ethology &Sociobiology* 8 Supple. (1987): 95-125

Masters R. and McGuire M, T. *The Neurotransmitter Revolution*(Carbondale: Southern Illinois University Press, 1994

Mansour, Suzan M. et al., (2011) "Ginkgo Biloba Extract (EGb 761) Normalizes Hypertension in 2K, 1C Hypertensive Rats: Role of Antioxidant Mechanisms, ACE Inhibiting Activity and Improvement of Endothelial Dysfunction," *Phytomedicine June 15,* 18, nos. 8-9 : 641-47.

Martin, Kirsty et al., (2016) "Ketogenic Diet and Other Dietary Treatments for Epilepsy," *Cochrane Database of Systematic Reviews, February 9,* no. 2 : CD001903.

McGuire T. and Troisi "Physiological Regulation-Deregulation and Psychiatric Disorder", Biology and Sociobiology 8, Suppl (1987)

Mecklenburger RD. 2012. *Our Religious Brains. Woodstock,* VT: Jewish Lights; Arzy S, Idel M. 2015. *Kabbalah: A Neurocognitive Approach to Mystical Experiences.* New Haven, CT: Yale University Press.

Matsuda, Goh and Hiraki, Kazuo, (2006) "Sustained Decrease in Oxygenated Hemoglobin during Video Games in the Dorsal Prefrontal Cortex: A NIRS Study of Children," *Neuroimage*29, no.3 : 706-11.

McArthur, Justin C., (2004) "HIV Dementia: An Evolving Disease," *Journal of Neuroimmunology December*

157, nos. 1-2 : 3-10.

McClelland, R. et al., (2016) "Accelerated Ageing and Renal Dysfunction Links Lower Socioeconomic Status and Dietary Phosphate Intake," *Aging May 8,* no. 5 : 1135-49.

McGaffee, J., Barnes, M. A., and Lippmann, S., (1981) "Psychiatric Presentations of Hypothyroidism," *American Family Physician May 1, 23,* no. 5 : 129-33, 981

McNamara, P. 2009. The Neuroscience of Religious Experience. Cambridge: Cambridge University Press.

Meaney, M. J., & Szyf, M. (2005). Maternal care as a model for experience-dependent chromatin plasticity? *Trends in Neurosciences, 28*

Meaney, M. J., Aitkend, D. H., Viau, V., Sharma, S., & Sarrieau, A. (1989). Neonatal handling alters adreno-cortical negative feedback sensitivity and hippocampal type Ⅱ glucocorticoid receptor binding in the rat. *Neuroendocrinoloy,* 50

Meier, P. (1977). Christian Child-Rearing and Personality Development. Grand Rapids, MI : Baker Book House.

Menke, Andy et al., (2015) "Prevalence of and Trends in Diabetes among Adults in the United States, 1988-012," *JAMA*314, no. 10 : 1021-29.

Menon, V., & Uddin, L. Q. (2010). Saliency, switching, attention and control: A network model of insula function. *Brain Structure & Function,* 214(5-6)

"Mental Health of Older Adults," (2017) World Health Organization. December 12.

Michael Hinck, (2014) "How Obesity Can Affect Your Teen's Self Esteem," *Health Beat,* Jamaica Hospital Medical Center. September 26.

Miller, A. H. et al., (2017) "Therapeutic Implications of Brain-Immune Interactions: Treatment in Translation," *Neuropsychopharmacology January 42,* no. 1 : 334-59

Minirth, F. & Meier, P. (1982). *Counseling and nature of man.* Grand Rapids, MI: Bakev, 13.

Minirth, F. & Meier, P. (1991). *Happiness is a choice.* Grand Rapids, M1: Baker Book House.

Minirth, F., Hawkins, D., Meier, P., & Flournoy.R. 1986. *How to Beat Burnout.* Chicago: Moody Press.

Minirth, F., Meier, P. Wichern., Brewer, B. & Skippers (1990). The Workaholic and His Family. Grand Rapids, MI: Baker Book House.

Mori, T. A. and Beilin, L. J., (2004) "Omega-3 Fatty Acids and Inflammation," *Current Atherosclerosis Reports* November 6, no. 6 : 461-67.

Mu, Qinghui et al., (2017) "Leaky Gut as a Danger Signal for Autoimmune Diseases," *Frontiers in Immunology May 23, 8*: 598.

N. Efimova et al., (2015) "Changes in Cerebral Blood Flow and Cognitive Function in Patients Undergoing Coronary Bypass Surgery with Cardiopulmonary Bypass," *Kardiologiia* 55, no. 6

Nagano, Mayumi et al., (2010) "Reduction of Depression and Anxiety by 4 Weeks Hericium erinaceus Intake," *Biomedical Research August 31*, no. 4 : 231-37.

"National Poll on Healthy Aging," (2019) University of Michigan March

Newberg, Iversen. "The neural basis of the complex mental task of meditation."

Neuman, Rosaline J. et al., (2001) "Latent Class Analysis of ADHD and Comorbid Symptoms in a Population Sample of Adolescent Female Twins," *Journal of Child Psychology and Psychiatry October 42*, no. 7 : 933-42.

Newberg, Andrew et al., (2003) "Cerebral Blood Flow during Meditative Prayer: Preliminary Findings and Methodological Issues," *Perceptual and Motor Skills October 97*, no. 2 : 625-30.

Newberg AB, d'Aquili EG. 1994. "The near-death experience as archetype: A model for prepared neurocognitive processes." *Anthropology of Consciousness* 5, 1-15.

Newberg A, Pourdehnad M, Alavi A, d'Aquili E. 2003. "Cerebral blood flow during meditative prayer: Preliminary findings and methodological issues." *Perceptual and Motor Skills* 97, 625-630; Newberg, Wintering, Morgan, Waldman. 2006. "The measurement of regional cerebral blood flow during glossolalia."

Newberg AB. 2010. *Principles of Neurotheology*. Surrey, UK: Ashgate.
Nielsen, Philip Rising, Benros, Michael Eriksen, and Dalsgaard, Søren, (2017) "Associations between Autoimmune Diseases and Attention-Deficit/Hyperactivity Disorder: A Nationwide Study," Journal of the *American Academy of Child and Adolescent Psychiatry March 56*, no. 3 : 234-40.e1.

Newman J, Grace AA.1999."Binding across time: The selective gating of frontal and hippocampal systems modulating working memory and attentional ststes." *Consciousness and Cognition 8, 196-212*; Chow TW,

Cummings JL. 1999."Frontal-Subcortical Circuits." In Miller BL, Cummings JL.(eds.). *The Human Frontal Lobes*. New York: Guilford, 3-26.

Niwa, Hirokatsu et al., (2006) "Clinical Analysis of Cognitive Function in Diabetic Patients by MMSE and SPECT," *Diabetes Research and Clinical Practice May 72*, no. 2 : 142-47.

Nutt, David, Wilson, Sue, and Paterson, Louise, (2008) "Sleep Disorders as Core Symptoms of Depression," *Dialogues in Clinical Neuroscience September 10*, no. 3 : 329-36.

Panzer, Claudia et al., (2006) "Impact of Oral Contraceptives on Sex Hormone-Binding Globulin and Androgen Levels: A Retrospective Study in Women with Sexual Dysfunction," *Journal of Sexual Medicine January 3*, no. 1 : 104-13.

Paoli, Antonio et al., (2012) "Nutrition and Acne: Therapeutic Potential of Ketogenic Diets," *Skin Pharmacology and Physiology 25*, no. 3 : 111-17.

Paolini, Moreno et al., (2017) "Aspartame, a Bittersweet Pill," Carcinogenesis *December 38*, no. 12 : 1249-50.
Park, M. H. (2008). The emergence of a brain idea, Seoul : Humanist.

Park, W. M. & Min, K. J. (2018). Textbook of Depressive Disorders, Seoul :
Philip Rising Nielsen, Michael Eriksen Benros, and Søren Dalsgaard, (2017) "Associations between Autoimmune Diseases and Attention-Deficit/Hyperactivity Disorder: A Nationwide Study," *Journal of the American Academy of Child and Adolescent Psychiatry56*, no. 3

Prng CK, Mietus JE, Liu Y, Khalsa G, Douglas PS, Benson H, et at. 1999. "Exaggerated heart rate oscillations two meditation techniques." *International Journal of Cardiology 70*, 101-107.

Pletzer, Belinda A. and Kerschbaum, Hubert H., (2014) "50 Years of Hormonal Contraception—Time to Find Out, What It Does to Our Brain," *Frontiers in Neuroscience August 21, 8*: 256.
Ploghus, A., Tracey, I., Gati, J. S., Clare, S., Menon, R. S., Mattews, P. M., & Rawlins, J. N. P. (1999). Dissociating pain from its anticipation in the human brain. Science, 284(5422), 1979-1981.

Plotsky, P. M., & Meaney, M. J. (1993). Early, postnatal experience alters hypothalamic corticotropin-releasing factor (CRF) MRNA, median eminence CRF content and stress-induced release in adult rats. *Molecular Brain Research,* 18

Porcelli, Brunetta et al., (2016) "Association between Stressful Life Events and Autoimmune Diseases: A Systematic Review and Meta-analysis of Retrospective Case-Control Studies," *Autoimmunity Reviews April 15*, no. 4 : 325-34.

Pouteau, Etienne et al., (2018) "Superiority of Magnesium and Vitamin B6 over Magnesium Alone on Severe Stress in Healthy Adults with Low Magnesemia: A Randomized, Single-Blind Clinical Trial," *PLOS One December 18, 13,* no. 12 : e0208454.

Prochaska, Judith et al., (2008) "Tobacco Use among Individuals with Schizophrenia: What Role Has the Tobacco Industry Played?" *Schizophrenia Bulletin May 34,* no. 3 : 555-67. Used with permission,

Qinghui Mu et al., (2017) "Leaky Gut as a Danger Signal for Autoimmune Diseases," *Frontiers in Immunology*8

R. Morgan Griffin, (2010) "T*he Health Risks of Shift Work,*" WebMD

Racicka, Ewa and Brynska, Anita, (2015) "Eating Disorders in Children and Adolescents with Type 1 and Type 2 Diabetes: Prevalance, Risk Factors, Warning Signs," *Psychiatria Polska* 49, no. 5 : 1017-24.

Raji, Cyrus A. et al., (2010) "Brain Structure and Obesity," *Human Brain Mapping March 31,* no. 3 : 353-64.

Rauch, S. L., Savage, C. R., Alpert, N. M., Dougherty, D., Kendrick, Curran, A. T., . . . PET study of implicit sequence learning, Journal of *Neuropsychiatry and Clinical Neurosciences,* 9, 568-573.

Rauch, S. L., van der Kolk, B. A., Fisler, R. E., Alpert, N. M., Orr, S. P., Savage, C. R., . . . Pitman, R. K. (1996). A symptom provocation study of posttraumatic stress disorder using positron emission tomography and script-driven imagery, *Archive of General Psychiatry,* 53

Rauch, S. L., van der Kolk, B. A., Fisler, R. E., Alpert, N. M., Orr, S. P., Savage, C. R., . . . Pitman, R. K. (1996). A symptom provocation study of posttraumatic stress disorder using positron emission tomography and script-driven imagery, *Archive of General Psychiatry, 53*, 380-387.

Reini W. Bretveld et al., (2006) "Pesticide Exposure: The Hormonal Function of the Female Reproductive System Disrupted?" *Reproductive Biology and Endocrinology*4

Redding FK.1967. "Modification of sensory cortical evoked potentials by hip-pocampal stmulation." Electroencephalography and Clinical Neurophysiology 22, 74-83; Jacobson L, Sapolsky R. 1991."The role og the hippocampus in feedback regulation of the hypothalamic-pituitary-adrenocortical axis."Endocrinology Review12(2), 118-134.

Reddish P, Fischer R, Bulbulia J. 2013. "Let's dance together: Syncgrony, shared intentionality, and cooperation." PLoS ONE 8(8), e71182. doi:10.1371/journal.pone.0071182.

Religion as a Belief System, Pain, September 5, 2008.

Reynolds, Jennifer Lea, (2017) "Is There a Connection between Gut Health and ADHD?" U.S. News & World Report. September 8

Rodriguez, Tori, (2015) "Teenagers Who Don't Get Enough Sleep at Higher Risk for Mental Health Problems," Scientific American. July 1

Rosenblat, Joshua D. and McIntyre, Roger S., (2017) "Bipolar Disorder and Immune Dysfunction: Epidemiological Findings, Proposed Pathophysiology and Clinical Implications," *Brain Sciences October 30, 7*, no. 11 : e144.

Roesch M, R. and Olson C, R. Neuronal Activity Related to Reward Value and Motivation in Primate Frontal Cortex, Science 304 (2004): 307-10

Roesch M.R & Olsone, C,R,2008

Roupas, Peter et al., (2012) "The Role of Edible Mushrooms in Health: Evaluation of the Evidence," *Journal of Functional Foods October 4*, no. 4 : 687-709.

Spilka B, et al., (2003). The Psychology of Religion: an Empirical Approach, New York: Guilford Press 291-98

Stuber G, D. et al., "Reward-Predictive Cues Enhance Excitatory Synaptic Strength onto Midbrain Dopamine Neurons", Science 321 (2008): 1690-92

Sigmapress. Pasquier, F. et al., (2006) "Diabetes Mellitus and Dementia," *Diabetes and Metabolism November 32*, no. 5, part 1 : 403-14.

Saint Augustine of Hippo, The City of God, Scotland United Kingdom; Hendrickson Publisher, 2009.
Schultz W. 2015. "Neuronal reward and decision signals: From theories to data" *Physiology Review* 95, 853-951.

Schippers MB, Gazzola V, Goebel R, Krysers C. 2009. "Playing charades in the FMRI:Are mirror and/or mentalizing areas involved in gestural communication?" PLoSOne 4(8), e6801.

Spilka B, et al., (2003). *The Psychology of Religion: an Empirical Approach*, New York: Guilford Press 291-98

Stace WT. 1961. *Mysticism and Philosophy*. London: Macmillan.

Stephens GJ, Silbert LJ, Hasson U. 2010. "Speaker-listener neural coupling under-lies successful communicaton." *Proceedings of the National Academy of Sciences of the United Stater of America* 107(32), 14425-

14430.

Stuber G, D. et al., "Reward-Predictive Cues Enhance Excitatory Synaptic Strength onto Midbrain Dopamine Neurons", *Science* 321 (2008): 1690-92

S. M. Shim et al., (2017) "Elevated Epstein-Barr Virus Antibody Level Is Associated with Cognitive Decline in the Korean Elderly," *Journal of Alzheimer's Disease* 55, no.

Sahlgren, Gabriel H., (2013) "Work Longer, Live Healthier," *IEA discussion paper* May no. 46

Salem, Iman et al., (2018) "The Gut Microbiome as a Major Regulator of the Gut-Skin Axis," *Frontiers in Microbiology* July 10, 9 : 1459.

Santos, Nadine Correia et al., (2012) "Revisiting Thyroid Hormones in Schizophrenia," *Journal of Thyroid Research*: 569147.

Sapolsky, R. M. (1987). Glucocorticoids and hippocampal damage. *Trends in Neurosciences,* 10, 346-349.

Sapolsky, R. M., Uno, H., Rebert, C. S., & Finch, C. E. (1990). Hippocampal damage associated with prolonged glucocorticoid exposure in primates. *Journal of Neuroscience,* 10, 2897-2902.

Sarbolouki Shokouh et al., (2013) "Eicosapentaenoic Acid Improves Insulin Sensitivity and Blood Sugar in Overweight Type 2 Diabetic Mellitus Patients: A Double-Blind Randomized Clinical Trial," *Singapore Medical Journal* 54, no. 7 : 387-90.

Saslow, Laura R. et al., (2017) "An Online Intervention Comparing a Very Low-Carbohydrate Ketogenic Diet and Lifestyle Recommendations versus a Plate Method Diet in Overweight Individuals with Type 2 Diabetes: A Randomized Controlled Trial," *Journal of Medical Internet Research* February 13, 19, no. 2 : e36.

Schwartz, Alan R. et al., (2008) "Obesity and Obstructive Sleep Apnea: Pathogenic Mechanisms and Therapeutic Approaches," *Proceedings of the American Thoracic Society* 5, no. 2 : 185-92.

Schultz W. 2015. "Neuronal reward and decision signals: From theories to data" *Physiology Review* 95, 853-951.

Sebastian **Köhler** et al., (2015) "Depression, Vascular Factors, and Risk of Dementia in Primary Care: A Retrospective Cohort Study," *Journal of the American Geriatrics Society* 63, no. 4

Severance, Emily G. et al., (2016) "Candida albicans Exposures, Sex Specificity and Cognitive Deficits in Schizophrenia and Bipolar Disorder," *npj Schizophrenia* May 4, 2: 16018.

Severance, Emily, quoted at (2016) "Yeast Infection Linked to Mental Illness," Johns Hopkins Medicine. May 4.

Shim, S. M. et al., (2017) "Elevated Epstein-Barr Virus Antibody Level Is Associated with Cognitive Decline in the Korean Elderly," *Journal of Alzheimer's Disease 55*,no. 1 : 293-301.

Shiroma, Eric J. et al., (2017) "Strength Training and the Risk of Type 2 Diabetes and Cardiovascular Disease," *Medicine and Science in Sports and Exercise January 49*, no. 1 : 40-46.

Simon, Gregory E. et al., (2006) "Association between Obesity and Psychiatric Disorders in the US Adult Population," *Archives of General Psychiatry July 63*,no. 7 : 824-30.

Simopoulos, Artemis P., (2013) "Dietary Omega-3 Fatty Acid Deficiency and High Fructose Intake in the Development of Metabolic Syndrome, Brain Metabolic Abnormalities, and Non-alcoholic Fatty Liver Disease," *Nutrients July 26, 5*, no. 8 : 2901-23.

Skovlund, Charlotte Weissel et al., (2016) "Association of Hormonal Contraception with Depression," *JAMA Psychiatry November 73*, no. 11 : 1154-62.

Slap, G. B., (1981) "Oral Contraceptives and Depression: Impact, Prevalence and Cause," *Journal of Adolescent Health Care September 2*, no. 11 : 53-64.

Slavich, George M. et al., (2010) "Neural Sensitivity to Social Rejection Is Associated with Inflammatory Responses to Social Stress," *Proceedings of the National Academy of Sciences of the United States of America August 17, 107*, no. 33 : 14817-22.

Son, M. N. (2017). *Brain, speaks healing*. Seoul : Book&Road

Son, M. N. (2018), *BDNF to overcome Stress*, Insurance Vol.297, 70-71.

Stacy Malkan, "Johnson & Johnson Is Just the Tip of the Toxic Iceberg," Time, March 2, 2016

Stanley, Ian H. et al., (2016) "A Systematic Review of Suicidal Thoughts and Behaviors among Police Officers, Firefighters, EMTs, and Paramedics," *Clinical Psychology Review March 44:* 25-44.

Steel, Ariah J. and Eslick, Guy D., (2015) "Herpes Viruses Increase the Risk of Alzheimer's Disease: A Meta-Analysis," *Journal of Alzheimer's Disease 47*,no. 2 : 351-64.

Steven A. Harris and Elizabeth A. Harris, "Herpes Simplex Virus Type 1 and Other Pathogens Are Key Causative Factors in Sporadic Alzheimer's Disease," *Journal of Alzheimer's Disease* 48, no. 2 (2015)

Suksomboon N., Poolsup, N., and Yuwanakorn, A., (2014) "Systematic Review and Meta-analysis of the Efficacy and Safety of Chromium Supplementation in Diabetes," *Journal of Clinical Pharmacy and Therapeutics* 39, no. 3 : 292–306.

Suvisaari, Jaana et al., (2017) "Toxoplasma gondii Infection and Common Mental Disorders in the Finnish General Population," *Journal of Affective Disorders December 1, 223*: 20–25.

Szyf, M., McGowan, P., & Meaney, M. J. (2008). The social environment and epigenome. *Enviro-nmental and Molecular Mutagenesis,* 49(1)

Tang, M. X. et al., (1996) "Effect of Age, Ethnicity, and Head Injury on the Association between APOE Genotypes and Alzheimer's Disease," *Annals of New York Academy of Sciences December 16, 802* : 6–15.

Tefft, B. C., (2016) "Acute Sleep Deprivation and Risk of Motor Vehicle Crash Involvement," *AAA Foundation for Traffic Safety. December*

Thatcher, R. W., Walker, R. A., & Giudice, S. (1987). Human cerebral hemispheres develop at differnt rates and ages. Science, 236, 1110-1113.

Thurman, C. 1993. Perfectoninsm, Better life. spring.

Tillfors, M., Furmark, T., Marteinsdottir, I., Pissota, A., Langstrom, B., & Fredrikson, M. (2001). Cerebral blood flow in subjects with social phobia during stressful speaking tasks: A PET study. *American Journal of Psychiatry, 158,* 1220-1226.

Tiger L. & McGuire M, (2012). God's Brain. Wisebook: Seoul

_____ . 2012, 212-213
_____ . 2012, 218
_____ . 2012, 224
_____ . 2012, 207
_____ . 2012, 236

Tooley GA, Armstrong SM, Norman TR, Sali A. 2000."Acute increases in night-time plasma melatonin levels following a period of meditation." *Biological Psychology*

Tori Rodriguez, (2015) "Teenagers Who Don't Get Enough Sleep at Higher Risk for Mental Health Problems,"

Scientific American

Tsvetanov, Kamen A. et al., (2015) "The Effect of Ageing on fMRI: Correction for the Confounding Effects of Vascular Reactivity Evaluated by Joint fMRI and MEG in 335 Adults," *Human Brain Mapping June 36*, no. 6 : 2248-69.

Tyrka, A. R., Wier, L., Price, L. H., Ross, N., Anderson, G. M., Wilkinson, C. W., et al. (2008). Childhood parental loss and adult hypothalamic-pituiary-adrenal function. *Biological Psychiarty*, 63

Ulfig, N., Setzerr, M., & Bohl, J. (2003). Ontogeny of the human amygdala. *Annals of the New York Academy of Sciences*, 985, 22-23.

Wahlqvist, Mark L. et al., (2016) "Cinnamon Users with Prediabetes Have a Better Fasting Working Memory: A Cross-Sectional Function Study," *Nutrition Research(April) 36*,no. 4 : 305-10.

Vollenweider FX, Vontobel P, Hell D, Leenders KL. 1999."5-HT modulation of dopamine release in basal ganglia in psilocybin-induced psachosis in man-A PET study with [11C]raclopride." *Neuropsychopharmacology* 20, 424-433.

Walch K, et al, 2008

Walsh, Zach et al., (2017) "Medical Cannabis and Mental Health: A Guided Systematic Review," *Clinical Psychology Review February 51*: 15-29.

Wang DJJ, Rao H, Korczykowski M, Wintering N, Pluta J, Khalsa DS, rt al. 2011."Cerebral blood flow changes associated with different meditation practices and per-ceived depth of meditation." *Psychiatry Research: Neuroimaging* 191(1), 60-67

Wang, Y. et al., (2014) "Effects of Alcohol on Intestinal Epithelial Barrier Permeability and Expression of Tight Junction-Associated Proteins," *Molecular Medicine Reports June 9*, no. 6 : 2352-56.

Wasser, S. P., (2002) "Medicinal Mushrooms as a Source of Antitumor and Immunomodulating Polysaccharides," *Applied Microbiology and Biotechnology November 60*, no. 3 : 258-74.

Watanabe, Y., Gould, E., Daniels, D. C., Cameron, H., & McEwen, B. S. (1992). Tianeptine attenuates stress-induced morphological changes in the hippocampus. *European Journal of Pharmacology*, 222, 157-162.

Weaver, I. C. G., Meaney, M. J., & Szyf, M. (2006) Maternal care effects on the hippocampal transcriptome and anxiety-mediated behaviors in the offspring that are reversible in adulthood. *Proceedings of the National Academy of Sciences*, USA, 103

Weich K. R. et al., An FMRI Study Measuring Analgesia Enhanced by

Williams, William V. (2017) "Hormonal Contraception and the Development of Autoimmunity: A Review of the Literature," *Linacre Quarterly August 84*, no. 3 : 275-95.

Wirtz, P. H. and Käel, R. von. (2017) "Psychological Stress, Inflammation, and Coronary Heart Disease," *Current Cardiology Reports September 19*, no. 11 : 111.

Wotton, Clare J. and Goldacre, Michael J., (2017) "Associations between Specific Autoimmune Diseases and Subsequent Dementia: Retrospective Record-Linkage Cohort Study, UK," *Journal of Epidemiology and Community Health June 71*, no. 6 : 576-83.

Wu, Yifan et al., (2019) "Microglia and Amyloid Precursor Protein Coordinate Control of Transient Candida Cerebritis with Memory Deficits," *Nature Communications January 4, 10*, no. 1 : 58.

Wulaningsih, Wahyu et al., (2017) "Investigating Nutrition and Lifestyle Factors as Determinants of Abdominal Obesity: An Environment-Wide Study," *International Journal of Obesity February 41*, no. 2 : 340-47.

Yaffe, Kristine et al., (2011) "Sleep-Disordered Breathing, Hypoxia, and Risk of Mild Cognitive Impairment and Dementia in Older Women," *JAMA 306*, no. 6 : 613-19.

Yong, Ed. (2014) "Zombie Roaches and Other Parasite Tales," TED Talk, video, March 13:02.

Yuen, Alan W. and Sander, Josemir, (2012) "Can Magnesium Supplementation Reduce Seizures in People with Epilepsy? A Hypothesis," *Epilepsy Research June 100*, nos. 1-2 : 152–56.

Zanoveli, J. M. et al., (2016) "Depression Associated with Diabetes: From Pathophysiology to Treatment," *Current Diabetes Reviews 12*, no. 3 : 165-78.

Zhang, Luoping et al., (2019) "Exposure to Glyphosate-Based Herbicides and Risk for Non-Hodgkin Lymphoma: A Meta-analysis and Supporting Evidence," *Mutation Research/Reviews in Mutation Research July-september 781*: 186-206.

Zimmerman, Y. et al., (2014) "The Effect of Combined Oral Contraception on Testosterone Levels in Healthy Women: A Systematic Review and Meta-analysis," *Human Reproduction Update January/February 20*, no. 1 : 76-105.
Zita, E, & Filion, G, (1992). 5-Hydroxytryptamine receptors, *Pharmacol Rev. 44,* 401~458

Zwilling, Chris E. et al., (2019) "Nutrient Biomarker Patterns, Cognitive Function, and fMRI Measures of Network Efficiency in the Aging Brain," *NeuroImage March 188*: 239-51.

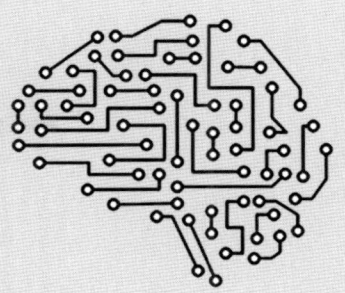

색인

ㄱ

갓스팟 217
감마파 221
관상기도 225
감사 239
기도의 영성 201
근방추 258
관상기도 69
공감신경 144
거울신경 144
근본주의 245
각회 258
결의주의적 율법주의 270
거울신경세포 309
가소성 142
거울신경 144
가바 151
기도신학 44
근본주의 신학 44
개혁주의 신학 44
글루타메이트 73

ㄴ

노세보 효과 218
뇌간 233
노르아드레날린 236
뇌유래신경성장인자(BDNF) 154
뇌파 220
뇌섬엽 247
뇌전증 252
뇌 량 319
뇌교 324
노르에피네프린 150
뇌섬엽 68
뇌, 82 84
뇌병리학 88

ㄷ

다이돌핀 233
대식세포 156

당 화 188
다발성경화증 189
델파파 220
도파민수용체 254
대뇌변연계 255
두정엽 273
대안믿음 274
대뇌피질 140
도파민 148
두정엽 65

ㄹ

ㅁ

묵상 224
묵상기도 225
마음의 생각 226
미상핵 233
미세교세포 156
면역세포 186
말씀의 영성 201
명 상 278
무동증 72
미상핵 217
믿음체계 246
만트라 286
마음 81

ㅂ

복측피개영역 233
봉선핵 233
보상시스템 233
베타파 220
발성거동 97
비 표 197
변연계 219
방추세포 310
변연계 66
방추형세포 69
베타앤돌핀 74
폴 투르니에 53

ㅅ

생각(사고) 230

스핀들 신경세포　235
식세포　156
신경신학　164
세포생물학　178
상향식의례 프로세서　282
신의 헬멧　99
신뢰호르몬　135
신비적 기도　194
신경과학　232
설전부　273
신경전달물질　253
신의자리　244
수용체 유전자　254
성경적 율법주의　269
신경회로망　308
신경발생　140
신경가소성　142
세로토닌　148
신경신학　2, 50, 51
신경과학　2, 50
신경목회학　35
신경종교학　36, 51
삼분설　45
생물신학　51
시상　66
시상하부　66
시상하부-뇌하수체부신축　127
신경호르몬　75
신경퇴행성질환　100

ㅇ

옥시토신　219, 233
엔도르핀　233
아드레날린　236
연합신경세포　153
영 성　158
유 신 론　169
일 신 론　169
알파파　220
율법주의　256
영적체험　256
영적수행　278
의례　280
의식　281
임사체험　255
인지프로세스　248

안와내측전전두피질   313
연수   324
아세틸콜린   148
영지주의   42
역사신학   44
이분설   45
옥시토신   75
영   78
영혼   79
인격의학   55
임상체험   105

ㅈ

전대상회   233
자연살상세포(NK세포)   187
제네바선언   209
정신생물학   216
자아초월   158
적대적 동일시   147
종교적 믿음   267
종교적 모임   262
종교적 의례   280
자율신경계   312
전전두엽   255
중심후뇌   258
종교적율법주의   268
중뇌   324
자연살상   325
정통주의신학   42
자유주의 신학   43
조직신학   44
전두엽   64
전대상회   70, 71
정신   81
자기   84
조현병   91

ㅊ

체액론   209
청   반   236
철학적 명상   168
초월적 명상   168
초자연적 영성   201, 201
초월적 영성   168
측두엽   245

측뇌실 140
측두엽뇌전증(간질) 96
치유신학 44

ㅋ

ㅌ

특질 233
타율주의적 율법주의 271
테필린 304

ㅍ

평안유전자 296
편도체 66
폰에코노모뉴런 69

ㅎ

호중성백혈구 186
히포크라테스 선서 208
후성유전학 125
향심기도 285
해리장애 124
해마 140
항상성 152
혼 80

ACTH 237
BDNF 127
CRH 235
DDT 128
DMN(초기신경망) 225
DRD4 254
5-HTIA 254
HIV환자 267
RNA 228
TNF 190
TPN(작업신경망) 225